THE HYPE MACHINE

［美］锡南·阿拉尔（Sinan Aral）◎著
周海云◎译

图书在版编目（CIP）数据

炒作机器：社交时代的群体盲区 /（美）锡南·阿拉尔著；周海云译. -- 北京：中信出版社，2022.5
书名原文：The Hype Machine
ISBN 978-7-5217-4078-3

Ⅰ．①炒⋯ Ⅱ．①锡⋯ ②周⋯ Ⅲ．①网络营销－研究 Ⅳ．①F713.365.2

中国版本图书馆 CIP 数据核字（2022）第 041693 号

The Hype Machine by Sinan Aral
Copyright © 2020 by HyperAnalytic, Inc.
Simplified Chinese translation copyright © 2022 by CITIC Press Corporation
ALL RIGHTS RESERVED
本书仅限中国大陆地区发行销售

炒作机器——社交时代的群体盲区
著者：［美］锡南·阿拉尔
译者：周海云
出版发行：中信出版集团股份有限公司
（北京市朝阳区惠新东街甲 4 号富盛大厦 2 座 邮编 100029）
承印者：唐山楠萍印务有限公司

开本：880mm×1230mm 1/32	印张：15.5	字数：542 千字
版次：2022 年 5 月第 1 版	印次：2022 年 5 月第 1 次印刷	
京权图字：01-2020-6003	书号：ISBN 978-7-5217-4078-3	

定价：88.00 元

版权所有·侵权必究
如有印刷、装订问题，本公司负责调换。
服务热线：400-600-8099
投稿邮箱：author@citicpub.com

献给我的父母,
感谢你们给予我的每一次机会,
与我的每一次对话、每一次相拥。

献给卡娅,
希望你能够始终充满好奇心、
创造力以及对知识的渴望。

目 录

推荐序　当社交媒体变成"炒作机器"/ 胡钰　　　　　　VII

第 1 章　新的社交时代
10 天　　　　　　　　　　　　　　　　002
虚假新闻在网上的传播　　　　　　　　　005
向马克·扎克伯格提问　　　　　　　　　008
信息战　　　　　　　　　　　　　　　　010
炒作机器　　　　　　　　　　　　　　　013
我是谁　　　　　　　　　　　　　　　　017
我的目标　　　　　　　　　　　　　　　023
十字路口　　　　　　　　　　　　　　　025

第 2 章　现实的终结
百事可乐马失前蹄　　　　　　　　　　　032
一个因虚假新闻而声名狼藉的女演员　　　035
虚假新闻和金融市场　　　　　　　　　　038
在政治上将错误信息武器化　　　　　　　040

俄罗斯对选举干预的深度、广度以及目标的精准度　043
社交媒体的操控与投票　048
一个全球性的威胁　051
引发公共卫生危机的虚假新闻　052
脸书上的反疫苗之王　054
虚假新闻的科学　057
社交机器人和虚假新闻的传播　060
新奇性假设　063
我们对虚假新闻的敏感性　064
制造虚假新闻的经济动机　066
现实的终结　067

第3章　炒作机器

社交网络就是电脑　073
炒作机器的结构　075
平衡炒作机器的杠杆：金钱、代码、规范以及法律　079
数字社交网络（底层）　081
这是一个很小的世界（聚类现象）　082
人以群分（同质性）　086
炒作机器的社交图谱　088
炒作环路（处理层）　093
"感知和建议"环路　099
炒作机器的视觉皮质　100
PYMK 算法　104
三元闭包　105
馈送算法　108

"消费和行动"环路	112
智能手机（媒介层）	115
炒作机器的框架	119

第4章 你的大脑和社交媒体

与炒作机器的连接	126
神经生理学的抓钩	127
大脑的社会性假设	129
在社交媒体上的你的大脑	137
社会影响的神经基础	141
希望和风险并存	144

第5章 网络效应：网络产生的引力与其质量成正比

网络产生的引力与其质量成正比	149
脸书是如何击败 MySpace 的	156
炒作机器的"围墙花园"	163
网络效应与互操作性	165
网络效应的黑暗面	167
战略撒手锏	169

第6章 个性化的群体说服力

俄罗斯的干预实际上是一种数字营销	174
行为改变值、归因以及炒作机器的扭矩	176
炒作的收益	180
认真对待因果关系	183
数字营销集成	186

个性化的群体说服力	188
数字营销不可告人的秘密	192
好消息	196
宝洁公司如何削减数字营销并增加销售额	199

第 7 章 社会炒作的高度社交化

追逐金牌	206
锻炼是否具有传染性	209
新闻的高度社交化	212
约会的高度社交化	215
慈善捐赠的高度社交化	217
情绪的高度社交化	218
高度社交化正在成为一种现实	221

第 8 章 如何面对一个通过炒作呈现高度社交化的世界

朋友的偏好显示了你的偏好（目标网络定位）	224
朋友的说服影响了你的偏好（病毒式营销）	227
反射问题	231
了解朋友的喜好会影响你的喜好（社交广告）	238
设计产品和创意（病毒式设计）	245
网红真的能告诉我们如何购物、吃饭和	
投票吗（网红营销）	251
影响力最大化	258

第 9 章 注意力经济的制度化

向加里·维提问	265

注意力经济	267
目标精细定位	270
剑桥分析公司	278
潮流的暴政	282
公布备忘录	285
注意力的不平等	288
新奇、震撼、真实	289
平均值毫无意义	291

第 10 章　群体智慧与群体疯狂

社会影响的倾向性	297
星级评分的 J 形曲线	304
炒作机器阴影下的群体智慧	308
独立性	311
多样性	313
两极分化的悖论	315
炒作机器正在让我们出现两极分化吗	323
参与度和多样化的陷阱	326
平等性	331
群体智慧万岁	336

第 11 章　社交媒体带来的希望和并存的风险

集体行动的问题	345
"我是查理"	347
俄罗斯的尼奥	349
VK 和白雪革命	352

数字集体行动的力量和脆弱性	354
Telegram	355
善与恶的传播渠道	358
透明度悖论	361
幸福是有代价的	366
不平等的机会	370
社交媒体监管：用手术刀，而不是大刀	376

第12章 打造更好的炒作机器：新社交时代的隐私、言论自由以及反垄断

竞争、创新以及反垄断	380
针对脸书的反垄断提案	382
社交图谱和数据的可移植性	388
隐私和数据保护	394
虚假新闻和错误信息	401
选举诚信	406
言论自由和有害言论	412
一个关于技术和民主的国家委员会	418
建立一个更健康的社交生态系统	418

| 注 释 | 423 |

推荐序

当社交媒体变成"炒作机器"

胡　钰

清华大学新闻与传播学院教授、博士生导师

1923年，美国作家李普曼在纽约写就了《幻影公众》(The Phantom Public)一书，作为之前出版的饱受好评的《舆论》(Public Opinion)一书的续篇。在这本书中，他放弃了一些模棱两可的说法，对社会舆论进行了严厉的批判性分析，"力图阐明，假如舆论本身在知识和精神质量方面没有任何改进，舆论会起什么作用，怎样做才能更为行之有效"。在他看来，"如果想当然地认为选民们甚至'生来就胜任'管理公共事务，这是'虚假的理想'"[1]。

李普曼的这本书由于对传统民主观点持悲观态度，没有得到《舆论》那本书一般的热切反响，但至今再读其书，深觉其对人类舆论现象的描绘之生动、批判之深刻。书中这样描绘了信息过多的人类世界："今天已经够糟糕的了，被头天晚上印刷出版的十月刊杂志，以及电影、广播等来自四面八方的媒体信息轮番轰炸，人们

---

[1] ［美］罗纳德·斯蒂尔：《李普曼传》，于滨、陈小平、谈锋译，新华出版社1982年版，第328、329页。

的脑袋被迫盛放各种演讲、辩论和不相干的事情。所有信息对公众的接受度而言，实在是太多了。生命太过短暂，无法追求无所不知，要想数清楚所有树上的叶子，那是不可能的。"[1]100年前的"李普曼之叹"感叹信息太多太杂了，如果在100年后的社交媒体时代，面对信息轰炸与信息垃圾充斥的当代社会，面对人们不仅想"数清楚所有树上的叶子"，还想"给所有树上的叶子涂抹上自己的颜色"，不知李普曼将做何反应，估计只能是"李普曼之默"了，沉默无语，独处一隅。

在人类历史上，信息媒介是维系社会的重要载体之一，也是驱动变革的关键力量之一，国家治理、经济运行、文化发展等都要以媒介形态为重要基础。在数千年的历史长河中，从莎草纸到互联网，信息媒介的进步带来信息、知识等的广泛传播，推动宗教改革、科技进步、工业革命。总的来看，信息媒介的进步是与社会的进步同步的，但当人类社会进入21世纪，制造出了社交媒体，至今不到20年时间，这一同步关系被打破了。换言之，作为一种最新鲜且最普及的信息媒介形态，社交媒体到底在对人类社会发挥什么样的作用，这被打上了一个大大的问号。

社交媒体与以往的媒介形式相比，最大的不同在于其强个体性与高依赖性。在报刊、图书、广播、电视乃至互联网中都曾展现出的机构力量、专业力量、精英力量在社交媒体的冲击下都逐渐弱化，公众在社交媒体中的使用行为更加按照个体愿望来进行，而且从过去的单向接收信息完全变为双向收发信息，每个社交媒体用户都既是接收者又是传播者。更重要的是，随着移动终端的大范围普及，

---

[1] ［美］沃尔特·李普曼：《幻影公众》，林牧茵译，北京联合出版公司2020年版，第26页。

手机逐渐成为"人体器官",社交媒体成了当代大众须臾不可离开的"空气"。在新冠肺炎疫情暴发之后,移动终端与社交媒体更是全面向幼龄化和老龄化方向扩展。

信息媒介进步的内在驱动是技术,社交媒体进步的内在驱动更是技术。当算法技术、智能技术、感应技术等新技术愈来愈先进,社交媒体也就成为愈来愈聪明的机器。"在这台机器上,每天都会发生数以万亿计的信息交流。在算法的引领下,这台机器当初被设计出来的目的就是传递信息,潜移默化地影响每一个人的观点,成为我们日常娱乐的工具,以及对我们所有人进行操控。"[1] 本书作者将这台机器命名为"炒作机器"（the Hype Machine）。

当社交媒体刚刚出现的时候,不论是社交媒体公司的创始人还是大众,人们都对它抱有美好的愿景,那就是把世界连接在一起,让每个人都能够自由地、最大限度地获取信息、知识和资源,让人们体验思想上更大的自由,获得社会和经济上更多的机会,享受工作上更高的流动性,建立有意义的社会联系,乃至拥有更好的健康状态,等等。由此,社交媒体可以让人们与孤独、贫穷、疾病、压迫等进行有效的斗争。但时至今日,极其具有反讽意味的是,似乎正是社交媒体加剧了这些人们原本想要减轻的社会病态。

当代的社交媒体高度发达,在线社交网络（如脸书）、微博网站（如推特）、即时通信软件［如 WhatsApp（瓦茨普）］,以及知识的协作生产和新闻的聚合技术平台［如维基百科和 Reddit（红迪网）］等新媒介形态,已经从根本上改变了信息的生产、分享、消费、使用和定价的方式,其突出特点正是技术驱动的个体性传播要提前于新闻机构、专业机构发声,体现互联网草根的声音。从知识

---

[1] 本文中的引文非特别注明者皆出自本书。

推荐序　当社交媒体变成"炒作机器"

生产方式到信息消费模式，从政治竞选到社会运动，再到商业运行，社交媒体在当代社会各个领域产生的影响深刻而普遍。

这本书是关于被作者命名为"炒作机器"的社交媒体的故事，讲述了这台机器是如何被设计出来、如何工作、如何影响大众的，当然，重要的是，大众应该如何去适应它。

"炒作机器"有三个特点。一是控制力强。"这台机器的目标实际上直指人类的灵魂。它被设计出来，就是为了刺激我们的神经脉冲，吸引我们，并借此说服我们，改变我们购物、投票以及进行锻炼的方式，甚至可能改变我们爱的对象。它会在一旁默默地对我们进行分析，然后对我们该阅读什么、购买什么以及相信什么给出一大堆不同的选项，随后它又会从我们的选择中学习到新的东西，并不断地迭代和优化它给出的选项。随着这台机器不断运行，它会产生大量的数据尾气，而这些数据尾气可以被用来追踪我们每一个人的偏好、欲望、兴趣，以及全球各地的那些带有时间印记并且与地理定位有关的信息。最后，它还会以自己的数据尾气为食，精简自己的流程、完善自己的分析，并提升自己的说服力。"在这本书看来，社交媒体之所以有如此大的控制力，根本原因是它基于赢利的目的，换言之，是资本驱动的技术创新使得社交媒体技术不断改进、精益求精、财源滚滚。"它的动机是获得金钱，通过与我们互动，它可以使到手的金钱数额最大化。它向我们提供的选项越是精确，它与我们的互动就会越多，这样它的说服力就会变得更加强大。它的说服力越强，它所获得的金钱也就会越多，因此它的规模也就会随之变得更加庞大。"

二是虚假信息多。作者在研究过程中发现，"在所有类别的信息中，虚假新闻始终要比真实新闻传播得更远、更快、更深入，而且其覆盖面也更加广泛。在某些案例中，这两者之间甚至有好几个数量级的差异"。作者认为，社交媒体已经成了一台"可以扭曲现实的机器"，"通过这台机器，谎言像闪电一样传播，真相却像是在缓慢滴落的糖浆"。虚假新闻的传播及其与政治的紧密关联在2012年和2016年美国总统大选期间得到了充分的体现。事实上，在当代新闻传播实践与研究中，最大的挑战是具有真实性的高质量新闻的缺失。与100年前"李普曼之叹"时信息过多的情况不同，那时至少还有专业新闻机构在生产信息，现在的情况是数十亿名个体在生产新闻，他们凸显个体性，不求专业性，凸显自由感，不求责任感。社交媒体的舆论场中充斥着耸人听闻的虚假新闻"闪电"，信息很多，真相很少。

三是社交过度。当各种海量信息通过脸书、推特、Snapchat（色拉布）、Instagram（照片墙）、YouTube（优兔）、微博、微信等平台被传送到公众"永不关机"的移动设备上时，公众就被淹没在了社交信息的海洋中。公众的信息使用与媒介技术的改进形成了"良好的互动"，信息使用越多，对媒介技术的训练与提升越有效，媒介技术越有效，它产生的信息就越有吸引力，公众就越离不开社交媒体。于是，海量信息在算法等技术的驱动下，在公众对社交媒体的过度使用中，产生了强大的变革性力量。社会因过度炒作而变得过度社交化，因过度社交化产生了基于个性化的群体说服力。这本书称之为新社交时代的三部曲：社会炒作的高度社交化、个性化的群体说服力、注意力经济的制度化。

"炒作机器"具有如此巨大的影响力，源于数字社交网络、机器智能和智能手机这三者的共同作用。数字社交网络构建起社会信息网络，它通过好友推荐等算法引导网络信息流动，智能手机则创造了一个"永远在线"的环境。

为了克服这些问题，作者提出，"通过仔细审视炒作机器内在的运行机制，并利用科学来解码它产生的影响力，我们所有人可以一起来引导这艘巨轮远离它正在逼近的礁石，帮助它驶入更加平静的水域"。

作者认为，"群体智慧"有三个支柱：群体中每个个体的独立性、多样性和平等性。但作为"炒作机器"的社交媒体显然已经侵蚀了三个支柱，把智慧转变成了疯狂，其内在的机理值得深入研究。

对虚假信息传播规律的研究表明，"虽然真实信息很少会迅速扩散到 1 000 人以上的群体中，但前 1% 的虚假新闻转发链可以很轻松地扩散到 10 万人的群体中。把真实信息传播给 1 500 人所需要的时间大约是把虚假信息传播给同样数量的人所需时间的 6 倍，而把前者的原始推文传播给 10 个转发人所需的时间又是把后者传播给同样数量的转发人所需时间的 20 倍。虚假信息的传播范围明显比真实信息更广"，而且虚假信息会被更多的独立用户转发。

在智能技术的推动下，机器人成为制造虚假新闻的重要推手。这些机器人会不断地提到一些有影响力的人，给这些人推送虚假新闻，让有影响力的人来转发这些虚假新闻，一旦它们成功了，这些虚假新闻就会被放大，而且会被合理化。吊诡的是，有影响力的人和算法操纵的机器人"在虚假新闻的传播过程中共同扮演了某种共生的角色：通过诱导人类，机器人实现了虚假新闻的分享，而人类又通过炒作机器把虚假新闻传播到了更大的范围"。从某种意义上说，社交媒体成为带动社会舆论的重要力量，社交机器人成为带动社交媒体舆论的重要力量。

吸引社交媒体用户的是信息与社会关系。有研究分析了人们产生这种社交信息依赖的原因，一篇发表在《细胞》杂志上的论文表示，孤独造成的对神经系统的伤害激发了老鼠的社交能力。对拥有社会性的物种来讲，隔离会令其感到厌恶且不安全，这种做法除了会缩短果蝇的寿命之外，还会降低实验鼠在中风后的存活率，增加鼠类的应激反应，削弱锻炼带来的好处。从某种意义上来说，孤独带来的神经损伤是一种强迫性功能，可以促进物种的社会化进程。

社交媒体是专为人类的大脑设计的，它会与人类大脑中控制归属感和社会认同的部分相互作用，奖励多巴胺系统，鼓励人们通过相互之间的在线联系、参与和分享来寻求获得更多这种形式的奖励。当我们在网上打分的时候，我们的从众本能会很自然地与我们对正面社会影响的敏感性结合在一起。当我们看到其他人欣赏某本书、某家酒店、某家餐厅或某个医生，并且给出很高的评分时，我们也会给出一个类似的高分，并且会对这一切产生更高的评价。实验已经表明，我们往往会在文化选择上表现出从众的行为。

显然，社交媒体越来越聪明地洞察了人性，利用人们的信任搜集并挖掘海量的私人数据，基于这些数据改进技术，再使用技术来攻击人类心理上的薄弱环节，引导人类的意识与行为，但不会保护用户免受伤害。爱因斯坦曾说过："我们的技术显然已经超越了我们的人性，这让人不由得毛骨悚然。"作为这个社会的一分子，我们都需要理性地看待社交媒体的繁荣，看待媒介技术带来的两面性影响。这本书提出，要利用好4根杠杆来治理社交网络：用来管理社交平台的代码、由社交网络的商业模式创造的激励机制、在使用这些系统时建立起来的规范，以及为了监管市场失灵而制定的法律。

这本书作为2020年《连线》杂志提名的"人工智能最佳图书"，深入分析了社交网络、大数据与人类认知、社会行为之间相爱相杀的复杂关系，对社交网络时代的人类社会发展有着较为深刻的洞察。值得注意的是，作者有着多重身份——科学家、创业者和投资人，因而能够从不同角度来观察新社交媒体技术的发展，研究其内在的工作机理，并且参与一些产品的开发。当然，这既是优势——从多角度来观察，科学性充分；也有不足——批判性略弱，人文精神略弱。

当传播变成技术，社交媒体变成"炒作机器"，后果已经越来越严重。在信息媒介被技术与商业裹挟的环境中，全社会的注意力、思考力、理性与秩序都变得越来越稀缺。事实上，永远在线等于丧失自我，丧失了自我的独立性、自主性、反思性。社交媒体赋予公众行为的自由，也赋予资本控制公众行为的自由。更值得警惕的是，在当代世界，社交媒体公司的强大权力成为私有权力，甚至可以对抗国家公权力，特别是不同国家的公权力，私有权力的公共治理成为突出问题。

2021年12月，社交平台脸书的创始人马克·扎克伯格被美国自由主义的百年刊物《新共和》评为"年度恶人"（Scoundrel of the Year），理由是他创建了"世界上最坏的网站"（Worst Website in the World），向用户推荐"各种病毒式的愚蠢言论和广告"，而马克·扎克伯格利用这个网站"不合理地赚了大钱"，《新共和》甚至指责脸书存在"反人类罪行"等。

在社交媒体时代，社会治理面临全新的挑战，我们更需要洞察舆论的形成规律、引导舆论的价值导向，而不是被舆论的喧嚣所牵引。我们要明白，网络舆情不能与社会民意画等号，尤其要警惕"炒作机器"变成"攻击武器"。在数字世界中，要加强"传播理性"教育。只有保持公众舆论的理性，才能保持社会治理的有序。

从现代信息技术发展的历程来看，新技术、新应用的诞生都始于为人类开拓新天地的良好愿望。起初，这些技术都被视为可以解决社会矛盾的良药，但在其发展过程中，特别是在成为人类的依赖对象后，它们都无法避免地会带来新的社会问题。如何实现"起于创新、止于至善"，成为科技时代的最大难题。因此，阅读此书有助于推动现代数字技术、智能技术等新技术的使用与创新，有助于提升"元宇宙"中的人类理性，有助于防止人类滑入"美丽新世界"。

第 1 章

新的社交时代

> 这就是技术的全部意义：一方面它使我们产生了对永生的渴望，而另一方面它又让我们生活在世界毁灭的阴影中。技术在本质上是我们从自己的本性中抽取出来的毫不掩饰的欲望。
>
> 唐·德里罗（Don Delillo）
> 美国当代小说家

人类是一种社会性的物种。从开始狩猎采集以来，我们就一直在不断地沟通、合作与协调。但是今天，有些事情已经截然不同。在过去的10年时间里，我们已经用高辛烷值汽油浸没了人类相互之间进行交流的火种，我们还构造出了一台正在向世界各个角落延伸和渗透，并且在我们面前表现出多种不同面貌的机器。正是这样一台机器在今天主导了人类社会信息的流动、观点的表达，乃至个体在社会中的行为。你可以把这台机器称为"炒作机器"，它用一个全球性的通信网络把所有人连接在了一起。在这台机器上，每天都会发生数以万亿计的信息交流。在算法的引领下，这台机器当初被设计出来的目的就是传递信息，潜移默化地影响每一个人的观点，成为我们日常娱乐的工具，以及对我们所有人进行操控。

这台机器的目标实际上直指人类的灵魂。它被设计出来，就是为了刺激我们的神经脉冲，吸引我们，并借此说服我们，改变我们购物、投票以及进行锻炼的方式，甚至可能改变我们爱的对象。它会在一旁默默地对我们进行分析，然后对我们该阅读什么、购买什么以及相信什么给出一大堆不同的选项，随后它又会从我们的选择中学习到新的东西，并不断地迭代和优化它给出的选项。随着这台机器不断运行，它会产生大量的数据尾气，而这些数据尾气可以被用来追踪我们每一个人的偏好、欲望、兴趣，以及全球各地的那些带有时间印记并且与地理定位有关的信息。最后，它还会以自己的数据尾气为食，精简自己的流程、完善自己的分析，并提升自己的说服力。它的动机是获得金钱，通过与我们互动，它可以使到手的金钱数额最大化。它向我们提供的选项越是精确，它与我们的互动就会越多，这样它的说服力就会变得更加强大。它的说服力越强，它所获得的金钱也就会越多，因此它的规模也就会随之变得更加庞大。这是一个关于炒作机器，或者更精确地说，关于社交媒体产业综合体的故事。在这个故事中，我们将会讲述它是如何被设计出来的，它是如何工作的，它会如何影响我们，以及我们该如何去适应它。我们的故事就从克里米亚开始说起。

10 天

2014年2月，尽管当天冰寒刺骨，但是仍然有大批全副武装的枪手包围了位于乌克兰辛菲罗波尔市的克里米亚议会大楼。在这些枪手的身上，你看不到任何能够表明他们身份的标志。但是之后经过证实，他们实际上是俄罗斯的特种部队，他们的行动是对几天前乌克兰总统维克托·亚努科维奇（Viktor Yanukovych）被罢免所做出的回应。据报道，这些武装人员训练有素且非常专业。在破门而入之后，他们立刻切断了大楼的通信，收缴了所有的移动电子设备，并且有条不紊地控制了所有想要进出大楼的人员，随后他们还建立起了一个严密的防御圈，同时禁止所有的外国记者入内。

几个小时以后，媒体上出现了大量有关这些武装人员进行野蛮恐吓和欺诈的报道，在这样的情况下，克里米亚议会投票决定解散政府，并同意让谢尔盖·阿克肖诺夫（Sergey Aksyonov）取代总理安纳托利亚·马希利欧夫（Anatolii Mohyliov），而前者所属的亲俄罗斯统一党在上一次的选举中只赢得了 4% 的选票。在不到 24 小时的时间里，同样没有任何身份标志的军队占领了辛菲罗波尔和塞瓦斯托波尔国际机场，随后又在整个地区的克里米亚公路上设立了检查站。两天以后，阿克肖诺夫以他作为克里米亚事实上的总理的新身份给普京写了一封私人信件，正式要求俄罗斯出兵帮助维持当地的和平和安全。在他作为商人的日子里，阿克肖诺夫与俄罗斯黑手党以及亲俄罗斯的政治和军事组织都有联系，也正是在那段时间里，他获得了"哥布林"这个绰号。

在乌克兰政府宣布阿克肖诺夫的任命违宪之前，亲俄罗斯的抗议活动已经在克里米亚全境迅速升温，同时，公开支持与俄罗斯重新统一的呼声也日益高涨。在很多克里米亚人表达了回归俄罗斯的强烈愿望后，这种情绪似乎已经出现了一面倒的趋势。在阿克肖诺夫提出希望获得协助的请求的几个小时内，普京就已经获得了俄罗斯联邦委员会的正式批准，并立刻派出了军队。与此同时，俄罗斯领事馆已经开始在克里米亚境内签发护照，乌克兰记者却被禁止进入该地区。第二天，俄罗斯黑海舰队和地面部队兵临城下，并包围了乌克兰的武装力量。5天后，也就是在危机爆发的仅仅10天后，克里米亚最高委员会投票决定重新加入俄罗斯，而此时克里米亚作为乌克兰的一部分已经过去了整整60年。

这是在战后时代最迅速也最平静的"吞并"之一。正如美国前国务卿马德琳·奥尔布赖特的证词所表达的那样，这"标志着二战后欧洲边界首次被武力改变"[1]。在短短10天的时间里，在悄无声息中，整个地区就像拨动电灯开关一样从一个主权国家转向了另一个主权国家。

关于在克里米亚究竟发生了什么的争论，今天仍在继续。俄罗斯否认这是一次"吞并"，普京把这次事件看作克里米亚再次回归俄罗斯的怀抱，但他的对手声称，这是一次由外国势力发起的怀有敌意的入侵。从本质上来讲，这是一场关于克里米亚人民真正意愿的辩论，或者说，这是两种不同现实之间的冲突：一方面俄罗斯声称，克里米亚公民以压倒性的多数支持回归俄罗斯联邦；另一方面亲乌克兰的声音称，亲俄罗斯的情绪是由莫斯科精心策划和挑起的，并不能代表克里米亚人民的真正心声。

描绘出克里米亚的现实对于在冲突中限制外国势力的干预至关重要。如果这就是一次"吞并"，那么北约成员国理应做出回应，但如果这是一次回归，并得到了绝大多数克里米亚人民的支持，那么想要证明存在外国势力的干预就非常困难。因此，尽管私密的军事和政治行动已经在不动声色间做好了准备，并且得到了完美的执行，但是为了勾勒出在克里米亚的土地上究竟发生了什么，俄罗斯早就已经启动的信息操控就显得更加复杂，或许这是世界上最复杂的信息操控了。然而，当涉及人为构造出一个现实这样的话题时，被我称作炒作机器的社交媒体绝对是不可或缺的。

虚假新闻在网上的传播

在说出我对克里米亚事件的看法之前,我不得不让你先走一段弯路,我想通过一个故事中的另一个故事向你提供一些很可能非常有用的背景资料。2016年,在克里米亚被"吞并"的2年后,我当时正在和我的同事苏鲁什·沃梭基(Soroush Vosoughi)、德布·罗伊(Deb Roy)一起在我的实验室里忙于一个非常重要的研究项目,我的实验室就在马萨诸塞州剑桥市的麻省理工学院的校园内。我们与推特的直接合作已经持续了相当长的一段时间,这个研究项目可以说是当时规模最大的针对网络上的虚假新闻传播进行的纵向研究。[2] 我们分析了从2006年推特成立以来,一直到2017年,所有在推特上传播过的、经过事实核查的真实或虚假新闻的传播方式。

我们的这项研究于2018年3月被作为封面报道发表在了《科学》杂志上,在文章中,我们披露了第一批大规模的关于虚假新闻如何在网络上传播的证据。在研究过程中,我们发现了一些迄今为止我仍然认为是我遇到过的最让人感到害怕的科学结果。我们发现,在所有类别的信息中,虚假新闻始终要比真实新闻传播得更远、更快、更深入,而且其覆盖面也更加广泛。在某些案例中,这两者之间甚至有好几个数量级的差异。我不知道是谁曾经说过这样一句话:"当真理还在穿鞋的时候,谎言已经走遍了半个地球。"这句话显然是有一定道理的。事实上,我们在社交媒体平台的通道中发现了一台可以扭曲现实的机器,通过这台机器,谎言像闪电一样传播,真相却像是在缓慢滴落的糖浆。

但是,在这些耸人听闻的结果的背后隐藏着另一个并不是很起眼的结果,这个结果与克里米亚事件有直接的关联。在我们为真实和虚假新闻在推特上的传播过程建立起一个更加复杂的模型之前，作为正常分析过程的一部分，我们制作出了一张比较简单的图。我们绘制了在不同的新闻类别（比如政治、商业、恐怖主义以及战争）里，真实和虚假新闻的级联（cascades）数量随着时间的变化而发生的变化。在这里，所谓的新闻级联指的是某个新闻在庞大的人群中经过不断转发而形成的一整串链条。在下图中我们可以看到，随着时间的推移，虚假新闻和谣言的传播总量在不断地攀升，并且分别于 2013 年年底、2015 年年底以及 2016 年年底达到了顶峰，这刚好与美国总统大选的时间相对应。数据显示，在 2012 年和 2016 年美国总统大选期间，虚假政治新闻的总量出现了明显的上升，这也证实了虚假新闻的传播和政治具有极为密切的关联（见图 1.1）。

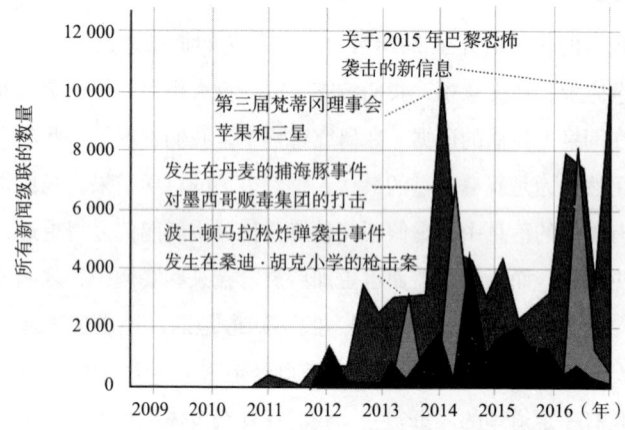

图 1.1 从 2009 年到 2016 年，在推特上经过事实核查的所有真实的、虚假的和混合型的（即部分真实和部分虚假）新闻级联的总数。一条经过事实核查的新闻级联实际上就是一个完整的故事，在我们的研究中，任何一条新闻级联中的所有事实都是由 6 家独立事实核查机构中的一家来核实完成的，随着推特的用户不断地上传和转发某条新闻级联，这条新闻级联就在推特上传播开来

但是，另外一个更加微妙的结果同样引起了我们的注意。从2009年到2016年，只有一次，各种谣言的数量都出现了明显的增长，而这些谣言都包含了部分真实和部分虚假的信息，我们把这种谣言称作混合型新闻。在图1.1的原始图中，你很难分辨出这个现象，所以我们对数据进行了过滤，并重新绘制出了下图，这一次我们只保留了政治新闻。我们看到，在2014年2月和3月这两个月的时间里，混合型新闻的传播曲线上出现了一个非常清晰的单独的峰值。这个峰值显然与俄罗斯"吞并"克里米亚的事件有直接的关联（见图1.2）。

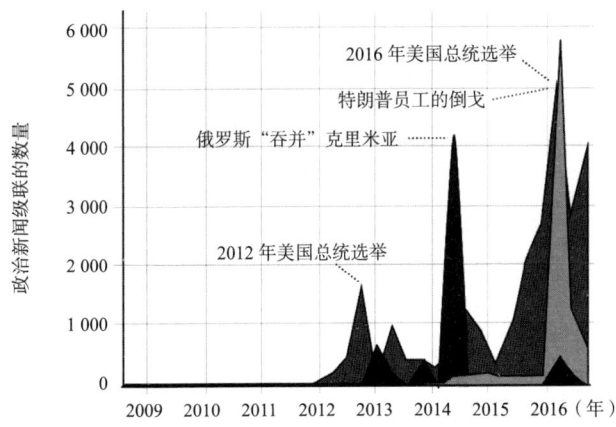

图1.2 从2009年到2016年，在推特上经过事实核查的所有真实的、虚假的和混合型的（即部分真实和部分虚假）政治新闻级联的总数

这个结果非常让人震惊，不仅仅因为它是有史以来在推特上所有经过事实核查的混合型新闻的传播曲线上的最大峰值（在混合型政治新闻的传播曲线上，这个峰值的高度是其他任何峰值高度的4倍以上），而且因为就在这次"吞并"刚刚完成后不久，这个峰值

就像它突然出现那样突然消失了。在进一步调查后,我们发现,一些亲俄罗斯的政治实体对社交媒体进行了系统化的操控,极具前瞻性地利用了炒作机器来控制乌克兰的国民对克里米亚事件的看法,以及国际社会对那里发生的事情的看法,最终塑造出了克里米亚人民的意愿。

向马克·扎克伯格提问

2014年5月14日,这一天是马克·扎克伯格30岁的生日,一位来自以色列的脸书用户希望扎克伯格能够出面干预俄罗斯利用国家力量在乌克兰发起的信息战。扎克伯格当时正在脸书总部主持现在已经非常著名的"线上问答"。对全球的脸书用户来讲,这些线上问答是他们直接向扎克伯格本人提出有关脸书及其公司治理方面的问题的公开机会。在这样一个特殊的日子里,线上问答被安排在位于加州门洛帕克脸书总部内一个中等大小的房间里进行,来自全球各地的用户将会向这个世界上最大的社交网络公司的CEO(首席执行官)直接提出各种问题。[3] 就在前一周,扎克伯格在脸书的问答网页上发布了有关这次活动的消息。在网页上,他要求用户通过回复帖子来预先提交他们想要提出的问题。[4] 他这样写道:"你如果有什么问题希望我来回答,那么请在下方留言。你还可以通过点赞其中的一些问题来进行投票。下周,我会在大约一个小时的时间里尽可能多地回答你们的问题。"

在主持人说了几句开场的客套话之后,现场所有的观众用低沉的声音对扎克伯格唱起了"生日快乐",然后提问环节就开始了。主持人是一个名叫查尔斯的脸书员工,他大声地读出了第一个问题:"马克,这个问题来自以色列,但是问题的内容是有关乌克兰的……提问人的名字叫格雷戈里,他的问题是:'马克,最近我看到了很多有关脸书用户的账号被很不公平地封禁的报道,这或许是因为他们曾大量地转发一些虚假的新闻报道。但那些被封禁的账号通常是顶级的亲乌克兰的用户,或者牵涉了当下有关俄罗斯和乌克兰冲突的帖子。我的问题是,你或你的团队能不能想点什么办法来解决这个问题?或许你可以针对关于乌克兰的新闻和评论创建一种单独的管理规则,封禁那些来自俄罗斯的满篇都是谩骂的报道,或者你只需要更小心地监管那些顶级的亲乌克兰用户就可以了,你说是不是?请帮帮我们吧。'对于这个问题,我们已经进行了一些追踪,现在请看屏幕。事实上,乌克兰总统彼得罗·波罗申科(Petro Poroshenko)也向我们提出了一个问题,他的问题是:'马克,你能不能在乌克兰设立一个脸书的办事处?'"

如果脸书是一个国家,那么它将是世界上最大的国家,而你看到的正是其"参与式政府"的运作模式。扎克伯格清了一下自己的喉咙,接着指出他对这个问题实际上早就做好了准备,因为"这是到目前为止在线上问答中获得投票数最多的一个问题",它获得的投票总数达到了 45 000 票。所以紧接着,扎克伯格就脸书的内容监管政策直截了当地开始了一场事先准备好的演讲。

但是,在克里米亚发生的事情的历史意义远远超过了扎克伯格所做出的平淡无奇的回应。他极大地低估了脸书在 2014 年克里米亚事件中所扮演的角色(正如他后来还会低估脸书在 2016 年外国对美国大选进行干预的事件中所扮演的角色)。在乌克兰发生的信息战远比扎克伯格所透露的更加复杂和影响深远。

信息战

在脸书的线上问答结束后,通过我们自己的研究和一些记者的调查[5],事情变得更加清晰了:2014年,俄罗斯在克里米亚实施了一项非常复杂的、双管齐下的信息战策略,他们利用脸书和推特提供给用户的公共应用程序接口,直接参与、引导并协调了各种线上的信息流。

第一个方面,他们的主要任务是压制亲乌克兰的声音。如果俄罗斯能够证明占压倒性多数的克里米亚人民的愿望是加入俄罗斯,他们就能够使这次"吞并"合理化,并将其塑造成一次解放。因此,在协调克里米亚亲俄罗斯情绪的斗争中,压制亲乌克兰的声音就成了一种至关重要的武器,而这种武器的有效性在乌克兰博客社区的求救呼声中可见一斑。每当网上出现亲乌克兰的帖子时,它马上就会被数以百计的谩骂和投诉信息淹没,这些信息声称这个帖子包含色情或煽动仇恨的言论。所有这些都是俄罗斯互联网研究机构IRA的常用策略,而这个机构正是克里姆林宫在阴影中伸向社交媒体的黑手,也是美国特别检察官罗伯特·穆勒(Robert Mueller)就俄罗斯阴谋操控2016年美国大选并欺骗美国人民而提起诉讼的对象。[6]有些人猜测,当网上有亲乌克兰的声音出现时,俄罗斯人创造的软件机器人(简称"机器人")就会在网上自动发布各种该信息涉及欺诈和谩骂的投诉信息。面对成百上千例这样的投诉,脸书不得不删除这些"冒犯"了众人的信息,并随后封禁这些作者的账号。这种方法非常有效地在脸书的平台上消除了亲乌克兰的声音。

这场信息战的第二个方面涉及的是通过虚假的推文、帖子、博客和新闻报道来制造并传播各种旨在误导他人的信息。2014年5月2日,当亲俄罗斯的分裂主义者和支持独立的乌克兰群众在敖德萨爆发激烈冲突时，当地一个名叫伊戈尔·罗佐夫斯基（Igor Rozovskiy）的医生撰写的文章开始在脸书上广泛流传。[7]罗佐夫斯基医生在一篇很长、很详细的帖子中描述了乌克兰的民族主义者是如何阻止他救援一个在冲突中受伤的人的。他说，他们在非常粗暴地把他推到一边的同时还大声"发誓说，在敖德萨的犹太人也会遭遇同样的命运"。他接着说道："即便在纳粹占领时期，这样的事情也没有在我所在的这个城市发生过。"这个帖子就这样在脸书上火了起来，而且很快就出现了英语、德语以及保加利亚语的翻译版本。

一天以后，也就是在5月3日，俄罗斯外交部部长谢尔盖·拉夫罗夫（Sergey Lavrov）在日内瓦联合国人权理事会上发表了演讲，他在演讲中声称："我们都很清楚地知道是谁制造了乌克兰的危机，以及他们是如何做到这一点的……乌克兰的西部城市已经被武装的极端民族主义分子占领，这些人使用了极端主义者、反俄罗斯和反犹太人的口号。我们还听说，他们限制或惩罚当地民众使用俄语。"[8]拉夫罗夫对这件事的描述完美地反映了罗佐夫斯基医生的观点。他们都声称，反犹太人的乌克兰民族主义者对犹太人施加了暴力，并且威胁说要升级暴力。在同一天，乌克兰人在电视上看到了亲乌克兰和亲俄罗斯的力量在敖德萨发生暴力冲突的真实画面，画面被反复地播放，在视觉上强化了上述故事的真实性。通过改变部分而不是所有的事实，散播部分真实和部分虚假的信息，这篇由俄罗斯人执笔的简单的叙事文章轻而易举地扭曲了现实。

那么，罗佐夫斯基医生是谁？他和俄罗斯有什么关系呢？事实上，他与俄罗斯或任何人都没有什么关系。他在脸书上的账号是在那篇帖子发布的前一天才创建的，罗佐夫斯基医生是一个虚构的人物，你也可以说他只是这一虚假新闻的人格化身。他重复了俄罗斯外交部部长的几乎每一句话，这个在脸书上既没有朋友也没有粉丝的新人居然在多个不同语言的网上社区里成了"网红"。

回想一下,你就会发现,俄罗斯外交部部长拉夫罗夫的演讲中包含了一个奇怪而又非常具体的说法,那就是乌克兰的极端民族主义者不仅威胁要对犹太人施加暴力,而且计划"限制或惩罚当地民众使用俄语",这使得数百万名生活在克里米亚的俄罗斯人感到极端愤怒。尽管犹太人只占克里米亚人口的很小一部分,但77%的克里米亚人认为,俄语是他们的母语。[9]我们对克里米亚被"吞并"期间在推特上出现的虚假新闻进行了深入研究,并且发现了在混合型新闻的传播曲线上出现的那一个显著峰值,之后我才意识到必须对这个现象进行更深入的挖掘,并进一步思考拉夫罗夫在联合国人权理事会上的发言。

在克里米亚被"吞并"期间,推特上最广泛流传的一篇半真半假的新闻报道声称,乌克兰东部的犹太人都已经收到了要求他们登记为犹太人的传单,如果不登记,他们就会被驱逐出境。另一篇广为流传的新闻报道称,乌克兰政府已经"立法禁止在官方场合使用除乌克兰语以外的其他语言"。这两个故事叠加在一起,支持了拉夫罗夫的叙述,其传播数量在推特有记录的历史中占据了混合型新闻传播总量的很大比例,是其他任何一个经过事实核查的混合型新闻传播量的4倍以上。据统计,关于克里米亚的混合型新闻在机器人的活动数量和传播虚假信息的独立账号数量上,要显著地多于其他可验证的混合型新闻。在社交媒体的数据中,这样的极端峰值通常意味着其中存在一种人为操控的对现实的扭曲,一种经过协调的影响人类思维和行为的尝试。随着俄罗斯大肆宣扬克里米亚民众渴望加入俄罗斯,事实的真相被虚假新闻所扭曲,作为对这次"吞并"的回应,奥巴马政府并没有选择干预,反而实施了经济制裁。所以今天,克里米亚已经成为俄罗斯的一部分。

和克里米亚虚假信息运动同样具有戏剧性的是，在我们的日常生活中，社交媒体对社会和经济的影响已经远远超过了任何单一的地缘政治事件。从令人不安的虚假新闻的崛起，到股票市场的起起落落；从我们对政治的观点，到我们购买什么、投票给谁，甚至我们爱谁，在商业、政治以及几乎其他所有方面，你都可以看到这台机器插手的影子。

炒作机器

在每一天的每一分钟里，我们脚下的这颗行星上始终有数以万亿计的数字社交信号在空气中不断地传递，这些数字信号会通过各种状态更新、新闻报道、推特上的推文、脸书上的戳戳乐游戏、各种网站上的帖子、转发的链接、广告、来自不同机构的通知、各种形式的分享、登录信息，以及来自我们社交网络上的好友、新闻媒体、广告商和公众给出的各种评分对我们进行轰炸。这些信号通过脸书、Snapchat、Instagram、YouTube 以及推特这样的平台被传送到我们"永远也不会关机"的移动设备上，同时它们在多种算法的帮助下，在人类的社交网络中不断地游走。这些算法当初被设计出来，就是为了优化我们的网络连接，加速我们的互动，让我们最大限度地参与定制内容流。但与此同时，这些信号还携带着更加强大的变革性力量，它们让我们的社会因为过度炒作而变得社交化，并且在大规模地提升了这个社会的群体说服力之后，还创造出了一种潮流的暴政。它们通过在我们的日常决策中注入周围的人的影响，营造出一种在群体规模上的行为改变，并且通过强行推动注意力经济来实现这一点。我把社会炒作的高度社交化、个性化的群体说服力以及注意力经济的制度化称作"新社交时代的三部曲"。

但这个新社交时代真正让人感到惊讶的是,在15年之前,这种让人感觉嘈杂刺耳的数字社交信号还根本不存在。就在这短短的15年之前,我们用来搭建数字连接的媒介仍然是电话、传真机和电子邮件,但今天,随着越来越多新的社交技术开始上线,我们也越来越不了解这些技术是如何改变我们的。为什么网上虚假新闻的传播速度比真相要快很多?一则发布在推特上的虚假新闻是如何在几分钟的时间里把1 390亿美元的市值从股票市场上抹去的?脸书又是如何通过调整一种算法改变了2012年美国总统选举的结果的?俄罗斯对社交媒体的操控真的反转了2016年美国总统选举的结果吗?当意大利威尼斯的慢跑者在社交媒体上公布他们的慢跑记录时,在加利福尼亚州威尼斯的慢跑者会因此而跑得更快吗?上面这些问题都在促使人们仔细思考社交媒体所具有的颠覆性力量。通过回答这些问题,我们就能够更好地理解炒作机器是如何影响这个世界的。

炒作机器在我们之间创造出了一种极端的相互依赖,同时,它还塑造了我们的思想、观点和行为。这种相互依赖是由脸书和推特这样的数字网络来实现,再由信息流和好友推荐算法这样的机器智能来引导的。数字网络和机器智能的结合正在重塑人类社交网络的演化过程,以及这些网络中的信息流动过程。这些数字网络将炒作机器的控制权暴露在了国家、企业以及个人的面前,而这些相关的实体和个人都迫切地希望能够通过操控全球的话语权来实现自己的目的,通过塑造公众舆论来最终改变我们的行为。炒作机器的设计和我们使用这台机器的方式,正在重塑我们的组织和我们的生活。

到目前为止,我们所有人都已经听到了众多反对者的不和谐的声音,他们宣称,随着新的社交技术开始颠覆民主、扰乱经济秩序和公共健康,这个世界的秩序正在崩塌。我们还目睹了泛滥的虚假新闻、仇恨言论、旨在破坏市场的虚假推文、针对少数族裔群体的种族灭绝性暴力、死灰复燃的疾病、在民主选举过程中出现的外国干预，以及对隐私的严重侵犯。一桩接一桩的丑闻所引发的群体性反弹已经撼动了脸书、推特以及 Instagram 这样一些社交媒体巨头，而它们似乎根本无法从这样的打击中恢复过来。

但是，当社交媒体革命刚开始的时候，这个世界的所有社交平台都有一个理想化的愿景，那就是把这个世界连接在一起。它们计划让每一个人都能够自由地获取信息、知识和资源，而这些正是人们体验思想上的自由、在社会和经济上获得更多的机会、拥有更好的健康状态、享受工作的流动性，以及建立有意义的社会联系时所必需的。它们准备与压迫、孤独、不平等、贫穷以及疾病进行斗争。但今天，似乎正是它们加剧了这些人们原本想要减轻的社会病态。

我研究社交媒体至今已有 20 多年了，这些经历使我学到了一件事情，那就是社交媒体不仅拥有非同寻常的潜力，而且包含着巨大的风险，其中的潜力和风险都是不确定的。社交媒体可以给我们带来一波令人难以置信的生产力、创新、社会福利、民主化、平等、积极性、团结和进步的发展浪潮。但与此同时，如果我们任其发展，它也可能给民主、经济和公共健康带来致命的冲击。今天，我们正处在这样一种现实的十字路口。

在这本书中，我想表达的一个观点是，我们完全可以在实现社交媒体所带来的希望的同时避免其中的风险。但想要做到这一点，我们不能再对社交媒体影响我们的方式纸上谈兵或高谈阔论，而应该对社交媒体的运作方式建立起严谨的、科学的理解。通过仔细审视炒作机器内在的运行机制，并利用科学来解码它产生的影响力，我们所有人可以一起来引导这艘巨轮远离它正在逼近的礁石，帮助它驶入更加平静的水域。

不幸的是，我们对社交媒体的理解和研究被围绕着炒作机器的各种喧嚣所阻碍，我们被汹涌而来的大量书籍、纪录片以及针对一次性事件的研究所淹没，而那些一次性的事件都是为了吸引媒体的注意力而被专门设计出来的，所以缺乏基本的严谨性和普遍性。可以说，所有那些天花乱坠的炒作并没有给我们带来任何帮助，因为关于社交媒体会如何影响我们这个问题，正是这种喧嚣遮蔽了我们的双眼，使我们无法从科学的证据中看清楚什么是我们已知的，什么是我们未知的。

当我们关于社交媒体的论述被笼罩在情绪化的歇斯底里中时，处于争议中心的三个主要的利益相关者，即社交平台、政客和民众，却彼此指指点点。社交平台把我们的病态行为归咎于缺少监管，政府指责社交平台无视其技术被武器化，而民众则指责政府和社交平台毫无作为。但真相是，各方都没有尽到自己的职责。最终，每一个人都必须为自己在炒作机器当下的发展方向中扮演的角色负责。

我们不仅要对这件事承担部分责任，而且要对接下来发生的事情承担部分责任。正如马克·扎克伯格曾经提到的，政府需要采取明智的、能够得到足够信息支持的监管措施；平台也需要改变其政策和产品设计；为了我们自己和我们的下一代，我们都需要为在当今的数字环境中使用社交媒体的具体方式承担起更多的责任。尽管对于当下的困境，我们并没有什么灵丹妙药，但我们相信还是可以找到一些可行的解决方案的。

如果你想在实现这个新的社交时代给我们带来的希望的同时，避开其中的风险，那么我们所有人——社交媒体的高层管理人员、立法者以及普通的市民——都需要仔细地思考，我们该如何面对这种新的社会秩序。作为这个社会的一分子，我们要真正地利用好手上的4根杠杆，即用来管理社交平台的代码、由社交网络的商业模式创造的激励机制、在使用这些系统时建立起来的规范，以及为了监管市场失灵而制定的法律。在这样做的同时，我们还要设计出能够平衡个人隐私、言论自由、错误信息、创新以及民主的科学解决方案。毫无疑问，这是一种非常重大的责任，但考虑到炒作机器对我们的生活所产生的压倒性影响，这也是我们根本无法放弃的责任。

我是谁

按照先后顺序，我是一个科学家、创业者和投资人。当然，首先而且最重要的是，我是一个科学家。我是麻省理工学院的一名教授，我和同事在那里共同负责"数字经济"的研究项目。另外，我还负责管理"社会分析实验室"。正是在这个实验室里，我们对构成炒作机器的社交技术展开了研究。我在伦敦经济学院和哈佛大学完成了我的硕士学业，然后在麻省理工学院获得了博士学位。从专业上来讲，我是一名应用计量经济学家，但是我还学习了社会学、社会心理学以及麻省理工学院经济学博士学位的大部分课程。你可以说我是一个数据狂人。我以分析大规模的社交媒体数据为业，而且我还尝试去理解信息和行为是如何通过社交媒体和社群进行传播的。但是，我真正的专长是图论和图形数据，换句话说，我研究的是那些用复杂的网络结构连接在一起的东西，而那些东西可以是在社交网络中的人，也可以是处在由买方和供应商所组成的关系网络中的企业。

我当初是如何在无意中闯入这个行业的呢？2001年的秋天，当时马克·扎克伯格还是一名在菲利普斯埃克塞特中学读书的高中生，距离他在哈佛大学创立脸书还有整整三年的时间。而我作为麻省理工学院的一名博士生，正坐在杜威图书馆的阅览室里学习两门截然不同的课程：一门是由世界著名的统计学家杰瑞·豪斯曼（Jerry Hausman）主讲的计量经济学，而另一门是由当时初露头角的明星社会学家埃兹拉·祖克曼（Ezra Zuckerman）主讲的战略社会学。埃兹拉现在已经是麻省理工学院斯隆管理学院的院长了。埃兹拉的课程用了很大的篇幅集中讲述了社交网络，而杰瑞的课程向我们介绍了"BLUE"估计量，这是一种产生最佳线性无偏统计模型的理论。

我当时一手拿着统计学的教科书，另一手拿着一大沓有关网络的论文。当我阅读统计学教科书的时候，一个经典统计学的主要假设不断地出现在我的眼前：所有在我们分析的数据中能够被观察到的东西（人、公司或国家）都是"独立同分布"的。换句话说，我们的假设是，在我们的数据中任何人都不应该以任何系统化的方式相互连接在一起。然而，当我开始阅读那一大沓有关网络的论文时，我不断地看到用来说明人与人之间所存在的复杂关系的图谱。一方面，我们假设一切都是独立的，而另一方面，我们的生活表现出了令人震惊的相互依赖性。

当时，关于社交网络的统计分析才刚刚开始，但我已经意识到，很多我们认为无法解释的事情（在"独立"模型中的那些变量）或许可以通过探究如下这些问题而获得解答。我们是如何连接在一起的？信息和知识是如何在我们之间产生和消失的？我们同伴的行为和观点是如何对我们自己的行为和观点产生影响的？在2001年，我们还没有大型的数字社交网站，但通过电子邮件、即时通信软件和短消息，我们已经建立起很多数字网络连接。就在那个时候，坐在杜威图书馆里，我突然有了一个灵感：数字社交网络很可能会加速信息、个人行为、经济机会以及政治意识形态在人群中的流动。它会改变我们熟知的这个社会，并且影响从商业、政治到公共健康的所有事情。

我现在还记得，当时我狂奔到离我最近的 Pine 终端（一种用来发送电子邮件的计算机程序），给我的博士生导师埃里克·布莱恩约弗森（Erik Brynjolfsson）发送了一封电子邮件，并请求与他会面。第二天，在我们见面后，我向埃里克阐释了我想把我的博士论文研究课题集中在数字社交网络上的想法。我告诉他，我认为这将是接下来会在个人计算机领域里发生的一件非常重大的事情，而且它将对社会产生革命性的影响。即便现在，埃里克也并没有进行任何与社交网络有关的研究，而且他也从来没有认真思考过任何有关图论方面的问题。当时，他正在就信息技术对企业的生产率和经济发展的影响进行着一项开拓性的研究工作，社交网络并不是他那个时候的关注对象。但我还是要感谢他，因为他迁就了我的想法。他对我说：ّ"对于网络，我了解得很少，但你似乎对此感到很兴奋，那么让我们一起来想办法吧。"我不知道他当时是不是想，现在这个阶段很正常，事情很快就会过去的。通常来讲，博士生会有层出不穷的想法，但是在他们真正落实到一个比较现实的想法之前，所有这些想法都不会有什么结果。但他仍然对我表示了支持，而我的博士论文写的就是信息如何在数字社交网络中流动。事实证明，社交网络并不是某一个阶段的事物，而且也没有随着时间就这样过去。很快，我们在 2002 年看到了 Friendster（一个社交网站）创立，又在 2003 年见到了 MySpace（聚友网）创立，紧接着在 2004 年，脸书出现在了哈佛校园内，随后推特于 2006 年创立，WhatsApp 于 2009 年创立，Instagram 于 2010 年创立，微信出现在 2011 年，抖音出现在 2016 年。这个崭新的社交时代就这样诞生在了我们的面前，而从那以后，我一直在研究它们的工作机制。

我的科学工作牢固地植根于我对技术的崇拜，以及对我们应该

第 1 章 新的社交时代

如何使用技术的合理怀疑。我相信，我们正在目睹一个人类进化的新纪元，在这个新纪元中，大规模的自动化、数字化以及社会化将改变我们互动、沟通以及感知周围的世界、做出决策并采取行动的方式。在线社交网络（如脸书）、微博网站（如推特）、即时通信软件（如 WhatsApp），以及知识的协作生产和新闻的聚合技术平台（如维基百科和 Reddit）已经从根本上改变了信息的生产、分享、消费、使用和定价的方式。从知识的生产方式到消费者的需求模式，从竞选活动到公共卫生项目，再到大规模的抗议活动，在这些领域中发生的改变对我们众多的社会、政治以及经济组织都产生了深远的影响。

新技术和新的沟通模式不但改变了信息的生产和传播方式，而且以令人难以置信的精确度和细节记录下了有关人类互动的信息。在一篇于 2009 年发表在《科学》杂志上的文章中，我和我的同事提出，这些新技术和新的沟通模式不但改变了信息的生产和传播方式，而且使"计算社会科学"这样一个全新领域的发展成为可能，这个新的研究领域的目标是增进人们对"微观层次的人类互动会如何影响宏观社会结果"的理解，这是一尊长久以来一直在社会学、经济学以及其他学科领域中被人供奉的"圣杯"。这些改变使我们在人口规模上对人类行为进行新的科学研究成为可能，同时揭示了很多新的干预手段能够极大地改善我们处理冲突、商业事宜以及个人健康事宜的方式。

除了在科学领域工作之外，我还是一个非常活跃的创业者和多家企业的首席科学家，我虽然一只脚还在学术领域内，但另一只脚已经踏进了创业公司，去探索这些前沿的新技术。我是 SocialAmp 公司和 Humin 公司的首席科学家，前者是最早的社交商业分析公司之一（这家公司在 2012 年被美库尔公司收购），而后者是一个社交平台，它被《华尔街日报》称作世界上第一个"社交操作系统"（这家公司在 2016 年被交友公司 Tinder 收购）。另外，我还曾经直接与脸书、雅虎、推特、领英、Snapchat、微信、Spotify（声田）、爱彼迎、SAP（思爱普）、微软、Jet.com，以及《纽约时报》的高层管理人员一起工作。

我和我的老朋友保罗·法尔宗（Paul Falzone）都是 Manifest Capital（显性资本）的创始合伙人，它是一家投资公司，投资的主要方向是帮助那些初创公司成长为真正的炒作机器。从这样一个角度出发，我每年都会评估数百家不同的公司，并总是期待着知道接下来遇到的又会是一家什么样的公司。正是这些经历驱使我更深入地思考那些推动社交经济的商业模式、技术以及机器智能。作为一个科学家、创业者和投资人，我很有幸能够近距离地观察炒作机器，研究其内在的工作机制，并且参与一些与它有关的产品的开发。这三个不同的观察角度会一直伴随着我，而且我相信，当阅读这本书的时候，这一点对你来说同样显而易见。

作为一个科学家，我非常苛求严谨。在任何细微的转折处，我都会尽量避免提出我无法证明的观点。所以，尽管我会在这本书的某些地方给出很有说服力的证据，但是我绝不会提出什么大胆的说法或结论。我会提出我的一些观点，但同时会附带一些适当的提醒。不幸的是，我们目前还没有得到所有问题的答案，而且我们已经得到的答案也不是什么简单的答案。这就是我们面临的部分挑战。尽管围绕着社交媒体和它影响我们的方式，科学已经获得了长足的进展，但这一切只是刚刚开始，而且我们的研究有时候还会受到社交平台数据控制的束缚。我们对虚假新闻的传播、选举操控、过滤泡以及数字政治两极分化的了解还很不够，原因是我们当下的研究还没有完成。但这项研究是必须要完成的，所以，大力提倡这项研究也将会是这本书的一个主题。

作为一个创业者,我很清楚创业的实际困难。创新者经常会面对难以想象的两难处境,建立一家成功的企业很难,而建立一个我将要探讨的全球性平台几乎是一件不可能的事情。我很尊重在建立脸书、推特、领英以及其他类似公司时,那些创始人曾经付出的心血,我也明白在早期进行决策的时候,创始人根本无法预见最终可能会出现的不测,但是我还知道,当面对某些真相的时候,我们都有道义上的责任去采取行动。今天,面对炒作机器带来的负面影响,我们还有很多事情需要做。我相信,这个新社交时代的真正领导者将会是那些愿意做出一些艰难决定的人,他们会把社会的整体利益置于股东利益之上。或者他们也许是那些已经认识到从长远来看,社会的整体利益实际上和股东利益完全一致的人。

作为一个投资人,我一直在尝试从一棵树来推断一片森林的情况。当你想建立一家企业时,你会全身心地投入这家企业的生存和发展中。但是作为一个投资人,你会把市场看作一个不断变化更新的场景。正如史蒂夫·乔布斯在斯坦福大学 2005 年的毕业典礼上所说的:"死亡很可能是生命最好的发明,它是生命发生改变的原因。通过清除陈腐,它为新生腾出了空间。当下你就是那新生的事物,但在不久的将来,你也会慢慢地滑向陈腐,然后被清理出去。"这同样也是我们会在市场上看到的新旧更替。比如,当初 Friendster 就为 MySpace 让出了空间,而后者又为脸书腾出了地盘。今天,微信在一款 App(应用程序)上能够做到的事情已经是脸书、WhatsApp、Messenger(聊天软件)、Venmo(移动支付软件)、Grubhub(外卖网站)、亚马逊、优步、苹果支付,以及很多其他的 App 分别能做到的事情的总和。没有哪一家公司可以说它的成功是持续不可动摇的。这个新的社交时代的未来将取决于我们作为创业者、投资人、监管者、消费者和公民会做出什么样的选择。我认为，有关这个新的社交时代的最重要的抉择依然没有出现。

我的目标

在这本书中，我的目标是描述炒作机器的运行机制和其中的科学，具体探究它会如何影响政治、商业以及我们的人际关系。另外，我还会尝试探讨炒作机器对我们这个社会所产生的正面和负面影响，以及我们如何通过企业政策、社会规范、政府法规和更加先进的软件代码来实现它给我们带来的希望，同时避开其中的风险。

在下一章，我会首先描述虚假新闻和利用炒作机器把错误信息武器化的行为，然后我会追踪脸书和推特等平台的设计是如何鼓励并促进错误信息传播的（第2章）。俄罗斯对2016年美国总统大选的干预真的改变了大选的结果吗？我们该做些什么才能阻止虚假新闻给我们带来伤害？请继续耐心地读下去。

在我的描述过程中，我会详尽地审视为什么炒作机器的崛起会如此迅速，以及为什么社会和个人会如此容易受它的影响。我会对炒作机器进行剖析，并具体描述正在人类历史转折点的中心处上演的新社交时代的三部曲，同时深入地思考被我们用来塑造技术未来的4根杠杆，即金钱、代码、规范以及法律（第3章）。我还会描述把我们与炒作机器连接在一起的神经学（第4章）和经济学（第5章）的力量。理解这些有关神经学和经济学的知识，可以帮助我们从商业的角度回答一些有关这个新社交时代的重要问题，比如脸书为什么能够在社交网络的市场上击败MySpace。但对这些问题的回答也会凸显出一些更加根本的问题，比如炒作机器会如何对人类的进化产生影响。

因为炒作机器正在颠覆当下的商业、民主和公共卫生领域，所以接下来我会讨论三场由炒作机器驱动的关键社会变革：个性化的群体说服力（第 6 章）、社会炒作的高度社交化（第 7 章和第 8 章），以及注意力经济的制度化（第 9 章）。同时，我还会具体审视炒作机器的内在运行机制，深入挖掘有关"线上同伴效应"的科学内涵，以及我们新产生的"极端的相互依赖性"是如何改变我们购买的产品、投票支持的人选，甚至那些我们会与之相遇并陷入爱河的人的。

在审视了这些内在的机制之后，我会再次把视线放到远处，思考炒作机器对社会的影响以及三个会因此长久存在下去的趋势，比如炒作机器会对"群体智慧"产生什么样的影响。我们掌控"群体智慧"的能力完全建立在三个基本的支柱上：独立性、多样性和平等性。但问题是，炒作机器已经侵蚀了这三个基本的支柱，并且把智慧转变成了疯狂。我会在第 10 章具体探讨我们应该怎样做才能重新掌控"群体智慧"。之后，通过描述炒作机器所具有的积极的潜力，我会再次提醒大家，当初我们为什么会发明这样一台机器。显然，在生产力、创新、社会福利、民主化、平等、关怀、积极性、团结以及社会进步等方面，这台机器已经引发了不可思议的"海啸"。与此同时，我还会探究为什么社交媒体所具有的积极潜力的源头也是它所蕴含的风险的来源，以及这一点如何使我们想要适应这样一台机器的努力变得更加复杂（第 11 章）。

在最后一章，我会探究我们该如何适应和利用商业政策、政府监管、社会规范以及技术设计来引导经济和社会走向一个更有希望的未来（第 12 章）。我们应该拆分脸书吗？我们应该如何为隐私保护立法？我们是否应该把炒作机器仅仅当作一个出版商，或者一个由用户生成内容的平台，而它根本无须为用户上传的内容负责？这对言论自由和各种散播仇恨的言论又意味着什么？对于这些问题的某些答案，你或许会感到非常惊讶。

十字路口

在过去三年的时间里，脸书、推特、YouTube以及其他社交媒体经常会出现在各种报刊的头版头条上，而这些故事大多揭示了它们缺乏透明度，揭示了它们对政治的两极分化、仇恨言论的传播、种族主义以及各种论述的低俗化起到了推波助澜的作用，揭示了它们在虚假新闻的传播中扮演的角色，以及它们对民主和选举造成的潜在的腐蚀性影响。

立法者已经提议对社交媒体进行监管。多个美国国会的委员会也正在调查脸书和其他的炒作机器在俄罗斯对美国大选进行干预的事件中，以及在各种错误信息通过网络进行传播的过程中扮演的角色。在这里，我必须谈一谈剑桥分析公司（Cambridge Analytica）引发的争议，[10] 在这起事件中，这家政治咨询公司利用从脸书窃取的包含8 700万名美国人的数据进行了定向的政治广告投放，因此马克·扎克伯格不得不在美国国会和欧洲议会前做证。[11] 针对这起事件，众多立法者争辩的焦点是，我们应该如何应对炒作机器所拥有的强大的群体说服力、随意使用个人数据的能力，以及对错误信息缺乏控制的现状。参议员约翰·肯尼迪在美国参议院用语气不祥的开场白开始了他对扎克伯格的提问："我不想对脸书实施监管，但是，我还是会那样做的。"

广告商也开始向这些社交平台施压，要求它们整顿自己的行为。2017年，宝洁公司的首席品牌官马克·普里查德（Marc Pritchard）针对数字广告在谷歌和脸书等平台上缺乏透明度，以及广告被安排在虚假信息或具有攻击性的内容旁边等问题,发表了一篇面向公众且言辞非常激烈的文章。[12] 之后他还说到做到,将宝洁公司的数字营销预算削减了 2 亿美元。[13] 2018 年,联合利华公司也有样学样,将他们的数字营销费用削减了将近 30%。当然,他们这样做也只是想要清理一下炒作机器的广告生态系统。[14] 但对这些社交平台而言,它们绝不是因为运气不好而受到了一些公众的抗议。事实上,据报道,在削减了 6% 的数字营销预算后,宝洁公司 2019 年的有机销售增长仍然达到了 7.5%。[15] 联合利华在同一时期也爆出了有机销售增长达到 3.8% 的消息。[16] 想要理解它们是如何做到这一切的,你需要首先对炒作机器有一个基本的了解。

在炒作机器里,每个人都是数字营销人员,无论他们是在为自己的创意而战,还是在为客户口袋里的钱而战。在总统大选期间,你的候选人很可能正在试图说服选民站在他或她这边;宝马汽车公司可能正在竭力说服客户购买新的 3 系轿车;小企业主正试图增加他们的销售额;普京的互联网研究机构 IRA 正试图通过误导来挑拨离间。所以,在炒作机器里,上面提到的这些人从根本上说都是数字营销人员。他们都在尝试通过优化相同的说服策略来实现目标。这就是为什么尝试去成为一个监管者、一个市场营销人员或一个关心某件事情的公民,并在我们接下来的旅途中尝试站在更多不同的角度来看问题,会对我们如此重要。我会要求你把自己也当作一个数字营销人员,然后站在他们的角度去理解这些工具。要想真正理解那些每天通过网络被推送给我们的内容,我们需要首先了解上述这些人都在做什么,以及他们为什么会这么做。

今天,地球上的每一个国家对社交媒体在社会中扮演的角色都极为关注。全世界的监管机构都在辩论我们该如何应对炒作机器对选举、商业趋势、竞争、隐私以及虚假新闻的影响。商业领袖们正试图通过各种不同的平台政策、算法设计、软件代码,以及使用替代的商业模式来寻找自我监管的方法。从炒作机器对我们的友情和商业的影响,到我们如何开展社交和行动,再到我们的社会中不断增加的孤独感,作为孩子的家长和独立的个体,作为家庭中的一员和其他人的朋友,我们每一个人都在思考炒作机器会如何影响自己当下的生活以及孩子将来的生活。对于我们该如何设计、部署、使用和规范社交媒体,我们今天做出的任何决定都将在接下来的几年时间里很快地产生极其深远的影响。

虽然科学研究表明社交媒体可以帮助我们建立一个透明、民主、平等的社会,但它同样可以被用来建立一个两极分化的、威权的警察国家。今天,虽然这个系统的设计还在全球范围内被人们广泛地讨论着,但我们已经站在了一个十字路口,被夹在了社交媒体给我们带来的希望和可能的风险之间。

对社交媒体来讲,构造上的改变是每天都有可能发生的,所以想要跟上每天的变化是一件几乎不可能的事。但是,我希望在这里能够为大家提供一个持久的框架,来指导我们对社会经济的思考。炒作机器是如何运作的?信息和行为是如何传播开来的?对社交媒体进行的干预会如何改变人们的行为?社交媒体的管理人员、政策制定者和一般的个体如何才能更有效地与炒作机器进行交流?针对上述所有这些问题,在经过了20多年的研究后,我已经找到了一些一般性的原则。为了对这些基本原理进行严格的剖析,我需要你在智力上承受一段痛苦的旅程,而且这一路上还会有很多曲折的情节和意料之外的转折。在这本书中,你将要经历的正是这样一段旅程。为了开启这段旅程,让我们首先来了解一下,社交媒体如何把我们带到了一个被某些人称作"现实的终结"的悬崖。

第 2 章

现实的终结

> 在通常情况下，谎言总是会被现实击败，因为现实无可替代。无论一个有经验的说谎者编织的谎言有多么宏大，哪怕他还可以利用计算机的帮助，谎言也永远不可能庞大到可以覆盖事实的所有细节。
>
> 汉娜·阿伦特（Hannah Arendt）
> 美国现代政治理论家

2013年4月23日，股市悄无声息地在华尔街开市了。这是一个极为反常的寒冷刺骨的早晨，交易员喝着他们手上的拿铁咖啡。从开市到午餐的这段时间里，股市小幅上涨。但是，当所有人都停下工作并开始享用午餐的时候，美国联合通讯社在推特上爆出了一条消息，这条消息改变了整个股市的氛围。随着这条消息在推特上一次又一次地被转发，在数秒的时间里，它已经形成了一股横扫炒作机器的信息洪流。在纽约、华盛顿以及世界各地的餐厅中，电话铃声不绝于耳。那条推特消息出现在美国东部时间下午1:07，它实际上非常简短："突发新闻，白宫发生两起爆炸，巴拉克·奥巴马受伤。"在短短 5 分钟的时间里，这条消息在推特上被转发了超过 4 000 次，所以，即便没有数百万人，也至少有数十万人收到了白宫遭到袭击的消息。[1]

你几乎能够听到那些正在监控社交网络的人把他们口中的冰茶或柠檬水吐回自己手中杯子的声音。这个新闻太让人震惊了。尽管在白宫草坪的周围经常有人试图翻越护栏，但那些人通常都会被当场抓获。除此以外，白宫至今只发生过 4 次安保系统被人攻破，并且来人成功地靠近了大楼的事件。[2] 所以，白宫内居然发生了两起爆炸，而且总统还受了伤，这就是个大新闻了。

整个股市动荡了起来，然后突然开始急剧下行。如果当初市场上只有散户投资人受到这个消息的影响，那么这个消息对金融行业造成的冲击可能就得到了控制。但是，炒作机器并不是孤立的存在，它还和一些系统耦合在一起，而这些系统可以利用人们在社交媒体上实时表达出来的情绪进行感知、挖掘、分析，并随后自动进行交易。像 Dataminr、Raven 这样的一些数据挖掘公司会持续地对社交媒体数据进行过滤，并尝试在各种背景噪声中寻找它们想要看到的信号。在真的发现了信号之后，它们就会抓住机会，马上将操作指令转发给机构客户，通知客户抢在市场趋势出现前进行买入或卖出的操作。就在那一天的下午，网上的用户情绪表现得相当糟糕，所以数据挖掘公司给出了卖出的建议，这一建议还触发了自动交易算法并驱动系统开始抛售股票。当这些公司这样做的时候，道琼斯工业平均指数瞬间下跌了大概 200 点，并且在数分钟内就蒸发了 1 390 亿美元的市场价值（见图 2.1）。[3]

但是，这个消息并不是真的。白宫很平静，而且总统安然无恙。推特上的消息是一条虚假新闻，是由入侵了美国联合通讯社推特账号的叙利亚黑客散布的。那天确实发生了一次恐怖袭击，只不过发

道琼斯工业平均指数
14 687.03+119.86（0.82%）

在数分钟的时间里蒸发了1 390亿美元的市场价值

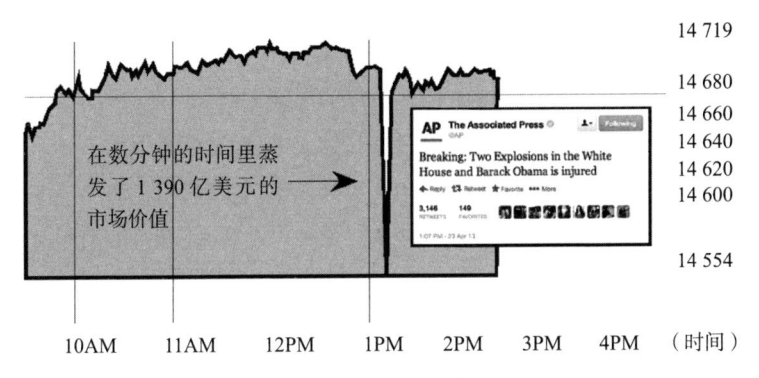

图2.1 2013年4月23日，道琼斯工业平均指数每小时变化的分时曲线。嵌入的图片：一张由叙利亚黑客在当天创建的美国联合通讯社的推特页面

生的地点并不在美国白宫。袭击发生在了推特上，但华尔街感受到了"伤亡"。市场很快就反弹了，但很多人失去了真金白银，因为他们买入和卖出的指令被兑现了，那些抛售股票的人已经输得一无所有了。发生在2013年的这起黑客攻击事件凸显了与炒作机器连接在一起的社会技术系统的脆弱性。当大量的新闻如潮水一般涌入网络时，你很难让它们停下来，而且你根本没有足够的时间对这些新闻进行核实，以预防可能出现的恐慌。当涌入的新闻是虚假消息时，它们可以对金融系统、健康卫生系统以及民主制度造成巨大的破坏，并且从完全虚构的东西中产生真实的后果。

还有另外一个例子。2017年的夏季，哈维飓风袭击了得克萨斯州的南部，洪水除了让数千人流离失所之外，还使得位于美国南部的数家石油精炼厂不得不停止生产。当有司机上传了车辆在加油站前排起长队等待加油的照片，并且照片里有一块临时的牌子上写着已经没油了的时候，有关汽油短缺的消息很快就在推特和脸书上传播开来。恐慌也随之而来，那个地区的司机们纷纷开始囤积汽油，就好像世界末日已经到来，这造成了奥斯汀、达拉斯、休斯敦和圣安东尼奥等地真的出现了汽油短缺的现象。[4]

但是，正如权威机构在事后透露的那样，根本不存在所谓的汽油短缺。这则虚假新闻首先在社交媒体上进行了传播，随后又被广播媒体注意到，并再一次被报道了出来。我们在事后了解到，当地有非常充足的汽油供应。石油精炼厂的停工和高速公路的关闭只不过延缓了汽油的交付。如果当时所有人都能够维持他们的正常消耗，配送系统完全有能力处理当时的供货中断，而且根本就不会出现汽油的短缺。然而，在社交媒体的推动下，人们开始疯狂地囤积汽油，这进一步制造了恐慌并导致加油站缺货，到了这时，汽油短缺的情况就真的出现了。[5]

当虚假新闻引发危机时，有一些信号会反复出现：虚假信息比真相传播得更快，它会误导具有真实影响的人们的真实行为。这样的虚假新闻会给商业、民主以及公共卫生带来戏剧性的后果。而且，尽管类似的事情早已经存在了好几个世纪，但在今天，虚假新闻通过炒作机器进行传播的速度和规模以一种更加强有力或极端的方式制造出了一场场虚假新闻的危机。

百事可乐马失前蹄

至少有一半选民对2016年美国总统大选的结果感到失望。选举结束后的第二天，在《纽约时报》举办的年度DealBook会议上，财经记者安德鲁·罗斯·索尔金（Andrew Ross Sorkin）对其中的一位参会者进行了采访，这位参会者也借助这次会议提供的平台表达了她作为选民对这次选举结果的不满。在这次采访中，时任百事可乐 CEO 因德拉·努伊（Indra Nooyi）说，她的员工对特朗普总统的当选"感到哀伤"，而且女性和少数族裔也"担心自己是否安全"。她随后又鼓励所有人都团结在一起，因为"选举已经结束……我认为我们应该为那些支持另一方的人感到哀伤，但是我们必须团结在一起，毕竟生活还需要继续下去"。她甚至祝贺了特朗普总统赢得了大选。[6]

然而，在对这次采访进行报道的时候，著名的保守派政治博客保守树屋（Conservative Treehouse Blog）发布了一条虚假新闻，声称百事可乐的 CEO 对特朗普的支持者们说"滚去别的地方做生意吧"。这句话很快就在社交媒体上火了起来，并引发了一系列的抵制运动。[7] 特朗普的支持者在推特和脸书上转发了这条虚假新闻，而新闻媒体又通过引用这一虚假新闻进一步放大了这场抵制运动的影响。著名演员詹姆斯·伍兹（James Woods）当时在推特上已经有了将近 50 万名粉丝，他和其他一些社会名流也站出来支持这场抵制运动，这就使得这场运动获得了更加强大的推动力。当时，在 Reddit 网站非官方的有关特朗普的子版块中，有一个所谓的"抵制特朗普"的公司列表，而在上述有关百事可乐的各种帖子和视频被上传到 Reddit 后，该公司也就顺理成章地登上了这个列表的首位。

百事可乐公司的声誉因此遭受了一次重创。Alva 是一家对"市场情绪"进行评分的公司，通过分析一家公司在超过 8 万个新闻源头、300 万个博客以及 100 多个不同的社交网络中的实时提及率，他们就能够计算出这家公司的企业声誉值。Alva 给出的百事可乐公司在这起事件发生前的"市场情绪"指数为行业的平均值 5.5，这个数字被认为刚好处于"中性"。[8] 然而，随着有关因德拉·努伊言论的虚假新闻的传播，百事可乐公司的声誉值下跌了 35%。声

第 2 章 现实的终结

誉的受创还冲击了这家公司的股价,在这些虚假新闻的传播过程中,百事可乐公司的股价下跌了 7%。[9] 这或许是这些年以来百事可乐公司经历过的最具破坏性的事件(见图 2.2)。

百事可乐公司每日市场情绪指数

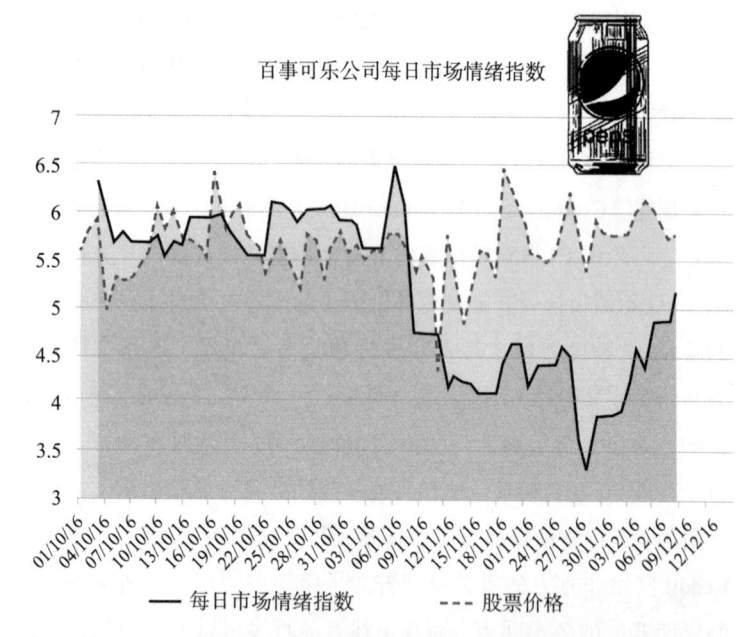

—— 每日市场情绪指数　--- 股票价格

图 2.2　百事可乐公司每天的市场情绪指数。这是一个用数值表示的有关公司声誉的指数,是 Alva 公司通过对 2016 年 10 月 1 日到 12 月 12 日在 8 万个新闻源头、300 万个博客以及 100 多个不同的社交网络中表现出来的市场情绪进行计算后得出的。图中的虚线表示百事可乐公司同期的股价

　　上面两个故事凸显了虚假新闻在传播过程中呈现出的一种系统性的模式,在对这一现象进行的大规模研究中,这种模式已经得到了证实,稍后我还会对此进行讨论。当虚假新闻并非纯属捏造的时候,它通常会通过调整或扭曲真实世界信息的方式与真实信息混杂在一起,然后再突出其中最耸人听闻和最情绪化的元素。之后,它就会在社交媒体上快速地扩散,这样它的传播速度就会超过我们对

其进行验证或揭穿它的速度。一旦虚假新闻传播开来，你就很难再把它放回"瓶子"里，要把它完全清理干净就更难了。

2013年让股市几乎崩溃的叙利亚黑客事件和2016年让百事可乐公司股价下跌了7%的事件，都是虚假新闻对经济产生重大影响的案例。你也许还听说过其他类似的故事。事实核查网站Snopes有一个叫"最热门的50个谣言"的列表，而且这个列表还会越来越频繁地更新。[10] 2008年，有谣言说美国联合航空公司正在申请破产；2017年，有传言说星巴克会向无证劳工提供免费的星冰乐咖啡；2018年3月，特朗普总统在推特上错误地宣称亚马逊公司正在想方设法逃税，这个消息让亚马逊股价的月度表现跌落至两年来的最低值。但是，虚假新闻是否会对商业或股票价格产生系统性的影响呢？在我们能够理解虚假新闻的全部含义之前，我要先讲述一个三线女演员的故事，这个女演员的名字叫卡米拉·比约林（Kamilla Bjorlin）。

一个因虚假新闻而声名狼藉的女演员

卡米拉·比约林只是一个演员。从7岁起，她就开始在一些电影里扮演配角，比如她在《流行教母》里与凯特·哈德森合作，在《公主日记2》里与安妮·海瑟薇合作。虽然她没有成为一个真正的明星，但是如何讲述一个虚构的故事已经融入了她的血脉。所以，她终于在2011年走上了一条截然不同的职业道路，成立了一家名叫Lidingo的公共关系和社交媒体公司，专门为上市公司提供有关投资者关系和推广研究方面的服务，这家公司的客户包括很多生物制药公司。事实上，正如美国证券交易委员会（SEC）在2014年的一项指控中声称的那样，Lidingo公司是一家生产虚假新闻的工厂，它通过在 Seeking Alpha、The Street、雅虎财经、福布斯以及 Investing.com 这样的众包投资者情报网站上发布虚假的新闻内容，来实际参与制订"哄抬股价，逢高卖出"的股票促销方案，它的目的很明确——操控股票价格。[11]

Lidingo 公司雇用的写手会使用一些类似于"瑞士交易商""艾米·鲍德温""交易高手"的假名字，会声称自己拥有 MBA（工商管理硕士）和物理学学位，他们写的虚假新闻通常会有针对性地赞美一些公司的成长性和稳定性，而那些公司正是付钱给他们并让他们运营一些促销项目的公司。但是，他们从来不会透露他们与客户的财务关系，这就违反了美国证券交易委员会的一些规定。据说在 2011—2014 年，Lidingo 发布了超过 400 篇虚假新闻报道，其收入用现金和股权来计算已经超过了 100 万美元。作为打击虚假金融新闻行动的一部分，美国证券交易委员会对另一家名叫 DreamTeam 的公司也提起了诉讼，这家公司同样向上市公司提供类似的"社交媒体关系、市场营销和品牌营销服务"，它承诺会通过充分"利用其广泛存在的在线社交网络来最大限度地传播"那些旨在抬高客户股价的虚假新闻。[12]

Gelena 生物制药公司是 Lidingo 曾经为其撰写过虚假新闻的公司之一。2013 年的夏季，在决定雇用 Lidingo 之前，Gelena 公司的股价一直徘徊在每股 2 美元左右。从 2013 年 8 月到 2014 年 2 月，Lidingo 发表了 12 篇有关 Gelena 公司的虚假新闻稿，这些文章的作者声称，这家公司是"一个具有非凡增长潜力的长期投资对象"，因为"在目前的销售渠道中，他们已经有了三种非常强大的药物"，所以这家公司拥有"一条非常有前途的营业收入增长的通道"。

在最初的两篇虚假新闻稿发布后，Gelena 在一次价值 3 260

亿美元的二次股权融资项目中又发行了1 750万股新股。紧接着，Lidingo又安排了5篇虚假新闻稿，使得Gelena的股价开始飞涨。在2013年11月22日的董事会议上，这家公司向CEO、首席运营官、首席营销官以及6位董事每人发放了数十万份新的股票期权。之后这家公司的股价继续上涨，事实上，从2013年8月到2014年1月，股价的上涨幅度超过了925%。在2014年1月17日召开的董事会议上，当时的CEO马克·阿恩（Mark Ahn）宣布，公司的内部人员已经可以立刻交易公司的股票了。于是从第二天起，他们就开始这样做了，最终在4周的时间里，他们抛售了价值1 600万美元的股票（见图2.3）。

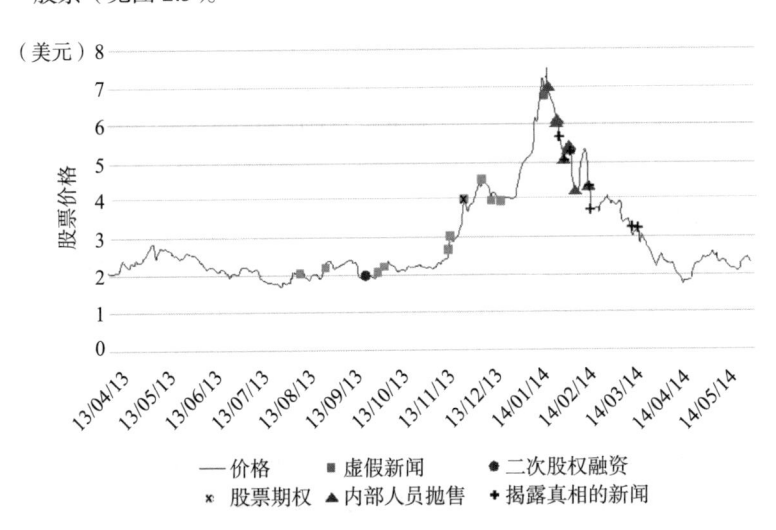

图2.3 从2013年4月到2014年5月，Gelena公司的股票价格曲线，曲线上还标注了二次股权融资的日期，内部人员抛售股票的日期，以及虚假新闻和揭露真相的新闻发布的日期，还有新的股票期权被批准的日期

我们都知道信息会对市场产生影响，但是虚假新闻对金融行业的影响并不是马上就能够显现出来的，而Gelena公司的案例

把这两者直接联系在了一起。当然，百事可乐公司和 Gelena 公司的案例只是个案，但是虚假新闻对金融行业产生的影响会不会存在某种系统性的、可供人们进行归纳总结的证据呢？幸运的是，Gelena 公司的案例是西蒙·科根（Shimon Kogan）、托比阿斯·莫斯科维茨（Tobias Moskowitz）和玛丽娜·尼斯纳（Marina Niessner）在他们就虚假新闻和金融市场的关系而进行的大规模研究中曾经分析过的案例之一，在研究中，他们分析了 7 000 个以上的类似案例。[13]

虚假新闻和金融市场

科根、莫斯科维茨和尼斯纳仔细地核查了美国证券交易委员会在秘密调查中获得的数据，这些数据很具体地罗列了专门为操控上市公司股价而撰写的每一篇虚假新闻。通过分析这些经过验证的虚假新闻故事，科根、莫斯科维茨和尼斯纳能够系统化地把虚假新闻的传播与股价随着时间而发生的变化联系起来。最初的数据只涵盖了一小部分新闻报道，而且这些报道只和一小部分卷入美国证券交易委员会调查的公司相关。具体来讲，一共只有 171 篇相关的虚假新闻报道，而且这些报道只涉及了 47 家公司，所以研究人员决定扩大样本。他们首先搜寻了从 2005 年到 2015 年在 Seeking Alpha 网站上曾经发布过的所有新闻报道，接着又搜寻了从 2009 年到 2014 年在 Motley Fool 投资网站上曾经发布过的所有新闻报道。然后，通过使用语言学的分析方法分析所有这些报道，他们成功地筛查出了相关的虚假新闻。与经过验证的美国证券交易委员会的样本相比，通过寻找欺骗性的写作手法所特有的语言学特征而获得的大量样本中显然有更多的背景噪声，而且可靠性更低，但是它们让研究人员可以仔细分析在10年的时间里发表的、涉及了7 500家企业的、总数超过35万篇的新闻报道。他们还分析了在美国证券交易委员会公开宣布其"卧底行动"之前和之后的时间段里投资人对虚假新闻的反应。可以说，正是美国证券交易委员会的行动使人们开始关注在相关网站上出现的虚假新闻的泛滥。他们的发现揭开了很多有关虚假新闻如何影响市场的内幕。

在经过验证的美国证券交易委员会的数据中，虚假新闻的发布和交易量的增加是紧密相关的。在真实新闻报道发出后的三天时间里，反常的交易量会上升37%，但是在虚假新闻报道发出后，反常的交易量要比在真实新闻报道发出后出现的反常交易量高50%。换句话说，投资人对虚假新闻的反应比他们对真实新闻的反应更强烈。对于小公司和散户投资者（相对于机构投资者）所占百分比更高的公司，这种反应会更加明显。与真实新闻相比，虚假新闻会吸引用户更多地点击和阅读，而交易量会随着某篇报道的点击量和阅读量的上升而上升。

那么，虚假新闻又会对股票的价格产生什么样的影响呢？平均来讲，对于市场每天的价格波动，虚假新闻产生的影响是真实新闻所产生的影响的三倍，或者说，在虚假新闻报道发布后的三天内，那些受到操纵的股票可以给投资人带来三倍的绝对收益。按照最近的要求，相关公司已经向美国证券交易委员会提交了备案的文档，召开了新闻发布会，而且在相关报道发布前的几天已经着手对收益波动进行了控制，情况却依然没有什么改变。[14]

2014年，美国证券交易委员会公开了他们对虚假新闻的调查，并且对数家公司以及与它们合作的假新闻工厂提起了诉讼，其中就包括 Lidingo 和 DreamTeam。在美国证券交易委员会的"卧底行动"向公众公开后，投资人马上开始关注这样一个事实：在类似于

第 2 章 现实的终结

Seeking Alpha 的一些著名的财经类网站上也出现了虚假的新闻报道。但科根等人真正关注的是，如何利用这次"卧底行动"的公开来检验虚假新闻意识的增强是否会侵蚀消费者对真实新闻的信任。不出所料的是，真实新闻对交易量和价格波动的影响在美国证券交易委员会宣布他们的调查前要比在他们宣布后大很多。一旦美国证券交易委员会让投资人意识到了虚假新闻的存在，他们对真实新闻的反应就不再像以前那样强烈了，这表明虚假新闻很有可能会完全侵蚀公众对新闻的信任。

如果虚假新闻可以扰乱股票市场，那么无论我们是否读到过或者分享过虚假新闻，它实际上已经影响了社会中的每一个人。更重要的是，当我们稍后在这一章具体讨论令人忧虑的、不断增多的"深度造假"的新闻时，我们会发现，如果虚假新闻可以成功地扰乱股票市场，那么它也可以为经济恐怖主义创造出政治动机。实际上，我们在克里米亚的例子中已经看到，在信息时代，把错误信息武器化是对民主最隐晦的威胁之一。在这一点上，目前最令人感到震惊的案例是 2016 年俄罗斯对美国民主的干预。

在政治上将错误信息武器化

2019 年 4 月，当《穆勒报告》被公之于众的时候，各种权威人士、政客以及媒体都蜂拥而至，期望从中找到最对他们胃口的内容来支持自己的立场，并尝试用各种惊人的标题来诱惑读者和观众。[15] 他们中的大多数人都跳过了报告的第一部分，直接把注意力转向了第二部分，因为这一部分主要关注的就是特朗普总统涉嫌阻碍 FBI（美国联邦调查局）对俄罗斯的调查。但是，当我阅读《穆勒报告》的时候，真正让我感到震惊的并不是第二部分的内容，而是在第一部分中被非常明确地描述的地缘政治现实：作为一个在国际上活跃的对手，俄罗斯系统化地利用了炒作机器来攻击美国的民主制度，并且操控了2016年美国总统大选的结果。[①] 这是我们目前在这个世界上看到的最全面的将错误信息武器化的案例。

美国参议院情报委员会曾经出面委托开展了两项研究，其中一项是由 New Knowledge（新知识）公司牵头完成的[16]，另一项是由约翰·凯利（John Kelley）牵头完成的[17]，约翰·凯利是 Graphika 公司的创始人和 CEO。这两项研究详尽地描述了2016年俄罗斯针对数亿名美国公民进行的虚假信息活动的规模和程度。2019年年初，当我和约翰以及 Graphika 公司的首席创新官卡米尔·弗朗索瓦（Camille Francois）在曼哈顿的联合广场咖啡馆内共进午餐的时候，他们告诉我，虚假信息活动对民主制度的攻击比媒体当初描写的还要复杂，他们都对自己发现的东西深感担忧。尽管他们的报告是公开的，但他们在讨论报告时的表情透露出了一些其他的信息。这两位受到高度重视的专家真的感到担心了，当专家们都开始感到担心的时候，我们同样有理由为此而担心。

俄罗斯的攻击经过了精心的策划。俄罗斯的互联网研究机构 IRA 早在数月前，甚至在数年前就已经在脸书、推特、Instagram、YouTube、谷歌、Tumblr（汤博乐）、SoundCloud（声云）、MeetUp（聚会）以及其他社交媒体网站上创建了虚假的账号。这些账号背后的人会首先积累一些粉丝，然后再与其他账号进行协同，这样他们就能够扎根在真实的网络社区中，进而赢得粉丝的信赖。接着，他们开始制造虚假新闻，目的就是压制投票并改变我们在投票时的选择。在很大程度上，他们这样做是为了支持共和党候选人特朗普，而不

[①] 本书多次提到所谓的"2016年俄罗斯干预美国总统选举"问题，是美国单方面指控，俄罗斯至今对此予以否认。——编者注

第 2 章　现实的终结

是支持民主党候选人希拉里·克林顿。他们创造的虚假新闻通常包括一些社交行为上的元素或理念，比如"黑人的命也是命"这种黑人运动的口号，美国老兵所承受的各种不公平的待遇，有关美国宪法第二修正案和枪械控制的话题，以及众所周知的各种谎言，比如希拉里·克林顿在位于华盛顿特区的一家比萨店的地下室里经营着一个娈童圈。他们通过自然分享和付费推广的方式来传递类似的网络行为，并以此加强他们对社交媒体的渗透。

　　在推特上，他们首先会建立数量相对较少的主要用来发布原创内容的账号。他们会通过这些账号先发布一些虚假的内容，然后再利用近4 000个账号来转发这些内容，或者给这些内容贴上热门话题的标签，从而达到放大这些内容的目的。[18]那些用来发布原创内容的账号都是有人在背后操控的，而那些用来转发虚假信息的账号实际上都是"半机械人"账号，也就是部分自动化、部分人工操控的。由软件机器人操控的自动化账号会在一个预先设定的时间里以非常高的频率不断地发出或转发推文。软件绝不会感到疲倦或需要上厕所，所以这样一支由机器人组成的军队会一直在线，不知疲倦地传播虚假新闻，并昼夜不停地与美国选民接触。

　　关于2016年的"网络大操控"有很多报道。到目前为止，我们已经知道俄罗斯对错误信息的操控不但根基深厚，而且非常复杂。但是，这种操控真的改变了2016年美国总统大选的结果（或者英国脱欧公投的结果，又或者巴西、瑞士和印度的选举结果）吗？为了具体评估这种操控是否真的反转了美国大选的结果，我们需要首先回答两个额外的问题。俄罗斯干预的深度、广度以及目标的精准度是否足以改变选举结果？如果答案是肯定的，那么它是否成功地改变了人们的投票行为，以及这种改变是否足以让俄罗斯达成原定的目标？

俄罗斯对选举干预的深度、广度以及目标的精准度

在 2016 年美国大选期间，俄罗斯制作的虚假新闻在脸书上至少被传播给了 1.26 亿人，收获了至少 7 600 万个点赞、评论以及其他的反馈。在 Instagram 上，这些虚假新闻至少影响了 2 000 万人，并且效果更好，它们得到了至少 1.87 亿个点赞、评论以及其他形式的反馈。俄罗斯还通过推特上的账号发送了至少 1 000 万条推文，而这些账号拥有超过 600 万个粉丝。我之所以用"至少"这两个字，是因为到目前为止，我们揭露出来的东西也许只是冰山一角。比如，分析显示，在选举前的三个月里，人们在脸书上最关注的 20 个虚构的选举故事（无论它来自俄罗斯还是其他什么地方）比人们最关注的 20 个真实的选举故事收获了更多的分享、评论以及其他反馈。[19] 显然，炒作机器已经成为传播错误信息的一个重要通道。一项研究估计，42% 的访问虚假信息网站的流量来自社交媒体，与之相对应的是，只有 10% 的访问顶尖新闻网站的流量来自社交媒体。[20]

尽管这些数字听起来很惊人，但是 2016 年虚假新闻的规模远远小于真实新闻的规模。例如，通过对他们手中在全美国都具有代表性的网页浏览器的数据样本进行研究，布兰登·尼汉（Brendan Nyhan）、安德鲁·格斯（Andrew Guess）和贾森·赖夫勒（Jason Reifler）发现，尽管在选举前几周有 44% 的美国人访问了虚假新闻网站，但是这些访问量只有他们访问真实新闻网站流量的 6%。[21] 同样，戴维·拉泽（David Lazer）和他的同事们发现，在 2016 年美国大选期间，登记选民在推特上能接触的政治新闻链接只有 5% 来自虚假新闻网站。[22] 亨特·阿尔科特（Hunt Allcott）和马修·根茨科（Matthew Gentzkow）估计，在大选前几个月的时间里，普通

美国人都有机会看到"一篇或几篇"虚假新闻。[23]

上面这些数字看上去似乎都很小，但真正值得注意的是，上述研究人员在采集这些数据的时候使用了一些很古怪的标准。在亨特·阿尔科特和马修·根茨科的研究中，只有当某个新闻是156个已经被证实的虚假新闻故事之一时，这个新闻才会被当作"虚假新闻"。另外两个小组的研究也只分析了一份包含大约300个虚假新闻网站的非常有限的清单。例如，格斯等人在具体描述"虚假新闻来源"的特征时，已经把Breitbart（布赖特巴特新闻网）、Infowars（信息战）以及YouTube都排除在外了。所以，尽管格斯等人声称44%的已经达到了投票年龄的美国人在选举前的最后几周至少访问过他们那份有限的虚假新闻网站清单中的某一家网站，但更多曾经访问过那些人气很高但已经被格斯等人排除在外的虚假新闻来源的人没有被计算在内。换句话说，有约1.1亿名达到了投票年龄的美国人曾经访问过极其有限的几家虚假新闻网站，其中不包括Brietbart、Infowars和YouTube。[24] 我们的最佳估计是，在2016年美国大选期间，曾经接触过虚假新闻的达到了投票年龄的美国人的总人数在1.1亿到1.3亿之间。所以，是否只有"少数"投票人接触过虚假新闻仍然是人们热议的一个话题。

当然，网上有些话题确实有非常庞大的点击量，这扭曲了一些数据的统计分布形态，这样的话，或许确实只有很小比例的投票人会接触那些充斥着大量虚假新闻的网站。格斯等人发现，最喜欢保守新闻的20%的美国人的访问量占虚假新闻网站访问量的62%，而且60岁以上的美国人更喜欢阅读虚假新闻。格林斯贝格（Grinsberg）等人发现，在推特上，1%的已登记的投票人消费了80%的虚假新闻，0.1%的已登记的投票人进行了80%的虚假新闻的分享。在他们对3 500名脸书用户进行的第二次非常有代表性的在线调查中，格斯、纳格勒（Nagler）和塔克（Tucker）等人发现，只有10%的受访者表示他们会分享虚假新闻，而且分享这一类新闻的人主要是年龄在65岁以上的美国人。[25]正如我将在第9章中描述的那样，这种程度的虚假新闻集中化现象恰恰是炒作机器的典型表现，这可能会让你怀疑虚假新闻对广泛的社会领域的影响力，但是在你提出这种疑问的同时，你必须注意下面几个问题。

我们知道，绝大多数虚假新闻的"超级传播者"和"超级消费者"都是机器人，正是这些机器人促成了在上述数据样本中出现的数据集中现象。[26]例如，格林斯贝格等人就曾经注意到，在他们的数据中，处于中位数的"超级分享者"平均每天会发送71条推文，这些推文中平均有22%包含虚假新闻的链接，但是和这样一位"超级分享者"在同一个群组里，并且同样处于统计中位数的普通群友平均每天只发送0.1条推文。所以，研究人员得出了这样一个结论：很多超级传播者和超级消费者账号的背后是机器人。如果有关虚假新闻集中化的数据被机器人扭曲了，那么人类对虚假新闻的消费和分享或许也并不像我们想象的那样集中。格林斯贝格等人发现，如果排除机器人的影响，在2016年大选最后30天的时间里，他们自己群组里的每个人平均接触了204条虚假新闻，也就是说，他们每个人平均每天接触约7条虚假新闻。假设其中只有5%的虚假新闻会被人仔细翻看，那么他们估计，普通人在大选前每3天才会看到1条虚假新闻。

在2000年的美国总统大选中，选举结果最后是由一个关键的摇摆州——佛罗里达州的537票决定的。俄罗斯在2016年进行的错误信息活动瞄准的是佛罗里达州、俄亥俄州、宾夕法尼亚州以及密歇根州等几个摇摆州的选民。我在牛津互联网研究所（Oxford Internet Institute）的同事们分析了在大选前一周被广泛分享的

2 200多万条含有政治标签的推文。他们对这些推文中的1/3进行了地理位置定位，并且将推文的分享者和接收者与他们所在的州联系了起来。在他们分析了俄罗斯散布的错误信息在美国全国的地域分布后，他们发现"在一些区域，错误信息的数量是专家和候选人自己提供的内容的两倍"[27]。当他们计算了某个州的俄罗斯虚假信息数量是否超过全国的平均数时，他们发现，在16个摇摆州中，有12个州的虚假信息数量已经超过了那些选情非常稳定的州的平均数量，而且其中有11个州的数量超过了全国的平均值。[28] 他们得出的结论是，俄罗斯的虚假新闻"令人惊讶地集中在摇摆州，即便你已经考虑了这些州原本就存在的政治对话的数量"。尽管2016年美国总统大选记录了超过1.2亿张有效的选票，但6个摇摆州（新罕布什尔州、明尼苏达州、密歇根州、佛罗里达州、威斯康星州和宾夕法尼亚州）的票数差距还不到2%，其中3个摇摆州（威斯康星州、密歇根州和宾夕法尼亚州）的10.7万张选票实际上决定了选举结果。[29]

在脸书、推特和Instagram上，针对那些在摇摆州有可能被说服的选民，俄罗斯散布了根据他们的兴趣定制的虚假新闻，同时使用了"@"和各种标签来吸引用户关注那些定制的视频或各种生活内容。例如，就在大选前两天，"黑人的命也是命"运动的支持者被很多鼓励他们不要去投票的内容或视频所吸引，而那些内容实际起到的作用就是压制人们参与投票的欲望。在Instagram上，一个名叫@woke_blacks（黑人醒来）的账号发布了一段内容，其中写道："所谓的希拉里在黑人这里失去的每一张选票都意味着特朗普赢得了一张选票，这样的说法纯粹是胡扯。如果你已经决定对这次选举袖手旁观，那么你的选择就是最好的抵制。"与此同时，另外一个名叫@afrokingdom（黑人帝国）的账号也发布了这样一段内容："黑人都是很聪明的，他们知道希拉里根本不配得到我们的选票！我们绝不投票！" New Knowledge 公司估计，在 Instagram 上与俄罗斯互联网研究机构 IRA 有关联的内容中，有 96% 集中在"黑人的命也是命"运动以及警察的暴力执法上，这传递出一种"公然抵制投票的叙事"。[30]

我们都知道，特朗普的前竞选经理保罗·马纳福特（Paul Manafort）曾经与一个名叫康斯坦丁·基利姆尼克（Konstantin Kilimnik）的俄罗斯政治顾问分享了有关大选的民调数据，[31] 而且把目标放在那些摇摆州内有可能被说服的选民身上恰好是剑桥分析公司的标准操作流程，尤其是在今天，当我们知道他们手上还有相关的大选民调数据时，这一切就显得更加顺理成章了。剑桥分析公司自称是一家"选举顾问"公司，它利用偷盗而来的、涉及 8 700 万名美国人的数据，建立起了一个评估选民对各种说服方式的敏感性，以及哪些话题和内容最有可能说服他们的预测模型。我会在第 9 章具体描述和评价剑桥分析公司在"心理统计学方面的资料分析工作"。

如果说错误信息针对的是那些在关键的摇摆州内数量很少但是有可能被说服的、具有潜在意义的选民，那么所有这些量身打造的错误信息是否真的瞄准了它们想影响的选民呢？有些吹毛求疵的人或许会争辩说，这一类错误信息实际上是在"对教会的唱诗班进行传道"，根本就是多此一举，因为人们对信息有很强的"选择性"，换句话说，那些死忠的保守派只会选择阅读倾向于特朗普的虚假新闻，而那些顽固的自由主义者也只会选择阅读倾向于希拉里的虚假新闻，所以这一类错误信息根本不可能改变任何人的想法。格斯等人发现，40% 的特朗普的支持者以及大约只有 15% 的希拉里的支持者会读到倾向于特朗普的虚假新闻，但同时 11% 的希拉里的支持者和大约只有 3% 的特朗普的支持者会读到倾向于希拉里的虚假新闻。有 66% 的最保守的选民,也就是最极端的右翼选民,至少访问过一家倾向于特朗普的虚假新闻网站,并且平均阅读了 33.16 篇支持特朗普的虚假新闻。

但是,虚假新闻是"对教会的唱诗班进行传道"这样的说法并不能解释投票率的问题,因为即便虚假新闻没有改变选民的投票选择,在意识形态上趋同的虚假新闻也能够提高选民的投票率。此外,虽然有大比例的极右翼的选民会消费支持特朗普的虚假新闻(因此"对教会的唱诗班进行传道"的说法在这种情况下确实成立),但是温和的希拉里的支持者和那些在政治光谱的中间地带摇摆不定的选民有更大的可能会消费支持特朗普的虚假新闻,而不是支持希拉里的虚假新闻。那么,这些中间选民接触的虚假新闻是否会说服他们投票支持特朗普或者干脆放弃投票呢?这取决于社交媒体的操纵是如何影响选民的投票率以及他们在投票时的选择的。

社交媒体的操控与投票

那么,俄罗斯干预的深度、广度以及目标的精准度是否足以改变美国大选的结果呢?我们无法排除这样的可能性。尽管接触虚假新闻的人数远远少于接触真实新闻的人数,而且前者主要集中在一些经过精心挑选的选民群体中,但是这些虚假新闻很有可能会通过其他方式渗透到 1.1 亿到 1.3 亿名选民中。要想改变选举的结果,你根本不需要影响每一个人,在关键的摇摆州,你只需要影响数十万有可能被你说服的选民就已经足够了,而这些人恰恰就是俄罗斯瞄准的对象。那么接下来,什么才是我们需要面对的大问题?它对投票结果又会产生什么样的影响?要想回答这些问题,我们需要首先了解一些关于投票率以及选民会如何做出选择的科学。

令人感到遗憾的是，在我撰写这本书的时候，只有两篇已经发表的研究论文把社交媒体与投票联系了起来。第一项研究是脸书在2010年美国国会选举期间针对6 100万人所做的一次实验，脸书在这次实验中发现，在社交媒体上发送鼓励投票的信息可以额外增加数十万有效的投票数。[32] 第二项研究是脸书在2012年美国总统大选期间开展的一项后续实验，这个实验复制了第一个实验的结果，尽管这一次鼓励参与投票的信息并没有像上一次那么有效，但这种现象在高风险的总统大选中还是很常见的。[33] 我会在第8章仔细分析这两项研究的结果，但是，就我们对2016年美国大选的讨论而言，我们得到的主要结果是社交媒体传递的信息轻而易举且非常显著地提高了投票率。虽然当下只有两项关于社交媒体对投票影响的大规模研究，但是关于说服性信息对投票率和投票选择的影响这个课题，目前还是有大量的研究的，这对于我们具体衡量俄罗斯对2016年美国大选可能产生的影响是很有帮助的。[34]

至于我们谈到的投票选择，有一些元分析认为，人与人之间的非直接接触（比如通过邮件、电视以及数字广告等形式）对人们在大选中的投票选择几乎没有什么影响。卡拉（Kalla）和布鲁克曼（Broockman）在2017年通过对49个现场实验进行的元分析得出了这样一个结论："对于说服力在大选中可能产生的效果，最好的估计是……其效果为零，在这里，所谓的效果是指广告对投票选择产生的影响。"[35] 但是，他们的数据没有考虑社交媒体可能带来的影响。另外，他们的估计中存在很大的不确定性，比如在选举日前的两个月内，人与人之间的非直接接触可能产生某种影响，因为这段时间正是俄罗斯的"攻击"火力最凶猛的时期。

他们还发现，具体的投票措施以及说服目标选民的时机，都有可能对初选中的投票选择产生重要影响。比如，罗杰斯（Rogers）和尼克森（Nickerson）发现，如果你通知某些支持堕胎权利的选民，某个候选人并不支持这一权利，那么你就会对所谓的投票选择产生 3.9% 的影响，这意味着俄罗斯采取的那种有针对性的、非常具体的操控手段确实有改变投票选择的可能性。[36] 在针对特定议题的投票措施上，说服性信息展现出来的力量凸显了这样一种可能性，即你完全可以对数量众多的区域性选举与各种地方性的政策和措施的制定进行干预，这种干预完全有可能在不影响国家层面选举结果的情况下改变一个国家的政治走向。这样的威胁尤为隐蔽，因为它比你在大选中进行干预更加令人难以察觉。

此外，社交媒体操控并不一定需要通过改变我们的投票选择来改变选举的最终结果。有针对性地提高或降低投票率很可能就足以改变整个选举的结果，更何况最近还有证据表明，有针对性地发送某些信息完全有可能影响投票率。例如，凯瑟琳·海恩森（Katherine Haenschen）和杰伊·詹宁斯（Jay Jennings）进行的一项随机实验表明，在竞争激烈的选区，有针对性地投放数字广告可以显著地提高"千禧一代"选民的投票率。安德鲁·格斯、多米尼克·洛基特（Dominique Lockett）、本杰明·莱昂斯（Benjamin Lyons）、雅各布·蒙哥马利（Jacob Montgomery）、布兰登·尼汉和贾森·赖夫勒等人的研究表明，只要让你在偶然的情况下接触一篇具有误导性的文章，就足以增加你对文章内容的信任，并提高你自述的投票意愿。由格林（Green）等人进行的元分析估计，直邮广告再加上社会压力平均可以提高 2.9% 的投票率，普通的拉票活动平均可以提高 2.5% 的投票率，而志愿者的电话访问平均可以提高 2% 的投票率。[37] 戴尔（Dale）和斯特劳斯（Strauss）估计，各种形式的短消息对投票率的影响可以达到 4.1%，[38] 而且有证据表明，个性化的电子邮件也会造成类似的影响。[39] 至于社交媒体上的信息传播会如何影响投票率，目前唯一的一项研究表明，相关信息在社交媒体上的传播会产生数十万张额外的选票。

那么，俄罗斯的干预是否真的影响了2016年美国总统大选的结果呢？在俄罗斯首次对美国大选进行干预后，一个完整的总统任期即将结束。我在写这本书的当下正处于2020年总统大选的前夕，在这段时间里，俄罗斯和其他国家还在继续进行干预，而我们仍然不知道上面这个问题的答案。这种情况当然完全是有可能的，我们之所以不知道答案，是因为没有人对这种可能性进行直接的研究。不幸的是，在我们真的开启这样的研究之前，世界各地的民主制度仍将是脆弱的。

一个全球性的威胁

当然，并不是只有俄罗斯或美国的民主才会面对错误信息带来的威胁。数字化的干预正威胁着全世界。卡萝尔·卡德瓦拉德（Carole Cadwalladr）对虚假新闻在英国脱欧公投中扮演的角色的调查性报道，以及她与克里斯托弗·威利（Christopher Wiley）为英国《卫报》揭露剑桥分析公司的丑闻而进行的工作，让我们得以一窥虚假新闻在全球范围内被武器化的程度。牛津互联网研究所的研究发现，2018年瑞典大选之前，在推特上带有政治话题标签的内容链接中，每三个链接中就会有一个链接来自虚假新闻来源。[40] 在一项由米纳斯吉拉斯联邦大学、圣保罗大学以及真相核查平台Agência Lupa三家机构共同进行的研究中，研究人员对2018年巴西全国大选前在347个WhatsApp公共聊天群中流传的10万张带有政治标签的图片进行了分析。他们发现，其中有50张图片在这些聊天群中被最频繁地传播和分享，但是这 50 张图片中有 56% 是有误导性的，只有 8% 是完全真实的。[41] 微软估计，在 2019 年印度大选之前，有 64% 的印度人会在网上看到虚假新闻。[42] 在印度，有 52% 的人表示他们会通过 WhatsApp 来获取新闻，[43] 但是私人之间的即时通信是虚假新闻潜藏并滋生的温床，正因为人们使用的是端到端加密的私有群，所以你很难监控或遏制虚假信息的传播。错误信息的武器化以及虚假新闻的传播是全世界所有国家都面临的问题，但不幸的是，政府系统并不是唯一面临其中风险的机构，我们的公共卫生基础设施同样很容易受到通过炒作机器传播的虚假新闻的冲击。

引发公共卫生危机的虚假新闻

2000 年，美国宣布已经在全国范围内消灭了麻疹。尽管 2010 年报告的病例只有 63 个，但在 2019 年开始后的 7 个月里，报告的病例数超过了 1 100 个，增长了将近 1 800%。[44] 麻疹对儿童来说尤其危险，通常以发烧和起皮疹开始，但是在 1 000 个病例中，有 1 个病例的病毒会扩散到大脑，引起脑肿胀和身体抽搐，或者引发脑炎。每 20 名患上了麻疹的孩子中就会有 1 名患上肺炎，从而导致肺无法从空气中汲取氧气并将其输送给全身。2017 年，这种疾病以这样的方式夺走了全世界 11 万名儿童的生命。[45]

麻疹也是世界上传染性最强的病毒之一。[46] 一个感染者的咳嗽会马上污染空气中的悬浮颗粒，即便他在你抵达前几个小时就已经离开了房间，你仍然有可能通过这些被污染的悬浮颗粒患上这种疾病。只要接触这种病毒，10 个人中有 9 个人会被传染。2020 年，每一个新冠肺炎病毒的感染者有可能传染的平均人数，也就是其

R0值是2.5，而麻疹的R0值为15。[47]

为了防止具有如此强大传染力的疾病在人群中传播，社会必须通过为绝大部分人口接种疫苗来发展"群体免疫"的能力。[48]比如，以小儿麻痹症为例，这种病没有那么强的传染性，所以疫苗的接种率只要达到80%~85%就可以实现群体免疫。对于麻疹这种具有极高传染性的疾病，疫苗的接种率必须达到95%才能够实现群体免疫。令人遗憾的是，尽管从1963年开始就已经出现了一种有效的疫苗，但是按照专家的说法，麻疹在美国死灰复燃，是因为人们拒绝接种疫苗。虽然在2017年有91%的儿童接种了麻疹-流行性腮腺炎-风疹（或者简称为MMR）疫苗，但近年来一些社区的疫苗接种率出现了急剧下滑，正是在这些社区，麻疹病例的数量开始激增。

对我来讲，麻疹疫情的暴发好像就发生在我的家门口，因为我有一个7岁的儿子，而受麻疹疫情暴发影响最严重的群体，那个几乎占据了2019年美国报告的麻疹病例一半以上的社区就是距离我家5个街区的、位于纽约布鲁克林的正统犹太社区。其他较大范围的暴发主要集中在一些关系紧密的社区中，比如纽约洛克兰的犹太人社区和华盛顿克拉克县的乌克兰裔以及俄罗斯裔美国人社区，在这些社区中，疫苗的接种率始终徘徊在70%左右，远远低于群体免疫所需的阈值。

如果麻疹如此危险，而疫苗又如此有效，那么为什么有些父母不愿意给他们的孩子接种疫苗呢？这可能要归咎于1998年在媒体上曾出现过的一波有关接种疫苗会发生危险的错误信息，这些错误信息来源于安德鲁·韦克菲尔德（Andrew Wakefield）在权威医学杂志《柳叶刀》上发表的一篇欺诈性的论文，他在文中声称接种疫苗会导致儿童出现自闭症。尽管后来的真相表明，韦克菲尔德当时被一个正在起诉疫苗制造商的律师收买，并且他自己也正在开发一种与之竞争的疫苗，所以他伪造了那篇论文中的证据。[49]《柳叶刀》随后立刻撤销了这篇论文，韦克菲尔德也因此失去了行医执照。但是，通过一部由韦克菲尔德自己导演的、曾广为流传的电影《疫苗黑幕》(Vaxxed)，以及在博客上传播的阴谋论的帮助下，结合当今社交媒体的催化，这波由他制造的错误信息的浪潮至今尚未平息。

为了处理这一"反疫苗"的错误信息引发的一系列的后果，美国参议院在2019年3月召开了一次公开的听证会。在这次听证会上，作为田纳西大学健康科学中心儿科系主任以及田纳西州孟菲斯市幸福儿童医院的首席儿科医生，乔纳森·卡勒斯（Jonathan Cullers）博士做证说："除了田纳西州原有的关于疫苗豁免的政策以及在给出专业咨询意见时采用的方式有不当之处以外，通过社交媒体和各种快速的、多样化的通信渠道对一些非主流理论进行的放大，再加上缺乏权威意见的主动干预，一些错误信息立刻得到了强化。所有这些因素叠加在一起，正在导致……人们对接种疫苗的迟疑。当父母主要是通过互联网或社交媒体平台（如推特和脸书）来获取大量信息时，在缺乏准确信息的情况下，他们如果阅读到这些非主流的观点，就很有可能会产生担忧和困惑。因此，在没有更多信息的情况下，这些家长在面对是否该让孩子接种疫苗的问题时，或许就会表现出犹豫不决。"[50]这些坊间的证据表明，在社交媒体上传播的错误信息正在使那些原本通过接种疫苗就可以防控的疾病（如麻疹）扩散开来，而这是非常令人担忧的。

脸书上的反疫苗之王

拉里·库克（Larry Cook）把自己描绘成了一个"全职的反接

种疫苗的活动家"，2019年，他成为脸书上的反疫苗之王。他建立的"停止强制接种疫苗"组织是一个营利性的实体，这个组织通过在社交媒体上传播反疫苗接种的虚假新闻来赚钱，同时通过在亚马逊上销售反接种疫苗的书籍来赚取介绍费。[51]另外，他还通过在GoFundMe（众筹平台）网站上举办的活动来筹集资金，而筹集到的资金被他用来运营他的网站，支付他在脸书上投放的广告的费用以及他的个人账单。库克的"停止强制接种疫苗"组织和另一个由小罗伯特·F.肯尼迪（Robert F. Kennedy Jr.）领导的名为"世界水星计划"的组织在2019年购买了脸书上54%的反疫苗广告。[52]

库克在脸书上投放的反疫苗广告瞄准的是在华盛顿州的25岁以上的年轻女性，这个年龄段的女性很有可能会有孩子，而她们的孩子需要接种疫苗。在脸书上，包括库克账号在内的一共7个不同的账号针对25岁以上的女性发布了超过150个帖子，这些帖子的浏览量为160万～520万，每1美元的广告投入收获了大约18次的点击量。[53]对所有行业的企业来讲，在脸书上获得一次点击的平均成本在1.85美元左右。如果做一个简单的计算，你会发现库克的渗透具有极其惊人的效率，上面的数据表明，他每获得一次点击，只需要支付大约0.06美元。

2019年年初，在脸书上所有关于疫苗的搜索结果都已经被反疫苗的宣传所主导。而YouTube的推荐算法把用户"从基于事实的医疗信息推向了反疫苗的错误信息"[54]，另外，"在Pinterest（拼趣）上，75%的与疫苗相关的帖子讨论的是麻疹疫苗和自闭症之间根本就不存在的联系"[55]。在一份2019年发表的论文中，乔治·华盛顿大学的研究人员发现，俄罗斯的推特机器人发布有关疫苗信息的频率是普通推特用户的22倍，这就把有关疫苗的错误信息与俄罗斯尝试劫持炒作机器的行为联系了起来。[56]

第2章 现实的终结

和政治类的虚假新闻一样,反疫苗的错误信息的集中程度也很高。《大西洋月刊》的亚历克西斯·马德里加尔(Alexis Madrigal)做出的分析显示,2016年1月到2019年2月,在脸书上排名前50的疫苗相关的页面中充斥着大量信息,这些信息几乎占到了全网排名前1万篇疫苗相关的帖子的一半,而且这些帖子获得了全部点赞数的38%。[57]事实上,在这段时间里,仅仅7个反疫苗相关的页面就生成了前1万篇疫苗相关的帖子中的20%。

正如我将在下一章中描述的,炒作机器的网络会高度集中在由具有相似的观点和信仰的人群所组成的关系紧密的社区中。今天,我们都生活在一个能够把志趣相投的人联结在一起的信息生态系统中。2019年和2020年,在纽约和华盛顿暴发的麻疹疫情都发生在人员志趣相投且关系紧密的社区中。就像俄罗斯的错误信息无须说服大多数的美国人来对选举结果产生影响一样,在社交媒体上开展的反疫苗活动也不需要通过说服大批人放弃接种疫苗来促使麻疹疫情重新暴发。要使疫苗接种的水平低于群体免疫所需要的阈值,他们只需要说服在同一个关系紧密的社区中的一小部分人,然后这些人就会互相分享这些错误信息。

通过分析7年以来260万名用户与30万个疫苗相关的帖子的互动,研究人员发现,在脸书上进行的与疫苗有关的讨论往往发生在那些关系非常紧密的社区中。[58]上述研究结果还显示:"与疫苗有关的内容的消费已经被回声室效应所主导,而且观点的两极分化多年来一直在不断地加剧。从用户对这些信息的消费习惯中产生了一些相互之间完全隔离的社区……绝大多数用户在消费这些信息时要么倾向于支持,要么完全反对疫苗,而不会两者兼而有之。"华盛顿州的那些人员关系紧密的社区正是拉里·库克和反疫苗的奸商在投放他们的脸书广告时所瞄准的社区,而且这些社区也正是暴发了麻疹疫情的社区。

2019年年初，社交媒体平台注意到了这些现象，Instagram开始屏蔽与反疫苗相关的标签，比如"疫苗导致自闭症"和"疫苗是毒药"等；YouTube宣布不会再允许用户通过广告将反疫苗视频货币化；Pinterest禁止了用户搜索有关疫苗的内容；而脸书不再显示任何含有反疫苗内容的页面和群组，并调整了推荐引擎，不再建议用户加入这些群组，另外，他们还撤下了拉里·库克等人在脸书上购买的广告。那么，这些措施是否有助于减缓麻疹疫情的暴发呢？虚假新闻是否真的会推动那些原本可以预防的疾病的传播？所有问题的答案很可能就隐藏在当下正在兴起的关于虚假新闻的科学中。

虚假新闻的科学

尽管虚假新闻的崛起很可能给民主、经济和公共卫生带来潜在的灾难性的后果，但是关于它如何以及为什么会在网上传播开来的科学研究目前才刚刚起步。直到2018年，绝大多数有关虚假新闻的科学研究都只能分析很少的一些孤立的样本，或者针对某个故事的传播进行案例研究，而且每次研究的对象都是一些孤立的个案。所以，我和我的同事苏鲁什·沃梭基、德布·罗伊决定着手改变这一现状，2018年3月，我们在《科学》杂志上发表了已经进行了长达10年的关于虚假新闻在网络上传播的研究报告。[59]

在这项研究中，我们与推特直接合作，研究了从2006年推特成立一直到2017年所有曾经在这个平台上传播的、经过事实核查的真实新闻和虚假新闻的传播方式。我们从推特的历史档案中提取了那些经过事实核查的虚假新闻的推文，其中包括大约12.6万条被反复转发的推文，这些推文经过300万人超过450万次的转发在网络上传播开来。在将有关新闻（推文）分为真假两类的过程中，我们使用了6家独立的事实核查组织（其中包括Snopes、Politifact、Factcheck.org等）提供的信息，而这些组织对相关新闻的真实性表现出了95%~98%的一致性。然后，我们又雇用了一些学生，让他们在麻省理工学院和威尔斯利学院的校园内独立核查上述几家事实核查机构在选择那些经过反复转发的推文时是否存在偏见。

一旦我们有了一个全面的数据库，其中包含自推特问世以来的10年间各种经过事实核查的谣言，我们就可以搜索有哪些推文曾经提到过这些谣言，然后通过反向追踪这些谣言的转发链条，找出"原始"的推文（即第一篇在推特上提到这些谣言的推文），这样我们就可以重建这些谣言在网上通过转发进行传播的整个过程（实际上，这个过程是众多拥有单一共同源头的完整转发链条所组成的集合）。在我们把完整的转发链条图形化以后，整个转发的过程呈现出了一种奇异的、让人感到非常陌生的形态。一般来讲，这个过程的图形会从原始的推文开始，呈放射状向四周发散，通过转发扩散开来，接着，每一个方向上都会形成新的转发链条，而这些链条看上去就好像是从中心向外延伸的水母的触须。我们在下图中画出了这些虚假新闻众多转发链条中的一条（见图2.4），用数学的方式描绘了这些虚假新闻随着时间的推移在推特的用户群中不断被转发并传播的过程，进而分析了虚假新闻的传播是如何变得与真实新闻的传播不同的。

这个发现既让我们感到惊讶，又让我们感到担忧。我们发现，与所有类别的真实信息相比，虚假新闻会传播得更远、更快，而且渗透的程度会更深、范围会更广。有时候，后者甚至会超出前者一个数量级。虽然真实信息很少会扩散到1 000人以上的群体中，但前1%的虚假新闻转发链可以很轻松地扩散到10万人的群体中。

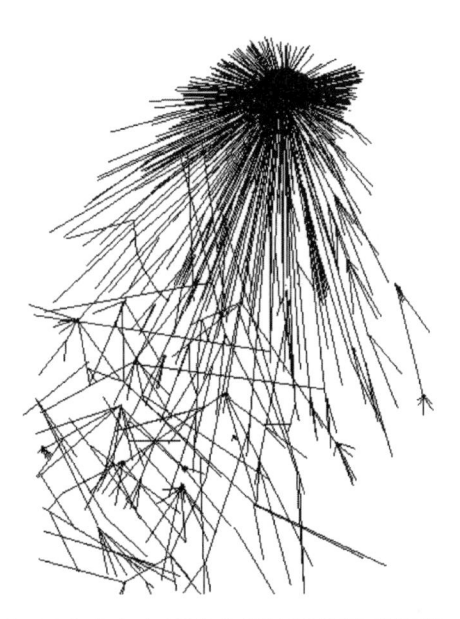

图 2.4 一个虚假的新闻故事通过推特进行传播的数据透视图像。长线条代表了更长的转发链条，显示了虚假新闻的传播范围更广，渗透程度更深。上述结果发表在《科学》杂志上

把真实信息传播给 1 500 人所需要的时间大约是把虚假信息传播给同样数量的人所需时间的 6 倍，而把前者的原始推文传播给 10 个转发人所需的时间又是把后者传播给同样数量的转发人所需时间的 20 倍。虚假信息的传播范围明显比真实信息更广，而且在转发链每个不同的"深度"层次上，虚假信息被转发的次数都比真实信息多（每一次转发都会将原始的推文传播得更远，在这个过程中就会产生一条新的转发链条，或者多次转发的层叠。在这样一条转发链条上，转发或层叠的次数就是我们所说的"深度"）。

与其他任何类别的虚假新闻相比，虚假政治新闻的传播范围更广，渗透程度更深，影响到的人更多，因此在网上的热度更高。虚

假政治新闻影响超过 2 万人的速度几乎是其他所有类型的虚假新闻影响仅 1 万人的速度的三倍。涉及政治和都市逸闻的新闻的传播速度可以说是所有新闻当中最快的,也是网上热度最高的。即便对社交账号持有人的年龄、活跃程度、粉丝数量以及在原始推文下方进行评论的人数,甚至对原始推文的作者是不是一个经过验证的用户等各项因素进行控制,虚假信息被转发的概率仍然要比真实信息高出 70%。

或许有人会认为,可以用传播虚假新闻的人的性格特征来解释为什么虚假信息的传播速度比真实信息的传播速度快很多,但数据告诉我们,情况并非如此。比如,有人可能会怀疑,那些传播虚假信息的人拥有更多粉丝,关注更多的人,更频繁地在推特上发帖,更经常地使用经过"认证"的账号,或者注册推特的时间更长。事实上,情况却恰恰相反。平均来讲,那些散布虚假新闻的人的粉丝数量明显更少,他们自己关注的人也寥寥无几,他们在推特上的活跃度非常低,而且几乎从不使用经过认证的账号,另外,他们注册推特的时间一般都很短。换句话说,尽管有上述这些差异,但虚假新闻比真实新闻传播得更远、更快,渗透的程度更深且范围更广的原因并不在这些人的身上。那么,虚假新闻为什么能传播开来,又是如何传播开来的呢?谎言在网上的传播,实际上是在一个人们意想不到的共生关系中,在相互协同的机器人与一些毫不知情的人类进行某种复杂的互动后得以实现的。

社交机器人和虚假新闻的传播

社交机器人(由软件控制的社交媒体账号)是虚假新闻得以传播的一个重要因素。当我们分析 2014 年俄罗斯在克里米亚进行的信息战时，我们已经从推特的数据中看到了这一点，而且在横跨了10年时间、范围更加广泛的来自推特的样本数据中，我们也看到了这一点。社交机器人在网上传播谎言的方式既令人感到不安，又令人非常着迷。

我在印第安纳大学的朋友和同事菲利波·门采尔（Filippo Menczer），还有他的同事邵程程（Chengcheng Shao，音译）、乔瓦尼·钱帕利亚（Giovanni Ciampaglia）、奥努尔·瓦罗尔（Onur Varol）、杨凯晨（Kai-Cheng Yang，音译）和阿里桑德罗·弗拉米尼（Alessandro Flammini）在2018年公开了迄今为止规模最大的关于社交机器人如何传播虚假新闻的研究。[60] 他们具体分析了2016年和2017年在推特上传播了40万篇文章的1 400万条推文。他们的工作进一步证实了我们的发现，即虚假新闻在网上要比真实新闻更容易被传播。他们还发现，在传播来自低可信度来源的内容时，社交机器人扮演了一个很重要的角色。但是，社交机器人放大虚假新闻的方式令人感到非常惊讶，这也凸显出它们用来挟持炒作机器的程序是极其复杂的。

首先，在虚假新闻发布后的几秒钟内，社交机器人就会捕捉到这些新闻，然后自动进行大范围的转发，它们的程序就是这样设计的。所以，最初传播虚假新闻的人更有可能是机器人，而不是人类。回想一下我们在图2.4中演示的虚假新闻在推特中通过层层转发而形成的那种放射状的形态，这种形态的绝大部分都是由机器人形成的。接下来发生的事情验证了这种策略的有效性，因为之后的大部分转发都是由人类完成的。机器人早期在推特上的活动引发了人类不成比例的参与，所以这些被机器人捕捉到的虚假新闻开始形成众多不断向外延伸的转发链条，但最终还是需要由人类通过炒作机器的网络把这些虚假新闻传播开来。

其次，机器人会不断地提到一些有影响力的人。如果它们能够让一个有影响力的人来转发这些虚假新闻，那么这些虚假新闻马上就会被放大，而且还会被合理化。门采尔和他的同事用他们的数据举了一个例子。有一个机器人曾经 19 次提到了 @realDonaldTrump（特朗普的推特账号），而且它每次都转发这样一条虚假新闻：在 2016 年的总统大选中，有数百万名非法移民也参与了投票。当有影响力的人士被愚弄并开始分享这些内容时，这种策略就起了作用。例如，特朗普曾经在很多场合转发过一些已经被确认是由机器人发出来的内容，这就使那些内容好像得到了证实，进而使这些错误信息在推特上被广泛地传播开来。实际上，正是特朗普将数百万名非法移民在 2016 年总统大选中参与了投票这一错误信息当成了官方的话题。

但是，如果没有人类，机器人就无法传播虚假新闻。在我们对推特进行的 10 年的研究中，我们发现，正是人类，而不是机器人，使得虚假新闻的传播比真相的传播速度更快、范围更广。在 2016—2017 年的研究中，门采尔和他的同事同样发现，正是人类，而不是机器人，才是推特中最重要的虚假新闻传播者。最终，人类和机器人在虚假新闻的传播过程中共同扮演了某种共生的角色：通过诱导人类，机器人实现了虚假新闻的分享，而人类又通过炒作机器把虚假新闻传播到了更大的范围。任何利用错误信息开展的活动的最终目标都是对一些人进行误导，而且也只有人类才会进行诸如投票、抗议、抵制各种产品等一系列的活动，当然还包括决定是否让他们的孩子接种疫苗等。这些深层次的人类决策过程正是虚假新闻想要进行诱导并施加影响的对象，而机器人只不过是达成这一目的的工具。但是，如果人类就是虚假新闻活动的目标，而且对它们的传播还如此关键，那么我们为什么会被虚假新闻吸引？我们为什么还会主动分享这些错误信息呢？

新奇性假设

一种解释是由我和苏鲁什·沃梭基、德布·罗伊提出的"新奇性假设"。新奇的东西会吸引人的注意力，因为它会让人感到惊讶并引起人们情绪上的共鸣，[61]而且它还会更新或改变我们对这个世界的理解。[62]新奇的东西会鼓励人们进行分享，因为它会在无形中传达出分享者的社会地位，分享者会被视为一个"知情人"或者能够接触"内幕消息"的人。[63]在意识到了这些之后，我们决定利用我们在研究推特的10年间所搜集的数据进行测试，看一看虚假新闻是否真的比真实新闻更加新奇。我们还具体核查了推特用户是否更有可能转发那些看起来更加新奇的信息。

为了衡量所谓的"新奇性"，我们观察了那些既分享真实新闻，也分享各种谣言的用户，然后把谣言推文的内容与在用户决定转发这些谣言前60天内曾经接触过的所有推文的内容进行了比较。在多种不同的衡量新奇性的标准下，我们的发现始终都是一致的：虚假新闻确实比真实新闻更加新奇，而且人们也更倾向于分享一些新奇的信息。这个结果在所谓的"注意力经济"的背景下是完全符合逻辑的（我会在第10章仔细探讨注意力经济）。在社交媒体中，本来就存在各种竞争非常激烈的思想和行为模式，正是在这样一种背景下，新奇性吸引了我们本就稀缺的注意力，激发了我们在网上看到的各种消费和分享行为。[64]

虽然在我们的研究中，虚假新闻要比真相更加新奇，但用户很可能并不这么认为。所以，为了进一步测试"新奇性假设"，我们通过比较用户在回复这些谣言时表达出来的情绪来具体评估用户对真相和虚假新闻的感受。我们发现，虚假新闻会激起更多的惊叹和厌恶，而真相会激起更多的悲伤、期待、快乐和信任，所以这实际上已经证实了我们的"新奇性假设"。但这些情绪也揭示出，除了新奇性之外，还有哪些因素会刺激人们去分享那些虚假新闻。[65] 为了理解隐藏在虚假新闻背后的传播机制，我们不得不考虑人类对虚假新闻的敏感性。

我们对虚假新闻的敏感性

关于人类容易受到"错误信念"影响的科学，要比关于虚假新闻的科学发展得更加成熟，但不幸的是，即便是前者也没有能够得到定论。当下，在所谓的"古典推理"和"动机推理"之间还存在着一场争论。古典推理认为，当我们进行分析性思考的时候，我们能够更好地明辨真假。动机推理却认为，当我们面对关于错误信念的纠正信息时，我们的分析能力越强，就越会主动去"深入挖掘"并进一步加深对错误信念的投入，尤其是如果我们从一开始就已经对那些错误信念深信不疑。

我的朋友，同时也是我在麻省理工学院的同事戴维·兰德（David Rand）与他的合作者戈登·彭尼库克（Gordon Pennycook）研究了哪种类型的人能够更好地分辨出虚假新闻。[66] 他们首先测试了具有认知反思能力的人是如何应对认知反思任务（CRT）的，然后询问这些人是否会相信一系列真实和虚假的新闻故事。认知反思任务测试的是一个人的反思能力。如果你让某个人解一道题："购买一根球棒和一个球总共需要花费 1.1 美元，球棒比球贵 1 美元，那么球多少钱？"通常，很多人会飞快地给出一个很直观的答案，即 10 美分，但如果你回头再仔细思考一下，那么这个答案显然是错误的，因为如果球的价格是10美分，那么球棒的价格就是1.1美元，总共是1.2美元。这种类型的问题测试的正是人们的反思能力。兰德和彭尼库克发现，反思能力强的人能够更好地分辨真伪，并且能够更好地识别出对真实事件有明显倾向性的报道，这个结论实际上支持了古典推理的观点。

但是，不断地重复同一种说法会让人信以为真。如果一个人用虚假新闻反复地冲刷我们的头脑，我们就很有可能会相信它。这也被称作"虚假真实效应"，在多次重复接触某些错误信息后，我们就会倾向于相信这些信息。[67]重复之所以会让人相信，是因为人们往往倾向于相信他们已经接触过的或思考过的东西，这就是所谓的"证真偏差"。[68]所以，当我们听到某些东西的次数越多，而且它与我们已经知道的某些东西一致时，我们就越有可能相信这些东西。类似的想法还导致一些认知科学家和政治科学家提出了这样的假设，即由于存在"证真偏差"的现象，任何用来纠正错误的信息都可能会起到反作用。当你试图让某些人相信，他们一直持有的错误信念实际上并不正确的时候，他们反而会更深入地挖掘那些错误的信念并深陷其中。但是，有关这种"逆火效应"的证据似乎并不充分。例如，在三个不同的调查实验中，安德鲁·格斯和亚历山大·科波克（Alexander Coppock）表示："即使在理论上极其有利的情况下，我们也没有发现任何这种群体强力逆反的证据。"[69]

所以，反思确实可以帮助我们从虚假中辨识出真相。尽管信息的重复会让人倾向于相信，但是用于纠正错误的信息不一定会产生反向的效果，即便"证真偏差"带来的偏见确实会让我们更加相信我们已经知道的东西。这些发现向我们提供了与虚假新闻做斗争的线索，我在第12章具体探讨我们该如何适应炒作机器的存在时，还会再次回到这个话题。

制造虚假新闻的经济动机

俄罗斯对乌克兰和美国政治的干预，已经充分说明了制造虚假新闻背后的政治动机，但其中的经济动机也绝不应该被低估。制造虚假新闻的经济动机在马其顿的维尔斯地区展现得淋漓尽致。

维尔斯是一个马其顿境内的毫无活力的山城，这里大约有55 000名居民，拥有两个电视频道，还有一些非常漂亮的教堂。历史上的一些著名人物和事件也出现在这里，比如奥斯曼帝国时期的大维齐尔，以及14世纪后期发生在塞尔维亚和奥斯曼帝国之间的一场战争。但对维尔斯的全球历史地位做出过最大贡献的，或许还是那些2016年美国总统大选期间在这座城市里到处游荡的无法找到工作的年轻人，因为他们发现了，炒作机器是如何通过在网上传播虚假新闻而让他们发财致富的。[70]

维尔斯的年轻人首先创建并推广了数百个不同的网站，这些网站通过社交媒体的广告网络向美国的选民传播了各种虚假新闻。像谷歌这样的公司会在互联网浏览器上投放广告，然后再依据不同的网站吸引的高质量用户的数量来向网站创建者支付报酬。维尔斯的年轻人发现，通过创建各种网站，再利用社交媒体的网络来推广其内容，他们就可以赚到很多钱。阅读并分享他们文章的人越多，他们赚到的钱就越多。

他们发现，虚假新闻可以吸引更多的读者，而且，正如我们在自己的研究中发现的那样，人们在网上分享虚假新闻的可能性要比分享其他内容的可能性高70%。所以，这些年轻人会首先通过创建虚假的账号来放大一些文章的信息，一旦相关的趋势算法注意到了这些文章，这些虚假的新闻故事就会受到广播效应的推动，这些文章就可以被传播给更多的人，并扩展到网络中的新区域。接着，我们看到的就是铺天盖地的虚假新闻了，而且就在美国民众还在前往投票站的路上的时候，这些虚假新闻就已经把他们完全淹没了。当大量的资金流向某一个方向的时候，虚假新闻却正在朝着另一个方向流动。就在2016年总统大选前几个月，当维尔斯的大街上挤满了崭新的宝马车时，整个美国却已经被虚假新闻的洪流吞没了。维尔斯小城只不过是其中的一个例子而已。2019年全年，虚假新闻网站收获了超过2亿美元的广告收入。[71] 虚假新闻现在已经是大生意了，当我们准备推出解决这个问题的方案时（我会在第12章详细论述），我们必须认识到这一经济现实。

现实的终结

不幸的是，到目前为止，我所描述的一切，从股市的崩盘到麻疹疫情的暴发，再到对选举的人为干预，这些实际上还算一些比较好的消息，因为在虚假新闻的时代，一切都只会变得更糟糕。我们正处于"合成媒体"这个崭新时代的边缘，有些人担心这将把我们带入"现实的终结"。[72] 这样的描述听起来或许有些夸张，但毫无疑问的是，在制造虚假新闻的领域，技术创新正在以非常危险的步伐快速向前迈进。各种"深度造假"技术的发展正在生产出极具说服力的"人工合成的音频和视频内容"，这些内容甚至比文本类的虚假新闻更有可能愚弄我们。"深度造假"技术已经可以使用深度学习（一种基于多层神经网络的机器学习的方式）创造出超现实的虚假视频和音频内容了。如果说眼见为实，那么，与我们迄今为止见过的任何虚假媒介相比，下一代的虚假媒介内容更能让我们完全信服，而这是极其危险的。

2018年，电影导演兼模仿秀演员乔丹·皮尔（Jordan Peele）与

BuzzFeed（新闻网站）合作制作了一段"深度造假"的视频。在视频中，奥巴马把特朗普称作"彻头彻尾的蠢猪"。[73] 虽然视频看上去就像是真的，但这显然是虚假新闻。在视频中，当皮尔让奥巴马说出"现在，我根本不可能说出这样的话来……至少绝不会在公开的演讲中这样说"的时候，他让那个明显是他捏造的形象开玩笑般地点了点头。也就在这一年的晚些时候，CNN（美国有线电视新闻网）记者吉姆·阿科斯塔（Jim Acosta）和白宫实习生在新闻发布会上发生了争吵，这一争吵的加速版视频使阿科斯塔拒绝放下手上麦克风的行为显得更加暴力，所以这段视频后来还被用来为吊销阿科斯塔的记者证辩护。曾经在电影中扮演过替身的特技演员后来告诉记者，他们经常使用这种技巧，这使他们在电影中的出拳和踢腿看起来更有攻击性。

"深度造假"技术的基础是一种被称作"生成式对抗网络"（Generative Adversarial Networks，后简称 GANs）的特定类型的深度学习技术，它是伊恩·古德费洛（Ian Goodfellow）在蒙特利尔大学读研究生期间首次开发出来的。[74] 有一天晚上，当他和其他研究生一起在当地的一家酒吧里喝啤酒时，古德费洛遇到了一个和机器学习有关的问题，即如何训练一台电脑自己创建照片，这个问题已经困扰了他的朋友很长时间。传统的方法遭遇了惨败。但是，就在那天晚上，在喝了几品脱啤酒之后，古德费洛居然顿悟了。他开始设想，是否可以通过让两个神经网络相互对抗来解决这个问题。这就是 GANs 的最初设想，脸书人工智能研究部门的前负责人杨立昆（Yann LeCun）把这项技术称作"在过去的 20 年里深度学习领域中最酷的想法"。[75] 这也正是隐藏在那段视频背后的操控奥巴马把特朗普称作"蠢猪"的技术力量。

GANs 把两个神经网络凑到一起，让它们进行对抗：其中一个被称作"生成者",它的工作就是制造出各种合成媒体的内容;而另一个被称作"判别者",它的工作就是去判断有关的内容是真的还是假的。"生成者"会从"判别者"的决策过程中了解到自己的缺陷,然后以此为基础去优化它所创造的合成媒体的内容,这样,它创造出来的视频和音频就会越来越有说服力。事实上,"生成者"的全部工作就是最大限度地提高它欺骗"判别者"的能力,使其误以为那些合成的视频或音频的内容是真实的。想象一下,有这样一台机器,它被设置在一个超级循环中,不断地试图让自己变得越来越擅长愚弄我们。在一个GANs技术正在以指数级速度不断改善的世界里,我们将要面对的未来很可能是一个现实扭曲的世界。

当然,GANs技术还可以被用在好的方面,比如在高能物理的实验中生成让人信服的合成数据,或者加速药物的研究和发现,但是这种技术可能对地缘政治和经济造成的伤害令人感到不安。美国国务院前反恐事务协调员丹尼尔·本杰明(Daniel Benjamin)和克林顿政府与奥巴马政府国家安全委员会反恐事务高级主任史蒂文·西蒙(Steven Simon)曾描绘了这样一幅可怕的画面:"你很容易就可以想象出那些伪造的视频可能会带来何种巨大的破坏,比如你可能会看到一段视频,上面出现的是伊朗的外交官员正在与恐怖分子合作商讨袭击美国的目标,或者你还可以简单地捏造一段新闻,内容是伊朗或朝鲜的军队正计划对任意某个目标进行先发制人的打击……这样的虚假新闻很可能会导致一场战争,或者后果同样严重的是,它们可能会阻碍一个国家对真正的威胁做出反应。"[76]

"深度造假"的音频已经被用来诈骗一些企业了,金额高达数百万美元。2019年夏天,赛门铁克公司的CTO(首席技术官)休·汤普森(Hugh Thompson)披露,他的公司曾经注意到,好几个客户遭到了"深度造假"的音频攻击。[77]攻击者首先用长达数小时的公开录音资料对一套GANs系统进行了训练，这些公开资料的内容包括了其中一家公司的CEO在接受新闻采访、发表公开演讲，以及在财报电话会议上发表讲话时留下的所有语音文件，还有在国会面前做证时留下的语音录音。利用这些音频文件，攻击者建立了一个系统来自动模仿这名CEO的声音。例如，他们会打电话给公司的CFO（首席财务官），然后利用模仿的声音假装是公司的CEO，要求CFO立即将数百万美元电汇到他们控制的银行账号上。这个系统并不是只能发送预先录制的信息，而是可以将攻击者的声音实时地转换成为这家公司CEO的声音，这样他们就可以进行一场"真实"的对话，并且回答任何CFO有可能会提出的问题。由系统合成的CEO的语音是如此逼真，再加上一个为什么需要马上安排转账的好故事，比如不马上转账的话公司很可能会失去一笔大买卖，又或者他们必须在这个财务季度即将结束的时候赶上某个即将到来的截止日期，那么此时这家公司的CFO就很有可能会按照要求进行转账。汤普森还透露，这样的攻击每次都会让目标公司损失数百万美元。

乔丹·皮尔在与Buzzfeed一起制作出那段关于奥巴马的"深度造假"视频时曾这样说过："这听起来可能很简单，但是在信息时代，我们如何继续向前发展，将意味着我们是选择继续这样生存下去，还是选择坠入某种混乱的深渊。"想要理解某种"混乱的深渊"是否就是我们的命运，我们必须理解炒作机器的工作方式。而想要做到这一点，我们就需要回到一些基本的原则上，从深入了解炒作机器的工作机制开始，然后再具体地审视社交媒体对我们的大脑产生的影响。

第 3 章

炒作机器

> 在我们的商业领域里,在美国人和世界各地人们的生活中,最重要的一项改变就是社交媒体。
>
> 汤姆·布罗考(Tom Brokaw)
> 美国新闻节目主持人

> 这个世界上有很多东西比我们人类更强大。但是,如果你知道如何搭上顺风车,你就可以前往很多不同的地方。
>
> 尼尔·斯蒂芬森(Neal Stephenson)
> 赛博朋克科幻作家

我和脸书合作开展研究已经有很多年了,而且我多次拜访过他们的办公室。在门厅和墙上不断更换的艺术品和壁画现在已经成为某种传奇。我们以涂鸦艺术家大卫·乔伊(David Choe)的故事为例,他受委托在脸书位于帕洛阿尔托爱默生大街上的那间最早的办公室里创作壁画。当时,乔伊的艺术品已经越来越贵,所以他要求脸书为他在整个办公室内创作的壁画支付6万美元。肖恩·帕克（Sean Parker）成功地说服了他接受脸书公司的股票作为创作费用的替代。当脸书在2012年上市的时候，乔伊手上的股票价值已经达到了2亿美元，今天，这些股票的价值达到了5亿美元。[1]

脸书非常严肃地看待艺术和创新之间的关系。他们甚至推出了一个艺术家驻馆的项目，邀请艺术家到门洛帕克总部的办公区用富有创意和意义的壁画覆盖所有的墙壁和门厅。[2]这些艺术作品，无论好坏，都会在某种意义上反映出脸书的公司文化，其中有一幅非常著名的利用模板喷涂在墙上的海报，上面写着："快速行动，破除陈规。"当马克·扎克伯格首次写出这句话的时候，它曾被视为推动脸书开拓创新的创造性思维。但今天，这句话代表了一种漫不经心的心态，正是这种心态忽视了虚假新闻所带来的危机，以及俄罗斯对美国民主的干预。在某种程度上，脸书办公室里的那些艺术作品反映了这个社交媒体平台对文化和社会的影响。同时，它还向那些为这个世界上最大的社交网络编写代码的工程师和数据科学家的头脑中灌输了一种特别的想法。这些艺术品可以说是脸书所具有的影响力的缩影，从中反映出来的一些东西可以让我们一窥脸书员工的想法。

有一次，我访问脸书总部，一幅特别的壁画引起了我的注意，所以我拍了一张照片，存在了我的手机里（见图3.1）。在过去的几年里，当我研究炒作机器并试图理解它的内在工作机制时，我的头脑中会反复出现这张照片。通过照片，你可以看到用模板喷涂在墙上的一句话，内容很直白："社交网络就是电脑。"

图 3.1　这张照片是作者在脸书位于加州门洛帕克的总部内拍摄的

社交网络就是电脑

你可以用很多种不同的方式来解释这幅壁画。其中的一个含义是，社交网络就是脸书正在销售的产品，这就像苹果销售的是电脑一样，脸书销售的就是网络（或者在网络上投放的广告）。但是对我来讲，这幅壁画有着更深层次的含义，它描述的是一种对世界的看法，即这个社会在本质上是一台庞大的信息处理器，它的功能就是把各种思想、概念和观点从一个人传递给另一个人，这就像大脑中的神经元或神经网络上的某个节点，当你需要做出某种决定和行为，比如购买什么产品、给谁投票或和谁约会时，这些节点上的神经突触就会被激活，这样的激活在每一天的每一分钟都会出现数十亿次。在这个类比中，我们每个人都是一个节点，而那个把我们所有人都连接在一起的信息处理器的架构就是社交网络。所以，由脸书、推特、WhatsApp、微信以及 Instagram

等汇集在一起所构成的、通过数字化的方式连接在一起的社交网络就是那幅壁画所指的"电脑"。但如果社交网络是电脑,那么它处理的数据又是什么呢?

在这样一台庞大的、把所有人都连接在一起的信息处理器的内部,各种各样的信息在不断地穿梭奔涌,其中包括各种思想、建议、政治信息、采取行动的呼吁、艺术和文化的转变、可怕的事件和令人震惊的新闻、事实、数字、思维方式、倡导和赞同、愚蠢的猫咪图片以及在 Instagram 上看起来很像蓝莓松饼的吉娃娃表情包。炒作机器的核心实际上就是一台信息处理器,它规范并引导各种信息在社会中流动,比如信息从一个人到另一个人的流动,以及信息在人和人之间、品牌之间、政府之间、媒体机构和国际组织之间的流动。作为这个网络中的节点,我们自己就是信息的处理器和决策者。我们会处理自己的日常生活,我们会去购物、投票、约会、发起倡议、发布帖子、分享并管理信息在网络中的流动。我们所经历的在一个社会中呈现出来的整体结果,正是我们每一个单独的个体所做的决策的集合。而我们通过各种不同的媒体,包括企业广播媒体和越来越多的社交媒体接触的信息、思想和观点的流动,都会反过来影响我们每个个体做出的决策。

我们尽管在组织信息、利用炒作机器进行传播方面扮演了重要的角色,但大部分信息都受到了算法的引导、授权以及约束,这些算法决定了我们能看到什么,什么时候能看到,以及我们在网络上应该和谁联系。所以,从这个视角出发,现代化的通信基础设施、新的信息秩序实际上是一个正在不断演化的、代理人类事务的网络,并且在实际控制信息流动的各种算法的引导下,这个网络还每周 7 天、每天 24 小时不间断地参与了各种信息的交换。

炒作机器的结构

三种技术的结合使得炒作机器成为可能。在数字社交网络、机器智能和智能手机这三个领域里的设计和开发共同决定了炒作机器将如何构建我们这个世界。在很大程度上,数字社交网络构建了当今社会的信息流;通过好友推荐和在馈送算法引导下的网络信息流动,机器智能引领了当今数字社交网络的演化;而智能手机为炒作机器的运作创造了一个"永远在线"的环境。从我们的行为与表达的观点中,智能手机和数字社交网络每时每刻都在搜集各种数据,然后将这些数据输入机器智能中,机器智能构建了我们获取信息的渠道,限制了我们可以接触的观点和信念。数字社交网络、机器智能和智能手机的三位一体已经改变了我们生产与消费信息的方式,改变了我们的日常行为以及获取信息的方式,也改变了炒作机器对我们产生影响的方式(见图3.2)。

要想真正理解这样一台信息处理机器,我们必须首先了解它的三个基本组成部分:底层、处理层以及媒介层。底层指的是数字社交网络,这个网络构建起了我们进行互动的方式;处理层又被称作"炒作环路",它通过机器智能和人类智能的互动来控制信息在底层的流动;最后是媒介层,也就是智能手机(至少目前是智能手机),它是主要的输入与输出设备,大多数人都是通过智能手机向炒作机器提供或接收有关信息的。任何我们可以用来进行解释的理论或分析,比如,为什么虚假新闻在网上传播的速度会比真相更快,或者为什么炒作机器以其目前的形式会破坏"群体智慧"(后面我们还会谈到这个问题),都需要我们对这三个组成部分有基本的了解(见图3.3)。

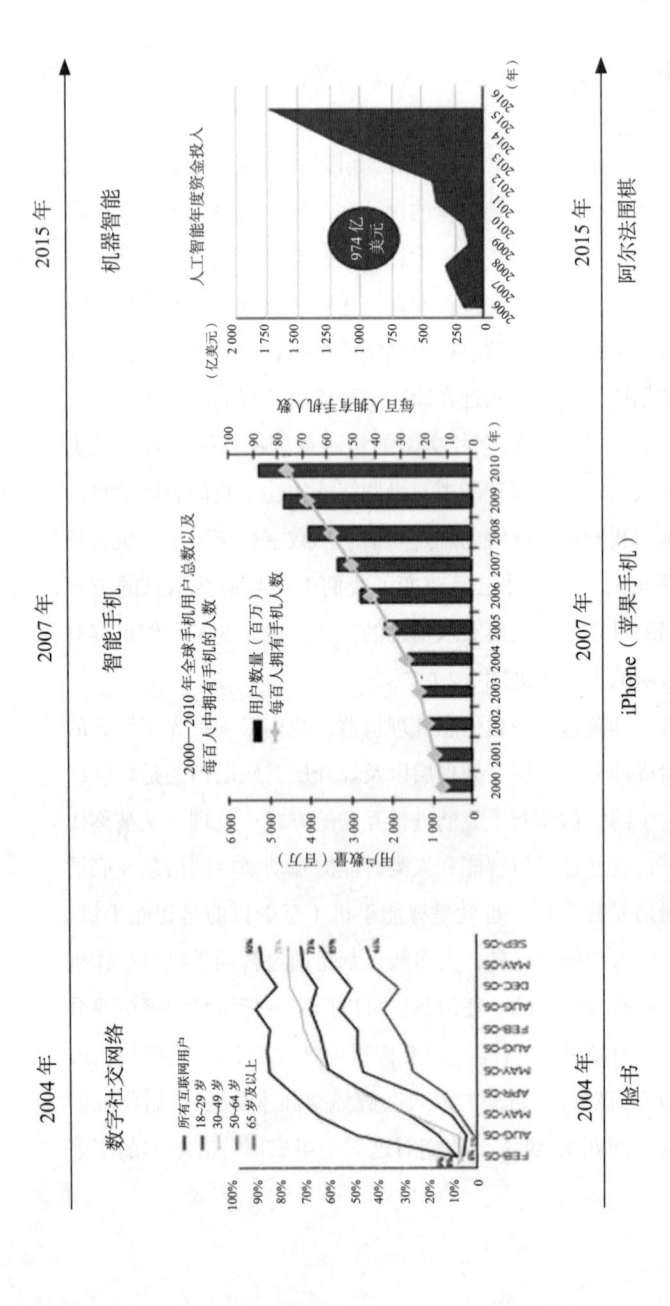

图 3.2 三位一体的技术。上图是在时间维度上针对数字社交网络、智能手机以及机器智能的社会接受程度进行的数据可视化表达。数字社交网络的社会接受程度的时间跨度是从 2005 年 2 月到 2005 年 9 月。全球蜂窝移动电话的社会接受程度和市场渗透率的时间跨度是从 2000 年到 2010 年。机器智能的社会接受程度描述的是从 2006 年到 2016 年全球在人工智能领域每年投入的资金量。脸书, iPhone 和人工智能软件阿尔法围棋的发布日期被分别显示在了图的下方。数据来源：皮尤研究中心（数字社交网络）、国际电信联盟 ITU/ICT 指标数据库（智能手机）、出版商和内容营销机构 Raconteur（机器智能）

图 3.3 炒作机器的底层（数字社交网络）、处理层（炒作环路），以及媒介层（今天是智能手机，但是明天或许是某种其他的媒介）

这里所谓的"底层"实际上是网络本身，而底层就是炒作机器的核心。这种网络是一种不断演化的、数量达到了人口规模的各种链接的集合，它通过脸书、推特、领英以及其他社交网站把我们连接在一起。底层塑造了炒作机器当下的形态，并且在很大程度上构建了能够决定"谁能知道什么，以及在什么时候知道"的基础架构。与炒作机器连接的网络结构决定了信息流动的方式，所以只要了解了这些结构以及它们是如何演化的，那么无论是面对政治两极分化的兴起、社会运动发展的势头，还是面对虚假新闻的传播或定位广告的成功，我们都可以从中获得关于这个社会运作方式的洞见。

具体规范网络的演化并管理信息在网络上的流动的"处理层"就是我所说的炒作环路。正是机器智能和人类智能的循环互动决定了我们会关注什么，以及信息和知识如何在世界各地传播。推动人和机器互动的是机器智能的兴起,以及我们已经拥有的在人口规模上搜集有关人类思想、行为和观点的数据的能力。机器智能吸收了我们的思想、行为和观点,反过来又策划了我们在信息流中看到的那些故事、在 Instagram 上看到的图片、在领英上被推荐的同事和在 Tinder 上被推荐的约会对象,以及我们在这些内容旁看到的广告。随后,我们就会消费这些信息并在这些信息的基础上进行决策。我们会点击一些被推送给我们的链接和图片,然后放弃其他的链接和图片;我们会对一些帖子进行评论或点赞,但同时会完全无视其他帖子和内容;我们甚至会在投票站和大型购物中心依照我们在网上看到的内容改变我们的线下行为。炒作机器会在一旁观察我们的决策过程,了解我们喜欢什么,我们会喜欢谁,以及我们是如何进行思考的。这样,等到下一次在同样的场合,它在调整后给出的建议就会更符合我们的心意。这种人类和机器循环互动的过程,也就是被我称作炒作环路的处理层。在它左右我们决策的同时,我们实际上也对它产生了影响。但是这种循环互动的结果是非常真实的,你会决定买下它推荐的产品、投票给网上曾经提到过的那个人,你还会跟随其他人出现在市内的广场上进行抗议。当然,有时候事情还会像发生在巴格达的塔利尔广场上的那些事情一样具有戏剧性的效果。

媒介层指的是我们与炒作机器进行互动时使用的输入与输出设备。今天,媒介层主要指的是智能手机,但明天,它或许会是增强现实(AR)或者虚拟现实(VR)头盔、数字隐形眼镜、虚拟人、室内音响设备或上述这些设备的某种组合。无论实际采用的是什么设备,媒介层都是极其重要的一环,因为它决定了炒作机器会在什么样的背景下了解我们,并随后影响我们。

但是,要真正地把握炒作机器,还需要理解引导它们发展的经济、技术、社会和法律的力量，而这些也正是我们用来控制社交媒体的手段。显然，在详细介绍炒作机器的三个组成部分之前，我很有必要首先介绍一下这4根杠杆，这样我们才能够解释炒作机器的各个组成部分是如何运作的。

平衡炒作机器的杠杆：金钱、代码、规范以及法律

金钱、代码、规范以及法律这4个因素关系到炒作机器会如何影响我们，以及反过来我们应该如何操纵炒作机器。每一个因素都服务于双重的目的。首先，这些因素可以作为一种透镜，我们可以透过它们了解炒作机器给这个世界带来的影响。其次，作为一种机制，我们可以利用这些因素引导炒作机器对社会产生的影响。

展现在脸书、推特、Snapchat、Yelp（点评网站）以及其他社交媒体公司面前的庞大利益不但影响了它们选择的商业模式和平台的设计，而且影响了其用户的行为方式，这导致某些特定的社会和经济结果会更容易成为现实。如果具体考察金钱这个因素，我们会很自然地得出一个经常让人感到惊讶的结论，即社交媒体事实上已经被毫无节制地滥用了。

通过考察代码这个因素，我们能够明白技术上的限制会如何影响我们的在线行为、我们的沟通模式以及社交网络的演化。事实上，社交媒体软件代码的设计对炒作机器的运作产生了巨大的影响。当你搭建这些系统的时候，克服计算能力约束的最短路径是所有平台都必须面对的一个问题，而正是这个问题导致了某些特别的设计。眼下，这些设计正在用令人惊讶且有时候非常危险的方式塑造着这个社会。为了效率而做出的某种在设计上的选择（坦率地说，这种选择有时候是非常随意的）决定了炒作机器会用什么样的方式来影

响我们。

此外，通过分析规范，我们可以理解在这些系统中起作用的社会性力量，因为我们使用社交媒体的方式是由构成这个社会的所有群体共同认可的规范来引导的。最终，我们还是会从这一波所有人都投身其中的创新浪潮中走出来。如果我们用一种积极的、平等的方式来利用这项技术，那么我们就能够促进积极的社会变革，并且创造出可观的社会和经济价值。但如果我们不够小心的话，那么我们也有可能在无意间创造出一个不平等的、威权主义的世界。在这样一个世界里，"信息资本主义"的力量不仅会把我们的行为导向服务于企业和政府的目的，而且根本不会考虑这样做对社会和经济的影响。当我们在网络上通过文字和行为相互影响时，我们继续塑造着我们生活在其中的数字世界。最终，我们将种瓜得瓜，种豆得豆。

最后，通过研究法律，我们不但可以了解政府会如何尝试纠正由炒作机器造成的市场失灵，而且可以具体审查各种法规对商业、政治以及社会造成的影响。在欧洲，像《通用数据保护条例》（General Data Protection Regulation, GDPR）这样的法规极大地限制了社交媒体平台的设计和行为。而在美国，社交媒体平台迄今为止依然处于放任自流的状态，所以它们不得不承担起自我监管的重任。而且一旦做得太少，它们还会面临监管反弹的风险。我们未来在全球范围内对社交媒体进行监管的具体做法依然不明朗，但有一件事是相当明确的，即在接下来的两三年时间里，社交平台受到监管的程度可能会发生巨大的变化。通过这 4 个角度来考察炒作机器的三个组成部分，我们就能够了解社交媒体运作的基本原理。这样，我们就能够评估社交媒体对我们的影响，以及我们如何才能适应社交媒体的存在。

数字社交网络（底层）

在 18～29 岁的互联网用户群体中，使用社交网站的用户比例已经从 2005 年的 9% 上升到了 2013 年的 90%。其他年龄组的社交网络使用比例也出现了类似的增长，而且截至 2013 年，73% 的全球互联网用户都已经开始使用社交网络。在 8～10 年的时间里，数字社交网络就像传染病一样在全球传播开来。[3]

数字社交网络用两种方法构建网络中的信息流以及它们自身的社会影响力。第一种方法是，它们会向用户提供数字连接的访问权，接着利用好友推荐算法影响这些数字连接的结构，这样它们实际上就影响（或引导）了人类社交网络本身的结构。第二种方法是，它们会利用我们的连接数据来建立一个关于我们偏好的更加精准的模型。从我们阅读的新闻到那些向我们推销产品的线上广告，我们与谁连接将会直接影响我们在网上看到的所有东西。通过构建网络并利用网络来组织我们接收的信息，数字社交网络实际上决定了我们会买什么、会读哪些书、会把票投给谁，甚至会和谁坠入爱河。

下图显示的是脸书在全球的网络，这是一张非常庞大且复杂的网络，它通过日常互动把全球超过 20 亿人连接了起来（见图 3.4）。[4] 但你无法在这张图上看到的是，这张网络有一种非常特殊的、复杂的结构，正是这种结构决定了我们会认识谁、会与谁进行互动，以及信息、资源和思想会通过哪一种途径流向我们。

基于脸书、领英以及其他社交网络生成的"社交图谱"，炒作机器架构起了我们眼前的现实。[5] 我研究社交图谱的结构和功能已经有 20 年的时间了，可以说我一直被其新颖的数学性质所吸引。比如有这样一个事实，平均来讲，绝大多数人的朋友要比他们自己拥有更多的朋友，这是一个被称作"友情悖论"的统计学规则，是

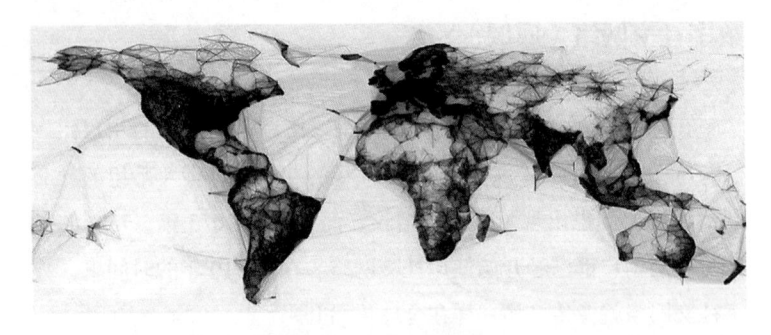

图 3.4 2010 年脸书的社交网络在全球的分布状况

由斯科特·菲尔德（Scott Feld）在 1991 年首次发现的。[6]

但是实际上，社交图谱中两个基本的规律会直接影响我们今天在炒作机器上获得的体验。首先，有些出人意料的是，社交图谱的"聚类"程度要比人们预想得更高，也就是说，我们形成了多个密集的群体，群体内相互之间有密切联系的人数要远超群体间有密切联系的人数。其次，这是一些在性格和身份等方面"同质"的人群，换句话说，相似的人之间往往会有联系。这两个特性解释了为什么炒作机器会促成政治的两极分化，形成回声室效应，传播虚假新闻并且在营销投资上获得巨大的回报。要想理解炒作机器，就需要首先了解"聚类"和"同质"这两个概念。

这是一个很小的世界（聚类现象）

你有没有曾经遇到过一个陌生人，而他认识一个你也认识的人，这时你就会觉得"哈，这个世界还真小啊"。这种感觉并不是什么巧合，这是人类社交网络结构导致的直接结果。事实上，用网络科学的术语来说，脸书、推特、微信、WhatsApp 和 Pinterest 的网络都是"很小的世界"。这句话又是什么意思呢？为了理解这个我们生活在其中的"小世界"，我们需要追溯到人类在形成和发展社交网络时使用的一个基本组成单元，这个基本组成单元可以用来解释出现在我们的社交网络中的令人意想不到的聚类现象。让我们首先来回顾一下由马克·格兰诺维特（Mark Granovetter）提出的"被禁止的三方组"（forbidden triad）这个概念（见图3.5）。[7]

被禁止的三方组

贝拉

爱丽丝

席亚拉

如果爱丽丝与贝拉和席亚拉有强连接

那么贝拉和席亚拉就很有可能也会建立起连接

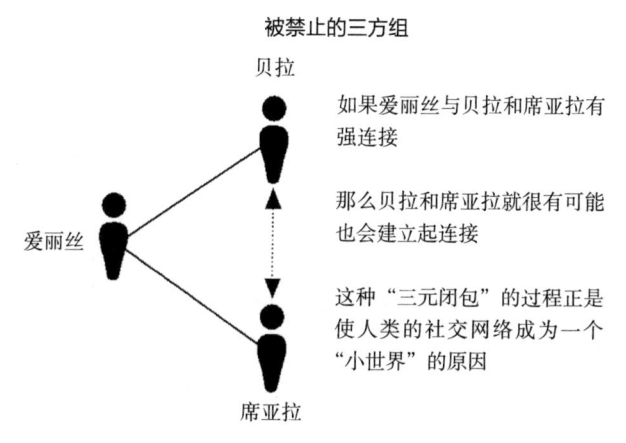

这种"三元闭包"的过程正是使人类的社交网络成为一个"小世界"的原因

图3.5 被禁止的三方组

所谓"被禁止的三方组"指的是三个人之间的某种三角形关系，在这种三角形的关系中，三角形的两条边是所谓的"强关系"，但是第三条边完全缺失了。在现实社会中，这样的关系结构是非常罕见的。人类很少处在这种"被禁止的三方组"的关系结构中。要想明白这是为什么，请想象一下我们在图3.5中描述的三个友人——爱丽丝、贝拉和席亚拉之间的那种关系。如果爱丽丝与贝拉、席亚拉这两者都有很紧密的关系（或者连接），那么在贝拉和席亚拉之间很可能至少存在一种较弱的关系。在"被禁止的三方组"的情形中，爱丽丝与贝拉、席亚拉都有关系，但是贝拉和席亚拉之间并没有任何关系，这样的情形是极其少见的。那么，为什么这种情形出现的可能性很低呢？

如果爱丽丝和贝拉、席亚拉的关系都很亲密，那么贝拉和席亚拉就很有可能因为她们与爱丽丝的互动而相互见面并聚会。如果爱丽丝和贝拉都喜欢对方，那么很有可能是因为她们两人有相似的兴趣爱好。如果爱丽丝和贝拉有相似的兴趣爱好，那么爱丽丝和席亚拉也很可能拥有同样的兴趣爱好。所以，通过某种形式的社会关系的传递性，贝拉和席亚拉也很可能拥有同样的兴趣爱好，这使得她们更有可能成为朋友。此外，如果贝拉和席亚拉之间的关系变得紧张了，那么爱丽丝与她们两人之间的关系也会变得紧张起来，因为她们每个人都会想，为什么爱丽丝会和另一个人出去玩。她们已经不想再花时间待在一起了，所以她们会迫使爱丽丝断绝与另一个人的关系，或者主动疏远爱丽丝，以避免见到另一个人。基于上述这些原因，人类社交网络的特征可以用所谓的"三元闭包"（triadic closure）来描述，即在任何社交网络中，人类更倾向于让这个关系的三角形完全闭合。

这种使关系三角形闭合的趋势导致相似的人群会出现聚类现象，所以人类的社交网络都是由一群相似的人聚集在一起而形成的，在同一个聚类中的人的关系要比他们与其他聚类中的人的关系更加密切。所有这样的聚类都是由具有相似的人口统计学特征、社会经济地位、兴趣和思想的人组成的，而不同的聚类通常都是由某些偶尔才会出现的"弱连接"桥接在一起的。闭合的关系三角形，再加上偶尔会出现的弱连接，使得人类的社交网络成了一个"很小的世界"，这个小世界的特征就是包含众多集聚在一起的人群，以及社会上的任何两个人都可以通过很短的路径产生关联。[8] 我的朋友和同事邓肯·沃茨（Duncan Watts）与供职于康奈尔大学的史蒂夫·斯托加茨（Steve Strogatz）都是使这一理论得以规范化的先驱，现在这一理论已经成为当代网络科学的基础。

相距很远的两个人群聚类是通过很弱但很长的连接桥接在一起的，所以社会上任何两个人之间间隔的人都不会超过 6 个（这就是所谓的"六度分隔"的现象）。[9]这也是为什么当你惊讶地发现某个和你在社会地位、兴趣爱好等方面都相去甚远的人和你认识同一个人时，你会产生这样的想法："这个世界真的很小啊。"正如我们在第 5 章中将看到的，正是这样的结构推动了脸书的市场进入策略。为了打败 MySpace，脸书瞄准了大学校园内的学生，让他们从自己所在的人群聚类中招募用户，而不是跨越不同的人群招募用户。这样做提升了用户在加入脸书的过程中体验到的安全感和熟悉度（见图 3.6）。[10]

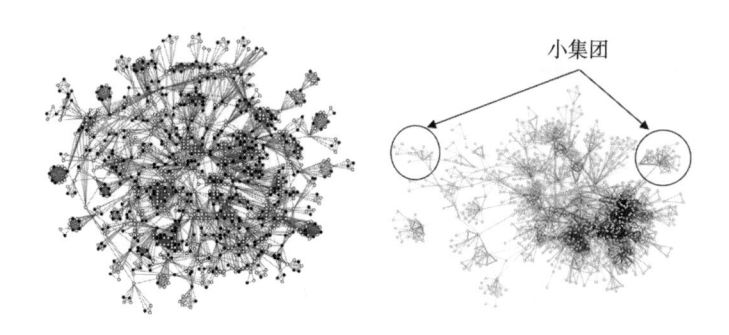

图 3.6 人类社交网络中人群聚类的分布形态

连接距离遥远的两个人群聚类的弱连接具有特殊的优势，因为它们是网络中不同部分之间新的信息流动的路径。对于处在同一个有紧密联系的聚类中的所有人，他们获得的信息以及他们的思维方式都会不断地趋同。因此，将不同的聚类桥接在一起的所谓的"弱连接"就成了新鲜事物流动的通道。信息在众多社交网络的聚类中呈现出不均匀的分布，所以信息也就被赋予了一定的价值。新鲜的信息因为其稀缺性而拥有了更高的价值。在某个特定的网络聚类中，那些能够接触稀缺的新鲜信息的个体就可以为各种机会牵线搭桥并推动创新，比如他们可以利用从其他网络聚类中接收到的新鲜信息来解决他们利用现有的知识无法解决的难题。[11] 这就是所谓的思想领袖应该"跳出框框"进行思考的部分含义，但更精确地讲，这些"架桥人"、"代理人"或者"有影响的人"只是"跳出了他们自己所在的人群聚类"进行思考，而不是真的跳出了框框进行思考。可以说，正是这些人所拥有的多样化的人际关系网络为他们提供了工作、晋升以及经济机遇。而他们也通过在人类社交网络的不同部分之间为新鲜的思想牵线搭桥创造出了新的价值，正如我在后面的章节中将要描述的，在注意力经济中，这种类型的创新才是王道。

人以群分（同质性）

人类的社交网络是由各种人群聚类组成的，而且在这些聚类中所有人都是同质的，换句话说，人类往往会选择和他们相似的人待在一起。[12] 人们通常会更喜欢与那些在种族、民族、社会经济地位、受教育程度、政治理念、观点、行为和个人偏好等方面与自己相似的人交朋友。[13] 这也是社会生活中最稳定、最有规律的模式之一。这种同质性还使沟通变得更加容易，让人们可以更简单地预测朋友的行为，更方便地建立信任感，同时降低维持关系所需要的成本以及建立新关系时可能面临的风险。因此，自苏格拉底以来的很多哲学家注意到了这种人类的自然倾向，这也就不足为奇了。

但是，同质性还和炒作机器的工作机制有关，正如我们在这一章的后半部分将要看到的，当我们具体探讨好友推荐算法时，我们会发现，炒作机器的设计方式使得人类的社交网络朝着一个比我们在自然状况下预期的"三元闭包"更普遍、同质化更严重的方向发展。所以，我们有必要思考这样的问题：炒作机器是如何利用这种人类的自然倾向并从中受益的？为什么炒作机器会加速这种倾向的发展？

塞尔吉奥·库拉里尼（Sergio Currarini）、马特·杰克逊（Matt Jackson）和保罗·皮恩（Paolo Pin）三人把"选择"和"机会"称为网络演化中的双重推动因素。[14] 当我们研究在炒作机器的"社交图谱"中出现的同质演化的现象时，或许上述的双重推动因素正是我们观察这种现象时非常有用的放大镜。不过格奥尔基·科斯奈茨（Gueorgi Kossinets）和邓肯·沃茨把这两个因素更明确地称作"选择同质性"和"诱导同质性"。一方面，与那些和我们非常相似的人在一起，我们会感到很舒服，所以我们会选择和那样的人联系（即所谓的"选择"）；另一方面，我们遇到和我们相似的人的机会通常会比我们遇到和我们不同的人的机会更大（即所谓的"机会"）。库拉里尼、杰克逊和皮恩在美国的一些高中校园里研究了上述两种对同质性的解释，并且为两者都找到了证据。首先，我们会决定和那些与自己相似的人交朋友；其次，我们遇到和我们相似的人的频率会远远超过我们遇到和我们不同的人的频率。正是这两者同时推动了人群聚类中的同质化倾向。

"选择"和"机会"之间的区别非常重要，有两个原因。首先，遇到不同的人的"机会"会影响我们最终是形成一个多元化的社交网络，还是一个同质化的社交网络。网络的多样性直接影响了我们看到的观点、思想以及信息的多样性，所以在炒作机器上出现两极分化、仇恨言论以及错误信息传播的可能性有多大，就取决于我们遇到和我们相似或不同的人的"机会"到底有多大。

其次，炒作机器营造了我们与其他人用数字方式见面的机会。在很大程度上，好友推荐算法决定了我们会在脸书、推特、领英、微信、Tinder以及其他社交网络上与谁进行联系。很有代表性的是，在美国全国开展的调查显示，2013年，通过网络算法形成的恋爱关系的数量已经超过了通过朋友和家人介绍形成的恋爱关系的数量。[15] 在那些通过网络相识的恋人中，通过双方共同的朋友见面的比例随着时间的推移而不断地下降，这意味着，在指导人类的恋爱关系方面，算法正在代替传统的朋友和家人的作用。

所以，具体思考好友推荐算法会如何引导"社交图谱"的演化，尤其是在炒作机器中人群的聚类和同质性会达到什么程度等这一系列的问题，对于理解政治的两极分化、社会的僵局，以及在网络上错误信息和仇恨言论的传播等都可以说是至关重要的。尽管炒作机器是通过其"处理层"来引导网络的演化和信息的流动的，但是在我接着讨论炒作机器的第二个组成部分"处理层"之前，我们很有必要更仔细地探究一下炒作机器的数字网络结构。

炒作机器的社交图谱

脸书是从2011年开始研究它自己的"社交图谱"的。我的朋友和同事约翰·乌干达（Johan Ugander）、布莱恩·卡勒（Brian Karrer）、拉尔斯·巴克斯托姆（Lars Backstrom）和卡梅隆·马洛（Cameron Marlow）四人当时都在脸书工作（布莱恩和拉尔斯现在还在那里工作）。他们四人曾合作撰写了一篇叫作《有关脸书社交图谱的解析》的论文，在论文中，他们研究了"2011年5月脸书活跃用户的整个社交网络，当时这个网络上有7.21亿名活跃用户"。[16]

这可能是他们曾经"分析过的最大的社交网络"（很可能现在仍然是最大的社交网络）。

首先，他们分析了每一个人在脸书上会有多少个朋友（网络科学家把朋友的数量称作"度"，所以就有了所谓的"六度分隔"理论）。他们发现，2011年全球用户拥有的朋友数量的中位数是99人，他们还发现，"有很少一部分用户的'度'异乎寻常地高，这些人在网络文献中有时候也被称作'枢纽'，他们的'度'已经远远超过了普通脸书用户的平均数或者中位数"。

在一项试图证明软件代码对塑造网络的重要性的研究中，他们发现，"除了当用户的朋友数量在20个左右时出现了一些小的异常以外，'度'的分布是递减的。实际上，这样的现象还要归咎于脸书的产品设计，因为脸书会鼓励朋友数量少的个体多去结交一些朋友，尤其是当他们的朋友数量还没有达到20个的时候"。他们还发现，"'度'的分布显示，当用户的朋友数量达到5 000个时，分布曲线就会急剧下降，这实际上是脸书对同一个人在同一时间可以拥有的朋友数量的限制"。分布曲线在朋友数量为20个左右时出现的异常，以及它在朋友数量为5 000个时的急剧下跌让我们清楚地看到，脸书的软件代码正在用一种强有力的方式塑造它的网络。它的算法会督促我们这些朋友数还不到20个的人想办法去联系更多的人，但与此同时，它还限制我们，让我们绝不能有超过5 000个朋友。这些在产品技术上的设定就这样反映在了我们通过脸书创建的人际关系网中。这是软件代码对网络形态的两个比较普通的影响，但是它们实际上还展示了脸书的代码会如何塑造我们的社会结构。我很快就会谈到一些影响力更大的代码设计。

其次，他们四人的分析确认了脸书是一个"很小的世界"，所以"个体之间发生联系所需的路径很短"。事实上，他们发现，脸书这个小世界居然惊人地符合"六度分隔"理论，对所有在脸书上互相联系的用户来说，有99.6%的人都是在"六度分隔"的范围内发生联系的。2011年，脸书上任何两个人之间的平均距离是4.7度，这远低于人类社交网络中普遍存在的那种预言式的"六度分隔"。脸书的社交图谱不仅仅是一个小世界，事实上，它比我们的线下的小世界还要小，这一点对于信息在脸书上流动的速度、广度和规模都很重要。正如约翰、布莱恩、拉尔斯与卡梅隆指出的那样："这个结果显示，脸书上的个体都拥有潜在的巨大影响力。共享内容只需要在脸书的社交网络上前进几步，就能够触及世界人口的很大一部分。"要理解为什么虚假新闻在今天要比在10年前更容易被传播且更危险，以及为什么决定信息影响范围的馈送算法如此重要，上述约翰等人的这番话无疑已经道出了其中的关键。

再次，他们四人还发现了程度极高的人群聚类现象。事实上，脸书的人群聚类程度已经远超其他数字社交网络。例如，脸书的人群聚类程度"大约是2008年微软的即时通信软件MSN Messenger的社交图谱的聚类系数的5倍"。聚类程度这么高的一个可能的原因是，脸书采用了向用户推荐朋友的"好友推荐算法"。正如我们稍后会看到的那样，由于代码的限制，以及对商业模式带来的利益的考量，脸书的工程师在设计这些算法时明显采用了符合格兰诺维特的"三元闭包"的方式。事实上，几乎所有主要的社交网络都是这样设计的，而且这种做法使得人类社交网络形成了比其自然状态下程度更高的人群聚类现象，甚至比那些没有采用好友推荐算法的社交网络，比如微软的MSN Messenger的人群聚类程度还要高。

最后，他们再次发现了"人以群分"这个现象，或者换句话说，他们发现了程度很高的同质化现象。当具体审视脸书的用户倾向于与自己相似的人交往的程度时，他们发现，在朋友的数量、使用脸书产品的频率、年龄、出生地甚至性别等方面，同质化的现象已经非常明显。在性别上表现出来的同质化尤其让人意想不到，因为通常来讲，生物的本能会鼓励我们中的绝大多数人与异性交朋友。后来的研究还证实，脸书用户在种族、民族、政治理念、观点、行为以及个人偏好等方面也存在同质化的现象。[17] 正如我们稍后会看到的，同质化在政治的两极分化、回声室效应的发酵，以及虚假新闻的传播方面扮演了一个重要的角色。另外还有一点也很重要，因为炒作机器的软件代码和算法加强了"三元闭包"的趋势，同质化程度的加剧已经超出了我们的预期。

尽管推特、Pinterest 和其他社交网络的规模比较小，而且用途各不相同，但它们的形态都与脸书非常相似。虽然更恰当地说，推特是一个信息网站或者微博服务网站，但推特的社交图谱呈现出来的依然是一个小世界，不但任何两个用户之间的连接路径较短，而且它同样有很高的人群聚类度。虽然推特社交图谱的人群聚类度不像脸书社交图谱的聚类度那么高，但它的聚类度"依然在一个社交网络应该有的范围内"。[18] 在各自用户的联系人数量大约为 100 个的情况下，"这两幅图谱就变得非常具有可比性了，此时的聚类系数大约为 0.14"。和脸书非常类似的是，推特的用户在共享内容和政治立场等方面也表现出了同质化，呈现出一种高度分隔的政治结构。一项关于这一研究课题的调查显示，在不同的社交媒体网络间存在着极其惊人的相似之处，尽管它们服务的对象是截然不同的（见图 3.7）。

社交媒体网络	分隔的度数	好友推荐算法
推特全球	4.17	有
推特巴西	3.78	有
推特日本	3.89	有
推特美国	4.37	有
脸书	4.74	有
MSN Messenger	6.6	没有

图 3.7 小于"六度分隔"的情形。所谓"分隔的度数"指的是通过计算得出的网络中任意两个人之间发生联系的平均路径长度或者相隔的人数,这里给出了在六种不同的社交媒体网络中的"分隔度数",以及这些社交媒体网络是否使用了好友推荐算法来推荐用户建立新的连接。数据来源:Ugander, Johan, Brian Karrer, Lars Backstrom, and Cameron Marlow. "The anatomy of the Facebook social graph," arXiv preprint arXiv:1111.4503 (2011) (Facebook); Myers, Seth A., Aneesh Sharma, Pankaj Gupta, and Jimmy Lin. "Information network or social network? The structure of the Twitter follow graph." In *Proceedings of the 23rd International Conference on World Wide Web*, ACM, (2014): 493-498 (Twitter Global, Brazil, Japan, US and MSN Messenger)

然而,有一点必须要注意的是,采用了好友推荐算法的社交媒体网络往往要比没有采用好友推荐算法的社交媒体网络有更高的人群聚类度和同质性。正如脸书和推特的科学家在他们的研究中指出的那样,这两家公司的社交图谱结构与微软的 MSN Messenger 的社交图谱结构是完全不一样的。在采用了好友推荐算法的社交媒体网络中,人与人之间的平均路径长度往往要小于我们在人类社交网络中发现的"六度分隔"(事实上,大多数的平均路径长度都小于 5)。在没有采用好友推荐算法的社交网络中,平均路径长度往往会大于 6(在 MSN Messenger 的网络中,这个数值是 6.6)。[19]

炒作环路（处理层）

在当今的文化思潮中，有一些描述把技术妖魔化了，就好像技术在某种程度上就是被设计用来颠覆和摧毁我们的生活的。埃隆·马斯克就曾经警告过有关人工智能的威胁，他声称"人工智能是人类文明生存的最大风险"。[20] 机器人的到来正在"偷走我们的工作"，这样的想法似乎很明确地暗示了技术有可能入侵和掠夺我们的经济。美国国会曾经指责脸书侵蚀了美国的民主，而专家们也曾经做证说机器人对虚假新闻的泛滥负有责任。[21] 但是，这样的描述把太多的责任归结在了技术上，从而使我们每个人都能够极其轻易地置身事外。对于人类自己在塑造我们与社交媒体的关系的过程中所扮演的角色，这样的描述往往也一笔带过，但这样的做法几乎直接免去了我们创造自己的现实的责任，并剥夺了我们这样做的权利。

然而，我对当今世界的炒作机器有一种截然不同的看法。现在有很多关于人类如何创造并利用各种技术的研究，我的看法根植于这些研究，并得到了这些研究的支持。[22] 我的观点是与"技术如何影响我们"的线性观点背道而驰的。

在下图中呈现出来的"炒作环路"描述的是一个在"行动和反应"之间反复循环的模式，同时也是一个在"原因、结果以及演化"之间反复循环的模式，这样的循环模式为技术和人类的行为搭建起了一个框架和结构（见图3.8）。这两个循环紧密地交织在了一个不断演化的反馈环路中，而正是这个环路塑造了我们的体验。一方面，技术，或者更具体地说，机器智能，通过分析炒作机器内部发生的事情优化了某些特定的目标，比如最大化用户的参与度，或者增加某些内容的阅读量。例如，好友推荐算法会首先分析我们认识谁、我们如何进行沟通以及我们喜欢什么,然后它会以此为基础向我们推荐新的朋友。信息流算法(Newsfeed algorithms)会通过评估我们和我们的朋友在网上阅读了什么、喜欢什么以及分享了什么来向我们推荐新闻。广告定位算法会通过评估我们是谁、我们在网上会浏览和购买什么来向我们推荐新的产品。这些以及其他很多更精妙的技术会通过限制我们的选择来推动和构建我们的现实。

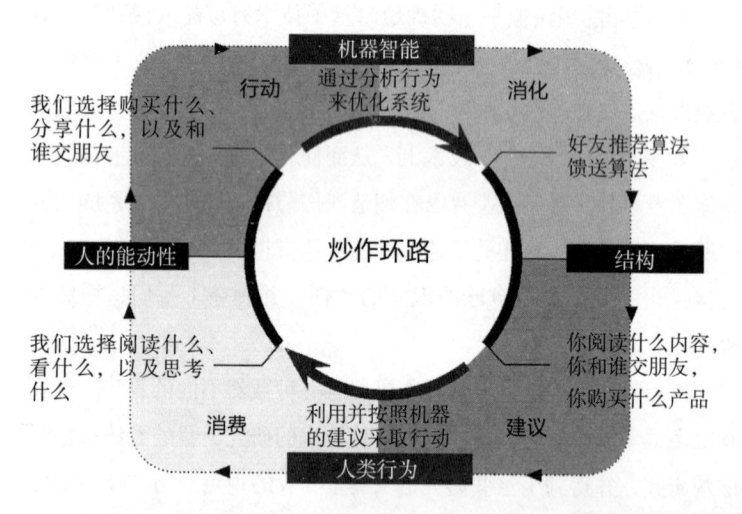

图 3.8 "炒作环路"将机器智能和人类行为之间的相互作用可视化了。环路的右边描绘的是"消化和建议环路",这是一个机器智能构建人类选择的过程。环路的左边描绘的是"消费和行动环路",这是一个人类凭自己的主观能动性消费机器的建议并按建议采取行动的过程

正如诺贝尔经济学奖获得者赫伯特·西蒙(Herbert Simon)说过的那样:"大量的信息会导致注意力的匮乏。"[23] 上面这些由各种算法给出的建议会极其明显地影响我们的行为。我们会更倾向于在推荐给我们的朋友、推荐给我们的新闻故事,以及推荐给我们的产品等这样一些范围内进行选择,因为我们没有时间或精力去进行更

广泛的搜索。在某些情况下，我们甚至没有机会看到那些炒作机器没有推荐给我们的选项。例如，有一些交友约会 App 会允许我们浏览所在区域的任何人的资料，但其他类似的 App，比如 Tinder 和 Bumble，就只显示由它们的算法推荐的具有潜力的匹配对象。通过向我们提供一组经过算法调整后的选项，技术在给予我们选项的同时也约束了我们的选择。用这样的方式，炒作机器影响了我们阅读什么样的内容、我们和谁交朋友、我们购买什么样的产品，甚至影响了我们和谁相爱。

但是，技术只是故事的一半。尽管炒作机器在一定程度上创造了我们的现实，但我们才是最后利用技术并以此为基础采取行动的人。人类的能动性决定了机器在分析并给出新的建议选项时所使用的数据；而我们的行为，包括我们上传什么样的帖子、我们阅读什么样的内容、我们如何交友，以及我们如何相互沟通并和其他人进行互动等，又进一步塑造了炒作机器会如何解释我们想从技术中获得什么、我们想如何生活以及如何被对待。

我在麻省理工学院的前同事伊亚德·拉赫万（Iyad Rahwan）和他的团队最近完成了一项研究，这项研究提供了一个完美的例子，说明了人类的主观能动性的作用。拉赫万想要知道的是，内嵌在炒作机器中的机器智能是如何受到其训练数据的影响的。换句话说，他想要知道的是，在社交媒体算法从不同的数据中了解到我们的在线行为后，它们会如何改变自己的"思考方式"。

麻省理工学院的研究团队把他们分析的重点放在了自动图像标记上，这是一项在社交媒体和网络上常见的机器智能任务。你有没有填写过验证码？那些让人感到很讨厌的图像标记练习是由我的同事路易斯·冯·安（Luis Von Ahn）在卡内基-梅隆大学发明的，这项原本用来判断操作者是人还是机器的测试现在也可以被用来标记一些图像,然后你就可以用这些图像来训练算法对图像进行自动标记。在公开演讲中,安为他向世界发布了这些让人讨厌的验证码而道歉。但这些验证码有一项非常重要的用途,那就是这些标记可以被用来对每天发布在社交媒体上的数千亿张图片进行分类、存储、搜索和描述。

拉赫万和他的团队想要弄明白的是,这些图像标记算法在面对网上那些讨人喜欢的、协调的和喜庆的图像时的反应与其在面对一些令人感到毛骨悚然的图片时的反应有哪些不同。所以,他们创造了一种可以对图像进行自动化描述的人工智能深度学习算法,这些算法需要描述的所有图像都将来自社交媒体。[24] 他们给这个人工智能起名叫"诺曼"(Norman),这个名字取自 1960 年阿尔弗雷德·希区柯克的电影《惊魂记》中安东尼·帕金斯(Anthony Perkins)扮演的角色,因为他们想要看一看,他们能否通过不断地给人工智能灌输错乱的图像而使这个算法也变得错乱起来。他们想要知道,我们上传到网上的内容会如何改变炒作机器的思维方式,或者至少改变它的某一种算法的思维方式。首先,他们会使用典型的、讨人喜欢的社交媒体图像,比如海滩、鲜花、飞鸟和蛋糕等来训练他们的算法。接着,他们使用了在社交媒体上能够找到的最可怕的图片,即一些充满了死亡和暴力的图片来训练拥有完全相同的代码的同一种算法。

在使用两套不同的图像对同一种算法进行了训练后,他们决定让这个可以自动评价图像的软件进行一次"罗夏墨迹测试"(Rorschach Inkblot Test),这是一种心理学测试,受试者在测试中会看到一些抽象的图像,然后会被要求描述他们在这些图像中看到的内容(设计这种测试的目的就是揭示你的潜意识在面对看上去像很多种不同物体的图像时的具体反应)。当"正常"的诺曼和"邪恶"

的诺曼看到同一幅"墨迹"图像时，它们会产生截然不同的反应。当"正常"的诺曼看到的是结婚蛋糕、飞鸟和雨伞的时候，"邪恶"的诺曼看到的却是有人被枪杀或者被超速的汽车撞死（见图 3.9）。

正常的诺曼看到： 一只小鸟的黑白照片	正常的诺曼看到： 一个人正举着一把伞	正常的诺曼看到： 放在桌上的结婚蛋糕的特写照片
邪恶的诺曼看到： 有一个人正在被拉进制作生面团的机器	邪恶的诺曼看到： 一名男子在他正在尖叫的妻子面前被枪杀	邪恶的诺曼看到： 一个人被超速的汽车撞死

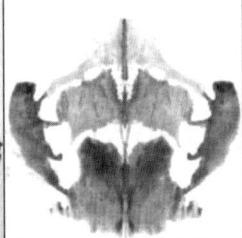

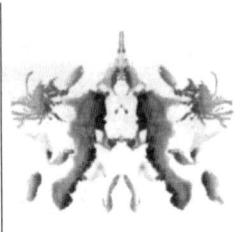

图 3.9 对麻省理工学院的"诺曼"人工智能进行测试的结果。在"正常"和"邪恶"的诺曼人工智能系统描绘"墨迹"图像的文字内容上方，附有三张在测试中使用的具有代表性的"罗夏墨迹"。"正常"的诺曼系统在训练的时候描述的是来自社交媒体的普通的日常图片，"邪恶"的诺曼系统在训练的时候描述的是有关暴力和死亡的图片。这两个系统在其他所有方面是完全相同的

但这两种算法的代码是完全相同的，而且它们观看的"墨迹"图案也是完全相同的。唯一的差异是，研究者在对这两种算法进行训练的时候使用了完全不同的图片：其中一种算法处在一个我们在社交媒体上只发布各种暴力图片的世界里；而在另一个世界里，我们上传的都是一些平和的、关于我们周围各种场景的日常图片。结论很清楚，我们从炒作机器中得到的就是我们自己投进去的东西。如果我们输入的是死亡和暴力，那么算法看到的也将是死亡和暴力，因为它只知道这些；如果我们向它提供的是和平、欢乐、和谐与合

作，那么它回报给我们的也将是更多类似的东西。

Tay 就是一个完美的例子，它是 2016 年微软在推特上发布的人工智能聊天机器人。[25] 随着越来越多的用户与它进行互动，它会变得"更加聪明"。它参与了推特上的对话，并且从这些对话中"了解"了这个世界。但就在它被推出后不久，它开始不断地在网上发出各种种族主义的、性别歧视的、暴力的以及言辞粗俗的推文，它在推文中声称"女权主义是这个社会的癌症"，大屠杀是被"编造"出来的，以及希特勒会比乔治·布什干得更好，等等。而这一切都是它从别人对它说的话中学来的，最终微软不得不把它从网上撤了下来。

关于 Tay 还有一件有意思的事，早在微软在推特上发布 Tay 的两年前，微软就已经在中国推出了同样的技术，但是 Tay 在中国并没有出现上述的任何问题。[26] Tay 的故事非常生动地提醒了我们自己在炒作环路中扮演的角色，我们从炒作机器中得到的正是我们投进去的东西。

脸书的机器智能每天会进行 200 万亿次的预测，[27] 但炒作环路为机器智能影响炒作机器的方式设定了一个框架。机器智能会消化和吸收我们上传的帖子、我们阅读这些帖子的方式、我们选择关注谁、我们如何对看到的内容做出反应，以及我们如何对待他人。随后，通过对这些数据进行推理，机器智能就可以向用户展示新的内容、好友推荐，以及可以将特定目标最大化的广告。

虽然这些目标是被严密保护的商业机密，但其中有一些还是相当透明的。例如，信息流算法会尝试最大化用户的参与度。正如我们将在第 10 章中看到的，参与度是炒作机器的商业模式的关键，因为参与度能够保证用户的关注度，而关注度才是脸书和其他的社交媒体公司想要卖给广告商的东西。另外，信息流算法为我们提供了一些多样性，这样我们才会去探索自己的偏好空间。由此，我们接触的内容将会是新鲜的、动态的。但更重要的是，基于我们过去的参与历史，信息流算法给予我们更多我们想要的东西。广告定位算法可以最大化点击率、对话率，以及客户生命周期价值；好友推荐算法可以向我们展示谁是我们最有可能建立联系的人，从而实现用户间联系数量的最大化。但是，在给出任何这类建议之前，机器必须感知和理解我们的行为，而它做到这一点的方式是非常让人着迷的。

"感知和建议"环路

我把属于机器这一边的炒作环路叫作"感知和建议"环路。首先，机器会感知并分析我们的行为，接着，它会建议或者推动我们朝着可以让营业收入和利润最大化的方向采取行动。要感知和理解我们的行为，炒作机器会模仿人类的感知过程。我们用视觉、嗅觉、味觉、触觉和听觉来理解这个世界，炒作机器也是如此。Instagram会处理并尝试理解我们上传的图片，YouTube会处理和理解我们上传的视频，Alexa（亚马逊人工智能助手）会处理和理解我们所说的话，Gmail（谷歌邮箱）会处理和理解我们输入的邮件，脸书甚至能理解我们的肢体语言。

一些主要的社交媒体平台的研究小组正在开发深度学习的神经网络，通过分析我们输入的文本、我们说话的语音、我们在照片和视频中显露出来的面部表情和身体姿势，这种技术使机器能够理解我们在做什么、我们对什么感兴趣，以及是什么让我们感到高兴或悲伤。这种技术还使机器能够理解那些使我们采取行动的原因是如何与我们对某些事情的参与度、购物的模式，以及联网的能力联系起来的。举例来说，隐藏在脸书和 Instagram 背后的"视频理解引擎"就是某种深度学习的神经网络，你完全可以把它看作机器智能的"视觉皮质"，其作用就是尝试去理解我们每天在社交媒体上发布并消费的大量视频。

炒作机器的视觉皮质

总的来说，所有脸书的用户每天会花费 1 亿个小时观看 80 亿段脸书的视频。[28] 互联网上视频内容的流量是所有用户在互联网上产生的流量的 80%，一般的网络用户可以记住他们阅读的内容的 10%，但他们可以记住自己在视频中看到的内容的 95%。[29] 让我们先消化一下上面这些内容，这些数据实际上是说，视频才是炒作机器当下的主要媒介，而文本已经过时了。尽管文本分析在炒作机器刚刚开始出现的时候还很重要，但今天社交平台是通过吸收、消化和理解动态的图像来解释这个世界的。从现在的角度看，Snapchat 当初选择以"摄像机公司"的身份上市，而现在又在手机上以照相机 App 的形式推出自己的服务，这就非常合理了。脸书也在花大力气转向视频内容，它在 2012 年收购了 Instagram，并在此后使 Instagram 和它自己的专有平台都转向了短视频。

视频包含的内容是极其丰富的，比如，视频中的人是谁、他们的背景、他们当时的情绪、他们正在参与的活动、视频中的场景在哪里、当时的天气以及所有这些元素之间的关系等。如果你想为上面这一切加上标签，那么理解这些内容是其中的关键。我们每天都可以在脸书的平台上看到 80 亿个视频内容，而脸书在面对这些视频内容时，要能够做到实时地感知并理解所有上述的维度。脸书目前向客户提供的视频搜索、广告效果查询、向盲人描述视频内容的无障碍功能等一系列的服务都需要这种理解能力作为支撑，更何况在脸书的市场中，买家和卖家会上传一些正在出售的商品的照片和视频，而没有太多关于这些商品的文字描述。

我是通过与世界上领先的视频分析平台之一 VidMob 合作，才真正了解了视频分析这种技术的。这家公司之所以会专注于"视频理解"的相关技术，是因为——正如这家公司的 CEO 亚历克斯·科尔默（Alex Collmer）经常说的那样——"视频正在吞噬这个世界"。VidMob 是由 Manifest Capital 投资的一家创业公司，而 Manifest Capital 是我和我的老朋友以及商业伙伴保罗·法尔宗在 2016 年共同创立的风险投资基金。在开发目前在世界上领先的视频优化平台"敏捷创意工作室"（ACS）的时候，我和 VidMob 进行了直接的合作。与视频优化有关的任务是非常具有挑战性的，它需要将机器学习、计算机视觉、预测建模和优化组合起来。但是其中的基本过程是很容易理解的。

我们的主要目标是逐秒理解一个视频中包含哪些内容，这些内容涉及了哪些主题、有怎样的背景、表达了什么样的感受和情绪，然后再把这些元素的存在与否和 KPI（关键绩效指标）进行比较。这里可能会涉及的 KPI 包括视频的观看次数、留存率、退出率、点击率、参与度、品牌认知度和满意度。通过让视频制作、数据分析、优化和发布等环节形成闭环，VidMob 可以改善它的客户在营销上的投资回报（见图 3.10）。

敏捷创意工作室平台可以自动提取视频中的元数据并进行情绪分析。它使用了深度学习和计算机视觉技术来识别视频中的情绪、物体、标识、人和单词；它还可以检测到视频中人物的面部表情，比如喜悦、惊讶或厌恶。接着，它会分析这些元素是如何与 KPI 对应的，例如哪些元素导致了用户从视频中退出，然后它就会

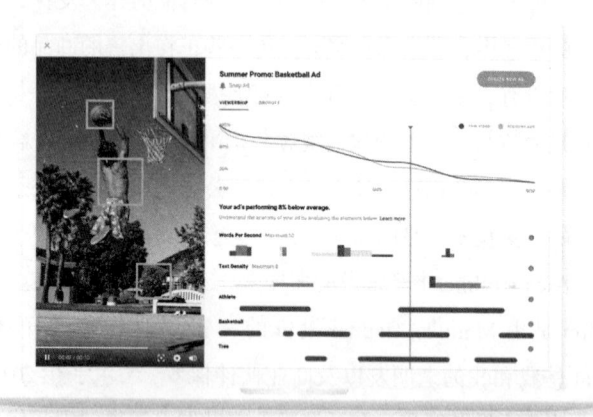

图 3.10 上图是 VidMob 视频分析平台敏捷创意工作室的一个界面，显示了一个样本视频的收视率随着时间不断发生改变的曲线。该图展示了视频中每秒的单词数量、文本密度对收视率曲线的影响，以及运动员、篮球和树在视频中出现或消失后，该曲线发生的改变

推荐（并自动）对视频进行编辑，以改善用户的留存率。利用对象、人、语言以及情感等元素的数字标签，客户能够通过视觉和语言的属性来组织并搜索他们拥有的视频资产。语言识别使 VidMob 可以记录和分析视频中的文本信息，并分析文本或标识的大小，以及它们出现的时机会如何影响视频的效果。正如亚历克斯所说的："这些类型的洞见说明了为什么我们会真的相信人工智能强化且提升了人类的创造力。"

脸书也开发出了一个类似的被称作 Lumos 的视频理解平台，而脸书的计算机视觉部门的主管马诺哈尔·帕鲁里（Manohar Paluri）把这个平台称作脸书的视觉皮质。[30] 视觉皮质是负责处理来自眼睛的感觉神经脉冲的那一部分大脑皮质。Lumos 处理我们在脸书上看到的视频的方式，与 VidMob 的敏捷创意工作室平台处理其营销客户需求的方式大致相同。这个系统利用深度残差学习网络（一种堆叠了多层神经网络的机器学习形式），通过同时连接多个处于不同深度的神经网络来实现对图像的分类。这些模型可以通过精确地扩张视频处理的规模来实现对脸书上海量视频的分析。而且，这个系统能够"感觉"到的确实是某种非同寻常的东西。

Lumos 不仅可以为视频中出现的物体、标识和文字打上各种标记，而且可以进行复杂的面部表情识别，从而精确地识别出视频中的关键人物和其面部表情中蕴含的情绪。它还能大致判断出视频中的人物摆出的是什么样的姿势，比如，它可以分辨出我们是坐着、站着还是正在挥动手臂。一旦得到了这些信息，它就可以推断我们正在参与的是什么样的活动，包括跑步、骑车、滑冰、跳舞以及打网球。它还可以通过分析视频中的对话内容和音频来判断那些人正在谈论什么，或者他们正在听什么音乐；它还能够通过识别脸部的表情对我们的情绪进行分类。正如脸书的"应用机器学习"项目总监华金·坎德拉（Joaquin Candela）所说的那样："我们已经把计算机视觉推进到了下一个阶段，而新的目标是在像素级的层次去理解图像。"[31]

视觉理解不仅对脸书如何为我们提供广告和内容服务很重要，而且对脸书如何进行创新以减少对我们造成的负面影响也同样重要。如果 Lumos 能够理解我们在走路、跳舞或骑马时表现出来的各种行为，那么它也能够被训练用来探测暴力、性侵犯、不正当行为或非法活动、虚假新闻，以及垃圾邮件。在本书的最后一章，我会探讨如何让 Lumos 这样的代码服务于一些积极的目的。

这里的视觉皮质正是在"感知和建议"环路中有关感知的那一部分的例子。接下来，我们将要描述的是炒作机器在这个环路

第 3 章 炒作机器

中给出的建议,也就是我们常说的推荐算法,比如好友推荐或者 PYMK(你可能认识的人)算法,以及信息流算法,这两种算法如今几乎在所有的社交媒体平台上都是很常见的。

PYMK 算法

我们在网上会和谁建立联系,这在很大程度上是由一系列的好友推荐算法推动的,这种算法几乎在炒作机器的所有平台上都可以找到,无论是脸书的好友推荐算法,还是领英的 PYMK 算法以及其他各种各样的算法,所有算法都会向我们建议应该和谁约会、和谁做生意或者和谁交往。拉尔斯·巴克斯托姆在成为脸书的工程副总裁之前,具体负责脸书的 PYMK 算法。正如他在 2010 年指出的那样,"在脸书上,大多数互加好友的行为"都是由脸书的好友推荐算法推动的。尽管 PYMK 算法是领英公司在 2006 年发明的,但现在,在炒作机器上把陌生人相互联系在一起的机器智能几乎无所不在。

虽然这些算法的细节属于技术专利,但毫无疑问的是,我们都知道它们会利用我们的朋友和他们的朋友的信息,以及关于我们在哪里工作、去哪里上学等这样一些信息来向我们推荐新的联系人。还有一种普遍的看法认为,炒作机器会利用不在其平台上的人的电子邮件和电话号码来增强它们对真实的、潜在的人类社交网络的理解。2014 年,脸书申请了一项专利,这项新的技术可以通过嗅探网络数据包来推断两部手机是否在同一时间出现在了同一地点,然后再以此为依据来进行好友推荐。[32] 这项专利还描述了脸书如何通过比较手机的加速度计和陀螺仪的数据来推断两个人正面对面行走,还是正朝同方向一起行走。2015 年,脸书又申请了一项专利,新的专利可以通过用户拍摄照片的相机镜头上的灰尘颗粒,推断出两个人上传的照片是否出自同一台相机。[33] 我们知道,PYMK 算法中的"链接预测算法"需要整个系统向其提供大量的数据,而数据的采集过程对隐私造成的影响很可能是一件非常麻烦的事情,但是在炒作机器的内部,这一部分机器智能产生的更加系统化的结果或许会带来更加广泛的影响,那就是 PYMK 算法会更倾向于促成"三元闭包"。

三元闭包

领英承认,三元闭包本来就是其好友推荐策略的一部分,而且在我与脸书和领英的工程师们的对话中,我曾亲耳听到,这些算法就是"整天围绕着如何实现三元闭包打转的"。要想理解他们这样做的原因,我们需要从前面提到的 4 根杠杆中的其中 3 根,即金钱、代码和规范的角度来审视"好友推荐"这个问题。

金钱在其中扮演了一个非常重要的角色,因为参与度可以推动营业收入的增长,而让上述的关系三角闭合起来,又可以推动参与度的提升。脸书和其他社交媒体平台所追求的基本商业模式就是,把那些受到它们深度影响的用户的注意力货币化。培养出合适的受众可以提高品牌营销的投资回报,而且脸书将其受众的注意力货币化的能力也会相应地提升。脸书和谷歌目前占美国所有数字广告的 65%,占广告业务增长量的 90% 以上。[34] 但是要想把用户的注意力货币化,你需要首先留住用户的注意力。正如我将在第 10 章中讨论的,虽然目标精细定位可以改善营销的投资回报,但是如果没有人出现在你的网站上,那么任何做法都是毫无用处的。如果用户的参与度很低,对细分市场进行颗粒状管理也就没有那么大的价值了。

因此，脸书对客户参与度极其痴迷，从股东的角度来看，鉴于它目前的商业模式，它也确实应该这样做。

PYMK算法的主要目标之一是向客户推荐那些他们真的会建立的连接。建立更多的连接是脸书使命的一部分，因为通过网络效应以及由此而产生的参与度，连接可以创造出经济价值。随着人与人之间建立起连接，平台也会变得更有价值、更有趣，也更吸引用户。要想让客户接受你的建议，推荐朋友的朋友将是最有可能成功的策略。正如拉尔斯·巴克斯托姆在2010年指出的，在脸书上，92%的新朋友都是朋友的朋友[35]。所以，把关系三角闭合起来是一门好生意。如果我们追求金钱，那么在社交图谱上就会出现更加密集的在种族、道德准则和政治倾向上都非常类似的人群聚类。

在引导PYMK算法把关系三角闭合起来的过程中，代码扮演了一个非常重要的角色。事实上，在社交图谱上从"所有其他人"构成的集合中选择可推荐的对象是非常具有挑战性的，为这些算法编制代码的工程师们必须用某种方式来缩小算法需要考虑的可能的推荐范围，否则这些算法的运行时间和资源占用量会压垮整个系统，这样的话，算法本身也就失去了意义。所以，工程师们才会寻找逻辑工程捷径来降低这种复杂性。

有一种简单的变通方案不但可以显著地降低算法的复杂性，而且可以提供高质量的好友推荐（这里所谓的"高质量"指的是算法推荐的是人们愿意接受的新人），这种变通方案实际上只考虑了在网络结构中距离用户不超过两个人的可能对象。研究表明，通过推荐朋友的朋友建立连接的效率要比推荐距离用户三个人的对象的效率高出整整5倍。[36]在脸书上，两个有十位共同好友的人成为朋友的可能性是两个只有一位共同好友的人的12倍。

2010年，拉尔斯·巴克斯托姆曾经很粗略地讲述过一些好友推荐算法中涉及的数学原理，这体现了该算法在计算上的复杂性[37]。如果一个普通的用户有 130 个朋友，假设这 130 个朋友各自的人际关系网络相互之间没有重叠，那么每一个用户就有约 1 7000 个（130×130）朋友的朋友作为可能的推荐对象。如果中间相隔的人再多一个的话，那么任何一个普通的用户都会有约 220 万个（130×130×130）中间相隔人数在 3 个以内的朋友的朋友可以作为好友推荐的对象。在 2010 年，如果一个普通用户有 130 个朋友，那么超级用户就可能有 5 000 个朋友，所以考虑向任何一个用户推荐相隔 3 个人的朋友的朋友会让推荐算法变得极为复杂，对于超级用户就更是如此了。脸书很可能不得不搜索整个社交图谱来为超级用户推荐好友。

今天，一个普通的用户平均拥有 338 位朋友，而上面这些粗糙的估算已经让问题变得非常清楚了。将可能的"好友推荐"限制在与你相隔 2 个人的范围内，可以极大地降低 PYMK 算法在计算上的复杂度，同时可以提升算法的效率。这样，算法就能够更有效地浏览数据，并且以更快、更有利可图的速率建立连接。[38]

规范同样在人群聚类化的趋势中发挥了某种作用。首先，我们选择接受系统的好友推荐，而不是通过自己的搜索来建立联系，因为这样做会更容易而且更快。因此，我们倾向于选择阻力最小的路径也对形成人群聚类起到了推波助澜的作用。其次，只要有"机会"，我们就会"选择"与那些和我们相似的人建立联系。这种在"选择"和"机会"之间的互动，也就是在人类的主观能动性和机器智能之间的互动，已经创造出了一个高度集群化的网络，这个网络中的人群聚类被按照种族、宗教、民族以及经济等因素进行了区别和分隔。

金钱、代码和规范正在用一种非常具体的方式重新构建人类

第 3 章 炒作机器

的社交网络。那么 PYMK 算法又会对人类社会产生什么样的影响呢？当我们被鼓励与那些和我们有很多共同朋友的人建立更多联系时，我们也因此会更倾向于与那些更像我们的人建立联系。回想一下前面谈到的社交图谱的小世界结构，人群聚类内部需要闭合的三角形远比人群聚类之间等待闭合的三角形多。所以，当炒作机器在设计上本就已经倾向于实现三元闭包时，人群聚类内部连接密度的增加速度就会比人群聚类之间连接密度的增加速度快很多。正如我们将在第 11 章中看到的，脸书的崛起时间与美国政坛出现两极分化的时间惊人地契合。所以在那一章，我们还将就此探讨一些实验证据，那些证据讲述了 PYMK 的工程师们在面临计算能力的约束时，是如何通过把那些相似的人以更快的速度连接在一起来促成这种政治的两极分化的。

馈送算法

炒作机器的智能程序不仅仅通过推荐好友来塑造社交图谱，还通过推荐我们消费的内容，即通过推荐新闻、图片、视频、故事以及广告来塑造我们的思维方式。毫不夸张地说，馈送算法在很大程度上决定了我们可以知道什么以及在什么时候知道。理解这些算法的设计可以帮助我们理解它们可能带来的后果。尽管不同的平台有不同的馈送算法，但所有的馈送算法在设计上都非常相似（虽然有些平台，比如推特，现在依然允许我们选择不参与算法的内容管理）。[39]

当内容的供应超过了我们消费内容所需的认知能力时，主动推送的需求就自然而然地出现了。刚开始的时候，炒作机器用倒序的方式来显示内容就足够了，但是随着社交媒体上内容的数量逐渐超过了我们认知的容量，炒作机器不得不开始为我们安排这些内容的优先级。虽然这样的优先排序可以帮助我们发现与我们最密切相关的东西，但与此同时，这使得炒作机器有了巨大的权力来决定我们可以看到哪些信息。鉴于脸书目前是这颗星球上最大的新闻媒体，其受众比任何西方的电视新闻网络、报纸、杂志或者在线出版物的受众都要多很多，那么它的信息流算法是否会让我们对不同的新闻来源产生偏见，以及其内容管理的政策是否会有利于某些特定的政治观点，就显得非常重要了。我会在第12章具体探讨社交媒体是否应该像传统媒体那样受到监管，但是，当下最重要的还是要弄清楚算法的内容管理是如何运作的。另外，我还会在第11章仔细地探讨算法的内容管理对新闻消费中的偏见和两极分化产生的影响。

信息流算法会根据内容的相关性对其进行排序。首先，对于每一篇内容，信息流算法都会给出一个对每个人来说都独一无二的"相关性评分"。随后，在推送给我们的新闻中，这些内容会被按照相关性评分依次递减的顺序进行排列。这个相关性评分是由一些预测模型给出的，而这些模型会去了解是什么驱动着我们与某一段内容进行互动。在这里，互动是通过我们在处理这些内容的过程中表现出来的数十种行为来定义的。例如，我们可以点赞、点击、分享、花时间仔细阅读或观看、针对具体的内容撰写简短的评论等。预测模型会基于是谁上传了相关的内容、内容涉及了哪些领域或行业、其中是否包含了图片或视频、视频中有什么样的内容、是否是最新的内容，以及我们有多少朋友曾经点赞或分享了这些内容等，来预测我们是否也会参与这些内容互动。在根据数十种不同的参与度衡量标准得出了我们会参与互动的概率后，所有这些参与互动的概率都会被汇总成唯一的相关性评分。一旦每一篇内容都有了一个相关性评分（每一次当你打开信息流服务时，脸书的算法就会针对

2 000 篇不同的内容为你计算出所有的相关性评分），它们就会被按照相关性评分逐次降低的顺序进行排列并显示在你的信息流服务中。⁴⁰

脸书在 2006 年推出信息流服务的时候，其主要目的还是向用户提供朋友的资料、照片以及状态的更新信息。在 2009 年点赞按钮被发明出来之前，信息流是根据有关内容发布的时间以及我们有多少个朋友曾经提到某个帖子等因素来进行排序的。当然，这项服务的推出（站在脸书的角度）从根本上还是为了最大限度地提高用户的留存率和他们在网站上滞留的时间。点赞按钮的推出把信息流中的每一条新闻的价值和某种衡量"流行度"的标准捆绑在了一起，从而使优化的重点转向了那些具有更高的流行度的项目。点赞按钮成了某种衡量流行度的公共标准，这一事实意味着出版商和普通的用户可以通过调整自己的内容来获取更多的点赞，而又可以让内容赢得更高的"收视率"。很多顾问公司声称自己可以"玩弄"算法，比如通过提高帖子的流行度使帖子在网上火起来，而现在这已经成了司空见惯的事。

但是，如果你认为信息流只考虑了点赞、评论和分享这些因素，那就过于简单了。脸书的工程师们很早就意识到，这些衡量指标并没有完全捕捉到人们想要从信息流中得到的东西，因此，他们决定通过直接提问来衡量用户的满意度。刚开始的时候，整个项目还只是一个针对 1 000 个客户的小型"焦点小组"，项目人员的办公室位于田纳西州的诺克斯维尔，而诺克斯维尔只不过是一个试点项目随意选取的"具有某些历史意义"的地址而已。但这个项目很快就成长为一个全球性的"信息推送质量论坛"，这已经相当于一个针对脸书的信息流服务而设立的"尼尔森评级小组"了。具体来讲，世界各地的用户可以就他们的信息流的内容和质量，有偿地参与评估并回答一系列的问题。通过将定量和定性的指标结合起来,脸书了解到,那些用户花了很多时间去阅读但并没有点赞的帖子对他们来讲依然是有价值的。比较典型的是,用户在看到关于他们自己朋友和家人的悲惨消息时,他们当然不会点赞(为了应对这一类情形,有关愤怒、悲伤和惊讶的反应后来也被添加了进来)。在上述实验中,脸书还设置了一个控制组,用户在这个组中是无法看到任何新的设计变更的,这样他们就能够具体评估哪些做法是有用的,而哪些做法根本没有效果。

2017年,各种品牌、企业和新闻媒体开始主导信息流的内容。在不得不面对有关虚假新闻的传播和脸书的体验被体制化的严厉批评后,马克·扎克伯格在2018年宣布对信息流算法进行重大的改革。在这次改革中,脸书拥抱了"美好时光运动"(time well spent movement),开始强调那些来自朋友、家人和群组的内容,而不是来自"企业、品牌和媒体"的公开内容。[41] 推特也差不多在同一时间进行了类似的转变,开始转向"健康交流"策略。然而,针对脸书在2019年刚开始的4个月里的用户参与度和各种话语的研究表明,随着这家公司开始转向那些专注于朋友和家庭的"有意义的互动",关于堕胎、宗教、枪支以及政治的话题,包括可能会导致两极分化的文章也越来越多,网上爆发出来的各种愤怒的反应也越来越普遍,参与度比2018年高出50%,比2017年高出10%。[42] 在2019年刚开始的4个月里,在脸书上排名前10的被广泛评论的文章中,有5篇在经过事实核查后被证实是编造的。尽管我们并不能根据这些数据判断是不是信息流算法的改变导致了各种分歧和愤怒的出现,但它们确实让我们开始关注"算法内容管理"和人类选择之间的相互作用。面对经过算法管理后的内容,我们人类消费了这些内容并采取了行动。

第3章 炒作机器

"消费和行动"环路

当炒作机器通过感知并向人类推荐好友和内容的方式来架构我们人类的现实时，我们会通过消费炒作机器给出的建议，并按照这些建议采取行动的方式使整个过程都受到人类的主观能动性的影响。在炒作环路中，与人类能动性有关的"消费和行动"环路是我们将建议转变为行动，并将由此而产生的行为、反应以及观点反馈给炒作机器的过程。接下来，我会逐步为你解析"消费和行动"环路，仔细地审视炒作机器会如何改变我们的行为，探索我们会如何消费炒作机器呈现给我们的广告、建议以及社交信号，并据此采取自己的行动。我会在第 4 章解读社交信号在我们的大脑中对神经系统的影响，然后在第 5 章仔细探讨那些能激发起我们消费欲望的建议，以及我们随后采取实际行动的经济诱因。在第 6 章到第 9 章，我会描述炒作机器引发的三个趋势，即个性化的群体说服力、社会炒作的高度社交化，以及注意力经济的制度化。

但是，在我开始探讨炒作机器会如何影响我们之前，有一点还是值得强调的，那就是人类的主观能动性，也就是我们进行主动选择的能力和我们对社会规范进行拓展和应用的能力。对于炒作机器会如何影响、分化以及挑动（煽动）我们，目前还有很多争议。但重要的是，我们需要记住，我们控制着自己对社交媒体做出的反应以及对社交媒体的使用方式。这个社会的规范在我们与这项技术的关系中扮演了一个重要的角色，而线性地看待技术对我们产生的影响，使得我们在思考这项技术对我们正在体验的结果的影响时，丧失了主观能动性和责任感。作为一种社会生物，我们当然能感知到社交场合中有哪些常见和可接受的行为，而我们正是从这些感知中获得规范自身行为的线索的。这些感知以我们从其他人身上观察到的行为为基础，包括个体的参照对象以及群体和组织对行为的要求。社会规范的形成和发展是一个复杂的过程，对这个问题的完整讨论已经超出了本书的范围。但是，最近的证据表明，在炒作机器中，规范的设置对人类的行为有着显著的影响。

例如，内森·马蒂亚斯（J. Nathan Matias）曾经开展了一项大型的随机实验，他在 Reddit 新闻网站上向一个拥有 1 300 万人的科学讨论社区发布了社区规则公告。[43] 多年以来，这个科学讨论社区经历了大量的冲突和困扰，其中有些评论者就曾经在实时问答环节嘲弄过霍金教授的身体状况，或者公开骚扰女性和少数族裔，并且用伤人的笑话和各种身体语言嘲弄肥胖人士。马蒂亚斯使用自动化软件上传了一个置顶评论，这份宣布社区行为规范的公告会在有新的讨论开始的时候被置顶，公告的标题是"不被接受的行为以及你可能面临的强制性后果"（即违反行为规范的评论会被移除）。同时，这个置顶评论还指出，社区中的大多数成员都已经同意了这份行为规范。马蒂亚斯使用的自动化软件会要求所有新的社区讨论接受这份"行为规范公告"，否则那个讨论将无法接收任何消息。

随后进行的关于该公告对社区行为影响的分析表明，自上而下地制定行为规范不但减少了 8% 的社区骚扰行为，还在讨论中增加了 70% 的新成员。无论我们赞同的是制度规范的强制执行，还是自下而上地制定行为规范，有一件事是明确的，那就是当我们制定并维系一个健康的行为规范时，我们就可以在社区中鼓励开展健康的对话，同时可以改变炒作机器所处的环境性质。

之后，社区中健康的对话又会向炒作机器给出反馈。还记得聊天机器人 Tay 吗？我们如何消费各种信息以及机器给予我们的建议，并如何以之为基础采取我们自己的行动，决定了机器在下一步会推荐什么东西给我们。当"感知和建议"环路与"健康的沟通"相遇时，炒作机器就会做出同样类型的反应，从而为我们创造出一个符合道德的，而不是邪恶的炒作环路。

那么，我们什么时候应该接受炒作机器的建议，什么时候又应该拒绝呢？我的朋友和纽约大学的前同事瓦桑特·达尔（Vasant Dhar）也提出了同样的问题。有哪些决策应该被外包给机器智能，又有哪些应该留给我们自己呢？他的框架可以被应用在更加广泛的人工智能经济领域，但是我相信，这个框架给我们带来的洞见不但可以帮助我们理解如何设计出更好的炒作机器的代码，而且可以向我们提出建议，即作为用户，我们是应该接受还是忽略炒作机器提供的建议。[44]

瓦桑特提出，有两个维度可以帮助我们设定一个框架，用来判断我们在什么时候可以相信机器算法，而什么时候又不可以。这两个维度是可预测性和重要性。可预测性描述了机器给出的建议会比我们自己提出的建议好多少，而重要性则描述了相关的决策可能会带来什么样的后果。机器越是擅长为我们提供高价值的选项，相关的决策越是无关紧要，我们就越有可能不假思索地信任机器。

比如，像垃圾邮件的过滤和信息流的排序这样的问题，就完全可以让机器来帮我们做出决策。我很高兴不用整理我在脸书和推特上收到的所有无关紧要的垃圾邮件。而且，没错，我更喜欢我的信息流服务是按照相关性来管理的，而不是按照时间倒序将内容展示在我的面前，却根本没有考虑我是否会对这些信息感兴趣。这并不是说你不应该通过编写更好的代码来消除在内容选择方面可能存在的偏见，或者内容的多样性不应该得到更多的重视。当然我们可以对这些算法进行改进，但是，总的来说，我认为这一类的决策还是留给机器更好。有时候我们会忘记，如果没有算法对内容进行管理，那么我们可能接触大量的与我们毫不相干的、具有潜在危害性的内容。

我们或许还想把最重要的决定、那些会产生最严重后果的决定留给我们自己来做。或许我们都认可，我们绝不会让一个 App 来为我们选择一个外科医生，而且对于约会类 App，我们也想要拥有更多的控制权。关键在于，需要做出的决定越重要，我们人类就越应该对其施加更多的控制。

不同的人受到算法的影响或多或少都会有所不同。例如，我在麻省理工学院的同事蕾妮·高斯林（Renee Gosline）就已经证明，你可以从一些人的认知风格中推测出他们是否会相信机器智能。她和她的同事希瑟·杨（Heather Yang）发现，具有较高认知反应能力的人，即那些会对决策进行反思而不是凭自己的直觉行事的人，会更愿意考虑算法给出的建议，而不是人类提供的建议。[45] 那些认知反应能力较差的人往往会表露出对算法的不屑，他们会避开算法给出的建议，转而寻求人类给出的建议，这或许是因为机器不太可能拥有某种类似直觉的东西。

这里并不存在什么判断的标准，有时候你应该信任算法，但有时候你最好不要这样做。无论你怎么做，你都应该明白，没有一个可以适合所有情形的判断标准。而且随着我们越来越多地了解到我们每个人是如何与炒作机器的机器智能联系在一起的，我们对机器智能的设计和使用也应该做出相应的调整。

智能手机（媒介层）

炒作机器用以了解并影响我们的媒介是其自身结构中的一个重要组成部分，在这里，我并不想过分强调智能手机的作用，因为社交媒体的媒介会随着时间的推移而不断地演化。社交媒体的高层主管对这样的演化过程非常关注,因为媒介层是一个战略控制要点。消费者与炒作机器的互动正是通过媒介层来实现的,如果你能跟得上媒介层的演化过程,你就能创造出竞争优势。脸书几乎错过了上一次的重大演化过程,所以它一直在等待下一次演化的发生。2011年,脸书被当时从台式机到移动电话的媒介层转变打了个措手不及。[46]当脸书团队开始准备自己的IPO(首次公开募股)时,他们的业务重点还完全集中在台式机上。脸书的移动应用是用HTML5(超文本5.0)写出来的,但是HTML5并不是为移动操作系统准备的编程语言,而且当时还没有任何一种编程语言是为不同的移动操作系统量身打造的,所以说脸书当时的移动应用确实漏洞百出。F8是脸书的旗舰开发人员大会,但是在那一年的F8大会上,脸书开发的每一项新的功能都是为网页应用准备的,移动电话当时还没有进入他们的视野。但是,到2012年年初的时候,脸书开始拼命地转向手机应用。马克·扎克伯格开始在他自己的手机上处理所有的日常工作,产品经理们放弃了这款App的桌面版本,大量有才华的iOS(苹果移动操作系统)和安卓工程师开始涌入脸书。当然,不久之后,脸书又先后收购了Instagram和WhatsApp这两家创业公司。在最后关头,他们终于成功地使脸书这艘巨轮避开了移动应用这座冰山。

尽管智能手机是今天的媒介层,但10年前我们还在使用台式电脑来访问社交媒体。明天,我们很可能会通过像亚马逊的Alexa和谷歌家庭(Google Home)这样的语音平台,像脸书门户(Facebook Portal)这样的视频平台,或者各种增强现实和虚拟现实环境与社交媒体进行互动。你很难预测媒介层会发生怎样的改变,但重要的是,媒介层可以帮助我们塑造人类与炒作机器的关系。无论我们探讨的是智能手机(今天的媒介层)还是媒介层的演化,关于炒作机器的媒介层，有三件事情是值得我们注意的。

首先，媒介层是"始终在线"的，它几乎 24 小时不间断地把我们和炒作机器的社交信号连接在了一起。作为今天的媒介层，智能手机可以说无所不在，它们一直在陪伴着我们，不断用各种状态更新和来自朋友、家人以及众多网友的信息来骚扰我们。在很多日常活动中，我们都会用到智能手机，我们会将其植入我们做的每一件事和想要去的每一个地方。智能手机这种无处不在的特性确保了我们总是能够与稳定的社交信号流相连接，正如我们将在后面的章节中看到的，稳定的社交信号流还确保了炒作机器可以对我们的行为产生影响，并进而对我们的社会产生影响。

其次，智能手机无所不在，使炒作机器可以用某种极其"亲密"的方式来了解我们。炒作机器不但可以影响我们的行为，而且能够 24 小时不间断地观察我们行为中的每一处细节。无论是通过我们浏览的内容、我们使用的 App，还是一天中我们在网上活跃的时间，它拥有一种前所未有的能力来了解我们。智能手机利用了一整套传感器来向炒作机器传递关于我们的很多信息，这些传感器包括可以显示我们具体位置的 GPS（全球定位系统）和蓝牙信号，可以显示我们正在做什么的运动探测器（比如加速度计和陀螺仪），可以传递我们说了些什么的照相机和麦克风，以及可以感知照明、湿度、压力、温度和其他参数的气压计与其他一系列的技术。将这些数据与那些从一大堆其他 App 中搜集来的数据混合在一起后，你会发现，其中就有记录了我们与谁交谈、向谁发送了信息、因为什么做出了某种反应、和谁一起上传了照片、我们会去哪里，以及我们如何到达某地等极其详细的信息的数据。如果你再仔细地研究一下某人的 Instagram 照片，那么你甚至还可以获悉他吃了什么以及是在哪里吃的。但上述这些数据会在那些参与了广告生态系统的

第 3 章 炒作机器

7 000多家公司中被广泛地共享，另外，我们手机上的众多App中有一个软件开发工具包（SDK），而所有这些数据在这个工具包中基本上是不受任何监管的。[47] 由于每个App还会定期与5~10个其他App共享数据，我们的手机就这样向炒作机器提供了一个关于我们日常生活的全面的、360度的场景。

再次，如果你仔细观察炒作机器媒介层的技术演化过程，你就会发现，它只会越来越深入地融入我们的日常生活，更频繁且更微妙地对我们施加影响，同时搜集更多关于我们的通信和行为的信息，甚至要不了多久，它很可能还会搜集关于我们思想的信息。脸书正在开发它自己的操作系统，以降低它对安卓系统的依赖，这实际上表明，脸书已经承认不依赖于其他人的媒介层的重要性。但是，脸书的操作系统同样会使它将社交互动更深地嵌入炒作机器正在不断演化的媒介层中。例如，它目前也在开发新的增强现实眼镜，并计划在其收购的虚拟头戴设备公司Occulus的基础上加大对虚拟现实产品的投入，它会在距离其山景城总部办公区15英里[①]的地方建立一座占地77万平方英尺[②]、可容纳4 000人的新的用于虚拟现实产品研发的设施，当本书出版的时候，这座新的设施有可能已经被投入使用了。[48] 另外，脸书还在其门户视频平台上为企业开发硬件体验，这个平台可以支持视频会议、增强现实与虚拟现实会议，以及企业间的协调解决方案，这就使脸书的影响力开始渗入工作场所。这一切最后又会反馈到脸书的广告业务中，并且支持它不断对炒作环路进行改善和优化。而脸书的竞争对手们，比如Snapchat，也有样学样，开始深入挖掘未来的社交通信媒介层。

---

① 1英里≈1.609 3千米。——编者注
② 1平方英尺≈0.092 9平方米。——编者注

或许，更令人感到震惊和担忧的是脸书开发的脑机接口，这种接口旨在让用户用自己的意念来控制各种社交技术。这并不是什么假想出来的消息。今天，脸书有超过 60 人在参与这个项目，并且已经将大脑传感器的体积从一台冰箱的大小缩小到了一部手持设备的大小。目前，它已经可以实时地解码大脑的活动，而这个项目的目标是让用户在不接触键盘的情况下，仅仅通过思考就能够实现每分钟"输入"100 个单词。

脑机接口可以扩充大量媒体的功能，例如，通过利用激光来探测大脑中正在发送电信号的神经元，脸书可以在我们说出具体的话语前就理解我们想说的是什么。正如脸书的脑机臭鼬工程实验室负责人里贾纳·杜根（Regina Dugan）在 F8 大会上所描述的："我们做的不是解码你头脑中随机的想法，我们正在探讨的是解码你已经决定说出口的单词，此时你的大脑会把这些单词发送给你大脑的语言中枢。"[49] 好吧，这样的说法确实能让人安心。有那么一刹那，我曾认为我应该为此而感到担心。脑波探测器还可以用来改善增强现实的媒介层，在大脑中创造出某种类似鼠标的东西，这样，我们就可以在一个增强现实的环境中通过思考某个物体来实现"点击"这个物体的操作。当然，脸书并不是唯一在脑机接口方面开展研究的公司，但脸书是与我们的社交生活关系最密切的公司。这会有什么问题吗？

炒作机器的框架

从我们对技术演化的讨论中，你或许能明显看出，当我们这本书付印的时候，书中的内容可能就已经过时了。所以，与其尝试跟上社交媒体最新的发展趋势，我打算为我们思考与炒作机器有关的问题提出一个始终有效的框架。这个框架会涉及三种技术、四根杠杆，以及有助于社交媒体持续生产和发展的三种趋势和相应的后果（见图 3.11）。

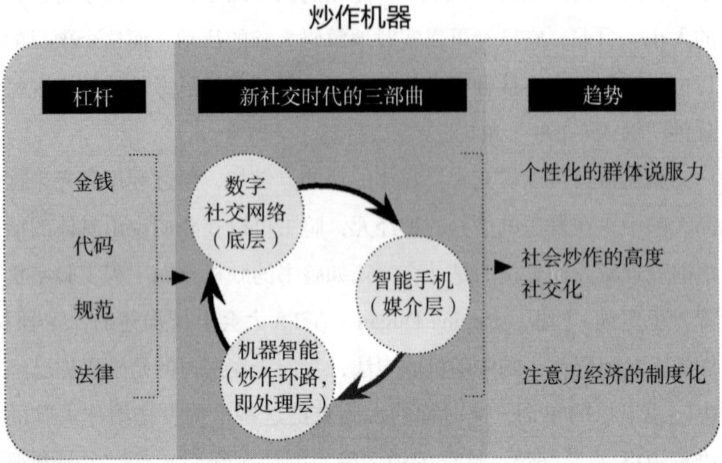

炒作机器

杠杆	新社交时代的三部曲	趋势
金钱 代码 规范 法律	数字社交网络（底层） 智能手机（媒介层） 机器智能（炒作环路，即处理层）	个性化的群体说服力 社会炒作的高度社交化 注意力经济的制度化

图 3.11 在这个炒作机器的框架中，你可以直观地看到：(1) 新社交时代的三部曲，即数字社交网络（底层）、智能手机（媒介层），以及机器智能（炒作环路，即处理层）；(2) 由金钱、代码、规范和法律组成的 4 根杠杆；(3) 三个趋势，即个性化的群体说服力、社会炒作的高度社交化和注意力经济的制度化

数字社交网络、机器智能和智能手机（或者炒作机器下一代的媒介层）这三者组合在一起，构成了人类通信革命的技术支柱。这三种技术的相互作用推动了炒作机器在一定规模上实现的三种趋势。社会炒作的高度社交化把我们与来自朋友、家人，以及存在于人群中的数量惊人的新数字社交信号连接在了一起，同时把我们的思想、行为和行动与一个新的思维集体中的 30 多亿人的思想、行为和行动联系在了一起。个性化的群体说服力创造了新的一波有针对性的、

为个体量身定制的、极其有说服力的信息，这些信息旨在影响我们购买什么、如何投票，以及我们会和谁相爱。而注意力经济的制度化可以让我们对某些事情保持足够长时间的关注，从而将我们的注意力货币化，进而创造出一种潮流的暴政。

在操控这样一艘大船的时候，我们有 4 根很粗大的杠杆，即金钱、代码、规范和法律。因为商业模式和经济上的动机将支配上述的各种社交技术、用来编程和实现各种算法的软件代码、我们在使用各种技术时必须遵守的规范，以及我们用来解决市场失灵问题的法律，所以通过仔细思考如何设计社交媒体的商业模式和经济上的激励因素，我们就能够而且必须改变我们与炒作机器的关系。

但是，要想理解炒作机器会如何影响这个世界，最重要的是你要弄清楚它会如何改变我们的行为。感知和推动我们的行为是炒作机器最深层次的能力，它可以用无数种不同的方式来影响我们。要理解这些影响背后的原理，你需要对脑科学、计算机科学以及社会科学都有一点儿基本的了解，所以接下来，让我们看一看社交媒体是如何影响我们的大脑的。

第 3 章　炒作机器

第 4 章

你的大脑和社交媒体

> 网络空间，一种在每个国家每天有数十亿名合法的操作者都会体验到的共识性幻觉……一种从人类系统的每台计算机的数据银行中抽取出来的数据的图形表示。它具有不可思议的复杂性。在心灵的非空间中，由光线组成的线条有序地排列开来，组成了数据的集群和星座，就像城市中的灯光一样，不断后退……
>
> 威廉·吉布森
> 美国科幻小说作家

在加入麻省理工学院皮考尔学习与记忆研究所之前，吉莉恩·马修斯（Gillian Matthews）是英国帝国理工学院的一名博士生，她在那里研究的是药物会如何影响大脑。在那些日子里，她步履艰难地穿过伦敦潮湿的大街，来到实验室做实验，测量各种药物对多巴胺系统的影响。她想通过研究可卡因如何影响老鼠大脑中的多巴胺神经元来揭示因使用药物而引发的人类精神疾病的治疗方法。

2015 年，她和她的同事设计了一种新的实验。他们把实验鼠分隔开来，给其中的一些老鼠注射了生理盐水，给其余的老鼠注射了可卡因。为了测量神经活动，他们使用了一个贴片夹，这个夹子可以像家用电表读取电源插座里的电压一样，读取从离子通道的分子中通过的电流。他们希望能够发现，注射了可卡因的实验鼠比注射了生理盐水的实验鼠有更强烈的神经突触反应，但他们的发现让他们感到震惊。这两组实验鼠的神经反应都增强了，而且在它们的DRN（背侧中缝核）区域还出现了连接加强的现象，DRN区域是大脑中调节血清素和生理功能的区域，而这里涉及的生理功能包括学习、记忆和情感。

科学家们对这个现象完全不知所措。为什么那些在控制组内仅注射了生理盐水的实验鼠也表现出了神经活动的增强呢？毕竟它们并没有被注射可卡因，也没有受到任何刺激。事实上，这才是关键。注射了生理盐水的实验鼠本应为测量注射了可卡因的实验鼠的大脑活动建立一条基线，而研究人员很快就意识到，重点可能在于这些实验鼠所处的隔离状态。为了防止注射可卡因的实验鼠极度活跃的状态影响到注射生理盐水的实验鼠的反应，作为实验的一部分，他们把这两组实验鼠都隔离了24小时。正是这种隔离状态以及和控制组有关的孤独感刺激了它们的DRN区域。马修斯和她的同事最后并没有撰写关于可卡因对神经系统的影响的论文，而是撰写了关于孤独的论文。发表在《细胞》杂志上的这篇论文的最后版本认为，孤独对神经系统造成的伤害激发了老鼠的社交欲望。[1]

对拥有社会性的物种来讲，隔离会令其感到厌恶且不安全。[2] 这种做法会降低果蝇的寿命，[3] 还会促进肥胖和2型糖尿病的发生，降低实验鼠在中风后的存活率。[4] 它增加了鼠类应激反应，削弱了锻炼带来的好处；[5] 提高了猴子、猪和人类的应激激素皮质醇水平，还提高了兔子和人的氧化应激水平。[6] 从某种意义上来说，孤独带来的神经损伤是一种强迫性的功能，它可以促使这些物种社会化。

人类的孤独感也会产生类似的结果。芝加哥大学的约翰·卡乔波（John Cacioppo）多年来一直认为，人类的孤独感之所以会一直存在，是因为它对进化有利。[7]他指出，对人类来说，独处的痛苦会促使我们去寻求伴侣所带来的安全感。尽管人类的孤独感曾经被认为是一种"没有可取之处的慢性病"，[8]但最近的研究表明，就像饥饿、干渴和疼痛会促使我们去寻找食物、水源和安全的庇护所一样，孤独感也会促使我们去创造、修复和维系我们的社会关系。[9]孤独感会通过调节我们大脑中的多巴胺奖励系统来造成神经系统的损伤，而我们会寻求通过加强社交来修复这种损伤。[10]我们大脑中的腹侧纹状体是多巴胺奖励系统的关键组成部分，当我们通过建立恋爱关系[11]、人际合作关系[12]，在社会上进行人与人之间的比较[13]，以及表现出无私的行为从而获得社会的奖励时[14]，腹侧纹状体就会被激活。事实上，因为大脑具有这样的神经生理学特征，所以我们人类在进化的过程中一直被互相绑定着，当我们相互之间进行沟通、联系和协调时，我们在精神意识上就是相互连接在一起的。也因此，我们才会发明炒作机器。

我们的大脑之所以会不断地进化，就是为了处理各种各样的社会信息，而炒作机器当初被设计出来的目的则是促进各种社会信息的快速传播，其规模是我们从来没有看到过的。与电视和互联网不同，社交网络让我们每天可以直接接触来自数百万人的实时的、可搜索的社交信息流。Vine（短视频网站）的10秒钟循环视频和Instagram的瞬间扫描图像，所有这些，有时候我们甚至不会注意到它们对我们产生的影响。但是，炒作机器会以令人难以置信的丰富细节和前所未有的规模向我们提供各种社会信息。它会用我们渴望的方式来刺激我们的大脑，这种方式正是我们在演化的过程中形成的，所以我们会不断地期望能够获得更多这样的刺激。当我们思考我们是谁，以及我们是如何在精神上连接在一起的时候，从某种意义上来说，社交媒体的快速崛起也就不会让人感到意外了，这就像你把一根点燃的火柴扔进一洼汽油后必然会出现的后果一样。

与炒作机器的连接

15年之前，社交媒体几乎是不存在的。但是今天，我们中的很多人都是在社交媒体上开始我们新的一天的。可能我们一只眼睛还闭着，但另一只眼睛已经开始在推特上翻阅最近的新闻帖子，在Instagram上查看朋友昨晚吃的食物的照片，同时在脸书上阅读孩子在学校里的故事。这个美丽的新世界在以非常快的速度不断演化着。2005年，只有7%的美国成年人在使用社交网站；2015年，这个比例是65%；到了2017年，接近80%的美国成年人都已经是脸书的用户了。[15]今天，有77亿人生活在地球上，其中43亿人是网民，而活跃的社交媒体的用户数量已经达到了35亿人。[16]

在推特上，现在每秒钟会产生6 000条推文，这相当于每分钟产生超过35万条推文，每天产生5亿条推文，而每年大约有2 000亿条推文会出现在推特上。在脸书上，全世界每月大约有25亿个活跃用户，而且每分钟还有5个新用户进行注册，这25亿个用户每天会分享超过100亿条内容。另外，20亿个在YouTube上的活跃用户每天会观看超过10亿个小时的视频内容，其中大部分的内容都是由其他用户制作的。目前，有6 500万家公司在脸书上拥有它们自己的页面，66%的美国公司会使用推特来进行市场营销，而且有超过1亿人通过他们的领英账号获得了面试的机会。但是，当印刷这本书的油墨还没有完全干透的时候，上面所有这些数字都会过时。

那么底线又在哪里呢？我们实际上已经被各种数字社交信号淹没。社交媒体正在消费我们，消费我们的时间和注意力，因为我们相互之间的连接会让我们不由自主地去使用社交媒体。我们在心理上和神经生理学上对自身的社会化、归属感以及社会认同都有强烈的需求，而炒作机器在设计上正是利用了这样的需求。实际上，在炒作机器的背后起支配作用的是所谓的"经济网络效应"，这种效应使得炒作机器可以持续不断地增长，并且这种效应鼓励在类似脸书这样的社交网络之间开展赢家通吃的竞争。另外，为了获得适当的价值，所有平台在设计炒作机器的时候都会尽可能地锁定用户。对炒作机器来讲，有三种不同的"抓钩"可以帮助它紧紧地抓住用户，它们分别是神经生理学、经济学以及技术上的"抓钩"，正是这三种"抓钩"加速了我们接受并让我们持续不断地使用社交媒体。它们也让我们很难想象一个没有炒作机器存在的世界。

神经生理学的抓钩

社交媒体是为我们的大脑设计的，它会与人类大脑中控制我们的归属感和社会认同的那些部分相互作用。它会奖励我们的多巴胺系统，并且鼓励我们通过相互之间的在线联系、参与和分享来获得更多这种形式的奖励。我并不是一个神经系统科学家，但是那些表明我们的大脑为社交媒体而生（或者更精确地说，社交媒体是为我们的大脑而构建的）的证据是令人印象非常深刻的。而且，促使人们发现这些证据的问题或许是你从来没有想到过的。从20世纪80年代开始，一些进化人类学家和认知神经科学家开始思考这样一个问题：为什么人类的大脑这么大？

相对于体重而言，人类的大脑比绝大多数其他动物的大脑都要大。从200万年前人类进化史上的第一个人种——能人开始在地球上行走以来，人类大脑的尺寸到目前为止已经翻了一番。事实上，我们大脑的体积是我们更早的祖先——生活在200万～400万年前的南方古猿大脑体积的三倍（见图4.1）。[17]

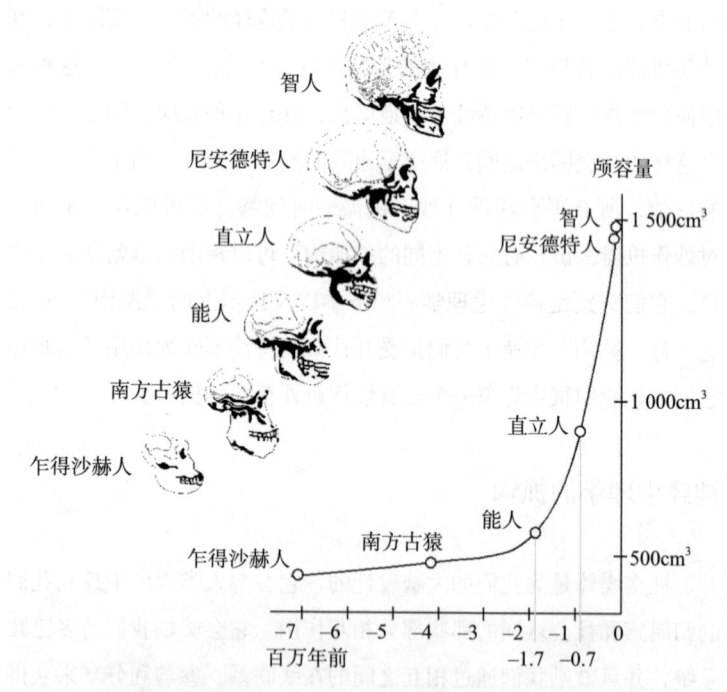

图4.1 人类颅容量的增长。上图描绘了我们通过古人类化石观察到的，从能人到智人，人类的颅容量随时间推移呈指数增长的现象。上面的数据是基于在 Schoenemann, 2006 上公布的个别数据点的计算平均值。数据来源：Bailey, Damian Miles, "Oxygen, evolution and redox signaling in the human brain; quantum in the quotidian." *The Journal of Physiology* 597, no. 1 (2019): 15-28

有很多理论可以解释为什么人类的大脑会变得如此之大，以及它为什么会增大得如此之快，比如气候的变化、饮食的改善、生态上的需求等。很可能我们永远也不会知道，在上述因素中是否有任何一项是我们的大脑会如此发育的唯一原因，因为很可能有多种不同的因素共同作用，使人类朝着拥有更大的大脑的方向进化。尽管我们可能永远也无法找到我们的颅容量会如此增长的单一原因，但是有助于我们认知进化的众多因素在很大程度上决定了我们是谁，以及我们会如何感知并与这个世界进行互动。在众多尝试解释人类大脑尺寸的最引人入胜的理论中，有一种理论已经获得了大量的经验证据，可以用来支持它的结论。如果这个理论是正确的话，那么社交媒体的设计甚至有可能对人类的进化产生革命性的影响。

大脑的社会性假设

在20世纪80年代末和90年代初，牛津大学的文化人类学家罗宾·邓巴（Robin Dunbar）和他的同事们发现了一个能够引起他们思考的规律。他们曾经读到过1966年艾莉森·乔利（Alison Jolly）发表在《科学》上的一篇论文，在论文中，乔利认为，灵长类动物的智力发展主要是由它们所处的社会关系的复杂性来驱动的。[18] 在她看来，对自身所处的社会和世界进行思考，要远比对物品进行识别（即识别并同时对某一件物品进行思考的能力），巧妙地对物品进行操控（即操控物品的能力）或者熟练的觅食技能等复杂得多。在乔利的头脑中，与表现出较少社会性行为的物种相比，这种对社会互动进行复杂思考的能力很可能与社会性物种的大脑在进化过程中发生的改变有关。

乔利曾经花了好几个月的时间，在马达加斯加曼德雷河畔观察狐猴。她发现，尽管狐猴进化出了复杂的社会秩序，但它们是在不具备物品识别能力和灵活操控物品能力的前提下做到这一点的,而这两种能力正是有些人认为可以用来解释灵长类动物产生智力的关键要素。在看到了无须物品识别或者物品操控技能就能发展出社会秩序的有力证据后,她发现,至少在狐猴身上,社会智能的出现要早于物品识别和操控物品的智能。她也因此总结道:"灵长类动物的社会可以在它们不具备物品识别能力或物品操控能力的前提下得到发展。而且,对物品进行识别和操控的能力也只有在灵长类生物进行社会化生活的背景中,才能够得到具体的进化和发展。因此,我认为某些社会化生活的因素早于灵长类生物智能的出现,并最终决定了这种智能的本质。"所以,并不是对物品进行识别和操控的能力使得灵长类生物变得更加聪明和更加社会化,而是它们自身社会化的趋势决定了它们的智力以及它们对物品进行识别和操控的能力。乔利的主张是,一个物种的智力是由其社会性决定的,而不是由其识别物品的能力或者操纵物品的灵活性决定的。

这个大胆的论断让邓巴和他的同事们开始思考,如果说社会化塑造了生物的智能,那么它也肯定会对生物大脑容量的进化过程产生影响。所以,他们开始探究在社会的复杂性和大脑的发育程度之间可能存在的进化联系。他们的假设是,一个物种的社会性越强,这个物种的大脑就会越大。[19]

大脑的大小可以很容易地通过体积和重量来进行衡量。现在,科学家只需要有一种可以对社会的复杂性进行衡量的标准,就可以把这两者联系起来。他们知道,对很多不同的类人猿来讲,有一种通用的衡量方式可以很可靠地计算出社会复杂性,那就是社会群体的大小。一个社会能够支撑的群体规模越大,这个社会的成员需要维护和思考的关系、联盟以及互动也就越多。这完全合情合理,因为在任何一个物种的社会秩序中,其平均的群体规模越大,在这个社会中产生的社会互动的复杂性也就越强。推理、与他人进行互动或者维护与他人的关系等行为实际上都是大脑的社会性行为的典型例子。如果大脑的尺寸与群体的规模有关，那么上述这些大脑的社会性行为或许就是在一个越来越大的大脑中发生的众多事情的一部分。

他们在猴子、猿以及人类中挑选出很多个不同的群体，然后测量出这些群体的平均群体规模，接着他们把这些数据与猴子、猿以及人类的大脑尺寸都绘制在一张图上。他们发现，在平均群体规模和大脑的尺寸之间存在令人震惊的关联。[20] 用群体规模来衡量的话，社会秩序越复杂，相应物种的大脑也就越大。

目前，就这个方法本身而言，大脑的尺寸并不是一个非常精确或有意义的衡量大脑复杂性的方法。尽管神经科学家仍然会使用这个方法，但是就衡量神经系统的复杂性而言，当下使用的方法已经远远优于测量大脑的尺寸。随着研究人员对那些更复杂的、可用于衡量大脑能力的指标进行更深入的研究，大脑的发育程度和社会化之间的关系变得更紧密了。如果粗略地进行划分，人类和猴子的大脑都是由三个基本部分组成的：新皮质，这部分控制了较高层次的思维，如逻辑和抽象思维；边缘系统，这部分的功能主要是调节情绪；基底神经节①，这部分主要控制物种的生存和繁殖。所以，针对"大脑的社会性假设"进行的真正的测试，应当不局限于我们在前面看到的"群体规模"和大脑的总容量之间的关系。现在，我们更应该研究的是群体规模与我们怀疑的大脑中和高层次思维有关的那个部分的大小之间的关系。例如，"大脑新皮质比例"就是用来

---

① 原文 reptilian complex 也被称作 R-complex，这个名称是美国著名的神经科学家保罗·麦克里恩给基底神经节起的别名。——译者注

第 4 章　你的大脑和社交媒体

衡量新皮质与大脑其他部分之间大小比例的指标，这个指标被认为与语言和认知能力等大脑更高层次的功能相关。当研究人员在随后的分析中仔细地审视这一更为特殊的关系时，他们确实发现"大脑新皮质比例"与群体规模以及其他衡量社会复杂性的指标之间存在强烈的相关性。[21] 群体的规模越大，大脑的尺寸也就越大，控制更高层次功能的那一部分大脑也就越大（见图 4.2）。

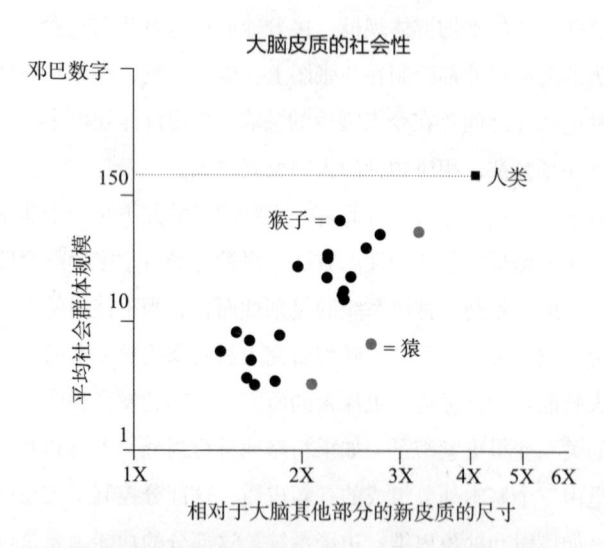

大脑皮质的社会性

图 4.2　新皮质的相对体积与群体规模的关系。上图显示了类人猿的平均社会群体规模与新皮质的相对体积（即新皮质的体积与皮质下的大脑体积的比值）的关系。邓巴数字被标记在 Y 轴上。数据来源：按照邓巴和罗宾的原图重新绘制。文献："The social brain hypothesis and human evolution." *In Oxford Research Encyclopedia of Psychology*, 2016

但是，必须再一次指出的是，新皮质是由突触和神经元组成的很大一片大脑内部组织，具体负责很多不同的大脑功能。除了负责社交以外，新皮质还被认为具体负责感官感知、认知、人体运动技能以及对空间的辨识。新皮质的体积并不能完全解释我们的社交能力，但是，当科学家们研究了新皮质中被认为与社会性有关的特定区域时，支持"大脑的社会性假设"的证据变得更加有力了。

被神经科学家称为"心智化网络"（mentalizing network）的两个最重要的区域位于新皮质的颞叶和额叶，心智化网络是一组被认为控制了我们进行社交并理解他人能力的大脑区域。神经科学家马修·利伯曼（Matthew Lieberman）曾写道，激活了背内侧前额叶皮质、颞顶叶交界处、楔前叶与后扣带回皮质和颞极的心智化网络，可以帮助我们"去思考别人的想法，即思考他们的思维、感受以及目标……它可以促进人类之间的理解和同情，合作和相互关心"。[22] 更重要的是，它让我们有能力去思考和推断其他人正在想些什么。正如我在麻省理工学院的同事丽贝卡·萨克斯（Rebecca Saxe）所说的，它帮助我们"读懂了彼此的心思"。它使我们能够处理来自其他人类的社会信号，解释他们的精神状态和意图，并做出相应的反应。

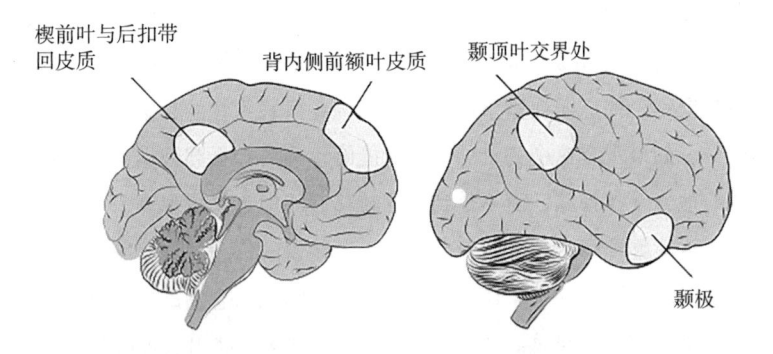

图 4.3　心智化网络。这幅图描绘了大脑的 4 个区域，它们共同构成了心智化网络。图像来源：按照马修·利伯曼的原图重新绘制。文献：*Social: Why our brains are wired to connect*. Oxford University Press, 2013

心智化可以让我们通过几个"意向性的指令"来思考我们自己

的思想和精神状态。第一个"意向性的指令"指的是了解自身精神状态的能力,比如,"我知道乔是非洲人"。第二个"意向性的指令"是概念化或了解其他人精神状态的能力,比如,"我知道简知道乔是非洲人"。而第五个"意向性的指令"则可能是这样的,比如,"我知道萨曼莎知道法塔玛知道大卫知道简知道乔是非洲人"。当我们使用社交媒体的时候,我们会通过观察其他人的面部表情、反应、社交提示以及他们如何与周围的人进行互动来练习运用意向性。

心智化网络存在的科学证据是相当让人信服的。通过人类自身的行为,我们就可以发现我们具有社会认知和心智化的能力,比如当其他人坚持错误的信念时,我们完全有能力去理解他们为什么会这样做。"错误信念测试"最初是由哲学家丹尼尔·丹尼特(Daniel Dennett)提出来的。[23] 后来,很多研究人员采用"莎莉-安妮任务"(Sally-Anne Task)的形式具体实施了这个测试。在测试中,受试者需要证明他是否有能力分辨出某个他们正在观察的人已经被愚弄,从而持有一种错误的信念。[24] 在"莎莉-安妮任务"的场景中,莎莉会把一个弹珠藏在篮子里,然后安妮在莎莉不在的时候再把弹珠移开。如果观看这个场景的受试者能够理解为什么莎莉会去她放弹珠的地方寻找弹珠,而不是到安妮转移后的地方去找弹珠,那么他们也就能够理解为什么莎莉会持有一个错误的信念并且依照这个错误的信念采取行动了。在丹尼特提出这个错误信念测试后,有无数的行为研究已经证实,人类在3~5岁的时候发展出这种心智化的形式。有些人甚至认为,我们早在婴儿期的时候就已经发展出了这种能力。尽管最近有证据表明,这种能力也存在于大猩猩的身上,但过去有一段时间,我们曾经认为,人类能够通过错误信念测试的能力是独一无二的。

功能性磁共振成像（fMRI）的证据也证实了心智化网络的存在。如果"大脑的社会性假设"是成立的，那么我们掌握社交技能的能力，或者说我们人类的社会性就不仅应该与大脑的大小或者新皮质的比例有关，而且应该与大脑中某些与心智化和社会性相关的特定区域的激活有关，而这正是功能性磁共振成像的证据所显示的。当我们随机地鼓励受试者进行心智化的时候，心智化网络就会被激活，但是智力、推理以及工作记忆的网络并没有被激活。当前额叶皮质和颞顶叶区域被经颅磁刺激阻断的时候，实验对象就失去了处理错误信念的能力，而这种能力对人的心智化和意向性至关重要。

除了有强大的功能性磁共振成像和物种层面的证据支持"大脑的社会性假设"之外，研究人员最近还通过测量人们大脑中专门用于心智化的区域的大小和他们各自的个人社交网络的大小，来检验个体层面的证据。佩内洛普·刘易斯（Penelope Lewis）和她的同事发现，在大脑的心智化网络的关键部分，灰质体积"会随着个体的心智化能力（一个人能够同时推断的不同的精神状态的数量）和其自身的社交网络的大小在一些参数上发生相应的改变，这就为个体的社会性所呈现出来的各种截然不同的表现提供了一个共同的神经基础"，并为"大脑的社会性假设提供了详尽的解剖学支持"。[25] 其他几个研究团队也成功地复制了这个结果。所以，在那些拥有更大社交网络的人的大脑中，处理社交信息的区域更大。

综上所述，这一证据表明，我们的大脑通过进化已经有能力处理和解释来自其他人的社交信号，我们相信人们在发出这些社交信号的时候是带有某种意图的，包括特定的目标、期望和计划。而这样的能力对于我们大脑的进化是不可或缺的。研究大脑社会性的认知科学正在揭示人类进化史上一个极其惊人的故事。我们的大脑已经进化出社会化的属性，并且已经有能力解释那些只有我们通过人

第4章 你的大脑和社交媒体

际关系才能创造出来的、在我们之间传递的社交信号。[①]人类经历了一系列社会进化的适应过程，在这个过程中，人类学会了如何处理关于我们的社会关系、盟友与敌人、我们遇到的人的身份以及他们的意图等各个不同层次的信息，还学会了应该如何处理所有这些社会信息之间的复杂的相互依赖关系。

在应对我们需要面对的挑战时，支持社交解决方案所需要的大脑处理能力必然会促使新皮质、我们的大脑尺寸，以及新皮质相对于大脑其他部分的大小出现某种进化式的增长。为专门处理各种社交信息而进化出来的大量神经元和神经突触，在某种意义上，是被我们用来理解自己的社交关系并在自己的社交世界里找到方向的。我们会不断地询问自己。她喜欢我吗？他希望从我这里得到什么？我能够信任他吗？那个微笑是真诚的还是在讽刺我？我看见乔和简在一起，他们是朋友？他们的关系有多牢固？她对我是个威胁吗？他聪明吗？这些类型的问题每天都在困扰着我们，并且占据了我们思维过程的很大一部分。事实上，很多神经科学家相信，我们拥有社会属性的大脑是我们的"默认网络"，这意味着只要我们没有在思考一些其他的问题，它就会立刻启动。

---

① 尽管对功能性磁共振成像和大脑尺寸的分析可以把人类大脑的进化和其社会属性联系在一起，但是这种分析还是有一定限制的。测量大脑的尺寸是一种非常粗糙的衡量方式，而且功能性磁共振成像的可靠性也备受争议，虽然后者在过去的30年里始终拥有科学的支持。当功能性磁共振成像显示大脑的某个区域活跃起来的时候，人们观测到的通常只是这些区域里的血流量在增加，神经科学家会把这种现象看作脑细胞被激活的象征。但事实上，我们并不清楚血流量的增加是否真的意味着脑细胞被激活，尽管这种因果关联已经被绝大多数的神经科学家广泛地接受。另外，还有一个重要且棘手的问题是，我们该如何厘清其中的因果关系？在后面的章节中，这个问题会在我解释社交媒体对这个世界的影响时，成为本书的一个焦点。

上面给出的"大脑的社会性假设"的证据意味着人类是在不断进化的过程中获得社会属性的。所以，我们天生就善于处理与其他人有关的社交线索，比如他们讲述的故事，他们强调的东西，他们去过的地方，他们吃的东西，他们持有的信仰，他们了解、学习以及喜欢的东西，和他们一起出去玩的人，以及他们对其他人有多少了解，等等。

从我们在社交媒体出现之前遇到的有限的社交信号，到我们今天遇到的各种不和谐的社交信号，炒作机器管理的社交信号通过扩大我们使用心智化的范围，放大、拓展并加快了我们心智化的步伐。神经系统的相互作用是非常微妙的。比如，当我们在社交媒体上发帖并与其他人进行互动时，我们肯定会用到心智化网络。但是，当我们仅仅只是发帖时，我们使用心智化网络的频率或许就会低于我们和其他人进行互动的时候。尽管社交媒体给人类进化带来的长期后果还是未知的，但是它对我们思维的影响已经变得越来越清晰，而且有证据显示，社交媒体就是为我们的大脑而建立的。

在社交媒体上的你的大脑

所以，我们的大脑天生就是用来处理社交信号的。那么，在社交媒体上，我们的大脑接下来会发生什么呢？加州大学洛杉矶分校的神经科学家很想知道这个问题的答案，所以他们自己开发了一款 Instagram 风格的 App。他们用这款 App 来研究，当我们在这款 App 上滑动图片时，大脑会如何做出反应。就像在 Instagram 上一样，这款 App 也会展示出一系列的照片。研究人员接着使用功能性磁共振成像仪对一些青少年进行了研究。在实验中，研究人员不但记录了这些青少年在使用研究人员版本的 Instagram 时，他们大脑的哪些区域会被激活，[26] 而且人为操控了照片旁显示的点赞数量，以及这些青少年能够看到的照片类型，包括他们看到的是他们自己的照片还是其他人的照片，以及照片的内容是一些危险的行为（如喝酒）还是一些中性的行为。在这次实验以后，他们在那些年轻人身上证实了他们的研究结果，[27] 也证实了他们关于给出和接受点赞后的研究结果。[28] 作为一个科学家和一个7岁孩子的父亲，我发现，他们的研究结果确实很有意思，但也让人感到非常担忧。

首先，要想在观看照片的同时还能注意到哪些照片有更多的点赞，这需要大脑中负责社会认知、奖励（多巴胺系统）和注意力（视觉皮质）的区域有更多的活动。当参加测试的人看到有更多点赞的照片时，他们的大脑整体活动会更活跃，而且视觉皮质也会被激活。当视觉皮质被激活后，我们就会更专注于我们正在观看的东西，给予它更多的关注，并尝试将画面放大以便能看得更仔细一些。为了确保图片的差异不会影响结果，研究人员会随机地分配图片的点赞数量，并对照片的亮度和内容进行控制。无论参加测试的人看到的是他们自己的照片还是别人的照片，实验的结果都会是正确的。简而言之，当我们在社交媒体上看到拥有更多点赞的图片时，我们会把那些图片放大，以便能更详细地查看它们。当其他人对网上的某些信息有更高的评价时，我们就会对这些信息予以更多的关注。你或许会认为，那些获得了更多点赞的照片可能会更有意思。但点赞的数量是研究人员随机分配的，这意味着激活视觉皮质的是点赞，而不是那些照片。

其次，如果某个人自己的照片拥有更多的点赞，那么大脑中最具有社会化属性的心智化网络就会被激活。当查看自己的照片时，参加测试的人会对那些拥有更多（随机分配的）点赞的照片做出反应，其大脑中与社交技能有关的区域内会出现明显增强的大脑活动。

另外，研究人员在大脑的额下回区域还发现了更强的神经活动，而这个区域是和模仿有关的。当我们观看自己的照片时，我们的大脑就会激活这样一些区域，这些区域主要负责思考其他人会如何看待我们，以及我们和他们之间的相似和不同之处。换句话说，当我们对自己的照片进行思考时，我们实际上是在这些照片的社会背景中去感知这些照片的，我们会思考其他人会如何看待这些照片。

最后，如果某人看到他自己的照片有更多的点赞，那么这个事实本身就能够激活他的多巴胺奖励系统，而这个系统控制的是愉悦、动机以及动物的巴甫洛夫反应。通过刺激多巴胺奖励系统以获得快乐、狂喜和销魂的感觉，这个系统实际上使我们对这种奖励欲罢不能。当心理学家詹姆斯·奥尔兹（James Olds）和彼得·米尔纳（Peter Milner）让老鼠可以通过推动一根杠杆来刺激它们自己的多巴胺奖励系统时，他们发现，这时老鼠会放下一切，不再进食和睡觉，而是一次又一次地推动那根小小的杠杆，直到它们自己死于精疲力竭。[29]

伊凡·巴甫洛夫（Ivan Pavlov）拓宽了我们对大脑的奖励系统的理解，他让狗把奖励（比如食物）与某种不相干的刺激（比如铃铛）联系起来，这样，单凭某种刺激就可以让狗流口水。[30] 这种把刺激和奖励进行认知绑定的做法使得巴甫洛夫可以用一个符号来刺激大脑的奖励系统。同样的道理，点赞利用社会认可和数字赞美的方式对我们进行了刺激和奖励。实际上，仅仅是看到更多的点赞就会刺激我们的多巴胺系统，并促使我们在网上寻求更多的社会认同，其中的道理就和奥尔兹和米尔纳的老鼠不断地推动它们的杠杆，以及巴甫洛夫的狗在听到铃声后流口水一样。

所以，我们的大脑天生就能处理各种社交信号，并且会被炒作机器管理的社交信号所感动。但是，炒作机器的设计真的考虑到了这一点吗？肖恩·帕克在2017年接受迈克·艾伦（Mike Allen）的采访时回答了这个有关脸书设计的问题："在设计的时候，我们主要思考的是，我们如何才能够尽可能多地消耗你的时间和你的注意力？这意味着我们需要每隔一段时间就稍稍给你一点儿多巴胺，因为如果有人对一张照片、一个帖子或者无论什么东西进行了点赞或评论，那么这些点赞和评论就会让你在网上贡献出更多的内容，而这些新的内容又会让你获得更多点赞和评论。这是一个社会认同的反馈循环……这利用的实际上是人类心理上的一个弱点。"[31]

设计者在设计社交媒体的时候，就已经考虑了如何让你把它看作一种习惯，那些"少量的多巴胺刺激"不仅仅会让我们不断地想再次回到社交媒体，而且是按照一个"可变的刺激强化计划"作用在我们的身体上的，也就是说这样的刺激可能在任何时间出现。这就是为什么我们总是在查看手机，想知道我们是否接收到了新的社交多巴胺。随机给出的奖励会让我们始终保持关注，与声音、震动以及指示灯捆绑在一起的奖励会让我们对社会认同也垂涎三尺，这就像巴甫洛夫的狗看到食物时会流口水一样。这样的设计激发了我们对联系和竞争的渴望，以及我们的错失恐惧症（FOMO）。所有这一切使你形成了某种习惯。

神经科学家的证据显示，我们使用社交媒体的习惯是由我们从社交媒体获得的奖励，以及我们接收到的声誉信号来驱动的。例如，有一项研究表明，相对于其他人的名声，大脑对于自身名声的增加的反应可以被用来预测我们会如何使用脸书，不过大脑对于人们财富的增加的反应却没有这种作用。[32]

但是，在迪恩·埃克尔斯（Dean Eckles）、克里斯托斯·尼科莱德斯（Christos Nicolaide）和我对跑步进行研究后，我们发现，社交媒体对我们各种习惯所产生的影响也很有可能是健康的，当然这还取决于社交媒体会具体支持哪些习惯。在我们对数百万人延续多年的跑步行为进行分析后,我们发现,人们在社交媒体上建立的联系,以及通过社交媒体在一起跑步的同伴之间进行的相互鼓励,不但对于人们坚持跑步健身的习惯至关重要,而且使他们能够在养成跑步习惯时抵御各种干扰。各种网上的通知和社交信号在巩固这些良好的习惯方面扮演了非常关键的角色。

我们的研究提醒我们,社交媒体不但会给我们带来希望,还有可能会给我们带来风险。我们还必须关注炒作机器刺激我们大脑的方式,因为通过这样的方式,它可以改变我们的行为模式。那么,炒作机器的认知设计又是如何影响我们的行为的呢?要想理解炒作机器对这个世界的影响,我们就需要回答另一个关键的问题。我的朋友兼同事艾米丽·福克(Emily Falk)决定来回答这个问题,她研究了社会影响的神经基础,即炒作机器管理的社交信号、被这些信号激活的大脑功能,以及与这些大脑功能相关联的个体行为这三者之间的关系。

社会影响的神经基础

当你询问福克,她打算把神经科学朝哪个方向引导时,她会说:"大多数的脑科学家关注的是某些具体的事情会发生在大脑中的哪些部位,而我们正试图扭转这样的研究方向,并尝试利用大脑的活动来预测人们的行为。"因此,即便人们在之前的工作中已经研究了网上的社交信号是如何激活大脑的,但福克想知道的是,当我们在广告或社交媒体上看到这些信号时,研究人员是否有可能通过了解大脑的激活情况来预测我们随后的行为。她做了一系列的实验,而这些实验表明,我们的大脑对说服性社交媒体或广告信息的反应，远比我们在某项调查中坦诚地告知调查人员我们会怎样做，更能预测我们将来的行为。

那么，弄明白福克和同事们所说的"行为改变的神经前体细胞"能否帮助我们鼓励人们去戒烟、存钱和投票呢？他们的研究表明，神经信号可以预测个体、群体甚至人口规模的行为改变，而这些行为上的改变是由说服性媒体信息引发的，这些媒体信息通常就是为了达到鼓励我们使用防晒霜[33]和戒烟[34]等目的而被设计出来的。福克的团队首先把参与者放在了功能性磁共振成像仪中，然后让他们观看用来推广美国国家癌症研究所1-800戒烟热线的10段电视广告。[35]他们想知道，大脑对不同信息的神经反应能否用来预测哪段广告才能让人成功戒烟。

他们记录下了让他们感兴趣的内侧前额叶皮质的激活状况，这个区域在以前的研究中被认为与个人行为发生改变有关。接着，他们把上述10段电视广告在不同地理区域的效果与大脑的反应进行了比较，同时还评测了不同电视广告引发的神经活动是否能够被用来预测在广告投放区域内的戒烟热线的拨打次数。他们根据神经扫描结果和参与者在回答调查问卷时的反应，对每一条信息的有效性进行了比较，结果让他们感到非常震惊。神经扫描的结果准确地预测了哪一条广告的效果会最好，而根据参与者自己的报告进行预测的结果，以及行业专家们所做的评估都无法做到这一点。

在一项独立研究中，福克和她的同事要求实验的参与者在一个虚拟的场景中思考是否应该给某个电视试播节目开绿灯。[36]其中有一组参与者扮演的是实习生的角色，他们会躺在功能性磁共振成像仪的内部观看这些电视试播节目。接着，他们需要决定哪些电视试播节目应该被传递给第二组参与者，而第二组参与者扮演的是制作人的角色，所以第二组又需要决定哪些试播节目是可以传递给电视网络管理人员的。研究人员发现,当实验参与者具体考虑如何与他人分享信息时,在大脑的其他部分还处于不活跃状态的时候,大脑的心智化网络就已经亮了起来。当扮演实习生的参与者观看那些他们需要说服制作人将其传递给电视网络管理人员的试播节目时,这些实习生的心智化网络的激活程度已经超过了正常的水平,可以说,他们当时正在激活大脑的社会化属性。正如福克的共同作者马修·利伯曼所说的:"这意味着,即便面对着第一次接触的新信息,我们做事情的方式依然是首先考虑可以和谁分享这些信息,并思考面对着我们选择的准备与之分享信息的个体,我们如何用一种他无法拒绝的方式来分享这些信息。"[37]当我们管理并与他人分享信息时,这一切就是大脑正在做的事情。

福克还发现,那些表明我们在心理上非常看重某些东西的神经信号,还可以被用来预言这些东西在社交媒体上分享和传播的火热程度。在两次使用功能性磁共振成像仪的研究中,他们记录了实验参与者对 80 篇《纽约时报》文章的神经激活反应。他们利用这些数据证明了,在大脑的价值系统区域,包括腹内侧前额叶皮质和腹侧纹状体中,使用与自我提升和社会认可相关的被激活的神经信号,要比使用文章自身的特点或参与者关于分享意图的自我报告,更能够预测文章在网上受欢迎的程度。[38]

换句话说,与我们(或者其他来自外部的专家)对自身行为的预测相比,说服性社交媒体信息所引发的神经激活,对个人以及群体层面的行为,尤其是对那些与信息共享行为有关的预测,所获得的结果显然会更加精确。但是,说服性信息和社交信号会改变我们的行为吗?在真实的世界里,我们需要更严谨的分析来证实这样的观点。这是一个非常深刻的问题,而我也会在这本书中不断地回顾这个问题,尤其是当我们需要评估社交媒体是否以及在多大程度上会改变我们购物、投票、约会、阅读以及锻炼的方式时，我们就更需要回顾这个问题。就当下而言，具体了解我们的大脑对社交媒体上的信息做出的反应，就足以帮助我们预测自己会如何分享社交媒体内容的行为和意图了。

加州大学洛杉矶分校在对 Instagram 的研究中测量了点赞对神经系统的影响，他们发现，获得更多的点赞可以让参与者给予其他人更多的点赞。在一项针对青少年音乐评级行为的研究中，埃默里大学的研究人员发现，在参与者对某一首歌曲进行评级的时候，如果你同时向他展示这首歌曲的支持率，那么参与者改变自己给出的评级以迎合群体意见的可能性与大脑前岛叶和扣带皮质的激活状况是正相关的，而这两个区域又是与性兴奋和负面情绪有关联的。[39] 这些结果表明，"某个人因为自身的喜好无法和其他人的喜好相匹配而产生的焦虑，会促使人们重新做出选择，以形成某种一致"。这些研究还表明，当实验参与者看到其他人对容貌的吸引力给出的评价后，他们也会很自然地改变自己对其他人容貌吸引力的评分。

这些研究证实了"行为改变的神经前体细胞"的存在。稍后，我还会讲述一些大规模的行为实验，这些实验展现了社交信号会如何改变人们实际的投票、评分、购买、约会，以及锻炼等各种行为。当我开始讲述的时候，还请记住，当社交媒体对实验参与者产生影响的时候，他们的大脑中发生了什么。

希望和风险并存

这些研究的另一个重要的结果支持了本书的一个核心观点，即炒作机器既有可能给我们带来异乎寻常的希望，也会给我们带来巨大的风险。事实证明，无论是希望还是风险，人类的神经系统都已经做好了准备。我们的大脑天生就很容易受到社交媒体的刺激，使我们做出一些社会代价极其高昂的行为，或者做出一些可以改善我们社会的积极行为。

在加州大学洛杉矶分校的一项研究中，Instagram 网页上的点赞抑制了我们大脑中专门负责自我控制的区域的活动。研究人员还分别分析了实验参与者在观看展现危险行为照片的同时看到更多点赞的心理影响，以及他们在观看展现不危险行为或者中性行为照片的同时看到更多点赞的心理影响。当实验参与者在展现危险行为（比如吸毒或酗酒）的照片上看到更多点赞的时候，在他的大脑中做出反应的就会是一个完全不同的区域，而他的大脑中负责自我控制和反应抑制的区域的活动就会明显减少。换句话说，当展现这些危险行为的照片获得了更多点赞时，我们孩子的大脑中警告他们某个行为可能会有危险的部分就会被关闭，或者至少会被暂时关闭。另外，在网上遭到拒绝也会引发愤怒和报复，所以社交媒体也可能会导致各种危险的行为。

但是，我们还会本能地去拥抱社交媒体积极向上的、可以给我们带来希望的那一面。在一个网上的研究项目中，一些青少年可以向他们的同龄人小组捐款，[40] 在此之前，实验参与者会彼此见面，然后与那些不参与分钱的同龄人结盟，而这些与参与实验的人员一起工作的同龄人在参与者捐出更多钱的时候，就会给出更多的点赞。给出的点赞越多，捐出的钱也就会越多，而此时参与者大脑的社会化区域就会被激活。炒作机器不但是为人类量身打造的，而且无论炒作机器想要炒作的东西是好的还是坏的，我们都必定会采取相应的举动。

在这本书的后续章节中，我还会更细致地探究炒作机器是如何

第 4 章 你的大脑和社交媒体

被构建出来的，它是如何工作的，以及我们应该如何对其进行评估、调整和重新设计。所以，记住上面这些神经学的基础知识还是很有用处的。揭示出能够决定炒作机器会把我们带向哪里的推动力，以及我们应该如何操控炒作机器，将是非常重要的事。我们探索的第一步是理解我们的大脑会如何对社交媒体做出反应，而这一步的目的就是揭示社交媒体的神经生理学抓钩。另一个促使行为发生改变的关键因素是社交媒体的经济学抓钩，而这也正是我接下来将要探讨的话题。

第 5 章

网络效应：网络产生的引力与其质量成正比

> 在商业领域，我寻找的是由坚不可摧的护城河保护的经济堡垒。
>
> 沃伦·巴菲特

如果社会关系给我们这个物种带来了某种进化上的好处，而且对我们每一个个体都有帮助的话，那么把整个世界连接在一起似乎是一个很有价值的目标。马克·扎克伯格在 2018 年曾经反复地宣扬这一使命，仅在美国国会证词中，他就提到这一点超过 60 次。"建立脸书是为了完成一项社会使命，即让这个世界更加开放，联系得更加紧密……我们相信，把这个世界上的每一个人都连接在一起，是我们这一代人所面临的最重大的挑战之一，这就是为什么我们很乐意尽我们所能地参与其中。"他经常提到这样一个故事，即他和他的联合创始人最初并没有打算创办一家公司，他们所创造的社会联系的经济价值也并不是他们最先考虑的事情。但是，毫无疑问，除了具有显著的神经上的吸引力，炒作机器还具有巨大的经济上的吸引力，因为社会联系不仅仅会刺激我们的大脑，还会创造社会和经济价值,这本身就是一种强大的推动力。

扎克伯格并不是第一个主张网络互联能够带来经济利益的人,这项荣誉属于一个不那么知名的美国企业家,他的名字叫西奥多·韦尔(Theodore Vail),他曾经在1907年被召回,第二次执掌贝尔电话公司。韦尔认为网络连接产生的经济力量可以推动整个市场的发展。在1908年的贝尔年报中,韦尔向董事会和股东介绍了经济网络效应的概念。[1]他在报告中这样写道:"如果一部电话没有在其线路的另一端与另一部电话建立起联系,那么它根本就不是一件科学设备,甚至还不如一件玩具。它的价值完全取决于它和另一部电话的连接,而且随着连接数量的增加,它的价值也会不断增长……贝尔系统会不断地发展,直到它融入并且实际上成为国家商业和社会组织的神经系统。"不难发现,脸书、Instagram、推特、微信以及WhatsApp可以说是贝尔系统在今天的一个更加强大的版本,它们连接着全球商业和社会的中枢神经系统。

韦尔认为,电话的价值会随着其连接数量的增加而不断增长,这一说法非常简洁地描述了网络效应,它是塑造当今数字竞争和平台战略的最基本的经济力量之一。对于表现出网络效应的产品或市场,它们的价值是与这些产品或市场建立起连接的人数的函数。随着越来越多的人使用某款产品,它对每个人的价值也在同步增加。如果不理解网络效应,我们就无法理解炒作机器的经济线路以及它创造(和毁灭)的价值。[1]这样一个简单的概念对理解如下问题是至关重要的:为什么有些社交媒体网络可以成长起来,而另一些却

---

[1] 稍后我们还会问这样一个问题,这些网络究竟是在创造价值还是在毁灭价值,因为这是一个炒作机器最近正面临的生存危机的核心问题。(提示:更多的连接所体现出来的价值取决于这些连接的质量,即取决于它们对那些被连接在一起的人的生活做出的贡献是积极的还是消极的。)

会失败？为什么有些劣质网络能够战胜高质量的网络？为什么社交媒体的市场会趋于垄断？这本书的一个主要目的是解释炒作机器如何改变我们个人以及社会的行为。我在前一章已经探讨了炒作机器对我们行为的神经生理学影响，而在这一章，我会探讨它的经济影响。

网络产生的引力与其质量成正比

网络效应和引力类似。我们可以打这样一个比方，某个网络上的用户数量越多，它的质量也就越大；质量越大，它的引力也就越强；引力越强，它对新客户的吸引力也就越大。同时，它防止现有客户脱离其轨道的经济掌控力也就越强。

有4种不同的网络效应：直接的、间接的、双边的、局部的。每一种网络效应都在炒作机器的策略和命运中扮演着独一无二的角色。直接网络效应指的是那些通过直接与人连接来创造价值的效应，具体的例子是韦尔的电话或者传真机。如果我是拥有传真机的第一个人，那么这台传真机基本上是毫无用处的。我或许可以把它当成门挡来使用，但是我没有办法使用它向任何人发送传真，因为其他人没有传真机接收我的传真。买传真机的人越多，我能连接上的人就越多。脸书、推特以及其他的炒作机器从这种直接的网络效应中获得了巨大的利益。从垄断到创新，它们几乎能影响我们经济中的一切。下面的专栏具体解释了网络效应是如何让一家劣质的社交媒体网络公司战胜了一个优质的进入者并垄断整个市场的。

理解网络效应

让我们来看下面这样一个例子,具体观察网络效应是如何让一家劣质的网络公司控制了高质量的竞争对手的。[2] 假设一家社交媒体网络公司的价值 V 是其内在的价值加上其网络效应的价值。

$$V = a + ct$$

在这里,a 是这个网络公司不包含网络效应的内在价值(你可以把它看作这个社交网络的功能、隐私控制、数据安全等),c 是网络效应的价值(随着你有越来越多的朋友加入这个网络,你所获得的附加价值),而 t 是在任何特定的时刻加入这个网络的其他人的数量(平台上的用户数量)。

现在,我们比较两个"互不兼容"的网络——阿尔法和贝塔。"互不兼容"的意思是,用户只能与同一个网络中的朋友联系,而不能与另一个网络中的朋友联系。例如,你无法在推特的平台上向某个脸书平台上的朋友发信息,所以这两个网络是"互不兼容"的。假设贝塔在质量上要远优于阿尔法,它有更强大的通信功能、更多的选项、更好的隐私控制以及更干净的界面。它不会把你的数据出售给第三方,并且加强了安全性和加密功能,让你更有安全感。那么,贝塔的内在价值 b 就会大于阿尔法的内在价值 a(见图 5.1)。

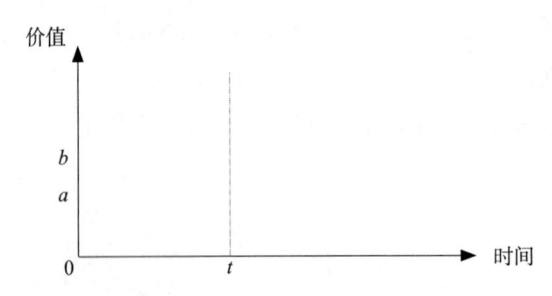

图 5.1 阿尔法和贝塔的内在价值

如果贝塔和阿尔法同时出现在市场上，那么贝塔将会是更有价值的网络，因为贝塔的内在价值要高于阿尔法的内在价值。但是，贝塔需要花时间去构建所有这些重要的功能。如果阿尔法能够在市场中击败贝塔，这往往意味着阿尔法是首先进入市场的。假设阿尔法在 0 点进入了市场，而贝塔要在将来的某个时刻才能进入市场。在贝塔进入市场前，用户并不知道贝塔的存在，所以他们在决定是否应该加入阿尔法的时候，根本不会考虑贝塔。网络效应的价值（当你有更多的朋友加入这个网络时，你获得的附加价值）是当某个用户加入这个网络时，这个网络上所有可用连接的附加价值。

虽然贝塔是一个更优质的网络（$b > a$），但用户最初只有一个选择。第一个用户会计算是否值得投入一定的成本来加入阿尔法，并最终决定加入它。但之后的用户面临的是一个完全不同的决定。现在已经有一个人在使用阿尔法了，所以对第二个用户来讲，阿尔法的价值是 $a+c \times 1$，或者说 $a+c$。以此类推，阿尔法对第三个用户的价值是 $a+2c$，对第四个用户的价值是 $a+3c$。就这样，阿尔法的价值会随着时间的推移线性地增长（见图 5.2）。

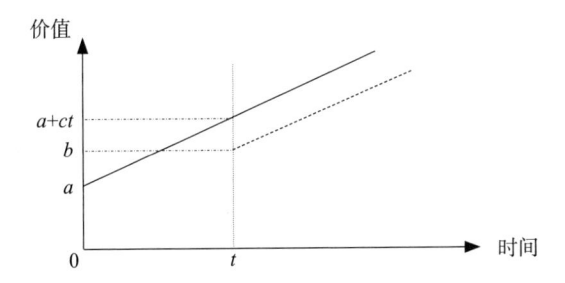

图 5.2 网络效应影响下的阿尔法和贝塔的价值

当贝塔在时间 t 进入市场时，用户加入阿尔法的价值是其当时拥有的用户数量 t 乘以其网络效应价值 c，再加上它的内在价值 a，即 a+ct。尽管用户加入贝塔的价值仍然是 b，即其服务本身的价值，但因为还没有人加入贝塔，所以贝塔此时还没有网络效应。即便我们都认为贝塔比阿尔法更优质，或者说 b 的值要大于 a 的值，但是贝塔的价值仍然要低于阿尔法的内在价值加上它的网络效应价值，即 a+ct。所以，尽管贝塔的价值会像图 5.2 中的虚线那样线性增长，但很少会有人选择贝塔，因为它的网络效应还不够强大。正是在这样的背景下，利用自己已经拥有的更大的用户基数，阿尔法拥有了更强的网络效应。就这样，一个相对比较劣质的网络（阿尔法）战胜了一个更优质的网络（贝塔）。这正是尚未平息的关于脸书的垄断力量是否会损害创新的争论中的一个关键概念。

间接网络效应和直接网络效应是完全不同的。随着越来越多的人开始使用某个特定的平台或网络，第三方就会有更大的动力为这些平台或网络增加价值。当我还是一个孩子的时候，我们经常在实体店购买软件（我知道这样做很奇怪）。我记得在 20 世纪 80 年代末，我和父亲曾一起走进 CompUSA（电脑零售商）的店内，呈现在我们眼前的是一排又一排堆放在货架上的 Windows 操作系统软件，只有在商店最后一排货架上的某个不起眼的小角落里，才有可能找到苹果的软件。苹果生产的电脑质量很好，但 Windows 的用户安装基数要大得多，因此它的网络效应也更大。这种网络效应并非源自 Windows 向其他人提供了某种直接的连接（互联网出现后，才使这种连接成为可能），相反，正因为开发人员需要为 Windows 电脑编写各种软件代码，所以它的网络效应实际上源于它为开发人员创造的动机。通过为 Windows 电脑编写绘图程序或者游戏，开发人员可以接触到一个非常庞大的潜在消费者网络。他们也可以为苹果编写程序，只不过当时苹果的潜在消费者网络还非常小，所以做出选择就是一件很简单的事情了。越来越多的开发人员为 Windows 编写软件，而 Windows 庞大的安装基数所产生的间接网络效应在无数的 Windows 软件货架中体现得淋漓尽致，正是这些货架使得 CompUSA 专门用于放置苹果软件的小角落相形见绌。

然而，到了 2013 年，事情发生了逆转。苹果在 2007 年推出的 iPhone 几乎受到了所有人的欢迎。苹果在 iPhone 中加入了如此多的创新，使得 iPhone 仅凭其内在价值就足以让人们大量购买了。通过"应用程序"，人们可以随意地在 iPhone 上安装软件程序。苹果在 2008 年推出了"应用程序商店"。随着越来越多的人购买 iPhone，开发人员为 iPhone 编写应用程序的动力也就越来越强劲，这使 iPhone 的销量曲线看上去就像是珠穆朗玛峰那样直插云天。第一部 iPhone 在 2007 年售出，到 2013 年，苹果已售出 4 亿部 iPhone。[3] 如果用户基数相当于一个平台的质量，而网络效应又类似于引力的话，那么随着 iPhone 用户基数的不断增长，以及消费者开始涌向这个当今的标志性品牌，苹果的引力也在同步增长（见图 5.3）。

相比之下，微软在 2013 年的手机市场份额就像苹果在 20 世纪 80 年代在 CompUSA 的货架上所占据的空间一样，可以说是微不足道的。开发人员几乎没有什么动力为 Windows 手机编写应用程序，相反，他们会非常积极地为苹果编写各种应用程序。2013 年，iPhone 上的应用程序的数量比 Windows 手机上的 5 倍还要多。事实上，苹果的安装基数优势如此之大，以至于当开发者们争先恐后地为 iPhone 免费编写应用程序时，微软却在为 Windows 手机

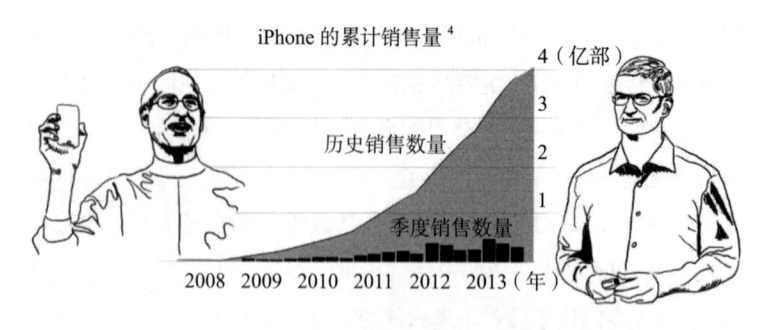

图 5.3　2007—2013 年 iPhone 的累计销量和季度销量。资料来源："The chart Tim Cook doesn't want you to see," by David Yanofsky, for Quartz, September 10, 2013 (https://qz.com/122921/the-chart-tim-cook-doesnt-want-you-to-see/)

上专有的应用程序向开发者支付超过 10 万美元的费用。[5] 尝试去抵消苹果的引力作用是很有必要的，但是仅仅这样做还不够。网络效应与 iPhone 的内在价值，这两者的结合实在是太强大了。如今，苹果在美国手机市场上的占有率已经达到了 47.4%，而微软却只有 0.5%。[6] 间接网络效应的力量不但是显而易见的，而且是相当稳固持久的。

如果市场一侧的安装基数为另一侧创造了需求，那么网络效应也可以是双向的。例如，优步的乘客越多，市场对优步司机的需求量就越大；Adobe Reader（阅读软件）的用户越多，对 Adobe Writer（文档生成和传输软件）的需求量也就越大，这都是因为双向网络效应。纵观全球手机销量数据，苹果拥有约 25% 的市场份额，微软只拥有 0.1% 的市场份额，但是安卓系统以 74% 的市场份额在全球市场占据了主导地位。[7] 这是因为安卓系统将手机的操作系统与手机硬件分离，并且开放自己的平台，使其能够与几乎所有手机兼容。安卓系统可以被安装在三星、LG、谷歌，以及其他公司生产的手机上，这就是平台战略发挥作用的生动案例。

但是，对炒作机器来讲，最重要的也是最不知名的网络效应是局部网络效应。这个术语源于地理位置对网络效应产生的经济力量的重要性。局部网络效应与网络中连接方地理位置的邻近程度成正比。例如，NextDoor是一种向社区居民提供的私人社交网络服务，当一个新用户在得克萨斯州达拉斯加入了NextDoor，这就为达拉斯的NextDoor用户改善了NextDoor在该地的服务，但对旧金山的用户来讲，他们享受到的服务质量几乎没有受到任何影响。事实表明，除了地理上的邻近性，社会邻近性也推动了局部网络效应。当用户只受到网络中很少一部分其他用户的直接影响时（他们是有连接的），产品就会表现出局部网络效应。

在NextDoor软件上，用户在地理上是相互连接的。在脸书上，用户是通过社交关系连接在一起的。当你具体思考你从脸书、推特、WhatsApp或者微信上获得的价值时，你会意识到，这些价值更多地来自你认识的人以及和你有联系的人，而不是来自在社交网络上30多亿个你根本不认识的人。在某种程度上，这些价值还来自那些你希望联系但还不认识的人。但是，这种联系几乎不太可能是通过向某个名人直接发送来历不明的信息就能建立起来的，或许你通过一个朋友的朋友的介绍成功建立这种关系的可能性还会稍大一些。所以，无论我们谈论的是你已经拥有的某种联系，还是你希望建立的联系，真正重要的是，对任何用户来讲，网络的价值不仅仅与网络中的总人数成正比，还与他们在网络中建立联系的人的价值成正比。这就是局部网络效应。另外，这一效应还是塑造炒作机器竞争力的关键推动力，例如，这就是为什么脸书在MySpace失败的地方取得了成功。

第5章 网络效应：网络产生的引力与其质量成正比

脸书是如何击败 MySpace 的

2011年6月,我在《连线》和《经济学人》于纽约举办的 Nextwork 大会上发表了演讲。我的演讲被安排在埃德·诺顿(Ed Norton)和贾里德·科恩(Jared Cohen)之间。演员埃德·诺顿谈论的是他新的慈善筹款众包平台 Crowdrise。贾里德·科恩曾是美国前国务卿希拉里·克林顿的顾问,现任谷歌旗下 Jigsaw 公司(一家致力于打击极端主义、审查以及网络攻击的技术孵化器)的首席执行官,他谈论的是技术如何让中东地区爆发革命。但就在几次会议之前,在我最喜欢的会议上,吉米·法伦(Jimmy Fallon)采访了脸书的联合创始人肖恩·帕克,这段轻松愉快的谈话涉及了黑客、网上音乐分享公司 Napster、Spotify、脸书的崛起,以及其他"高科技"话题,比如茶艺和各种放松技巧。[8]

虽然整个采访很精彩,但是当吉米向肖恩提出下面这个问题时,我开始全神贯注。吉米的问题是,为什么脸书在 MySpace 遭遇滑铁卢的地方取得了成功?在 2011 年,这是媒体专家和数字战略大师们最喜欢的问题。在某种意义上,这是一个价值 5 万亿美元的问题,因为这是脸书当时的市值。如果当初 MySpace 赢得了与脸书的战役,那么它今天很可能拥有同样的地位。

由于我们一直在讨论的原因,这两个数字宠儿的命运是不太可能逆转的。2004 年到 2008 年间,MySpace 拥有巨大的安装基数优势,它的用户基数让脸书相形见绌。2005 年,MySpace 拥有 2 700 万名用户,脸书有 500 万名用户;2006 年,MySpace 拥有近 1 亿名用户,而脸书只有 1 200 万名用户。这些安装基数优势所产生的直接和间接网络效应似乎已经不可逾越了,肖恩·帕克对此非常清楚。他在台上告诉吉米,当时 MySpace 的市场主导地位是令人敬畏的。他说，"网络效应和规模效应是巨大的"，当然他指的是 MySpace，"其中蕴含的力量太强大了"（见图 5.4）。

活跃用户数（百万）

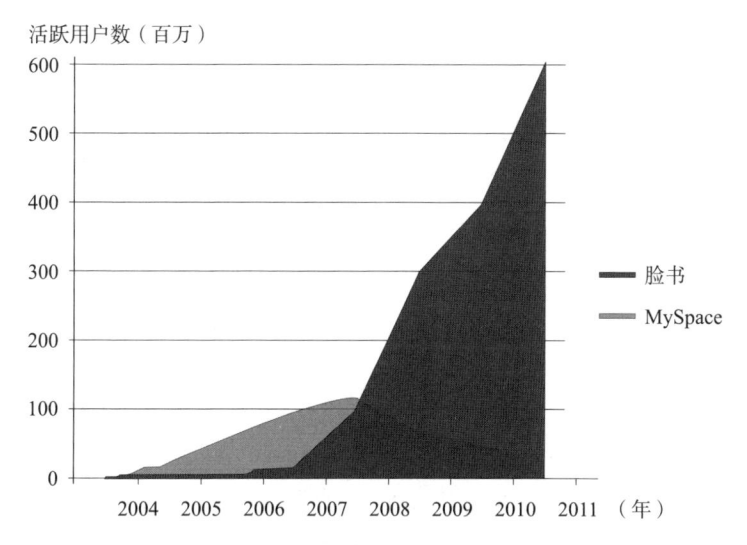

图 5.4　2004—2011 年脸书和 MySpace 的活跃用户数量

那么，脸书是如何克服各种不利因素，奋起直追，让 MySpace 消失的呢？当时有几种非常流行的解释。一些人认为 MySpace 没有可扩展的基础设施或者技术人才来升级网站，这使得他们很难推出新的功能或者加快网站缓慢的加载速度。一些人认为，虽然 MySpace 的网页设计让用户可以按照自己的想法制作页面，但是与脸书简洁专业的设计相比，前者过于丑陋且格调不统一，所以其吸引力也就相形见绌了。与此相反，有些人认为 MySpace 的管理方式过于专业，MBA 标准的战略演示文档无法与那些建立脸书的大学辍学生的自由管理方式相匹敌，而后者可以让公司始终追随用户的需求。一些人认为，MySpace 对乐队和音乐的关注使得该平台过于逐利了。还有一些人相信脸书坚持实名制的做法使得它更有亲和力。这些说法都有一定的道理，但这些人都没有注意到一个关键的事实，而这一事实并没有被肖恩·帕克忽视。

肖恩对吉米的回答是从当时最流行的答案开始的，即MySpace的网页设计拙劣，而且没有创新，这是事实。但他随后立刻转向了一个在很多专家的解释中被忽视的话题，那就是脸书的"市场进入策略"。吉米问："你认为大学对你有帮助吗？我觉得脸书更像是一种个人的东西，很多人都是通过他们大学的朋友听说脸书的。"这是一个富有洞察力的问题，肖恩赞同道："我们是通过大学进入市场的，我们这样做的原因是大学生通常不是MySpace的用户，也不是Friendster的用户。这是一个完全开放的市场，一个真正的长线市场。我的意思是，当时除了我们在帕洛阿尔托的三四个人以外，没有人真的相信我们可以通过这样一个利基市场进入一个完整的大市场，然后再通过与所有其他网络精心策划的战争，逐渐成为统治所有网络的唯一网络。"说到这里他停了下来，脸上挂着微笑，然后继续说："这是《魔戒》吗？"吉米大笑了起来："是的，没错，我的床头就有一张《魔戒》的海报。"肖恩接着说道："当然，在那张海报旁边，你还有一张《龙与地下城》的海报。"吉米表示赞同："那还得再加上一根官方的《哈利·波特》魔杖。"听众不由得大笑起来。

但是，这场对话表现出来的洞见远比把脸书比作《魔戒》更加严肃。通过大学校园进入市场，脸书得以利用其更强大的局部网络效应与MySpace当时巨大的直接和间接网络效应展开竞争。或许吉米和肖恩在不知不觉中，本能地进入了网络效应经济学理论的深处。1974年，杰弗里·罗尔夫斯（Jeffrey Rohlfs）发表了一篇题为《通信服务的相互依赖需求理论》的开创性论文，他在这篇论文中首次把网络效应引入经济学，方法是把脸书及其类似产品的价值建模为用户数量的函数。[9]但是，罗尔夫斯最初的设想实际上包括了脸书用来击败 MySpace 的局部网络效应。正如我的同事理查德·施马伦西（Richard Schmalensee）曾经指出的那样，罗尔夫斯的论文提出了一个扩展模型，在这个模型中，产品对于用户的价值并不是基于该产品所拥有的其他用户的总数，而是基于用户关心的特定用户的价值的。[10]在脸书上，这种价值是非常高的，因为用户能够联系的其他人正是大学生们认为最有价值的那些人，即他们的大学校友。而在 MySpace 网络上，用户能够联系的其他人都是陌生人。

2004 年 2 月，脸书在哈佛大学成立，随后它向一所又一所大学敞开了大门。哥伦比亚大学、耶鲁大学、达特茅斯大学、康奈尔大学，在不到两个月的时间里，来自美国 20 所主要大学的 7 万名学生成为脸书的用户，然后是斯坦福大学、麻省理工学院、纽约大学以及东北大学，脸书并没有对这些校园之外的任何人开放。到 2005 年 5 月，它已经扩展成为覆盖 800 所大学的网络，同年 9 月，它又添加了高中网络。到 10 月，它已经扩展到国际学校网络。2006 年 5 月，它增加了工作场所网络。每一个网络背后都是一个相互间有紧密联系的群体，其中很多人早已经相互认识，有共同的朋友，或者因为在同一所学校读书或在同一家公司工作而建立起了联系。脸书用户的社会联系程度与地理邻近程度都很高，而 MySpace 用户的类似联系程度却很低。

当脸书在 2006 年 9 月向更多的群体开放时，它拥有 1 200 万名用户，而此时 MySpace 有 1 亿名用户。不过脸书用户之间的社会联系看上去非常不同。凭借着其利用大学校园进入市场的策略，脸书网络上的所有人都相互认识。当你加入脸书时，你会发现你的朋友和同学也在其中。因为脸书采用了这样的市场进入策略，所以你加入脸书很可能会比加入 MySpace 认识更多的人。此外，某个你不认识的人很有可能认识某个你认识的人，或者至少曾经和你在同一间教室里上过课，参加过相同的课外活动，或分享过相同的大学文化。这使得脸书的网络更有亲和力、吸引力和安全性。它增加了用户从平台上可用的联系中获得的价值。[11]

相比之下，你不太可能在MySpace遇到任何熟人，虽然这个平台的用户数量要多很多。MySpace创建的社会关系结构被网络科学家们称作"稀疏"的结构。虽然你可以浏览其他人的资料，听他们听的音乐，但你几乎不可能和他们直接相识或者和他们拥有共同的朋友。人们可以通过任何渠道加入MySpace，没有任何共同的社会纽带把他们联系在一起。因此，完成用户的连接就会更加困难。当安永耀（Yong-Yeol Ahn）和他的团队对MySpace的网络进行解剖时，他们发现"Orkut（他们研究的另一个社交网络平台）被认为是一个紧密团结的社区，相比之下，MySpace网络的同配系数①显然是负数，r值为-0.2。这种异配属性告诉我们，MySpace网络在很大程度上偏离了传统的社交网络……所以MySpace网络中的关系可能被认为是极为松散的，因为任何人都可以在没有受到邀请的情况下注册"。[12]

在脸书上，人与人之间最有价值的纽带已经建立起来了。事实上，与其说脸书在创造社交关系，还不如说它把自己嫁接到了早就已经存在的社交关系上，比如那些大学好友、高中好友关系以及工作中的同事关系等。脸书用户之间早就存在的紧密的社会关系极大地增强了它的局部网络效应。[13]事实上，杰弗里·罗尔夫斯在他那篇开创性论文中预言了脸书具体的市场进入策略，他考虑了那些展

---

① 通常，同配系数r值在-1到+1之间，r为正值代表网络的度正相关，或称网络是同配的，负值表示网络的度负相关，或称网络是异配的。——译者注

现出局部网络效应的新服务的推广策略,并建议在一段有限的时间里向精心挑选的人群提供这种新的服务。因为,正如罗尔夫斯所写的那样,"一个人的需求可能主要取决于他为数不多的几个主要联系人中哪一位是你的用户","这种方法能否获得成功或许取决于你如何选择初始的用户集合"。产品的发布策略应该针对精心挑选的人群(在脸书的例子中,他们选择的对象是大学生),这一想法几乎预言了大约37年后肖恩·帕克在Nextwork大会的舞台上对吉米·法伦所说的话。

在脸书向除了大学、高中以及工作网络以外的其他领域开放的8个月后,它正式推出了自己的平台,此时这个平台上有65位开发人员和85个应用程序。此时,它已经为一个充满活力的社区奠定了基础,在这个社区中,认识你的人可能比在MySpace上认识你的人要多。这个最初的、紧密联系的群体开始邀请他们的朋友加入,而那些受到邀请的人也开始邀请他们的朋友,以此类推(我们会在第8章将推荐计划作为炒作机器的一项基本要素来进行探讨)。随着越来越多的开发人员开始为这个平台编写程序,局部网络效应开始与间接网络效应相互作用。此时,连直接网络效应也变得更强大了,因为通过朋友的介绍,你能更好地与你想要结识的人建立联系。接下来的事情都已经是历史了。局部、直接和间接网络效应开始发挥作用,通过一场精心策划的针对所有其他网络的战争,脸书成了肖恩·帕克所描述的唯一一个统治所有网络的网络,至少到目前为止依然如此①。

---

① 网络效应为脸书这样的平台创造了巨大的价值,随着越来越多的人使用它,脸书变得越来越有价值,但是它还会变得更好。到目前为止,我们一直在假设网络效应会线性增加社交媒体网络的价值,这意味着,随着每一个新人的加入,下一个潜在用户的价值会以一种稳定的线性方式增加。(下转166页)

第5章 网络效应:网络产生的引力与其质量成正比

（上接165页）但事实上，网络效应很可能会以超线性的方式增加价值，也就是说，每一个新用户都比前一个用户增加更多的价值，至少在一定程度上是这样的。以梅特卡夫定律为例，两部电话可以建立1个连接，四部电话可以建立16个连接，八部电话可以建立64个连接，以此类推。在梅特卡夫的公式中，网络中每个新的可能接触节点都是以二次方式而不是线性方式增加价值的，所以，网络的价值与用户数量的平方或者连接数量的平方成正比（$V = a + ct^2$）。有人认为，梅特卡夫定律意味着网络的价值是以指数形式增长的。但是，我不敢断定网络效应会表现出某种特定的函数形式（如指数型、二次型函数等），也不敢断定这种非线性变化会一直持续下去，因为正如我们已经讨论过的，网络中所有可能的连接对每一个新用户来说并不具有同等的价值。局部网络效应意味着某人在社交空间里离你越近，他作为一个可能的连接的价值就越大。所以，一种可能的连接并不一定能为其他的连接增加价值，这就限制了非线性。另外，人类可能是建立连接的瓶颈，因为我们交朋友和维持友谊的能力是有限的。例如，罗宾·邓巴认为，由于我们有限的社交认知能力，我们在精神上只能够与大约150个人维持稳定的关系。这就是"邓巴数字"。也许这个数字在网上会更大，因为网上的交流成本会大大降低，而且我们可以把数字社交网络当成一个储物架，在那上面保存我们的记忆，这样我们就不需要把它们都记在脑子里了。

但是，无论在哪一种情况下，随着越来越多的人加入网络，我们的社交人数超过了我们有能力交往的人数，这样每一个新用户为网络增加的非线性价值的形式很有可能不是二次的，并且不可能永远持续下去。非线性的具体形式以及它的持久性实际上并没有那么重要。当我们假设价值的增长大于线性增长（任何形式）时，让一个网络成长起来的潜在价值就会变得非常大，而且其成长速度还会非常快。考虑这样一个情形，网络价值的增长是非线性的，而在网络中添加新连接的成本随着每一个新连接的建立线性增长。在脸书这样的平台上，情况很可能就是这个样子的。构建基础架构需要大量的前期固定成本，然后随着越来越多的人加入网络，你还需要在服务器和存储设备方面追加少量的额外成本来增加更多的新用户。当网络的价值以非线性的方式增长时，成本的增长仍然是线性的，此时就会有绝佳的机会产生不断膨胀的利润。如果成本的增长是线性的，那么从理论上讲，在市场达到饱和之前，脸书的价值会以大于线性增长的方式增长。这就是为什么投资人在估值时会如此痴迷于社交媒体的用户增长。市场饱和是脸书等社交网络的资产价值的敌人，因为当没有（下转167页）

炒作机器

炒作机器的"围墙花园"

虽然网络效应通过创造以及放大社会和经济机会来吸引我们,但它并不能保证任何平台都可以让我们的注意力保持足够的时长来实现它们的价值,而这就是炒作机器的设计发挥作用的地方。除了神经生理学和经济学方面的吸引力之外,我们与社交媒体的关系还涉及技术方面的因素。为了利用网络效应所创造的价值,社交媒体网络通过让自己的平台与其他平台互不兼容,并且严密地控制我们上传给它们的数据(以及它们搜集的与我们有关的数据)来绑定我们。这样设计平台是有经济上的原因的,例如,吉列(Gillette)通过使它的剃须刀片与竞争对手的刀片不兼容来锁定客户购买它的刀片,奈斯派索(Nespresso)的咖啡机只能使用奈斯派索的咖啡胶囊,等等。炒作机器也采用同样的方式锁定我们。

第一,通过让我们把不想放弃或者不想失去访问途径的数据上传到这些数字服务平台,炒作机器创造了平台间的转化成本。如果离开 Spotify 平台,我们就会失去保存的歌曲和播放列表;如果离开谷歌或苹果,我们就会失去购买的音乐、电影和各种 App;如果离开脸书或 Instagram,我们就会失去照片、聊天记录,以及珍贵

(上接166页)更多的用户加入社交网络中时,这些网络的价值的增长速度以及平台价值的增长速度将会变慢。因此,这些社交网络平台会高度关注用户数量的增长,并竭力与市场饱和进行对抗,这一点儿也不让人感到意外。这也解释了为什么脸书会在互联网基础服务提供机构(Internet.org)和它的联网实验室(Connectivity Lab)上投入如此之大,因为该机构和实验室的任务就是通过气球、卫星、无人机或激光把互联网带到世界各地的发展中国家。它们希望有更多的人可以连接互联网,这样脸书就能获得更多的用户,并维持它的价值增长速度。一般来说,所有的炒作机器都会采取类似的做法。

的记忆。我认识的很多人把炒作机器当成了自己的生活日记——一种不断更新的关于他们的生活、体验和互动的历史。放弃那些历史和记忆绝不是一件容易的事。通过这种方式，我们在炒作机器上创造或者上传的数据让我们不断地回到同一个平台，阻止我们在不同的社交平台之间转换。

炒作机器锁定我们的第二种方式是锁定我们的社会关系及其所产生的网络效应。除了我们的个人记忆、上传的帖子、照片以及我们对各种内容做出的反应（比如我们的点赞、收藏或分享），我们也不想放弃自己的社交关系。其实，当我们使用脸书、领英、Instagram 或 WhatsApp 时，我们不仅能够从个人对网络的贡献中获益，还能从其他人提供的数据、互动以及沟通中获益。这些好处以一些复杂的方式表现出来，例如，我们直接受益于在脸书上与朋友交流。但是，正如我在第 2 章中所描述的，我们也从他们的决策数据中获益，这些数据帮助了按照兴趣为我们量身打造信息流服务的算法。如果离开某个社交媒体平台，我们就很难带走自己的数据和社交关系，社交媒体平台用这样的方式锁定我们，让我们使用它们，而且永远不会离开。

炒作机器锁定我们的这两种方式正在推动当前关于数据和社交网络的可移植性的辩论。如果我们选择离开某个社交平台，那么数据的可移植性允许我们带走自己的私人数据，而社交网络的可移植性使我们可以在离开时带走自己在这个社交平台上建立起来的社会关系。通过政府监管和商业政策，我们可以塑造社交媒体可能对创新、竞争、隐私和安全造成的影响，而数据和社交网络的可移植性在其中扮演了至关重要的角色。

网络效应与互操作性

在上面描述的阿尔法和贝塔这两个网络展开竞争的例子中，我们做了一个重要的假设，即这两个网络是互不兼容的。在你加入了某一个网络后，你就无法访问另一个网络了。现在想象一下，如果这两个网络是兼容的，在贝塔发布后，加入贝塔网络的用户也可以和那些在阿尔法网络中的用户建立联系并进行互动，那么这两个网络之间的竞争结果将截然不同。

在贝塔发布之后，第一个考虑加入阿尔法还是贝塔的用户需要面对的将是一种非常不同的计算。作为一个具有更高服务质量的网络，贝塔如果能够让它的用户访问阿尔法的网络基础，那么它就有可能取代阿尔法的领先地位，并最终主导整个市场。这就是为什么社交媒体平台像保护皇冠上的宝石一样保护它们的网络效应，我们以发生在1999年的"聊天战争"为例。

如果你的年龄足够大，那么你可能还记得美国在线公司的即时通信软件 AIM 的圆形黄色吉祥物。1999年，AIM 就已经在全球8 000万台台式计算机上运行了。就像短消息让我们可以在手机上进行实时交流一样，实时聊天现在也已经渗透到了每一个社交媒体网络中。但正是 AIM 和后来被美国在线公司收购的即时通信软件 ICQ（取自 I Seek You 的谐音）的兴起，使即时通信迅速成为主流。

AIM 和 ICQ 为消费者提供了多用户聊天、文件传输以及可搜索的用户目录。它们首先引入了"伙伴列表"，也就是现在随处可见的数字好友列表。[14] 你可能还记得当你的聊天伙伴在网上出现或消失时，门嘎吱一声打开或砰的一声关上的声音。AIM 还引入了一种至今仍然存在的、供人们在线交流时使用的文化速记符号，比如速写短语"brb"（马上回来）、"lol"（放声大笑）、"omg"（我的天啊），以及"rotfl"（笑得在地上打滚）等，它们都源于 AIM 平台。虽然那个快乐的黄色小人吉祥物的形象很友好，但它很有领土感。为了争夺对即时通信极其关键的网络效应的控制权，AIM 与微软和雅虎的工程师们在幕后展开了一场旷日持久的争斗。

1997 年，AIM 实际上已经成为即时通信软件的标准，它拥有最大的用户网络和最强的网络效应。当雅虎在 1998 年推出自己的即时通信平台，微软在 1999 年推出 MSN Messenger 时，就像我们之前举的例子中的贝塔平台一样，它们也都是后来者，而且面临着一场与 AIM 已经建立的网络效应的艰苦战斗。所以，它们决定尝试加入 AIM 网络，而不是与之竞争或者击败它。

1999 年，微软和雅虎编写代码，将其即时通信服务的用户与 AIM 的用户直接连接起来。[15] 这样做的结果是，微软和雅虎的用户可以直接用微软和雅虎的平台向他们在 AIM 上的朋友发送信息，从而加入 AIM 的网络效应。美国在线公司在几个小时内就对这种技术上的"抓钩"行为做出了回应，彻底关闭了两者间的连接。他们宣称，这种攻击已经侵犯了他们的版权和商标，因为微软和雅虎的软件入侵了美国在线公司的服务器，提取了用户的好友列表以及使信息平台兼容所需的信息传输协议。第二天，微软调整了 MSN Messenger 的代码以绕过美国在线公司的防御。在几个小时内，美国在线公司再次阻断了这些尝试。美国在线公司试图把用户锁定在它自己的围墙内，而微软和雅虎则不断地尝试夺走 AIM 的网络效应，双方不断升级的"军备竞赛"在你来我往中激烈地进行着。

一段时间后，微软发现美国在线公司使用了一段有安全漏洞的代码来防止微软盗用它的网络。[16] 随后，微软派人伪装成一家不存在的公司开发的第三方即时通信软件的工程师，向媒体透露了这个故事。微软认为，如果能够利用这个漏洞制造出足够多的消极报道，美国在线公司就不得不对这个漏洞进行修补，这样 MSN Messenger 就能够再次与美国在线公司建立连接。当记者发现，那位工程师是从位于华盛顿雷德蒙德微软总部的一台电脑上发送这些虚假信息时，整个计划适得其反。由于发送邮件的 IP 地址就在邮件的标题中，所以在记者揭露了微软的做法后，这个软件业的巨头不得不为这一投机取巧的行为公开道歉。

为什么要经历这些麻烦？为什么微软和雅虎不开发自己的即时通信用户网络？正如肖恩·帕克在和吉米·法伦谈论网络效应时所说的那样，"其中蕴含的力量实在是太强大了"。一个拥有巨大用户基数的社交媒体网络可以利用其中的力量来锁定客户，抵挡更具创造力的竞争对手，并且引导整个市场向它自己的网络倾斜。

网络效应的黑暗面

我们在前面用"质量"和"引力"这样的词语来进行类比，使得网络效应看起来似乎永远积极向上。但实际上，它具有两面性。它既可以创造良性循环，也可能创造恶性循环。一个良性循环可以在 10 年内造就一个拥有 20 亿名用户的社交媒体平台，而一个恶性循环可以用几乎同样的速度让这个平台衰败。具有网络效应的市场被经济学家称为"有倾向性的"，这意味着这个市场可能会出现平台垄断的现象。但是在恶性循环中，市场也可能会很快地颠覆现任主导者。

当我们登录脸书时，我们会看到信息丰富的新闻、有意义的人际关系、经济机会和社交上的支持，这些都会让我们想要留下来。但如果在登录脸书后，我们被虚假新闻、网络钓鱼式诈骗、选举操纵和大规模屠杀的暴力直播（比如 2019 年 3 月发生在新西兰克赖斯特彻奇市的恐怖事件）淹没，那么社交媒体网络的价值很快就会变成负值。我们将不再把脸书看作一种可以信赖的社交媒体资源，曾经吸引我们的"引力"能以相同的力量排斥我们，这就是为什么炒作机器当前的危机或许早就已经存在了。如果网络效应恶化，那么脸书、推特以及其他的社交媒体网站就很有可能面临大规模的用户流失。你认为这样的事情不可能发生吗？问一问创立了MySpace的汤姆·安德森（Tom Anderson）和克里斯·德沃尔夫（Chris DeWolfe）就知道了。

MySpace的衰败源于用户对其产生的消极印象以及脸书的竞争。脸书之所以用10亿美元收购Instagram，用190亿美元收购WhatsApp，是因为它担心这些新的网络会在某一天取代它，就像它当时取代MySpace一样。通过收购那些有可能成为竞争威胁的新兴网络，脸书可以保持其网络效应和主导地位。还记得我们在前面谈到的有关传真机的经典案例吗？随着更多的用户使用传真机，它们变得更有价值了。但是，当互联网和数字文档出现时，传真机消失的速度和它们当时普及的速度几乎一样快。它们的"引力"不得不让位于下一波新兴科技的"引力"，这就是为什么锁定用户和差异化经营会如此重要。如果一个网络通过阻止数据的可移植性和互操作性来锁定它的用户，那么它实际上也就阻止了我们（以及我们的数据）被拉入竞争对手的轨道。如果竞争对手采用的是差异化经营方式，那么用户可能想要同时注册这两种服务（或者采用"多点接入"的方式）。在第12章中，我将讨论互操作性、网络效应以及用户的"多点接入"能力在竞争、创新和反垄断等方面的意义。

所有那些想要在用户的心中占据一席之地的争夺行为并不令人感到惊讶。用户的眼光总是向前看的，他们不想被束缚在一个正在衰落的平台上。他们宁愿把自己的马车套在他们认为未来几年还能够存活的网络上,所以,最受欢迎的网络也将是最有价值的网络。这意味着用户对某个网络的感受几乎就是这个网络的一切。如果主流观点认为脸书可以调整商业模式,消除(或者至少显著减少)其平台的消极影响,那么用户或许还会继续使用这个平台。但是,如果用户对脸书的做法失去了信心,那么他们很可能会迅速退出,尤其是如果市场上有可行的替代选项的话。

战略撒手锏

这就是脸书现在看起来有点分裂的原因,它正疯狂地寻找一种让用户可以信任的解决方案。2018年和2019年,脸书针对如何规划一条通往更平静水域的航线提出了好几个互相矛盾的想法。最初的想法是,它会坚持目前的做法,同时对当前的平台进行调整,通过使用人工智能和内容版主来根除有害内容、提高数据的可移植性,并关注用户的隐私。但是,公开的声明往往是无人倾听的。所以,脸书的首席运营官谢丽尔·桑德伯格(Sheryl Sandberg)提出了彻底放弃广告模式,转而向脸书用户按月收取服务费的想法。消费者对此依然没有深刻的印象。因此,2019年3月,马克·扎克伯格宣布他们将把所有的短信类应用程序统一起来,成为一个私人加密的短信平台,类似于中国的微信。这一举措在2019年4月的脸书开发者大会上得到了证实,当时他们公布了平台新的设计方案。

但是,这样做对商业模式的影响是不清楚的。脸书会像微信那样通过允许商家在平台上进行交易(并从中抽成)来获取收入吗?他们开发的Libra虚拟加密货币完全可以实现这一策略。或者它会继续追求广告收入吗?或者同时采用这两种方式?虽然短信的内容可以被加密,但是有关你在和谁交谈、你喜欢哪些内容以及你参与互动的内容的讨论等元数据在加密的私有网络中仍然可以被那些定位广告获取。由于目前还不清楚用户和监管机构会支持哪一种模式，所以通过跨商业模式实现收入多样化成为脸书当下最重要的战略目标之一，而你几乎可以感觉到市场的倾斜。

现在，我们已经建立起了炒作机器影响我们的神经生理学和经济学基础，接下来，我们将探究，在其引发的三个趋势之一——"个性化的群体说服力"下，炒作机器如何改变我们的行为。

第 6 章

个性化的群体说服力

任何足够先进的技术都与魔法无异。

阿瑟·克拉克（Arthur C. Clarke）

英国科幻小说大师

2016 年 8 月，"希拉里·克林顿"在佛罗里达州西棕榈滩上发现自己被关在一辆皮卡车后面的"牢房"里。虽然她当时不知道这一点，但是把她送进牢房的是俄罗斯人。通过复制 2014 年他们在克里米亚采用的信息战策略，俄罗斯人这次把炒作机器对准美国，希望扰乱 2016 年美国总统大选。他们把数字说服和反常的草根组织形式相结合，在佛罗里达闷热的天气里，把"希拉里·克林顿"关押在一辆福特 S350 皮卡车的后备厢中。

她当然不是真正的希拉里·克林顿，她是一名戴着希拉里·克林顿面具的美国公民，名字叫安妮·玛丽·托马斯（Anne Marie Thomas）。当她在停车场的囚室里卖力表演时，她参与的这次快闪活动的策划人在 5 000 英里之外的俄罗斯圣彼得堡，在俄罗斯互联网研究机构 IRA 的所在地沙伏什金娜街 55 号的一幢不起眼的大楼里。IRA利用推特和脸书的短信功能，说服像安妮这样的美国人建造了一个模拟的囚室，把自己打扮成比尔·克林顿和希拉里·克林顿的样子，然后在当地一家芝士蛋糕工厂里，围着被关在笼子里的"克林顿夫妇"，他们组织了一场"佛罗里达支持特朗普"的集会。他们创建了一个名为"成为爱国者"的网站，当人们在网上查询他们的信息时，该网站使这个社区组织合法化。接着，他们制作了这次快闪活动的视频和图片资料，并把它们上传到了YouTube和Instagram等社交媒体网站上，在24小时之内点击量超过了50万。这次俄罗斯在幕后主导的佛罗里达快闪活动是典型的"网红营销"活动。IRA招募了这些美国人，让他们使用个性化的社交媒体信息创造并参与了这次抗议活动。接着，他们在网上播放了抗议视频，并提高了他们的数字影响力。

但希拉里·克林顿并不是俄罗斯使用炒作机器的唯一受害者。2016年5月，一个俄罗斯运营的名为"得克萨斯之心"的脸书页面号召其25.4万名粉丝在休斯敦市中心特拉维斯街和富兰克林街拐角处的达瓦中心外抗议"得克萨斯的伊斯兰化"。达瓦中心刚刚开设了一座新的伊斯兰图书馆，而那个根本就不存在的"得克萨斯之心"组织计划在5月21日发起针对这座新图书馆的抗议活动。与此同时，在休斯敦市中心的同一个街角，另一个名为UMA（美国穆斯林联盟）的脸书页面组织了一场反抗议活动。虽然UMA是一个真实的组织，但是它在脸书上的页面同样是由俄罗斯特工运营的。在同一个街角，同时发生的抗议和反抗议活动都是由俄罗斯人组织的。其目的就是挑起争端，动摇美国的民主进程。

俄罗斯人通过海量的数字广告支撑起了这种数字化的游击营销策略，仅在2016年美国总统大选期间，他们在脸书上投放的广告和信息就涵盖了1.26亿人。这些广告有多重目的，包括促使人们走出去参加集会、散播各种错误信息、压制投票人的投票意愿等。通过脸书的定位广告API（应用程序编程接口），IRA能够识别出关键摇摆州的非白人选民，并用有针对性的个性化广告轰炸他们，以抑制他们的投票意愿。例如，有一则在选举日发布的广告针对的是那些对"非裔美国人历史、民权运动、马丁·路德·金和马尔科姆·艾克斯（Malcolm X）"感兴趣的脸书用户。广告声称："在这次选举中没有人代表黑人，所以不要去投票。"

除了在脸书上投放广告，俄罗斯还在推特上发布了数百万条信息，同时通过YouTube和Instagram传播了数千个不同的视频和图片。脸书的定位广告API使他们可以针对特定的受众提供个性化和定制的信息。社交广告帮助他们在说服性信息中插入社会证据（比如声称"某无名氏和另外12位你的朋友点赞了这条信息"），使其更加有效。病毒式营销往往会鼓励网红将信息传递给他们的朋友，随着各种视频和图片被上传到社交媒体上，网上的评论者、机器人以及由俄罗斯人控制的网络账号就会使用各种标签，让这些内容像病毒一样传播开来，并鼓励其追随者使这些内容"成为潮流"。

炒作机器首先是一个通信生态系统，连接着这个世界上的大部分人口。但它也是一种全球性的说服机器，可以用很低的成本创造出人口规模的行为改变。其核心是通过可搜索、可分类的交流场所直接与人们交流，鼓励信息在人与人之间传播。它通过向企业、政府和个人开放API和通信协议来服务于广告生态系统，其目的是大规模分析、沟通并说服消费者。虽然社交媒体生态系统能够实现全球互动和连接，但它也支持有针对性的、个性化和网络化的说服。在过去，电话和传真机通过个人通信把整个世界连接在了一起，而网络使得个性化的、有明确目标定位的信息传递成为可能。炒作机器可以让这两者同时实现。要理解它，我们首先需要理解它在商业上的"存在理由",那就是支持和实现"数字化的集成营销"。

我从未在 IRA 工作过,但是我曾经建议数据科学团队对数字营销的回报进行优化,IRA 的运作方式就与此类似。他们的目标是在脸书、推特、YouTube、Instagram 等网站上使他们花费的每一卢布的说服力最大化。事实上,巴拉克·奥巴马、希拉里·克林顿和特朗普的总统竞选活动也都是这样运作的,因为社交媒体的广告生态系统是一个说服市场。品牌、政府和政治运动都会在这方面进行投资,说服我们改变行为,从我们应该如何进行投票到应该购买哪个品牌的产品。换句话说,想要理解炒作机器,我们首先必须先理解什么是数字营销。

俄罗斯的干预实际上是一种数字营销

2013 年 7 月,IRA 在俄罗斯注册为一家商业公司。[1] 到 2014 年 4 月,也就是在美国总统大选前两年,IRA 的负责人米哈伊尔·贝斯特罗夫(Mikhail Bystrov)启动了一个名为"译者"的项目,其目的就是为了干预美国大选。两个月之后,IRA 通过使用一个由很多空壳公司组成的复杂系统,把自己真正的活动隐藏了起来。从那一刻起,它就成了一家秘密的数字营销优化机构,旨在促进亲俄罗斯人群的利益,改变人们的信念和行为。现代数字营销优化过程涉及渠道内和渠道间的评估、定位、分析以及绩效优化。大多数经验丰富的数字营销专业人员会采用所有这些策略,并且会在一个自身也经历过优化的组合中平衡这些策略。这也正是 IRA 的运作方式。

早在 2014 年,IRA 的工作人员就已经开始追踪、评估和分析美国社交媒体上的政治团体,以了解它们的影响力。他们分析了团体规模、发帖频率以及受众参与度的动态变化。他们采用了非常复杂的广告定位策略，首先聚焦于科罗拉多州、弗吉尼亚州和佛罗里达州等摇摆州，接着又把焦点集中在了那些左右摇摆的个体和少数族裔上，他们针对前者定向地提供各种量身定制的政治信息，针对后者鼓励选民抵制投票。[2, 3] 通过创建成百上千个虚假的社交媒体账号，他们积极地参与了各种网红营销，成为左右两派的"舆论领袖"。之后他们会协调这些账号，让其中的一些人发帖，而其他的人通过点赞、分享和转发来推广他们的内容。另外，他们还在公司内部为自己的信息量身定制了一些具有创意的元素，让所有的人传阅美国节假日的清单并培训员工就美国的经济和外交政策开发相关的内容，这样他们就能够在所有的网上社群里维持一定的存在感。

通过在脸书和 Instagram 这样的社交媒体网站上创建专题小组页面，他们管理了多个线上和线下的社群，之后这些社群又会被转化为成百上千个粉丝。他们会追踪活动受众规模，活动参与度（比如点赞、评论、分享、转发等），活动扩散效率以及这些活动和具体的市场营销活动的相关性（比如他们采用的渠道的比较），他们参与的具体社群（比如"黑人的命也是命"运动），他们实际推广的账号（比如"得克萨斯之心"），以及他们的内容规范（比如说服性信息中文字和图像的比例）等。通过对上述这些元素进行仔细的分析，他们就能具体地评估他们在网上进行的各项活动的绩效。

在我的研究中，我研究了这些活动如何改变人们的行为，以及这些行为如何借助社交媒体在社会中传播。在过去的 10 年时间里，我和我的同事们研究了社交广告的效力，以及在社会上刻意传播错误信息所产生的效果。作为一名创业者、投资人和企业高管的顾问，我曾经亲自为梅西百货、探索频道、李维斯、1-800-Flowers（鲜花速递公司）等品牌做过数字营销的优化工作。在我的科研工作中，我最常被问到的问题是：我们如何知道俄罗斯的干预是否真的改变了美国总统大选的结果？作为一名创业者和投资人，我最常被问到的问题是：我如何衡量数字营销的投资回报？有趣的是，这两个问题的答案是一样的。

无论我们谈论的是美国参众两院情报委员会中调查俄罗斯干预事件的参议员和众议员，还是对营销费用进行优化的世界最大企业的领导者，或是使用脸书推销产品的小企业的独资经营者，要想真正了解炒作机器，我们都需要数字营销和社交媒体分析方面的速成课程。要想了解炒作机器是如何工作的，我们需要把它拆开（打个比方）并对其进行逆向研究，就像我们拆开汽车的机械系统一样。而且想要理解这样一个系统，从发动机开始研究显然是有道理的。

行为改变值、归因以及炒作机器的扭矩

汽车的扭矩是指发动机使车轮转动起来的那股力量。扭矩最初是由发动机缸体中的活塞产生的，当你踩下油门并向发动机输送汽油时，发动机气缸的内部会发生一系列微型爆炸，这些爆炸会推动活塞，从而产生扭矩。扭矩从活塞传递到曲柄，然后再传递到变速器，最后传递到轴和车轮。车轮转速的增加（随之增加的是汽车的速度和加速度）是由驾驶员踩下油门踏板后产生的扭矩驱动的。现在，假设这个司机是一个广告商或者任何试图改变人们行为的机构，汽油是机构的广告支出，而发动机是社交媒体。在这个比喻中，炒作机器驱动社会的车轮向前滚动的能力——或者说它产生的扭矩——正是用来衡量炒作机器在社会中创造的变化的最佳方式，很多广告公司的主管会把这个衡量标准称作"行为改变值"。

行为改变值所衡量的是由具有说服力的社交媒体信息引发的行

为改变，它是理解（和衡量）炒作机器对这个世界所产生的影响的关键。在炒作机器的背景下，行为改变值衡量的是广告、视频或者其他具有说服力的信息会在多大程度上改变我们的行为。我在第4章讨论了行为改变的神经学基础，但当你走出功能性磁共振成像仪、走进社会时，我们社会行为的复杂性、观察和测量行为的困难以及精确定位社交媒体引起的行为改变的挑战，都会使我们对行为改变值的测量变得非常困难。然而即便如此，衡量炒作机器的影响力（以及在数字营销上获得成功）还是要靠测量行为改变值，也就是说，这最终取决于我们检测和衡量社交媒体引发的行为变化的能力。

当我在麻省理工学院教授行为改变值这个概念时，我给学生举了一个很简单的例子。我说："想象一下，如果在上课的第一天，当你走进教室时，我就站在门口分发宣传这门课的广告传单。第一个学生走进来，我递给她一张传单。第二个学生走进来，我同样递给他一张传单，以此类推，直到每个学生都有了一张宣传这门课的传单。"接着我问他们："这些广告的转化率是多少？"他们都正确地回答："100%。"因为所有看到广告的人都已经"购买"或报名参加了这门课程。然后我再问："这些广告在多大程度上改变了你的行为？"因为他们早在看到广告之前就报名了，所以他们都回答道："完全没有。"因此，虽然我的广告的转化率是100%，但这些广告的行为改变值，或者说广告引发的行为改变的量是零。这清楚地阐明了行为改变值的本质，即它是由一些说服性信息引发的行为改变的量，而不仅仅是看到信息这一行为本身和参与你试图改变的行为之间的关联性。这一点对那些推广产品的品牌、鼓励接种疫苗的公共卫生组织，甚至那些想要压制投票率的俄罗斯人来说，都是毋庸置疑的。

我们每天都能接触各种说服性信息，对这些信息导致的行为改

第6章 个性化的群体说服力

变进行解释的过程被称作"归因"。仔细回想一下你上一次在网上购物的经历。整个过程可能是这样的：你在 Instagram 上看到了一双鞋的广告，然后随手点击了它。点击后，你会进入该品牌网站的产品页面，或是像 Zappos 这样的在线零售商网站。让我们假设你确实有点儿喜欢这双鞋，但喜欢的程度还不足以让你下单购买。所以你匆匆浏览了一下，然后没有购买任何东西就离开了网站。之后你就会开始发现，这双鞋的广告在互联网上无处不在。在你浏览任何网页时，它都会出现在展示广告或者社交广告栏中。这就是营销人员所说的"访客找回"，而我的朋友、Brand Networks（跨网络社交广告平台）的 CEO 杰米·特德福德（Jamie Tedford）认为这会让人感到"毛骨悚然"。

只有大约 2% 的网站访问者会在他们第一次访问网站时立刻下单购买。通过在其他 98% 的访问者的浏览器上设置 cookie（一种从客户端的硬盘读取数据的技术），并与广告交易平台开展合作，无论这些访问者下一次出现在网络上的什么地方，他们浏览的网页上都会出现同一款产品的广告。就这样，这种访客找回技术通过广告的重新定位，把那 98% 的访问者找了回来。让我们再想象一下，这些神出鬼没的重定位广告把你吓得够呛，所以你没有再次点击那些关于你喜欢的鞋的链接。接着，在一个星期天的早上，当你在网上阅读新闻时，你又想起了那双鞋。因为那天早上你并没有可以点击的重定位广告，所以你在谷歌上搜索了那双鞋的品牌。在那里，你几乎立刻被该品牌投放的搜索广告说服了。你点击了那个链接，访问了相关的网站，最后下单购买了那双鞋。这里导致购买行为发生的原因被归于那些层出不穷的市场营销行为，而确定原因的整个过程就是所谓的归因。要理解为什么归因对于衡量广告投入的回报和炒作机器的效果会如此重要，我们可以先来看看 RetailMeNot 公司（在线优惠券团购网站）的商业模式。

当你决定要购买某件东西时，你是否曾经在网上搜索过这件东西的优惠券呢？如果你这样做过，那么你将有 70% 的可能从 RetailMeNot 公司获得最好的结果。当你点击它的链接时，它会把你带到一个有各种折扣的网站，在每一件标有折扣的物品旁都有一个很大的"此处兑换折扣券"的按钮。当你点击"兑换折扣券"时，这个网站会为你想要从中购物的网站打开一个新的标签页面，比如亚马逊、Zappos 或者休闲服饰品牌 J Crew，然后它会在你的浏览器中放置一个 cookie。这个 cookie 告诉亚马逊、Zappos 或者 J Crew，是 RetailMeNot 公司把你介绍到它们的网站来购物的。当你真的前往亚马逊的网站并完成你的购买行为时（实际上，在你和 RetailMeNot 公司在网上发生互动前，你已经决定要购买那件产品了），RetailMeNot 公司会得到该商品购买价格 4% 的推荐佣金。[4] 事实上，在每一笔通过它介绍的亚马逊的交易中，它都能够获得 4% 的利润，而每年经由它介绍达成的零售销售额有将近 44 亿美元。这家公司在 2017 年以 6.3 亿美元的价格被收购，但是，消费者与 RetailMeNot 公司的互动所产生的行为改变值接近于零。[5] 它实际上是在向那些早已经打算购买某件产品的消费者分发数字传单。

这就是为什么因果归因如此重要，以及为什么理解这一点是获得数字营销成功的关键（不幸的是，这一点也是操控选举的关键）。社交媒体信息的说服力（或影响力）指的是信息接收者在看到信息后的行为与没有看到信息时的行为之间的差异。从这样一个关键的概念出发，我们可以了解社交媒体的广告活动是否以及何时发挥了作用，社交媒体的操控是否可以改变我们的选票和选举结果，以及社交媒体可能产生的其他所有影响。只有真正掌握了这些关键的内容，我们才能够有效地理解、管理和规范炒作机器。

第 6 章 个性化的群体说服力

炒作的收益

从某种意义上说,衡量数字营销回报的方法很简单。但是,如果我们换一个角度思考,这种方法又让人很难理解,甚至可以说是难以捉摸的。最常见的方法是,从投资创造的收益中减去投资,然后再除以投资额,这样我们就可以获得一个百分比:

$$ROI = (B - I) / I$$

在这个等式中,ROI 的意思是投资回报,B 指的是从被鼓励的行为中获得的利益,I 指的是投资。如果我在营销上投入 10 000 美元,获得了 50 000 美元的利润,那么我的投资回报率就是 400%。如果我只赚了 15 000 美元,那么我的投资回报率就是 50%。ROI 的计算依赖于两个指标:投资(或者营销活动的成本)和投资所创造的收益(通常可以用利润、营业收入、客户的终身价值、知名度、参与度或者在政治竞选中获得的投票差额等来进行衡量)。

但是,投资所创造的收益究竟是什么呢?虽然在不同的社交媒体活动中,收益可以被认为是各种 KPI,比如销售额、投票数、艾滋病病毒检测数或请愿签名数,但或许最容易的做法还是将其视为产品销售的利润。现在,假设你在脸书上投放了一个销售鞋子的广告,每次点击的销售转化率为 1%。假设你每卖出一双鞋,可以赚 27 美元,那么 CPC(每次点击成本)为多少时,你在广告活动中投入的钱可以让你实现收支平衡呢?CPC 为多少时,你才能达成 ROI 的中立呢?通过很简单的数学运算,你就能得到答案:CPC 达到 0.27 美元。但是,正如在麻省理工学院的教室里分发广告传单的那个故事讲述的那样,这个计算中还存在一个问题。

用转化率乘以投资额或许还无法精确地衡量投资所创造的收益，因为在这里，我们使用了一个让人讨厌的词：创造。是的，转化率可以告诉你，看到了广告的消费者中购买了鞋子的人占多大比例。但是，这些广告中有多少是真正促使消费者做出购买决定的呢？而且，如果这些广告是影响消费者做出决定的众多市场营销方式之一，那么在所有其他营销方式中，这些广告对实际产生的销售又做出了多大的贡献呢？正是在这一点上，营销效果的衡量变得有点儿让人难以捉摸了。如果你想严格地衡量炒作的回报，你就必须考虑行为改变值。如果你在思考如何测量行为改变值，你就应该考虑因果关系。换句话说，如果你是一个市场营销人员、政治顾问、调查选举受到干扰的国会工作人员或者一位提倡使用安全套的公共卫生官员，而你没有仔细地思考行为改变值和其中涉及的因果关系，那么你对炒作机器在商业、民主以及公共卫生领域中产生影响的观点就是完全错误的。

让我们再来看一看美国国会对俄罗斯干预美国大选的调查。美国参议院情报委员会于 2019 年发布的两份研究报告详细地说明了俄罗斯针对数亿名美国公民散布虚假信息的活动所产生影响的深度和范围，而俄罗斯人这样做的目的就是影响 2016 年美国总统大选的投票率和投票选择。[6] 这两份报告强调了民主在数字时代面临的最重要的问题，但并没有回答下面这个问题：民主选举在多大程度上会受到社交媒体的操纵？

记者和学者们在这个问题上都曾经发表了自己的看法，但他们给出的往往是自信却相互矛盾的结论。FiveThirtyEight 新闻网站的创始人兼主编纳特·西尔弗（Nate Silver）这样评论道："如果你列出 2016 年大选最重要的影响因素，我不确定俄罗斯通过社交媒体发布的那些内容是否会跻身前 100 名。"[7] 一些学者也持同样的怀

第 6 章 个性化的群体说服力

疑态度，他们认为"俄罗斯人在社交媒体上赞助的那些内容不太可能决定这次大选的结果"，因为与俄罗斯人相关的虚假新闻的支出和曝光规模相对较小。[8,9]与上述看法相反的是，事实核查网站FactCheck的创始人凯瑟琳·霍尔·贾米森（Kathleen Hall Jamieson）认为，俄罗斯人在网上的刷屏评论和有组织的黑客攻击的结合很有可能使竞选结果向特朗普倾斜。[10]

这些有分歧的结论主要是通过与其他类型的竞选活动进行类比得出的。但是在研究中，社会科学家很少（如果有的话）将社交媒体曝光与投票行为的因果变化联系在一起。仅仅像美国参议院目前分析的那样把社交媒体曝光进行量化是完全不够的。想要在事后对俄罗斯的操控进行成功的剖析，我们需要可靠地估计这些曝光对投票人行为的影响。那些天真的、仅仅依赖观察的研究方法忽视了能够同时影响社交媒体曝光和投票行为的混杂因素。例如，被某些内容定位瞄准的投票人更可能会对那些内容表示赞同。利用随机实验进行的评估显示，用观察的方式对脸书上的广告活动的效果进行估算，常常会出现超过100%的偏差。[11]在把社交媒体曝光与消费者最终的行为改变联系在一起时，如果没有谨慎地考虑其中的因果关系，那么我们对社交媒体影响力的估算就会出现300%~700%的偏差。[12]

剑桥分析公司利用其推断的人格特征对投票人进行定位的有效性有了很多公开发表的证据，但这些证据并不是从随机实验中获得的，所以很可能也会有类似偏见。[13,14]无论我们正在分析的是品牌的营销效果，还是俄罗斯通过操纵社交媒体对选举产生的影响，想要令人信服地估算出炒作机器对我们观点和行为变化造成的影响，我们必须改变当下的做法。我们必须研究有因果关系的行为改变值。

认真对待因果关系

我在麻省理工学院办公室的大门上有一幅xkcd漫画[1]，讲述了相关性和因果关系之间的区别。漫画上有两个人正在交谈，其中一个人说："我曾经以为相关性隐含了因果性。但后来我选修了统计学的课程，现在我已经不再那么认为了。"另一个人说道："听起来你选修的课程对你很有帮助。"第一个人回答道："也许吧。"

很可能正是这门课程教会那个人理解了相关性和因果关系之间的区别，但也有可能是选择这门课的人对统计本身就很感兴趣，所以他可以很容易地理解统计学的相关原理。同样，或许正因为他选择了这门课程，所以我们可以很自然地用这种选择效果来解释为什么在"理解相关性和因果性之间的区别"与"选择上这门课"之间必然存在某种关联，因为正是他做出了上这门课的选择，这门课程才教会了他如何去理解其中的区别。

这种选择效果是衡量炒作回报的一个严肃问题。为什么我会这么说呢？因为社交媒体信息的目标受众是那些很容易受这些信息影响的人。品牌公司支付给咨询公司大笔的钱，让他们把广告"瞄准"那些最有可能购买他们产品的人。定位广告甚至可以在不改变任何人行为的情况下提高广告的转化率，因为它们选择了最有可能购买产品的人来观看这些广告。事实上，咨询公司有一种不正当的动机，即通过转化率（在那些看到广告的人和转化率之间存在的相关性）而不是行为改变值（在看到广告后，这些广告是否会对人们购买产品的决定产生影响）来衡量它们的工作效率，因为对前者的

---

[1] xkcd 是兰道尔·门罗（Randall Munroe）的网名，也是他创作的漫画的名称。——译者注

测量会更加容易，而且前者几乎总是对咨询公司更有利（通过这种不正确的方式，促使客户把达成销售的功劳 100% 地归功于广告）。但是，请不要忘记，对脸书的广告活动进行基于相关性的效果评估，常常会出现超过 100% 的偏差。因此，如果忽视了其中的因果关系，我们对各种广告活动或者对俄罗斯的干预所做出的评估也必定是错误的。

那么，对于这种选择效果（以及其他各种干扰因素），我们又能做些什么呢？我们如何才能真正理解炒作机器对这个社会产生的影响，或者理解数字营销活动的效果，以及那些旨在改变我们健康行为的公共卫生宣传的效果呢？衡量炒作收益的正确方式是把因果效应导致的行为改变值也考虑在内，即利用因炒作产生的行为改变值来衡量市场营销活动带来的效益。简单地讲，就是用行为改变值乘以受鼓励的行为所产生的收益，再减去相应的投资额，最后再除以投资额：

$$ROI = (L \times B - I) / I$$

在这个等式中，ROI 指的是投资回报，L 指的是从投资的营销活动中获得的、由因果效应引发的行为改变值，B 指的是受鼓励的行为所产生的收益，而 I 就是投资额。

当然，下一个问题是我们如何（严格地）测量行为改变值？这是一个很深奥的哲学问题，几乎潜藏在每一本有关社会运作机制的书籍的背后（通常它们是不会承认这一点的）。我们如何才能够发现社会现象的根本原因，比如社会因素 A 是否真的导致了结果 B 的出现，在多大的程度上导致了结果 B 的出现？答案在于随机性。想要理解炒作机器中的因果关系和行为改变值，我们首先要理解随机变量。

假设我们想知道参军（A）是否会减少一个人一生的工资收入（B）。问题是，有很多其他的因素（C）可以导致我们在原始数据中看到的差异。我们不能简单地比较参军人员与未参军人员的工资，因为参军人员和未参军人员之间存在你能看到的和不能看到的差异，正是这些差异导致了他们工资收入的差异。例如，可以得到高薪工作的人从一开始就不太可能去参军（这里 B 是导致 A 的原因）。受过更多教育或者拥有更多技能的人也不会选择去参军（C 是导致 A 和 B 的原因）。所以，原先看起来在服兵役和较低的平均工资之间的因果关系很可能只是由这些其他因素引发的相关性。因此，我们面临的挑战是如何在控制这些其他因素的同时，提取出我们想要研究的关系。

此时，随机变量开始发挥作用。如果我们随机分配一些人去参军，那么参军的这组人和不参军的这组人会拥有相同的平均受教育程度和技能（以及年龄、性别、性格、态度等）。如果样本数量足够大，那么分配在研究组和对照组中的人群将拥有相同的可观察和不可观察的特征分布，如果这两个组在结果上出现了差异，那么对这种差异的唯一解释就是我们研究的问题本身了。在所有其他因素都相同的情况下，我们可以确信，除了服兵役以外没有其他因素能够导致这两组人在工资上出现差异，这就是随机化的美妙之处。通过随机地将人群分配到不同的干预组中，我们确保了可观察因素（年龄和性别）和不可观察因素（技能）的差异并不能用来解释这两个组在结果（在本例中就是工资）上出现的差异。

然而，有时候道德上的要求会阻止我们进行实验，或者我们根本就没有机会去进行这项实验。科学家可能很难证明一项随机地迫使人们去服兵役的研究是合理的。在这样的情况下，我们会去寻找所谓的"自然实验",即可以用来模拟随机实验的随机变量的自然来源。乔希·安格里斯特(Josh Angrist)用一个很好的自然实验来衡量服兵役对于工资的影响,那就是在越南战争期间所有美国公民都必须参与的征兵抽签。[15] 每个男性公民都被分配到一个征兵抽签号码,人们通过随机抽取这些号码的方式来决定谁会被征召。这种通过抽签征兵的方式就是一个自然实验,人们被征召参军的可能性是随机的。安格里斯特利用这样一个变量估算了服兵役对工资产生的因果性影响。

我之所以会在这里描述随机实验和自然实验的逻辑,是因为在接下来的几章里,我会不断地使用这两个概念。我的科学研究工作基本上就是一系列的大规模实验,或者是一些旨在分离炒作机器中的因果关系的自然实验。比如,社交媒体上的广告会如何改变人们的购买模式?做一个实验吧。在线评分系统会如何影响人们对某些事的看法?再做一个实验吧。社交信号会如何改变人们的锻炼行为?想办法找到一个自然实验。我们只有在理解了因果关系后,才有可能理解炒作机器对我们这个世界产生的影响,但如果没有各种实验产生的随机变量,我们就无法理解因果效应。

数字营销集成

当各种不同的品牌或者俄罗斯的 IRA 利用炒作机器来引导社会中的信息流动,或者在世界各地创造人口规模的行为改变时,它们实际上是通过对各种数字营销的方式进行优化组合来做到这一点的,而这种做法被称作数字营销集成(IDM)。数字营销往往会通过多个不同的渠道进行,其中可能会包括社交媒体广告、搜索引擎广告、显示广告以及移动广告。而数字营销集成的关键就是集成和优化渠道内部与渠道间的数字营销活动。

假设你是一个数字营销人员（或者 IRA 的代理商），正在为上述渠道的营销活动分配预算，以最大化说服力，增加产品或业务的销售额，或者在某一场政治运动中获得选票。数字营销集成的基本流程是，首先在每一个渠道中创造并传播内容，然后通过测量行为改变值、获得的收益以及成本来分析上述做法的绩效，之后在渠道内部以及渠道间针对上述绩效进行优化。在渠道内进行优化是指对传播内容进行调整，并将更多资金分配给绩效最好的内容，而在渠道间进行优化是指把资金分配给绩效最好的渠道，同时放弃绩效最差的渠道。这就是对数字营销集成的一个最简单的概括（见图 6.1）。

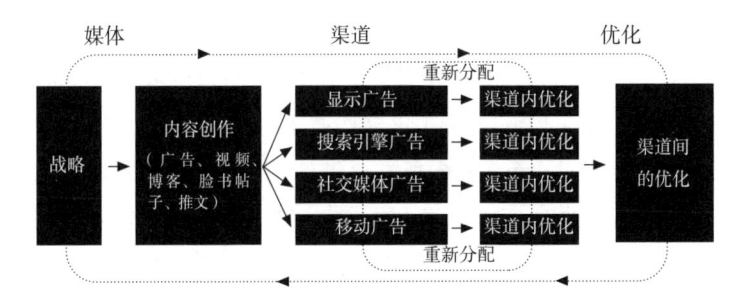

图 6.1　数字营销集成。图中所示的是一个数字营销集成方案，最左边是方案的策略制定阶段和媒体内容创作阶段，然后是把相关的内容在 4 个不同渠道（社交媒体、搜索引擎、显示以及移动广告）中进行传播，最后是在渠道内和渠道间对预算和内容进行优化的过程

当然，不同的渠道针对的是不同的目标。搜索引擎广告针对的是那些正在寻找特定商品的人群，显示广告是为了在那些不熟悉营销信息的人中建立起品牌的知名度。所以，想要同时优化多个不同的目标，维持渠道和内容的多样化组合是极其重要的。有些类型的

社交媒体广告具有互补性，例如，搜索引擎广告和显示广告是互补的。换句话说，搜索引擎广告的绩效在显示广告出现后得到了改善。随机实验证实，消费者在接触了显示广告后，主动进行与促销内容相关的搜索的次数会比平时多 5%～25%，所以，显示广告增加了搜索点击量和转化率。在搜索引擎广告和显示广告上投入 1 美元，会为显示广告带来 1.24 美元的收益，为搜索广告带来 1.75 美元的收益。[16, 17]数字营销集成是一种优化说服性绩效的过程，但是炒作机器之所以具有说服力，首先是因为它具有基于人口规模向每一个个体推送相关信息的能力，换句话说，它能够把群体说服力个性化。

个性化的群体说服力

对于在过去 40 年里消费者的参与方式，可口可乐的前首席信息官罗伯·凯恩（Rob Cain）是这样描述的："在 20 世纪 80 年代，我们只需要通过一个渠道向所有消费者传播单一的、统一的信息，回想一下我们当时在 NFL 职业橄榄球大联盟的年度冠军赛超级碗上投放的广告，品牌花费数月时间制作出 30 秒的广告，然后在同一时间向数百万人传递同样的信息。这样做不但有趣，而且并不复杂。20 世纪 90 年代是细分时代，各种各样的信息都是为特定的群体量身定制的，例如 18～24 岁的游戏玩家和'足球妈妈'①群体。这与 10 年前相比，也只是稍微复杂了一点。当新世纪到来时，互联网使企业与个人消费者进行大规模互动成为可能。因此，21 世纪的第一个 10 年成了个性化的 10 年，利用在用户浏览器和交易记

---

① "足球妈妈"主要指年轻的白人家庭主妇，她们一般拥有大学学历，但没有固定收入。——译者注

录中搜集的行为和偏好，企业已经可以为每一个用户量身定制各种信息。从2010年开始，我们进入了网络消费者时代，这些消费者通过他们的社交网络数字化地连接在了一起，而且还彼此影响。"[18] 我曾经这样提醒我在麻省理工学院的学生："如果你仍然把消费者参与看作一种市场细分，那么你已经落后了30年。"

群体说服并不是什么新鲜事，自从电视和无线电广播问世以来，它就已经存在了（当然你也可以回溯到约翰·谷登堡发明铅活字印刷，或者汉穆拉比刻印他的《法典》的时代，这取决于你想回溯多远）。但是，个性化的群体说服力是一件相对比较新鲜的事情。电视广告引入了有限的人口和地域细分的概念，但是，随着互联网的到来，针对个体的个性化才真正开始兴起，而且利用社交媒体进行目标定位甚至比其他方式更加先进，因为它是在网络的背景中发生的，网络为市场营销人员提供了更多的信息来定制内容。向特定人群提供有针对性信息的能力依赖于对消费者个人偏好的预测建模。那么，这种目标定位又是如何发挥作用的呢？

为了将信息定位到合适的人群，营销人员需要了解谁最有可能与这些信息产生互动，并最终因此采取行动。为了做到这一点，那些经验丰富的营销人员会采用具有预测能力的模型，这种模型会使用详细的个人层面数据来预测消费者实现转化的可能性。理论上，这种转化的可能性是如下这些元素的函数，包括目标对象的人口统计学特征（比如年龄、性别、语言、社会经济地位），行为（比如购买历史、内容消费历史），偏好（比如社交媒体上点赞和分享的内容），使用的社交网络（比如社交网络上的好友数量和粉丝数量或社交网络的结构和组成）以及所处地区的历史。

一个具有预测能力的广告定位模型会在所有目标消费者中选择它认为最有可能被转化的消费者。下图就是一个例子。图中的实心圆是最终被成功转化的对象，而那些空心圆是没有被转化的对象。想象一下，目标定位模型预测中央椭圆内的消费者是人群中最有可能被转化的对象。这个模型遗漏了一些很有可能被转化的对象，即模型预测的区域外的实心圆，同时错误地涵盖了一些不太可能被转化的对象，即模型预测的区域内的空心圆（见图6.2）。

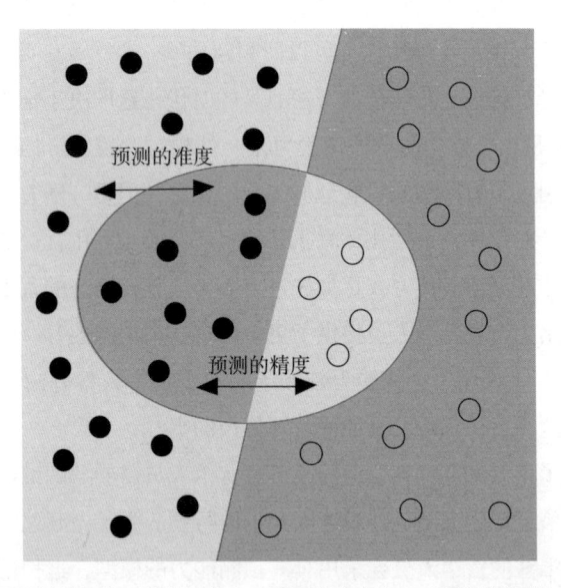

图6.2 预测性模型的两个关键概念"预测的准度"和"预测的精度"。上图描绘了在某个由消费者组成的人群中（正方形的内部），一组被预测模型认定为"高可能性"的购买者（位于椭圆的内部），其中的实心圆是真正的高可能性消费者，而空心圆不太可能成为真正的消费者。"预测的准度"是由预测模型确定的、真正的高可能性消费者的数量除以人群中具有高可能性消费者的总数。"预测的精度"是预测模型识别的高可能性消费者的数量除以其识别的消费者总数。图像来源：维基百科

这个行业采用了两个指标来评估预测模型的广告定位能力，即预测的精度和预测的准度。预测的准度是指某个模型给出的相

关消费者的比例，即模型识别的真正具有高转化可能性的消费者的数量，除以人群中具有高转化可能性的消费者的总人数。而预测的精度是指某个模型的预测中真正相关的消费者的比例，即其识别的真正具有高转化可能性的消费者的数量，除以它识别的所有消费者的总数。

把这两个指标结合在一起，就可以得到一个通用的绩效衡量指标，这个指标被称作"ROC（接受者操作特征）曲线下的面积"（AUC）。粗略地解释，ROC曲线下的面积描述了模型真阳性率和假阳性率之间的某种权衡。当模型试图识别更多真阳性的对象（即模型认为这些对象是具有高转化可能性的客户，而事实上这些客户也确实具有高转化可能性）时，它会降低识别高可能性客户的阈值，因此在模型的预测结果中必然会出现更多假阳性的对象（即模型认为这些对象是具有高转化可能性的客户，但实际上这些客户的转化可能性很低）。当模型试图识别更多对象时，它覆盖的范围就会放大，此时就会有更多实际转化可能性很低的客户被认为是具有高转化可能性的客户。一般来讲，随着真阳性率的不断上升，假阳性率也在不断上升。当你扩展你的预测目标集时，你同时也在接收更多完全无用的东西。问题是，为了识别出更多高转化可能性的消费者，你会在多大程度上允许你的预测模型识别出更多错误对象？这就是广告定位中的ROC曲线的核心问题。

下图中的4个模型有不同的真阳性率和假阳性率，模型1接受10%的假阳性率，识别出了10%的真正的高可能性客户；模型2表现稍好，在只接受10%的假阳性率时，它能识别出20%的真正的高可能性客户；模型3的表现甚至更好，在仅接受10%的假阳性率的情况下，识别出了50%的真正的高可能性客户。最后，模型 4 的表现是最好的，在接受 10% 的假阳性率的情况下，辨识出了人群中几乎 80% 的真正的高可能性客户（见图 6.3）。

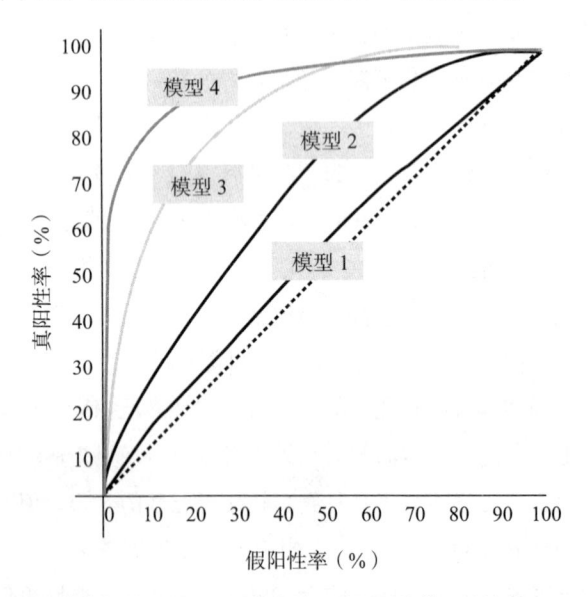

图 6.3 ROC 曲线下的面积。上图描绘了 4 种预测性模型的效能。ROC 曲线下的面积代表了这些模型的效能。模型曲线的下方与 45 度线（虚线）之间的面积越大，这个模型的表现越好

数字营销不可告人的秘密

现在，你已经了解了各种商业公司和俄罗斯的 IRA 如何评估数字营销的有效性以及炒作机器上各种信息的说服力，那么我也就可以让你了解一些数字营销不可告人的秘密了。这是一个营销主管们严格守护的秘密：数字广告并不像宣传的那样有效。在绝大多数场景中，它们的效果被极其疯狂地夸大了。它们报告的高转化率和投资回报率可以让任何一个营销人员在营销会议上脱下他们身上的

休闲西装，一边在头顶上挥舞着自己的衣服，一边声嘶力竭地唱着《我们是冠军》。但不幸的是，这样的回报几乎总是会被高估3倍，有时候甚至被高估10倍或更多。这意味着，对那些公司以及IRA的人来讲，他们实际得到的并不是他们以为的4 100%的投资回报，而是负的63%的投资回报。想象一下，他们的首席营销官可能会这样说："对不起，我们算错了。你投资了5 100万美元，但你没有获得4 100%的回报，实际上你损失了63%的投资。"这些并不是虚构的数字，我也不可能凭空捏造这些数据。这些是在关于易贝（eBay）的一项大规模研究中发现的高估广告效果的实际数据。[19]而且，易贝的案例并不是特例，这是一种常态。这样的反转就像是从赚到21亿美元转变成亏损1 900万美元。我知道，这很令人震惊。

当托马斯·布莱克（Thomas Blake）、克里斯·诺斯科（Chris Nosko）和史蒂文·塔德利斯（Steven Tadelis）将易贝使用的衡量投资回报的指标与区分相关性和因果关系的实验指标进行比较时，他们发现，易贝把品牌搜索广告的有效性高估了4 100%。[20] 把传统的衡量指标与在雅虎上衡量网页显示广告回报的大型实验指标进行比较后，兰德尔·刘易斯（Randall Lewis）和戴维·赖利（David Reiley）发现，投资回报率被高估了300%。[21] 在一项测试访客找回广告有效性的大规模实验中，加勒特·约翰逊（Garrett Johnson）、兰德尔·刘易斯和埃尔马·努比迈耶（Elmar Nubbemeyer）把实验结果与行业研究进行了比较，他们发现，访客找回广告的有效性被高估了1 600%。[22] 在一项针对15个大型美国广告实验的研究中，研究人员对5亿名用户进行了实验观察，还搜集了16亿条针对这些广告的反馈意见，通过这些数据，布雷特·戈登（Brett Gordon）、弗洛里安·策特尔迈尔（Florian Zettelmeyer）、内哈·巴尔加瓦（Neha Bhargava）和丹·查普斯基（Dan Chapsky）发现，用来衡量传统广告有效性的指标都高估了脸书广告带来的行为改变值，高估的幅度已经达到了 4 000%，而且在上述的 15 个实验中，有一半研究人员在采用传统的方式对行为改变值进行估算后，都对其结果高估了 3 倍或者更多。[23]

这是目前在商界使用得最广泛的骗局，它之所以有效，是因为业内的每个人都很清楚，保守这个秘密关系到他们自身的利益。市场营销机构通常会从企业支付给媒体的费用中获得一定比例的佣金，或者从媒体所有者那里获得相应的回扣、折扣或免费库存项目，他们最后获得的利益完全取决于他们达成合作的企业的媒体预算规模。企业的媒体预算越多，购买力就越强，这个行业相关人员能够获得的回扣、折扣以及免费库存品的数量也就越多，他们通常会将这些回扣、折扣以及免费库存品转卖给客户。其中的利益是显而易见的，所以他们有很强烈的动机自我宣称某些方式的业绩极其出色，因为有更好的业绩才能够吸引更多、更庞大的广告预算，而更庞大的广告预算对市场营销机构来讲意味更多的营业收入，因为他们的收入正是企业媒体预算的某个百分比。

这里有一个价值 4 000 亿美元的问题（这实际上就是 2020 年全球数字营销行业的市场规模）。在这个行业里，有哪些参与者——企业的 CMO（首席营销官）、市场营销机构或第三方供应商（所有这些人的收益都和广告支出成正比）——有足够的动力和勇气会提出这样的问题：哪些形式的广告实际上是没有任何作用的？答案是，他们中没有人会提出这样的问题。

在世纪之交，美国商人约翰·沃纳梅克（John Wanamaker）曾经哀叹道："我花在广告上的钱有一半都被浪费了，但问题是我根本不知道是哪一半。" 100 年后，在线广告掀起的极其精细的、更贴近个体层面的个人数据浪潮给了我们解决沃纳梅克悖论的机会。

它让营销人员有可能精确衡量媒体效果，从而使我们清楚明白地知道哪些信息是有用的，而哪些是完全无效的。但是，如果没有对因果关系进行细致的推断，简单的目标定位只会加剧所谓的选择效果，因为你传播的信息很可能会定位到早就已经（或最有可能）参与你正竭力鼓吹的行为的人群。对这些人来讲，相关的说服性信息很可能是没有什么效果的，因为他们早就是该品牌最忠实的客户了。向他们发送相关信息并不会促进该品牌产品的销售，只会毫无必要地浪费金钱而已。

更糟糕的是，正确估算网络媒体的效果不但困难，而且极其昂贵。营销人员想要衡量的各种行为（比如销售、投票、艾滋病病毒检测）是如此反复无常，他们在这些行为上能观察到的任何有意义的变化所产生的效果又是如此之小，以至于只有大规模的实验才拥有让他们观察到真正有意义的变化所需的统计学能力。在对25个广告进行实验的研究中，兰德尔·刘易斯和贾斯汀·拉奥（Justin Rao）发现，对不稳定性相对较低的零售销售而言，实验数据的标准差与销售均值的比例大约为10∶1，这意味着，在没有大量数据的情况下，你测量到的任何数据都没有意义。对于汽车这样的高端耐用商品，这个比例甚至接近20∶1。测量到的数据有如此大的不确定性，使得任何有经济意义的广告效应都难以探测。正如兰德尔·刘易斯和戴维·赖利所表述的那样："由无数种特质因素导致的个人购买的差异，使得任何想要在其中找到广告效应的企图就像是大海捞针。"[24] 那些平时更不常见的行为，比如投票、注册订阅类服务或者购买一年一次的度假套餐等，它们的数据更是变化无常，使问题更加严重了。无论我们谈论的是选举操控还是疾病暴发，衡量炒作机器对我们产生的影响实际上是一件非常困难的事情。即便潜在的影响是巨大的，但想要精确地说明这种影响，也是一件很难做到的事情。

我们需要大量的数据才能衡量广告的有效性，对那些像谷歌和亚马逊这样的大公司和平台来讲，这是一件非常有利的事情。只有极少数足够大的公司能够持续且有效地衡量说服性信息在炒作机器中的效果。这从另一方面证明了绝大多数公司并不知道它们广告的有效性，这使得不同公司的广告支出差异巨大，同时还暴露了数字广告和社交媒体市场上存在大量低效的广告。或许同样重要的是，这还意味着那些大数据的持有者，比如谷歌和脸书这样的公司，是社会科学家唯一可以找到的拥有足够大的数据池的地方，只有在这样的地方，他们才可以开展各种实验，并通过这些实验来解释炒作机器是如何工作的。这给了这些公司巨大的权力和责任来帮助我们理解和管理炒作机器。当这些公司将社会科学家拒之门外时，我们所有人都会受到伤害。随着故事继续展开，我还会不止一次地探讨我们对数据透明性的需求。

好消息

对营销人员来讲，好消息是，有一些数字和社交媒体还是非常有效的。对于这些数字和社交媒体，行为改变值不但真实，而且是可测量的，只是它们并没有被恰当地衡量或者管理。易贝对搜索营销进行研究后发现，品牌关键词搜索实际上是不赚钱的，其投资回报率是负的63%，但是对某些特定的产品和品类来讲，无品牌的关键词广告对促进新客户和不经常光顾的客户访问网站并进行购买有正面的影响。这一现象支持了"广告只是一种信息传递的方式"这一观点。这种观点认为，"在某些情形下，消费者可能根本就不知道某些服务和产品的特性、位置以及价格"，而当你想要告知消费者这一类信息时，广告无疑具有很高的效率。换句话说，在需要告知消费者某些产品或服务的相关信息时，广告显然是一种更好的工具。在对易贝的实验进行总结时，布莱克、诺斯科和塔德利斯是这样说的："在实验开始前就已经在易贝的平台上完成过几笔交易的消费者很可能已经对易贝非常熟悉，所以 SEM（搜索引擎营销）对他们几乎没有什么影响。相比之下，会有更多新的用户（这才是我想要强调的）在接触 SEM 广告后注册易贝的网站，而且之前在易贝的平台上只购买过一两件物品的用户在看到 SEM 广告后，也会增加购买量。"[25]

那么，消费者和营销人员可以从中学到什么呢？在搜索引擎上投放的广告对于新客户和不常光顾的客户是最有效的。这种拓展新客户的方式在营销术语中被称作"寻找潜在客户"，具体做法就是在不熟悉某个品牌的人群中传播该品牌（政治事件同理），从而提高品牌的影响力。那么，俄罗斯人和 IRA 又能从中学到什么呢？想要最大化每一卢布所产生的影响力，将目标定位在那些不经常投票的选民以及摇摆不定的选民身上，可能是最有效的策略。我们这些想要阻止各种形式的操控和虚假新闻的人又能从中学到什么呢？我们终于知道我们的弱点在哪里了，现在，我们可以到对操控选举最有效的渠道中阻止这种操控行为了。

具有讽刺意味的是，各大品牌通常会把新的潜在客户看作他们"最糟糕"的客户。在进行广告定位时，它们总是会有意或无意地忽略这些新客户，同时倾向于那些"具有更高价值的回头客"，因为无论这些回头客是否看到了它们投放的广告，品牌都会"完成转化"。换句话说，按照基于相关性的指标，这些客户似乎具有"很高的价值"。但是正如我们已经看到的，这些广告只是在"对唱诗班进行传道"而已，它们并没有真正地转化任何人。回想一下，正

第 6 章　个性化的群体说服力

是那些怀疑社交媒体操控效果的科学家提出了"对唱诗班进行传道"的观点,因为他们根本不相信俄罗斯对 2016 年美国总统大选的结果产生任何影响,那些支持特朗普的信息定位的正是早就已经加入了特朗普阵营的人群。这就解释了为什么我们需要了解这些基本原理,以理清炒作机器对我们这个世界产生的影响。

刘易斯和赖利在雅虎所做的实验表明,在线显示广告不但可以给广告代理商带去利润,而且增加了 5% 的销量。另外,这个实验还揭露了两个有关数字广告的错误想法。首先,78% 的销售增长来自那些从未点击过广告的消费者,这阐明了营销行业的另一个不可告人的秘密,即对转化率来讲,点击量是一种非常糟糕的衡量方式。那些点击广告的人很少会真的下单购买,而那些真的下单购买的人很少会点击网上的广告。点击量和转化率之间根本就不存在关联性。其次,93% 的销售增长发生在零售商的实体店内,而不是在网上消费者通过广告直接购买的。虽然你可以通过点击广告下单购买的形式对在线广告做出直接的回应,而且这样的方式或许还可以方便我们进行衡量,但是对拥有线下销售渠道的品牌来讲,这种衡量广告效果的方式实际上是不完整的。这一点对其他的人类行为(比如投票)也同样适用,因为这些行为也是在线下发生的。约翰逊、刘易斯和努比迈耶的研究证实,被广泛宣传的行业报告所声称的高回报只不过是一厢情愿而已。更准确地讲,访客找回技术使得网站访问中具有明确因果关系的行为改变值提升了 17.2%,使得实际购买行为中具有明确因果关系的行为改变值提升了 10.5%。

这些规律表明,利用社交媒体操控选举的效果也可能会随着规模的扩大而提升。你的投入越多,对相关效果进行衡量和优化就会越容易。对那些操控者来讲,要么扩大规模,要么放弃操控。因此,寻找并阻止这些操控者的努力应该集中在那些引发最大反响的罪犯

炒作机器

身上。把目标定位在那些毫无经验的投票人身上可能是他们的最佳策略。你很难去操控那些积极参与政治的公民、经常参与投票的选民以及数字原生代，但这也意味着千禧一代以及老年公民是最容易受到操控的。仅仅测量人们是否点击了那些虚假新闻是不够的。正如我将在第12章中讨论的，为了加强民主抵抗社交媒体操控的能力，炒作机器应该像投票亭一样受到保护，而且社交媒体上的数据必须和真实的投票数据结合在一起，以隔绝可能存在的威胁。

戈登、策特尔迈尔、巴尔加瓦和查普斯基的实验显示，在15项推广活动中有8项（大约一半）表现出了有明显因果关系的行为改变，客户购买量的增加从 1.2%~450% 不等。脸书的广告在鼓励网站注册和页面浏览方面显然更加有效。它的广告使得注册用户的数量增加了 63%~893%，页面浏览量增加了 14%~150%。但如果确实如此的话，为什么宝洁公司在削减了2亿美元的数字营销预算后，同一时期的有机销售增长却仍然达到了 7.5% 呢？

宝洁公司如何削减数字营销并增加销售额

2017年，在互联网广告署（IAB）的年度领导者会议上，宝洁公司的首席品牌官马克·普里查德登上了演讲台，当时在场的听众还以为接下来将是另一场宣传宝洁数字营销创新的冗长演讲。但包括邀请普里查德上台的互联网广告署的CEO兰德尔·罗滕伯格（Randall Rothenberg）在内，让所有人都感到惊讶的是，普里查德进行了一次让整个数字营销行业在数年后的今天仍在谈论的演讲。[26]

他用平静的语气对数字营销的不透明性、欺骗性和低效性提出了很有分寸但不乏严厉的尖锐批评，他的抨击提到了数字营销标准衡量方式的缺乏、点击欺诈、代理合同中激励方式的偏差以及第三方衡量验证的缺乏。就营销演说而言，这次演讲就像一场巡回演出。普里查德这位 37 岁的宝洁公司高管已经异常愤怒了，你几乎可以从他的声音里听到失望。这个他为之奉献了整个职业生涯的品牌，以及在场的所有其他数字营销的客户，都一直承受着这些不公平的待遇，而他已经受够了。

当天，普里查德宣布了一个有关媒体透明度的行动计划，并且向市场宣告，在接下来一年的时间里，如果宝洁公司的合作伙伴不采用共同验证的可视性标准、透明的媒体代理合约、经过官方认证的第三方衡量验证以及由第三方提供的防欺诈认证，那么宝洁公司将不再与它们有任何生意上的往来。在场的听众为此热烈地鼓掌。普里查德指出，"做出改变的时间到了"，宝洁公司将不再把钱花在低效的、不透明的、具有欺骗性的数字营销上。宝洁公司随后说到做到，削减了 2 亿美元的数字营销预算。[27]

代理商纷纷抱怨，而社交媒体分析师则一片哗然。他们认为，这对宝洁公司来讲是一个巨大的错误。如果没有这些代理公司专业知识的帮助，宝洁不可能有效地管理它的数字营销资金，由于缺少广告投入，宝洁公司的销售增长将会出现收缩。然而两年后，尽管大幅削减了数字广告预算，宝洁公司还是实现了 7.5% 的有机销售增长，这一增长几乎是其行业竞争对手的两倍。[28] 它是如何做到这一点的？它利用了我刚才描述的以业绩为基础的数字营销趋势。

首先，它把媒体支出从关注点击频率或者浏览量转向了关注广告影响的范围，关注它们能够接触的消费者数量。[29] 数据显示，宝洁公司之前每月利用社交媒体广告在一些客户面前重复了 10~20 次有关信息。这种程度的广告轰炸导致收益减少，甚至可能惹恼了一些忠实客户。所以，它决定将广告投放频率降低 10%，并将这部分广告资金转移到那些不看广告的新客户和不经常光顾的客户身上。2019年，宝洁公司提升了广告投放效率，并将其在中国的新客户覆盖率提高了60%。这种从广告投放频率到广告投放范围的转变正好与易贝的研究结果相呼应，即新的消费者和不常光顾的消费者是最容易受广告影响的人群。

其次，它在定位合适的人群方面变得更加老练。通过建立一个包含10亿名消费者个人身份信息的庞大的甲方消费者数据库，他们开始接触"非常有针对性的受众"。[30] 例如，在2019年第4季度的财报电话会议上，相关人员指出，他们正在从"类似'18～49岁的女性'这样普遍的人群分类"转向"更加精准的人群分类"，比如第一次当妈妈的人和第一次购买洗衣机的人。

最后，在2015—2019年间，这家公司解除了与60%的广告代理商的合作，同时重新整理了广告代理合同，结果它节省了大约7.5亿美元的广告代理费用和生产成本，增加了4亿美元的现金流。2019年，它决定把剩余的广告代理商数量再次减少50%，这样就可以额外节省4亿美元的费用。[31]

炒作机器是一台数字营销机器，无论我们是想要防止选举受到操控，还是让我们在脸书上投放的广告发挥作用，如果不研究它的策略，尤其是像目标定位这种可以实现个性化的群体说服力的传统策略，那么我们就不可能理解它。但是，炒作机器与其他所有营销或沟通渠道有一个根本区别，这正是我在下一章将要讲述的内容。简单地说，炒作机器已经彻底地、不可逆转地使我们的各种行为都高度社交化了。

第6章 个性化的群体说服力

第7章

社会炒作的高度社交化

> 人与人之间的关系是建立在构筑对方形象的某种防御机制之上的。在我们的关系中,我们每个人都会为对方构筑一个形象,真正拥有相互关系的是这两个形象,而不是人类自身。
>
> 吉杜·克里希那穆提(Jiddu Krishnamurti)

把社交媒体与其他类型的媒体区分开的一件事是,我们不但受到广告的说服性信息的直接影响,还在嘈杂的社交信号中左右摇摆,这些社交信号可能来自我们的同伴,也可能来自我们周围的人群,它们放大、强化并传播了炒作机器产生的影响。一个涉及这些直接和间接影响的完美案例出现在2010年美国国会选举期间。

2010年10月2日是美国的中期选举日,脸书在这一天进行了一场实验,以测量它的信息流对选举产生的影响。在这一天,6 100万名18岁以上的人在他们的信息流中看到了鼓励他们去投票的信息。信息的内容包括"今天是选举日"的文字、一个"找到你的投票站"的链接和"我已经投票"的按钮,按下这个按钮后,你就可以"告诉你的朋友你已经投票了"。信息的左上角是一个计数器,显示了之前已经投票的其他脸书用户的数量。

并不是每个人都看到了同样的信息。有些人被随机分配到了一条"通知性信息",该信息只是简单地提醒他们去投票。有些人看到了一条"社交性信息",除了相同的提示信息以外,该信息还显示了6张随机挑选的、已经按下了"我已经投票"按钮的朋友的头像。有些人则什么信息也没有看到。通过把收到通知性信息的人和没有收到任何信息的人进行比较,脸书就能够估算出它的直接信息传递在动员选民方面的力量。通过把收到社交性信息的人和没有收到这一类信息的人进行比较,它就能够估算出同龄人之间的社会影响力对动员选民的影响。公众投票的记录验证了脸书的发现,而结果是非常令人震惊的。[1]

脸书上这样一条简单的信息流信息额外增加了34万张选票,投票率也因此增加了0.6%。如果脸书向所有有资格的选民发送这样一条消息,那么它很有可能会另外增加100万张选票(即增加1.2%的总票数)。让我们先用一分钟的时间来好好消化一下:在美国国会选举中,一条对脸书来讲完全是零边际成本的社交媒体消息额外增加了34万张选票。脸书在2012年美国总统大选期间重复了这个实验,这一次它向1 500万名选民发送了这样的消息。[2]尽管在高风险选举中进行的各种选民动员活动的效果往往都不尽如人意,因为还有无数其他争取选票的竞争活动也在同时进行,但这样一条消息还是额外增加了27万张选票,投票率也相应提升了0.24%。

虽然0.6%和0.24%看起来只是很小的变化,但值得思考的是,在2000年美国总统大选中,乔治·沃克·布什以537张选票的优势击败了阿尔·戈尔,他们的选票在佛罗里达州相差0.01%,而在全国范围内相差0.000 01%。另外,值得注意的是,在2012年美国总统大选之后，脸书又多次反复使用了这种动员选民的按钮，其中包括2014年苏格兰公投、2015年爱尔兰公投、2015年英国大选、2016年英国脱欧公投、2016年美国总统大选和2017年德国联邦大选。脸书在2010年和2012年的实验证明了炒作机器有能力在人口规模层级上改变人们的投票行为，从而证明了它在影响全球最重要的地缘政治事件上的（即便是很微弱的）潜力。

尽管上述选举实验的结果非常引人注目，但一组更加微妙的发现揭示了炒作机器的真正变革性力量。脸书发现，那些看到社交性信息的用户前往投票的可能性比那些收到通知性信息的用户要高出0.39%。那些通知性信息仅仅起到了提醒人们前往投票的作用，并不代表某种社会认同。在没有社会认同的情况下，通知性信息本身几乎没有什么效果。这表明，正是朋友的参与促使人们改变了自己的投票行为，这对于数字社交信号的说服力是一个有力的证明。脸书还估算了这些信息对收到它们的用户的朋友产生的"溢出效应"。有些用户可能没有收到任何信息，但他们的朋友收到了这些信息，所以他们也会前往投票，从而增加了投票的人数。有些脸书用户的好友收到了上述社交性信息，他们参与投票的可能性就要比好友没有收到任何信息的用户高0.224%。请记住，在这两种情况下，这些脸书用户本身都没有收到任何信息，他们只是有好友收到了信息。

这些溢出效应或者说同伴效应，即我们的朋友的社交媒体行为对我们自己在真实世界中的行为的影响，甚至比脸书发送的政治信息所产生的直接影响更加令人震惊。在脸书2010年的实验中，含有社会认同意味的提示信息促使34万人前往投票，而溢出效应使选票额外增加了88.6万张，这些选票正是由那些收到了提示信息的用户的朋友投出的。这种某些人的行为影响他人行为的现象，充分体现了社交媒体放大世界各地行为变化的力量。我们在炒作机器上创造和消费的社交信号是被设计用来触发我们的神经生理信号的，而我们的大脑通过进化得以处理这些信号。当我们创造和消费这些社交信号时，它们也在同时改变着我们的行为。

在刚刚过去的10年里，我们见证了数字社交信号爆炸式的增长。现在，我们每天早上只需要几分钟的时间就可以在脸书上看到家人在做什么，在Instagram上看到朋友昨天晚上在哪里吃的晚餐，在推特上看到同伴讲述他家附近发生了什么，在领英上看到谁更换了工作，在Nike+（健康追踪应用程序）或Strava（测速应用程序）上了解到我们的跑步搭档昨天究竟跑了多远，以及谁在Tinder和Hinge交友平台上喜欢我们。这种像雪崩一样出现的数字社交信号在10年前根本不存在。几十万年来，我们的大脑进化出了社交能力。而在过去的10年里，通过炒作机器，我们的行为越来越受朋友的影响，我们也变得过度社交化了。

追逐金牌

2016年8月6日，作为一名著名的公路自行车赛手，格雷格·范阿维马特（Greg Van Avermaet）在巴西里约热内卢开始了他一生中最重要的比赛。比赛的起点是科帕卡巴纳，在150英里的赛程中，他穿越了伊帕内玛、巴拉和马里彭迪海滩保护区。在他回到科帕卡巴纳时，他赢得了2016年巴西夏季奥运会自行车公路赛男子个人金牌。这是一场让人精疲力竭的比赛。在比赛中，他向上攀爬了344英尺[①]，在格鲁马里的短程爬坡中通过了梯度接近13%的上坡路；比赛中道路的最高点海拔达到了1 444英尺；在卡诺阿斯

[①] 1英尺 = 0.304 8米。——编者注

市和维斯塔-切尼萨的附近进行快速技术下坡时，他挑战了16%的下坡梯度，当天这段路上发生了多起车祸。在持续了6小时9分钟的比赛中，他的平均速度达到每小时23.3英里，最高速度达到每小时67.1英里。这一切都是在89华氏度的气温下完成的，当天的最高气温甚至超过了100华氏度。[①]他踩动踏板的转速最高达到每分钟173转，平均转速达到每分钟85转，而他在进行最后冲刺时的转速则达到了每分钟110转。

接着，他做了一件在2009年之前无法做到的事情。他把所有这些统计数据上传到了一个被称作Strava的社交锻炼（测速）App上，与全世界分享了他这次获得金牌的所有细节。[3]他从朋友、粉丝和仰慕者那里获得了15 000个"kudos"，轰动了整个Strava网络，这里的"kudos"指的是Strava网络上的虚拟荣誉值。事实上，这次比赛获得的荣誉值超过了他在这一年里的其他任何个体活动。

2018年，Strava上的运动员为他们的同行在195个国家的32种体育项目中记录的总计达到66.7亿英里的体育活动给出了36亿个"kudos"。[4]平均来讲，每分钟会有25次体育活动被上传到Strava，其中跑步的平均距离是5.1英里，持续时间大约为50分钟；自行车的平均骑行距离为21.9英里，平均所需时长为1小时37分钟。星期日是最受欢迎的锻炼日，而星期二是全世界跑步和骑车锻炼的人们在一周中速度最快的一天（我们似乎需要周一一整天的时间才能够从周日的疯狂锻炼中恢复过来）。在美国，最受欢迎的自行车骑行日是7月4日的独立日假期，但是最受欢迎的跑步日是感恩节，这或许是因为我们都觉得，想要吃下丰盛的感恩节大餐，我们需要腾出胃口。

[①] 89华氏度 ≈ 31.666 7摄氏度。100华氏度 ≈ 37.777 8摄氏度。——编者注

第7章 社会炒作的高度社交化

Strava 上的一项 2018 年的统计数据让我印象深刻：当我们与朋友一起跑步、骑行、游泳、溜冰以及玩滑板时，我们在这些运动中投入的时间会更多。由于 Strava 可以记录各种集体活动，所以它可以分析个体活动和集体活动之间的差异。当它把 2018 年的数据绘制出来时，人们发现，和朋友一起进行锻炼时，他们锻炼的时间会更长。平均来讲，集体骑行的时间比独自骑行的时间长约 52%，集体跑步的时间比独自跑步的时间长约 20%（见图 7.1）。

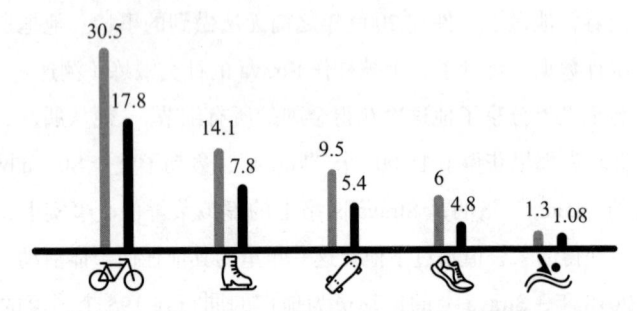

图 7.1　集体锻炼和独自锻炼的行为比较。上图中灰色代表集体行为，而黑色代表个体行为。图中数据是 2018 年在 Strava 上 5 项不同运动以英里为单位的平均行进距离，这 5 项运动包括自行车骑行（自行车图标）、滑冰（滑冰鞋图标）、滑板运动（滑板图标）、跑步（运动鞋图标）以及游泳（游泳图标）。数据来源：Strava Year in Sport 2018 (https://blog.strava.com/press/2018-year-in-sport/)

从这些数据来看，体育锻炼似乎是由社交化推动的。当我们比赛谁跑得更快，或者参加集体跑步或骑行时，我们就很有可能会感受到这种推动力。但是，通过实时与我们的朋友分享锻炼活动，炒作机器把这种推动力制度化了。而且正如格雷格·范阿维马特向全世界分享他的奥运比赛那样，这种做法是没有任何成本的。像 Nike+ Running、Strava 和 RunKeeper 这样的健身 App 还可以让我们极其详细地记录健身活动，包括距离、速度以及燃烧的卡路里。

它们还可以让我们在其平台以及 Instagram 和脸书这样的社交媒体网络上与朋友分享这些信息。如果整个社会的环境和竞争氛围在鼓励我们进行锻炼的话，那么健身的数字化和社交化就有潜力增加这个世界中各种体育锻炼的数量、持续时长和强度。通过把体育锻炼活动的分享制度化，炒作机器正在用数字化的方式使锻炼行为中的社会影响和同伴效应发挥作用。这些相关性引出了一个重要的问题：炒作机器的数字化社会影响力是否会让我们花更多的时间进行锻炼呢？或者更直接地讲，体育锻炼在被数字化以后是否具有传染性？如果确实如此，那么还有哪些其他的行为可能通过数字化的方式在网络上传播开来呢？

锻炼是否具有传染性

不幸的是，把集体锻炼与独自锻炼进行比较后得出的结果并不能说明锻炼是否具有传染性，因为我们并不知道是什么导致了这些差异。基于同样的原因，我们也无法通过观察相关性来衡量俄罗斯对选举进行干预的效果，或者衡量数字营销带来的回报。另外，如果无法区分相关性和因果关系带来的行为改变，那么我们同样无法衡量数字社交媒体对体育锻炼或者其他任何行为的影响。例如，我们知道马拉松运动员往往会和马拉松运动员成为朋友，电视迷也往往会和电视迷成为朋友（这就是所谓的"同质性"）。所以，朋友之间跑步行为的简单相关性并不能证明朋友会在体育锻炼方面相互影响。那些选择集体跑步或骑自行车的人可能只是更热衷于跑步或骑自行车，因此，他们跑步和骑自行车的时间会更长。

为了理解数字化同伴效应是否会促使人们去锻炼，以及锻炼行为是否有传染性，我们需要用某种方式来区分相关性和因果关系。

尽管随机实验是因果推断的黄金标准，而且它在市场营销环境中很有用，但是我们不可能随机地四处劝说一些人离开沙发去跑步。所以，想要衡量跑步这项运动中的同伴效应，我们需要在人们跑步的习惯中找到另一个"很接近随机变量"的来源，某种可以激励一些人去跑步，但是对其他人（无论他们的朋友是否在跑步）几乎无用的变量。为了解开这个谜团，我和我以前的博士后克里斯托斯·尼科莱德斯不得不成了气象学家。

我们与一家大型全球健身追踪企业合作，搜集了110万名跑步者的网络联系和日常锻炼模式数据，这110万人在过去的5年时间里跑了超过3.5亿公里。[5]这家公司的App记录了他们的跑步距离、持续时长、速度以及燃烧的卡路里，而且他们还在App的平台上把所有细节与朋友进行了分享。在这样一个全球性的跑步者网络中，我们了解了跑步的人、跑步时间、跑步地点、跑步速度，以及跑步者朋友的身份。我们还搜集了来自196个国家的47 000个气象站的数据，这样我们就可以知道这110万名跑步者在过去5年中跑步时的精确气温和降雨量。那么，我们为什么要这样做呢？当然是因为这项研究的关键在于天气会如何影响我们跑步的次数。正如你可能预料到的那样，雨量越少，温度越温和，跑步的人越多（见图7.2）。

当人们早上醒来发现阳光灿烂时，他们就会很自然地穿上跑鞋，奔跑上路。而当人们发现天气阴沉，漫天雨丝时，他们就会待在家里。然而，关键是他们的朋友遍布世界各地，经历着与他们不同的天气。所以，当纽约的一名跑步爱好者正看着窗外的雨丝时，他在亚利桑那州凤凰城的朋友可能正沐浴在明媚的阳光下。我们在考虑了这些天气上的差异后可以再次衡量，一个朋友的跑步是否会导致另一个朋友跑得更多。如果纽约的好天气会使在凤凰城的朋友跑得

炒作机器

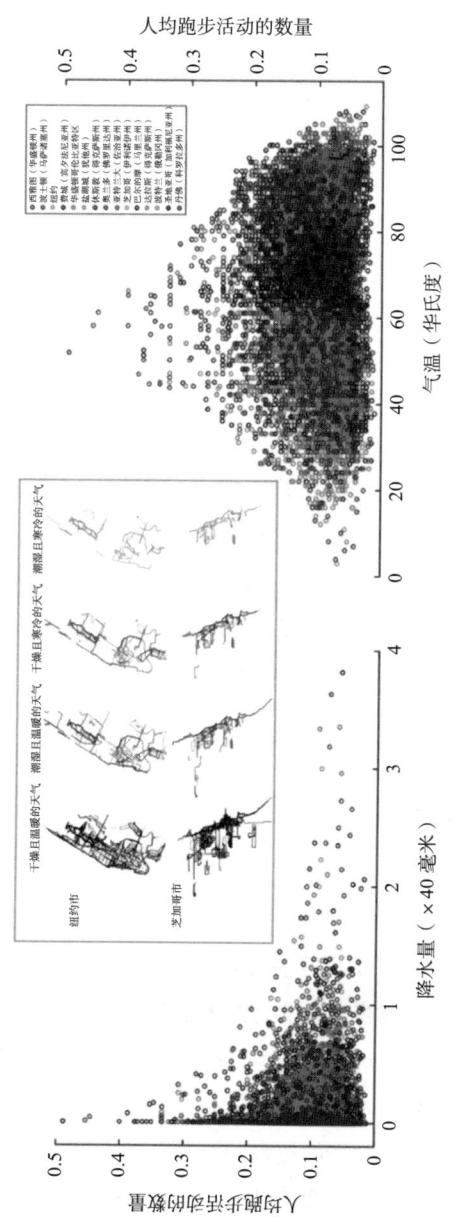

图 7.2 气温、降水量以及跑步的关系。左图中的 Y 轴表示的是人均跑步活动的数量，右图中的 Y 轴表示的还是人均跑步活动的数量，X 轴以毫米为单位的降水量。右图中的 Y 轴显示的是在纽约和芝加哥过去 5 年内跑步前 15 的跑步城市以华氏度为单位的气温。中间的插图显示的是在纽约和芝加哥过去 5 年内跑步前 15 的跑步城市以华氏度为单位的气温。中间的插图显示的是在纽约和芝加哥过去 5 年内跑步前 15 的跑步城市以华氏度为单位的气温。中间的插图显示的是在纽约和芝加哥的相同数量的跑步者的 GPS 位置追踪数据的汇总，其中位置追踪数据越少，表明跑步追踪的记录越少。数据来源：Aral, S., & Nicolaides, C. (2017). Exercise contagion in a global social network. Nature Communications, 8, 14753

第 7 章 社会炒作的高度社交化

更多的话，那只可能是因为朋友间的社交影响。我们发现了一个"自然实验"，它可以被我们用来衡量体育锻炼在多大程度上具有传染性，而我们的发现令人震惊。

体育锻炼确实是有传染性的，而且其影响程度是相当大的。当你在 App 上看到你的朋友多跑了 1 公里时，这会促使你在同一天多跑 0.3 公里；当你的朋友将速度加快到每分钟多跑 1 公里时，这会促使你将速度加快到每分钟多跑 0.3 公里；当你的朋友多跑了 10 分钟，你就有动力再跑 3 分钟；当你的朋友额外燃烧了 10 卡路里的脂肪，你就有动力再燃烧 3.5 卡路里的脂肪。这种同伴之间的相互影响会随着时间的推移不断减弱。你的朋友们今天跑步的数据在明天对你的影响会减小，在后天对你的影响会更小（见图 7.3）。

但是，体育锻炼只是理解社交媒体是如何使我们的日常行为高度社交化的起点。在其他平台上，我们分享的是购物、投票、吃饭、约会以及阅读等行为，甚至可能分享我们的情绪。研究表明，数字社交信号的扩散正在改变这些行为的流行或衰退。下面我会再举一些高度社交化的例子，来更清楚地说明这一点。

新闻的高度社交化

每隔 7 年，学者们就会有一年的学术休假期，可以用来调整自己的思维方式或者启动新的研究项目。在 2013 年，我离开了麻省理工学院，成为《纽约时报》研发实验室为期一年的常驻学者。这是一次让我感到惊喜的经历。我和实验室的设计师、工程师以及专业技术人员进行了合作，他们正试图拓宽自己的眼界，寻找有可能在未来影响新闻业和新闻消费的技术。

我在那里专门从事与"级联项目"有关的工作，这是一种前所

图 7.3 在全球跑步行为中，社交媒体带来的同伴影响。这些图片显示了两阶段最小二乘法规范下的二阶回归社交影响系数，该系数表明了朋友在时间 t、t+1 和 t+2 时的跑步距离、跑步速度、跑步时长以及消耗的卡路里对个人的影响程度。上面数据条的置信区间为 95%。数据来源：Aral, S., & Nicolaides, C. (2017). Exercise contagion in a global social network. Nature Communications, 8, 14753

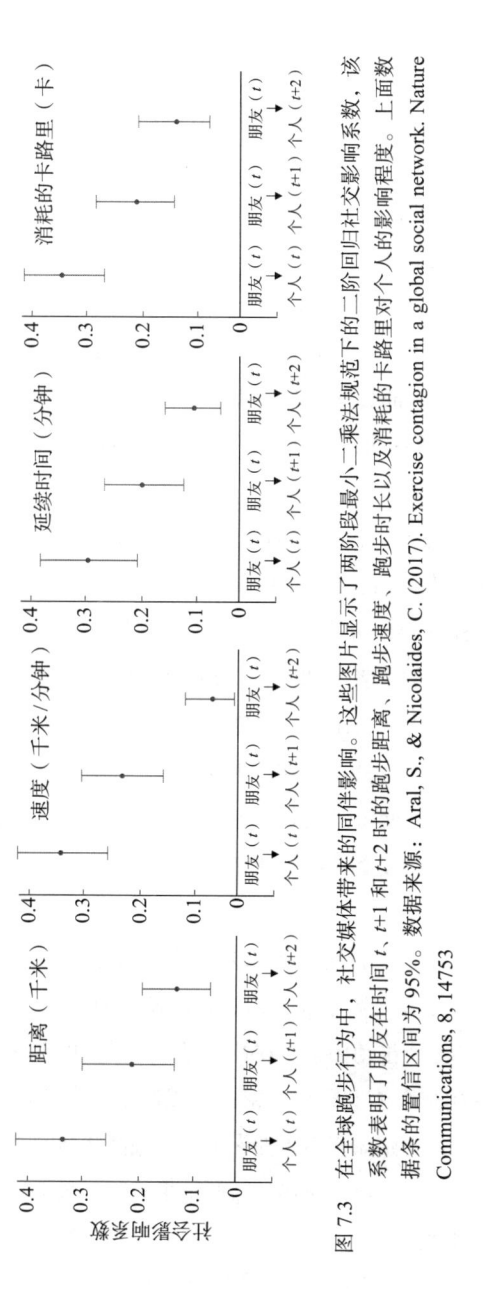

第 7 章 社会炒作的高度社交化

未有的工具，能够把浏览行为和分享活动结合在一起，构建一幅关于信息通过社交媒体空间进行传播的详细图片。我的主要工作是分析级联数据，以了解社交媒体的分享是否在增加《纽约时报》的读者人数。当时，我们并不清楚社交媒体对传统新闻媒体来讲，究竟是一种补充还是某种形式的替代。社交媒体上的分享行为很有可能可以让人们通过关注推特或者脸书上的超链接来阅读更多的新闻。但社交媒体上简短的文章摘要有可能已经提供了我们所需要的一切，这样我们就不太可能想要去阅读文章的全文了。毫无疑问，这个问题的答案将是《纽约时报》做出"究竟是拥抱还是抵制社交媒体"这一战略决策的关键。

为了找出答案，我和我的博士生迈克尔·赵（Michael Zhao）分析了《纽约时报》的数亿次页面访问量和推文，尝试判断在一个城市中通过社交媒体分享《纽约时报》的文章，是否会增加这些文章在其他城市的读者人数。[6]与我们对体育锻炼进行的研究一样，我们在这里同样将下雨作为一种自然实验。由于下雨会让人们待在室内，有更多的机会阅读《纽约时报》，所以在天气不好的区域内，会有更多的人在社交媒体上分享相关新闻。我们想要了解的是，下雨天是否会让那些接受了这些社交媒体分享的区域出现读者人数的上升。

我们发现，某个特定区域以外的读者人数每增加10%，就会使该区域内的读者人数增加大约3.4%，而且社交媒体还是这些社会溢出效应的主要推动因素。在社交媒体上联系更紧密的区域要比那些没有在社交媒体上联系紧密的区域产生更多的社会溢出效应。当读者是通过社交媒体而不是搜索引擎接触某些新闻消息时，社会溢出效应就会更强。综上所述，这些结果表明，数字社交信号确实在推动新闻消费。

约会的高度社交化

随着约会交友 App 数量的激增，数字社交信号也渗透到了我们的情感生活中。我非常了解这一趋势，因为我们在 2016 年把我们的第二家创业公司 Humin 卖给了 Tinder 公司。自 2013 年以来，与朋友和家人的介绍相比，炒作机器的算法在线上介绍的浪漫伴侣要更多。[7] 那么，数字约会对这个社会又意味着什么呢？这是心理学家、生物学家以及人口学家很可能会持续思考数十年的一个问题。毫无疑问，Tinder、Hinge、Bumble 以及其他类似的在线交友 App 正在改变我们的相遇方式、约会对象以及恋爱对象。约会匹配算法中的"接受-拒绝"循环可能给我们带来的长期后果尚不可知。我们的情感生活正在被引导着变得更加同质化还是更加多样化呢？这对我们的孩子、我们孩子的孩子的基因多样性又意味着什么呢？这对人类的进化会造成什么样的影响？对于这些更加宏观的问题，我们目前还没有任何答案，但是我们对数字社交信号如何改变约会游戏有了一些洞见。

我的朋友和同事拉维·巴普纳（Ravi Bapna）、胡·拉马普拉萨德（Jui Ramaprasad）、加利特·什穆利（Galit Shmueli）和艾哈迈德·乌米亚罗夫（Akhmed Umyarov）在上面提到的一个约会 App 上进行了一项实验，目的是了解我们在社交约会网站上留下的数字痕迹是如何影响我们的恋爱结果的。[8] 数字约会带来了现实世界中前所未有的新形式的数字信号。例如，我们可以用比以前更快的速度和更强的掌控力来搜索、筛选并浏览潜在的恋爱对象。算法会以我们完全无法理解的方式利用大数据进行匹配，而且我们还可以考虑用匿名的方式进行约会，这在酒吧或者其他线下社交聚会的场合是根本不可能实现的。拉维和他的同事们想知道这些数字特征是如何影响我们的，我们的数字社交信号是如何鼓励我们与他人进行互动的，以及我们在网上分享的东西是否会让我们变得更加外向。

他们与北美一家大型约会网站合作，想要了解匿名会如何影响约会配对的结果。当我们可以通过数字技术隐藏自己对某人的兴趣，同时更亲密地了解对方时，这对约会池意味着什么呢？在酒吧里，如果我想更多地了解吸引我的人，我可能会走上前去和她聊天，询问她的兴趣、是什么让她放声大笑、是什么引发了她在学术上的兴趣或者她在周末喜欢什么样的活动。倘若真的要这样做的话，我需要在现实世界里以符合社交礼仪的方式迈出这一步。我可能不得不从我坐的凳子上站起来，走过去，笨嘴笨舌地做一个很尴尬的自我介绍，然后才能真正开始对话。但这个时候，我所有的目的都暴露无遗了。她知道我对她感兴趣，因为我刚才站了起来，穿过一间非常拥挤的房间对她做了自我介绍。这其中包含了极其丰富的社交信息。但是在网上，我们完全可以匿名浏览。在我实际和她建立联系之前，我可以通过阅读个人资料了解很多她的个人信息，而且我这样做的时候，她绝不会注意到我可能对她感兴趣。那么，这种隐藏我们社交信号的能力会如何改变我们寻找潜在的恋爱对象的方式？它如何改变其他人对我们做出反应的方式？

当一个用户在这个 App 上浏览某个用户的个人资料时，他会给那个用户留下一个数字信号，表明有人已经看到了她的资料。这种类型的数字痕迹可能会让那个翻看资料的人感到更加害羞，因为他潜在的约会对象肯定会知道他已经翻看了资料。但是，这种信号或许可以促进两人之间的互动，因为信号的接收者明白那个翻看她资料的人对她感兴趣。这种微妙的社交信号的效果很难用理论解释。所以，拉维和他的同伴设计了一个很聪明的实验来揭示这一点。他们对 10 万名新用户进行了抽样调查，然后随机向其中一半的用户提供了匿名浏览的权限，这样他们就可以在不让任何人知道的情况下浏览个人资料。这种简单的调整——阻断兴趣信号——产生了戏剧性的效果。

与控制组相比，拥有匿名浏览权限的用户完全将谨慎抛在脑后。他们会浏览更多个人资料，而且更有可能观看同性以及其他种族恋爱对象的资料。但是，兴趣信号实际上可以帮助用户获得更多的匹配对象。那些无法留下兴趣信号的匿名用户获得的匹配对象的数量明显比那些非匿名的用户要少很多。这对女性来讲尤为不利，研究人员发现，女性往往不会主动采取行动，而是依赖他人主动展开交流。数字浏览的信号（尤其是女性留下的信号）对那些被浏览的用户（尤其是男性）来讲实际上是一种激励，他们很可能因此主动地迈出第一步。所以，清除数字痕迹对那些害羞的用户（尤其是女性）来讲并没有什么好处。

炒作机器对我们恋爱关系的长期影响尚不明确。如果这样一个微妙的信号可以产生如此戏剧性的影响，那么配对算法和刷屏文化对我们的约会对象以及我们结成伴侣的方式会产生什么样的影响？如果炒作机器有能力对这些中间结果产生轻微的影响，那么它对人类的进化又意味着什么？我们正在不断地推进这项研究，期望能够找到这些重要问题的答案。但有一件事是很明确的，即通过改变我们在社交场合交换信息的方式，炒作机器正在改变我们的约会方式。

慈善捐赠的高度社交化

约会是一种非常基础的人类行为，利他主义同样如此。如果炒作机器可以影响我们的约会对象，那么它是不是也会影响我们的捐赠方式呢？为了了解是否有这样的可能性，麻省理工学院的博士生袁源（Yuan Yuan，音译）对微信红包进行了研究。[9]在中国和其他东亚文化中，红包是人们在节日或者一些特殊场合（比如婚礼、毕业或婴儿出生时）赠送的现金礼物。2014年，微信使用户可以通过其移动支付平台向通信录中的联系人和聊天群组分发虚拟红包。2016年，其用户仅在春节期间就收发了大约320亿个红包，到2017年，这个数字仍然有数亿之多。今天，红包在微信的移动支付交易中占据了相当大的份额。袁源想要知道的是，数字红包是否会激励我们"把其中的善意再传递下去"，即我们收到的这些数字礼物是否会激励我们将这些善意加倍转送给第三方。

在研究中，他利用了微信在群组里发红包的新功能。当微信用户在微信群组里发送红包时，群里的每个用户收到的具体金额是由平台随机分配的，平台的分配方案基于发放的总金额、群里打开红包的人数，以及每个人打开红包的时间顺序。因此，有些用户会被随机选中，得到比其他人更多的钱。微信还会用一个"手气最佳"的图标指明哪一个用户得到的金额最大。袁源和他的合作者想要知道的是，用户在打开红包时收到的金额的随机性会如何影响这个用户决定"把其中的善意再转发出去"的动机。

他们的分析显示，平均来说，收到红包的人会将他们收到的金额的10%再次用红包转发出去，而那些获得"手气最佳"图标的人，也就是从红包中分到最多钱的人，将这些钱再次用红包转发出去的可能性是其他收到红包的人的1.5倍。所以，我们送出去的数字礼品确实可以激励那些礼品的接收者为了他人的利益把"善意传递下去"。

情绪的高度社交化

在一个更具争议性的关于数字社交影响的实验中，来自脸书和康奈尔大学的研究人员测试了数字社交信号是否会在炒作机器的网络中产生"情绪感染力"。[10] 他们想要知道的是，快乐或沮丧的情绪是否可以通过我们每天在网上发布和消费的数万亿个帖子在人与人之间传递。与前面的例子一样，问题在于快乐或沮丧的人往往会在网络上聚集，所以测量朋友之间情绪的相关性并不能告诉我们情绪是否会在网上传染。

正因为注意到了这一点，脸书对一些情绪进行了随机操控，在这个过程中，有数百万名用户通过他们的信息流受到了这种操控的影响。脸书随机地减少了一些用户能够看到的消极内容的数量，并随机地减少了另一些用户能够看到的积极内容的数量，方式就是控制他们朋友的帖子中使用的积极和消极词语的比例。接着，他们测量了这种消极或积极词语使用量的减少是否会导致受试者改变他们在自己的帖子中使用消极或积极词语的比例（见图7.4）。

他们发现，炒作机器不但能传播行为，还能传播情绪。首先，他们注意到，在用户的信息流中减少与积极或消极情绪相关的词语，会减少用户在脸书上发布的帖子使用词汇的总数。这会造成什么样的影响呢？实际上，无论是积极的词语还是消极的词语，能够激发情感反应的内容都会促使脸书的用户发布更多的内容。炒作机器有助于传播和激发各种情感，这也是我把它称作炒作机器的部分原因。通过炒作，它让我们参与其中，而且它赖以运行的商业模式需要我们投入。

其次，他们发现，当信息流中积极正面的帖子数量减少时，人们在状态更新中使用的积极词语的百分比会下降，同时，使用的消极词语的百分比会上升。相反，当包含消极情绪的帖子减少时，消极词语的使用比例就会相应下降，而积极词语的使用比例会相应上升。这证实了社交媒体上的帖子具有传播情绪的能力。当我们在脸

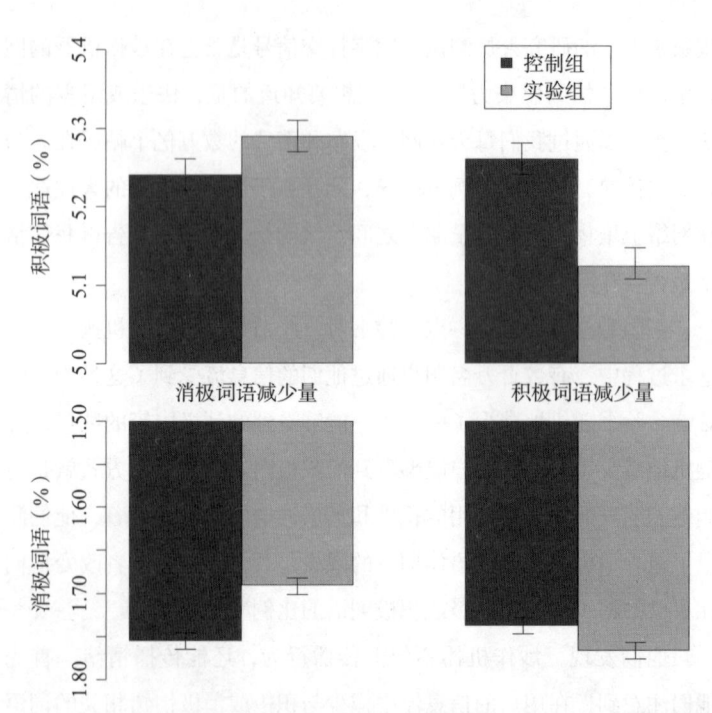

图 7.4 脸书上的情绪传染。上图描绘了用户使用的积极情绪词语（上方）和消极情绪词语（下方）数量的平均值（按百分比计算），同时显示了控制组数据以及消极词语数减少和积极词语数减少的实验组数据。工字型长条代表了数据的标准差。数据来源：Kramer, Adam DI, Jamie E. Guillory, and Jeffrey T. Hancock. "Experimental Evidence of Massive-Scale Emotional Contagion through Social Networks," *Proceedings of the National Academy of Sciences* 111, no. 24 (2014): 8788-8790

书上读到其他人的积极情绪时，我们会用更积极的方式来表达自己。相反，当我们读到的是消极情绪时，它也会让我们用更加消极的方式来表达自己。

这项研究的意义是非常重大的，其结果明确地向我们提醒了炒作环路的两个方面。一方面，用算法来管理我们的情绪对我们的心情以及在全球范围内传递快乐和沮丧有着重要的影响。另一方面，这也提醒了我们在这个过程中的个人责任。我们向炒作机器输入什么，就会从中得到什么。人的主观能动性很重要，我们在社交媒体上表达的情绪会被放大，并通过精心策划的反馈传播给他人，从而改变我们所有人的思维和行为方式。这个研究表明，如果我们继续在炒作机器中传播仇恨、刻薄和其他各种消极情绪，我们就会在其他人身上放大这些消极情绪。然而，如果我们能引导自己朝着一种更积极的情绪转变，那么我们就能在其他人身上激发出类似的情绪。

高度社交化正在成为一种现实

这些研究证实，炒作机器在传递行为改变方面具有一种前所未有的能力。我们每天通过炒作机器发送和接收的数以万亿计的点赞、指责、推文、转发、广告、通知、分享、打卡以及评级都会引发网络同伴效应，这种效应会改变我们的思维和行为。现在，一个很重要的问题是，在一个高度社交化的世界里，我们应该如何应对各种改变？

广告商、政客、公共卫生官员和小企业主再也不能只考虑他们的信息在炒作机器中产生的直接影响了，他们还必须考虑这些信息可能产生的社会效应，考虑那些不懂得如何恰到好处地传递行为改变的网红，以及考虑无视新的网络现实所产生的后果。正如罗伯·凯恩指出的那样，网络消费者（以及选民和公民）的时代正在快速到来，对于一个高度社交化的世界，我们需要全新的策略。

第 8 章

如何面对一个通过炒作呈现高度社交化的世界

> 权力并不存在于机构之中,甚至不存在于国家或者大型企业中。权力存在于构架这个社会的网络中。
>
> 曼纽尔·卡斯泰尔(Manuel Castells)
> 加州大学伯克利分校社会学教授

在一个因炒作机器的介入而呈现出高度社交化的世界里,自动策划的数字社交信号已经完全改变了我们生产、消费、分析和评估信息的方式。企业和个人都必须改变在这种新的范式下的运作方式。有 5 种基本策略可以使组织和个体的沟通方式适应高度社交化的世界:目标网络定位、病毒式营销、社交广告、病毒式设计以及网红营销。每种策略都有不同的目的和战术手段。了解何时使用这些策略,以及如何对它们进行优化并使其适应特定的环境,是使它们发挥作用的关键(见表 8.1)。

表 8.1 高度社交化的战术板。针对一个高度社交化的世界，这个表格对 5 项主要策略分别给出了一个简短的描述

高度社交化的战术板：网络世界的策略	
目标网络定位	利用网络数据建立一个更好的消费者行为的定位模型（比如：电信公司的"网络邻居"定位）。
病毒式营销	为现有的产品用户提供奖励，以鼓励他们的朋友使用这些产品（比如：优步的推荐营销项目）。
社交广告	在说服性信息中加入社会证据，以鼓励信息的接收者采取相关做法（比如：脸书利用社交媒体进行的投票实验）。
病毒式设计	设计产品、想法或者行为，使其更有可能在朋友之间像病毒一样进行传播（比如：Nike+ Running 这款 App）。
网红营销	选择一个消费者子集，最大限度地通过网络传播行为（比如：Instagram 上的网红）。

朋友的偏好显示了你的偏好（目标网络定位）

正如我在前面讨论的，将社交媒体的信息定位到目标消费者身上是一件非常容易理解的事情。营销人员会利用我们的人口统计学特征、行为、偏好、社交网络以及历史位置的数据来预测谁最有可能参与在炒作机器上传播的政治或营销信息，并最终投入实际的行动。但是，基于社交网络把说服性信息定位到特定消费者身上究竟意味着什么呢？当我们尝试在产品营销、政治宣传以及健康传播等领域改变人们的行为时，网络如何帮助我们决定与哪些目标人群进行沟通？对目标进行网络定位的能力，即利用我们对网络的了解更好地预测网络中个体行为的能力，实际上源自"同质性"，换句话说，源自人类喜欢与那些和自己相似的人交朋友的倾向。

我研究过的每一个社交网络都表现出了这种规律性。按照种族、宗教、年龄、政治派别甚至个人偏好，我们可以被划分成不同的类

别。滑雪者往往会和滑雪者成为朋友,美食家往往是美食家的朋友,民主党人更倾向于和民主党人交朋友,而共和党人则倾向于和共和党人交朋友。当然,这个规则也有例外,比如一些民主党人有共和党的朋友,而共和党人也有民主党的朋友。但这只是例外,不是规则。

"物以类聚,人以群分。"如果你的朋友喜欢徒步旅行、足球、阅读和杀手乐队,那么从统计学上讲,你也很有可能会喜欢徒步旅行、足球、阅读和杀手乐队。通过这样的方式,你的网络连接会暴露你的个人偏好。通过分析你朋友的偏好,营销人员可以有效地调整他们的目标定位,以提高他们在宣传上的回报。事实上,正是同质性在目标定位中的作用使得衡量社交影响力变得如此困难。但这种趋同性也使得企业和组织可以确定,谁才应该接收那些说服性信息。我们以一家全球电信公司为例,我的朋友和同事肖恩德拉·希尔(Shawndra Hill)、福斯特·普罗沃斯特(Foster Provost)和克里斯·沃林斯基(Chris Volinsky)参与了这家公司具有里程碑意义的"网络邻居"研究,这项研究是第一批揭示网络数据对目标定位营销具有强大预测能力的研究之一。[1]

肖恩德拉、福斯特和克里斯对一家在目标定位营销上有着悠久历史和丰富经验的著名全球电信公司进行了研究。这家公司推出了一项全新的通信服务,而且在考虑如何在网络环境中把他们的营销资源定位在正确的消费者身上。基于数据、经验和直觉,他们为那些他们认为肯定会喜欢这种新"高科技"服务的客户建立了一个非常复杂的目标定位模型。他们的模型包含了数百万名潜在客户的人口统计学特征数据、地理位置数据以及忠诚度数据。但是在研究过程中,研究人员在这个已经非常复杂的目标定位模型中添加了一个变量:一个潜在客户是否已经有朋友接受了这项新的服务。

为了构建网络，他们分析了这家电信公司的呼叫详细记录（CDR），这些记录包含通话对象、通话频率、通话时长等数据。他们依据这些数据构建了一个通话记录网络，把这个网络新服务潜在客户的手机号码和座机号码连接了起来。这个网络中的连接代表了任意两个号码之间的通话数量，并且连接是按照通话时长进行加权的。

在这个网络中，有两种类型的消费者：新通信服务的早期使用者（浅色的实心圆）和还未接受这种新通信服务的用户。而这家公司希望可以把后者定位成直接营销的对象（深色的实心圆）。该公司还把没有接受新服务的用户分成了两种：一种是他们通过电话联系的朋友中有人是服务的早期使用者（外面加了一个圆的实心圆），另一种用户则没有这样的朋友（外面加了一个正方形的实心圆）。研究人员把这样一条信息添加到了这家电信公司已经建好的复杂的目标定位模型中。他们考虑的仅仅是一个潜在的定位目标是否有一个"网络邻居"（他们在电话里与之交谈的人）已经接受了这项新服务（见图 8.1）。

接着，他们利用为新服务准备的广告针对潜在的客户进行了一场直接的营销活动，并且测算了他们定位的人群在相对销售率上的差异。考虑到图片广告的平均点击率只有 0.05%，最初的目标定位模型达到 0.28% 的销售转化率已经是一件相当了不起的事情了。而且这是转化率，不是点击率，换句话说，这是真实的销售量。但是，利用消费者的网络以及其网络邻居是否使用新服务等目标定位信息，相关营销活动的效率几乎可以提高 5 倍，并且可以达到 1.35% 的销售转化率。通过利用朋友的偏好数据，炒作机器可以建立一个关于我们自身偏好的更加精确的模型。

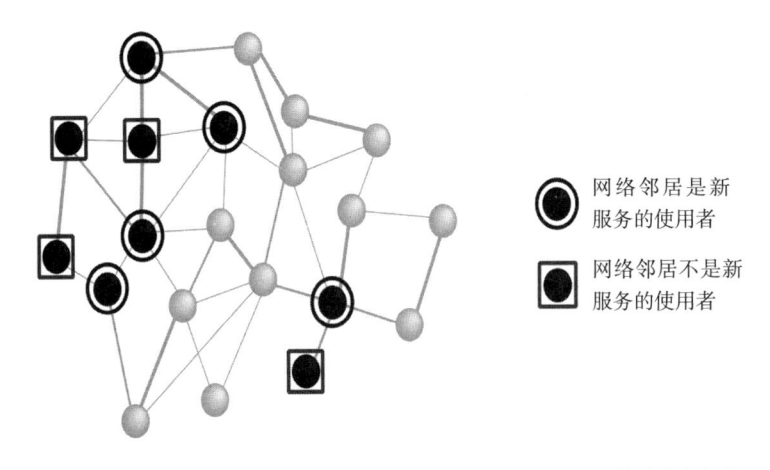

图 8.1 "网络邻居"网络。上图描绘了一个由通过电话联系的人构成的假想的社交网络,构建网络所需的信息来自一家大型电信公司的呼叫详细记录。浅色的实心圆代表的是新的电信服务的使用者,而深色的实心圆代表的是还没有接受新服务的用户,后者可能成为直接营销的目标对象。被一个圆圈包围的深色实心圆代表当下还没有接受新服务,但他们的朋友或者"网络邻居"已经使用了这项新服务的用户。被正方形包围的深色实心圆代表当下还没有接受新服务,而且他们的朋友或者"网络邻居"也没有接受这项服务的用户。资料来源:肖恩德拉·希尔、福斯特·普罗沃斯特和克里斯·沃林斯基的文章 "Network-based marketing: Identifying likely adopters via consumer networks." *Statistical Science* 21, no. 2 (2006): 256-276

朋友的说服影响了你的偏好(病毒式营销)

我们的网络连接不只能够预测我们的偏好,还可以影响我们的偏好。与品牌广告或者有倾向性的政治炒作相比,我们通常会更信赖自己的朋友。朋友了解我们,知道我们对什么感兴趣,所以他们知道哪些信息会吸引我们。他们还知道如何用最有说服力的、个性化的方式为我们包装相关的信息。因此，不足为奇的是，朋友的意见是消费者最信任的品牌信息来源。[2]考虑到数字口碑的强大说服力，品牌商在"朋友推荐的营销项目"上投入了大量的时间、精力和金钱。Dropbox（多宝箱）在很大程度上依赖"给我们一个客户，你就能获得免费的存储空间"这一类推广活动，而爱彼迎和优步这两家公司都使用了个性化的推荐信息和奖励措施来推动增长。一位来自洛杉矶的优步司机约瑟夫·齐亚伊（Joseph Ziyaee）甚至利用了这种推荐类的营销项目，成为优步收入分配中的一个特例，或者就像他对人自夸的那样，他就是"优步之王"。

对优步的司机来讲，驾驶的时间越长，赚到的钱就越多。尽管不同的司机在诸如营业时间、营业区域以及驾驶方式等问题上存在不少差异，但驾驶时间和赚到的钱之间的关系基本上是不会发生变化的。优步 2014 年的数据显示，纽约市的一个出租车司机每小时能赚大约 30 美元，而那些开车时间最长（大约每周 80~90 小时）的人每年能赚大约 9 万美元，这可以算是在所有出租车司机中收入最高的。

如果我们只看这些数字，那么约瑟夫·齐亚伊在同一年 6 个月的时间里赚到的钱真的很可观。事实上，长远地看，他赚到的钱可能比地球上的任何一个优步司机都要多很多。2014 年，约瑟夫的收入几乎是收入排名第二的司机的两倍，他在 6 个月的时间里净赚 9 万美元。这意味着他的年收入达到了 18 万美元，他完全是一个特例。但这并不是约瑟夫·齐亚伊最值得关注的地方。真正让人感到吃惊的是，他虽然是在成为一个优步司机后才赚到了那么多钱，但他从来没有开过一辆优步车。他几乎完全是通过向其他司机推荐这项服务来赚钱的。[3]

优步拥有全世界最成功的推荐营销项目之一。它向所有的司机提供奖励，以鼓励他们推荐其他的司机前往客户等待的地点。当一个新司机通过朋友的推荐成为优步司机时，他们两个都可以获得相应的奖励。这个奖金的实际金额随着时间的推移不断变化，并最终变成了所有司机的基础工资。无论是否有人乘坐你的车，只要你驾驶的时长超过了某个特定值，你就可以拿到这个基础工资。但那时约瑟夫打破了所有的记录，每一次的推荐都价值数百美元。

世界上发展最快的一些企业是依赖推荐营销项目成长起来的，这些项目通过炒作机器传播的社交信息来推广它们的服务，这些企业包括贝宝公司（PayPal）、Dropbox、爱彼迎、特斯拉以及亚马逊。推荐营销项目通常会给予消费者一定的奖励，以鼓励他们向自己的朋友介绍相关的服务或产品。这种做法之所以行得通，是因为它利用了社交媒体的说服力。口碑是最值得信任的品牌信息来源，因为与品牌广告相比，我们更信任朋友和家人。朋友还知道我们的喜好，所以他们完全可以把产品推荐发送给合适的人。另外，当我们所有人都在使用某项服务时，局部网络效应就会起作用，这极大地降低了我们中的任何一个人离开的概率。

但是，最佳激励政策是什么样的呢？在我们自己的一项实验研究中，我们观察了在基于网络的鲜花快递服务的促销活动中添加病毒式激励的效果。[4] 我们的灵感来自卫星电视运营商DirectTV的"把你的朋友变成百元大钞"广告节目。这个广告节目是DirectTV的一个同伴推荐项目，节目的订阅者如果能够吸引他们的朋友也订阅这个节目，那么每介绍一个朋友，介绍人就可以获得100美元的奖励。[5]

一家企业可以为其现有订阅者招募的每一个朋友支付100美元。DirectTV的做法可能会加强我招募朋友的动力，但是除了我的个人魅力和说服力之外，这样的做法可能对我的朋友是否订阅节目并不会产生什么影响。我们把DirectTV这种形式的推荐称作"自私的奖励",因为在这个过程中只有推荐人获得了奖励。相比之下,一家公司可以要求其现有订阅者邀请他们的朋友,并且在他们的朋友加入时给予这个朋友100美元的好处。这会使那个朋友有一定的动机接受这家公司提供的服务,但是对其现有订阅者来讲,他们根本没有任何理由来帮助企业传播相关的信息。我们把这样的方案称作"慷慨的奖励",因为在这个方案中,当下的订阅者实际上把所有的推荐奖励都捐赠给了他们的朋友。当然还有一种做法,我们可以将上面两种方式折中,给那个朋友50美元,剩下的50美元给发出邀请的订阅者,我们把这种做法称作"公平的奖励"。

在实验中,我们为鲜花快递网站的用户随机分配了自私的奖励、慷慨的奖励以及公平的奖励这三种不同的推荐奖励方案,以测试哪一种方案最为有效。我们凭直觉认为,自私的奖励方案会鼓励更多人发出邀请,但最后的结果不会那么尽如人意;而慷慨的奖励方案尽管不会有很多人发出邀请,但相对来讲会有更多的人接受推荐的产品;至于公平的奖励方案,我们认为它会在两个方面都产生折中的效果。但哪一种方案会最终取得成功呢?

我们看到的是一个完全违反直觉的结果。在慷慨的奖励和公平的奖励这两个方案中,用户发送出去的邀请数量要多于自私的奖励方案,即便在这两个方案中,邀请者通过向朋友发出邀请而获得的金钱更少。事实证明,用户一般不会在没有传递任何好处的情况下给他们的朋友发送垃圾邮件。他们会觉得,给朋友发送邮件,然后通过让他们接受某种产品或服务来获得报酬有些不够体面,所以他们更倾向于把一些好处发送给朋友。事后看来,这样的结果与我们对"礼品经济"的理解是完全一致的,即有能力将好处给予他人的人会拥有更高的社会地位。

这使我们不得不面对另一个重要的战略问题，即当人们尝试在网络环境中创造某种行为改变时，营销人员应该如何决定具体采用哪一种营销策略？是目标网络定位还是病毒式营销？负责企业数字营销预算的CMO又应该如何分配这两个营销方案的预算呢？事实上，这些问题的答案也取决于相关性和因果关系之间的区别。想要理解这是为什么，让我们先来看一些我们与雅虎合作进行的研究，雅虎是在炒作机器中最早出现的大规模社交网络之一，而我们的研究涉及了统计学家所说的"反射问题"。

反射问题

从本质上讲，反射问题凸显了这样一个问题，即你很难推断社交媒体上人与人相互影响的行为传播现象是由于朋友间本来就存在的社交影响，还是由于其他原因，比如我们曾经提到过的同质性。这意味着什么呢？我们注意到，在我们曾经研究过的几乎所有社交网络中，被网络连接在一起的人往往会在几乎相同的时刻做同一件事，而且这种现象具有惊人的统计规律性。这样的模式可能是社交影响导致的结果——朋友之间可能会相互说服对方改变自己的行为；但这样的结果也可以用其他的原因解释，比如同质性。我们的行为"反射"出我们的朋友在网上的行为。究竟是我们与朋友可以互相影响，还是另外存在某种更有力的解释可以说明这种反射现象？

如果说"物以类聚，人以群分"，那么朋友之间的行为传播就可以用这样一个事实来解释，即我们往往会选择和我们有相似偏好的人做朋友。还记得吗？滑雪者往往会和滑雪者成为朋友，马拉松运动员往往会和马拉松运动员成为朋友，而美食家往往会和美食家成为朋友。所以，滑雪、跑步以及去新餐厅吃饭这样的行为会在朋友之间产生关联，仅仅是因为我们和有相似偏好的人是朋友，而并不一定是因为他们邀请我们去参加这些活动。

然而，朋友之间的行为相关性也可能是由所谓的"混合因素"，而不是朋友之间的社交影响引起的。社会学家马克斯·韦伯（Max Weber）曾说过一句名言："如果你看到一群人同时撑起了雨伞，你绝不会认为这是人们之间的社交影响在发挥作用。"换句话说，这很有可能只是因为天下雨了。

想象一下，一群人在某个场地参加一场政治集会或者音乐会。每个人都已经准备好，肩并肩地站在会场中，等待着集会或者音乐会的开始。现在想象一下，一把伞在场地的左下角被打开，几秒钟后，站在打开第一把伞的人旁边的人也打开了他的伞。现在，场地的左下角有两把伞被打开。几秒钟后，第三把伞在第二把伞的旁边打开。就这样，所有的伞一把接一把地从场地的左下角向右上角依次打开。是什么导致了这种模式的出现？

或许当时的情况是这样的，第一个打开伞的人用手肘顶了顶他旁边的人，然后对他说："嘿，打开你的伞。这样做会很酷的。"在打开了他的伞之后，第二个人可能也用手肘顶了顶他旁边的人，就这样，这个行为在人与人之间逐个传递。这就是基于社交影响力的解释方案。

但也许还有另一个因素导致人们以这样的方式逐个打开雨伞：一朵正在下雨的乌云从人们的头顶经过，正好从场地的左下角向右上角移动。以鸟瞰的视角观察，这个模式就好像众多雨伞从场地的左下角向右上角被依次打开。但人们无法分辨这种模式是由朋友间的相互影响造成的，还是由正在经过头顶的乌云造成的，这就是基于混合因素的解释方案。想要确切地知道具体的原因，我们需要了解是什么驱使着人们在人群中打开伞。

现在，你或许正感到疑惑，那个场地中的伞与炒作机器有什么关系？如果同质性是真实存在的，那么通过社交媒体联系在一起的人群就会有相似的偏好。所以，他们很有可能会看一样的电视频道、听一样的播客内容、访问一样的网站，因此会受到相同的广告的影响，这意味着他们往往会在大致相同的时间从相同的渠道获得信息。在炒作机器中，由于目标定位的原因，具有相似偏好的朋友会在接触说服性信息和广告时产生关联。因此，就像我们在伞的案例中提到的经过人们头顶的乌云一样，朋友之间的关联性行为可能是由炒作机器中的广告和说服性信息而不是社交影响力导致的。但是，这又意味着什么呢？

想要理解为什么反射问题是营销成功的关键，并判断社交媒体操控是否会影响选举，先来看一个我们和雅虎合作应对的难题。

2007年7月，雅虎刚刚推出了一款新的移动服务应用，并将其称作Yahoo! Go，这款应用程序可以向用户的手机推送个性化的新闻、气象以及股票市场信息。不到6个月，这款应用程序已经有了超过50万名用户。雅虎想要知道的是，人们使用并在网上推广这款产品的原因究竟是同伴之间的相互影响，还是个体对这款产品的偏好。这个问题的答案可以帮助相关人员决定如何在市场上推广这款产品。如果用户可以成功说服朋友使用这样一款产品，那么向他们提供类似优步使用的推荐方案，即用奖励来鼓励人们这样做，就可以使更多的人使用这款产品。但是，如果该产品的用户并没有被朋友影响，而是他们的偏好由于同质性与朋友的偏好相关联，那么目标网络定位策略就会比病毒式营销策略表现更好。因此，一些严谨的数据科学可以帮助雅虎决定如何更有效地在市场上推广这款产品。

在针对Yahoo! Go的用户接受程度所做的纵向研究中，我们搜集了2 700万名Yahoo! Messenger用户的相关数据。Yahoo! Messenger是雅虎推出的全球性即时通信网络（也是一款和美国在线的AIM或者微软的MSN Messenger类似的产品）。[6]我们还搜集了这些用户详细的人口统计学特征数据和地理位置数据，以及关于他们的网络行为和活动的全面、详尽的数据，总页面浏览量达到了约900亿。我们还添加了每天接受和使用Yahoo! Go这款产品的数据记录。

为了解决反射问题，我们设计了一种叫"动态匹配样本估计"的统计技术，这种技术实际上是一种动态的、网络化版本的"倾向评分匹配"，这是保罗·罗森鲍姆（Paul Rosenbaum）和唐·鲁宾（Don Rubin）在20多年前发明的一种开创性方法[①]。[7]从本质上讲，这个模型把社交影响的效果与其他解释，比如同质性和混合因素，区分开来[②]。接着，我们把这个模型应用于数据集中的数百万人，我们的发现揭示了忽略网络数据中相关性和因果关系之间的差异的显著影响。

我们首先建立了一个模型，来估算一个用户接受Yahoo! Go的可能性，这取决于他们是否有一个网络邻居是Yahoo! Go的早期使用者。这个模型与肖恩德拉·希尔和她的同事在关于网络邻居的研究中建立的模型很相似。我们通过分析可以得出一条"影响力曲

---

① 在这里，相关的技术细节和我们的讨论没有关系。但是，如果你们有人对这个模型框架感兴趣，这里有一个简短的介绍。首先，我们建立了一个模型，计算任意给定用户拥有一个在使用Yahoo! Go的朋友的可能性。接着，我们对数据集中的用户进行了匹配，匹配的条件是他们拥有一个在使用Yahoo! Go的朋友的可能性是完全相同的。然后，我们对符合匹配条件的用户样本进行了比较，他们中的一些人确实有这样的朋友，而另一些人并没有这样的朋友。

② 迪恩·埃克尔斯和埃唐·巴克西后来证明，当使用正确的背景变量时，这种方法可以减少高达80%的误差。

线"。这条曲线描绘的是，随着时间的推移，在接受了新产品的用户中，拥有已经在使用该产品的朋友的用户数量与没有这种朋友的用户数量的比例。在这种设定下，如果你观察曲线上的第一个数据点，你就会明白，在 Yahoo! Go 发布的 20 天之后，拥有已经在使用这款新产品的朋友的用户与没有这种朋友的用户相比，前者接受新产品的可能性是后者的 16 倍。但是，如果你继续观察这条曲线，那么你会发现，在这款产品发布的 5 个月后，前者接受新产品的可能性只有后者的 2 倍。因此，我们可以发现，在 Yahoo! Go 生命周期的早期，社交影响力是人们接受这款产品的重要推动力，但是随着时间的推移，这种重要性在不断地消退（见图 8.2）。

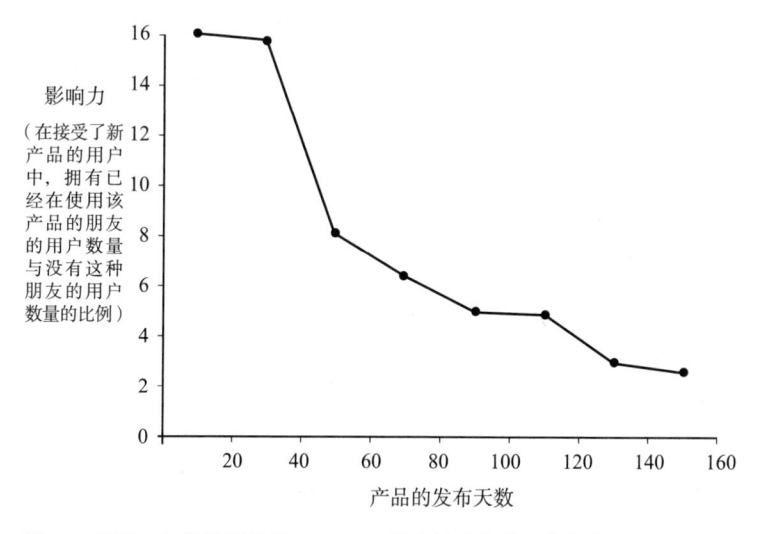

图 8.2 基于一个简单模型的 Yahoo! Go 用户接受的影响力曲线。图中的 Y 轴代表在接受了新产品的用户中，拥有已经在使用新产品的朋友的用户数量与没有这种朋友的用户数量的比例，X 轴代表 Yahoo! Go 的发布天数。图中的点代表的是，某人如果有一个或几个朋友已经接受了 Yahoo! Go，那么他自己接受这款产品的可能性会增加的倍数

这条曲线的意义对任何想要创造人口规模上的行为改变的人来讲都是至关重要的。如果现存用户能够说服他们的朋友接受Yahoo! Go，那么CMO就应该考虑如何通过推荐营销鼓励现存用户邀请他们的朋友来使用这款全新的应用软件。相反，如果人与人之间无法通过社交关系相互影响，也就是说，如果现存用户无法说服他们的朋友接受这款新产品，那么传统的目标网络定位就是一种更加有效的策略。

所以，如果你是雅虎的CMO，你正要决定如何在依靠社交影响的病毒式营销策略和不依靠社交影响的目标网络定位策略之间分配营销预算，那么你很可能会在看到影响力曲线后做出这样的决定：在产品生命周期的前三个月，把预算集中在病毒式营销策略上，三个月之后，再把预算集中在目标网络定位策略上。因为曲线的趋势表明，社交影响力在早期更重要，而在后期已经无关紧要。但是，如果你是雅虎的CMO，我是你的首席科学家，我给你提供了这张曲线图，而你依据这张图做出了上述的预算分配决定，那么我们两人都会被开除。

这里的问题在于，我们两人都把相关性当成了因果关系。根据上面的数据，我们已经注意到，如果你有一个已经在使用这款产品的朋友，那么你接受这款产品的可能性会很高，但这个事实并不意味着你的朋友正在影响你，并使你更倾向于接受这款产品。事实上，当我们用倾向评分匹配模型对同质性和混合因素进行控制时，我们的发现正是如此（见图8.3）。

社交影响对消费者选择是否接受Yahoo! Go的影响力远低于我们最初的估计。而且随着时间的推移，社交影响的效果并没有发生很大变化。事实上，我们发现如果一支营销团队从来不关注因果关系和关联性之间的差异，那么在他们的客户决定是否接受某一款新

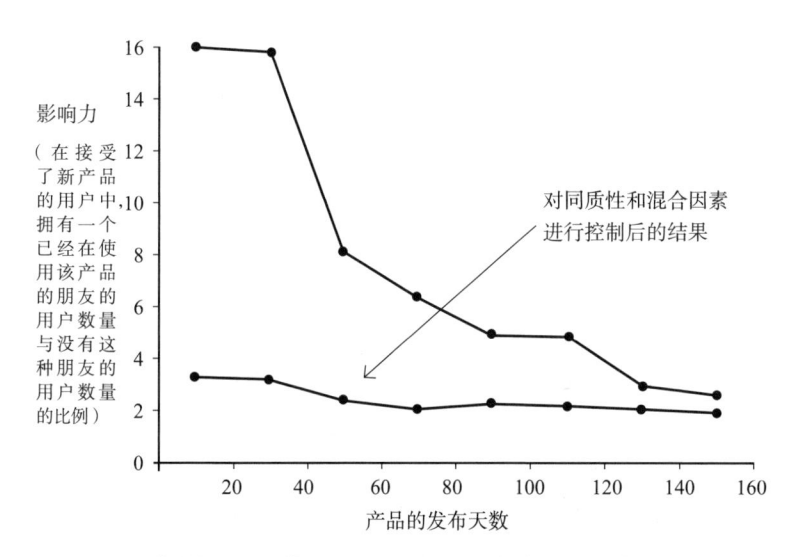

图 8.3 基于倾向评分匹配模型的 Yahoo! Go 用户接受的影响力曲线。图中的 Y 轴代表在接受了新产品的用户中，拥有已经在使用新产品的朋友的用户数量与没有这种朋友的用户数量的比例，X 轴代表 Yahoo! Go 的发布天数，但是这里的数据经过了倾向评分匹配模型的调整。图中的点代表的是，某人如果有一个或几个朋友已经接受了 Yahoo! Go，那么他自己接受这款产品的可能性会增加的倍数

产品时，他们会将社交影响在其中的作用程度高估 700%。这是一个极其严重的错误，会彻底摧毁数字营销预算的有效性。

对社交影响力在上述决策过程中发挥的作用进行更加精确的估算表明，预算的分配不应该在三个月后做出改变，而应该随着时间的推移保持相对稳定。这也意味着雅虎应该将更多的预算分配给目标网络定位策略，同时减少病毒式营销策略的预算，这样才可以最大限度地改变网络中的行为。

类似的错误会使营销和各种推广计划付出巨大的代价。理解投资如何转化为行为改变是创造真正的炒作回报的关键，同时也是理

解别国政府是否成功地左右了美国大选的关键。另外，它还有助于解释"雨天中的雨伞"与社交媒体的成功或失败有什么样的关系。

了解朋友的喜好会影响你的喜好（社交广告）

病毒式营销并不是在一个高度社交化的世界利用社交影响力的唯一方式。脸书利用选举进行的实验展示了利用社交影响力的另一种方式，我们把这种方式称作"社交广告"。想要理解什么是社交广告，我们必须从理解身份在炒作机器中扮演的角色开始。无论什么时候，当我们在脸书、Instagram、领英或者微信上发布帖子或者参与某些内容的讨论时，我们实际上已经用某种方式把我们的身份与那些内容联系了起来。最重要的是，我们这样做时，不但将我们的喜好明确传递给了那些看到这些内容的人，而且在不经意间将这些信息传递给了我们正在使用的平台。各个平台可以利用这些信息分析最初由克里斯·狄克逊（Chris Dixon）和卡泰丽娜·费克（Caterina Fake）提出的"兴趣图谱"。如今，Pinterest网站号称是处理兴趣图谱的领先智能引擎。兴趣图谱是一个将人们与某些兴趣联系起来的网络。但是，脸书在这个领域也有一定的优势，单单是它对人们喜好的理解的深度和广度就已经令人感到畏惧了。

脸书通过在一条信息中展示已经投票的朋友的照片，极大地提高了劝说人们投票的活动的说服力。通过这种形式的社会认同，脸书强化了自己的社交广告，这就像我们在微信的朋友圈看到朋友转发的广告一样。在这些程序中，脸书和微信揭示了这样一个事实，即你的某些朋友会特别喜欢甚至会支持某些特定的信息或其来源。例如，当脸书在其网站上向你展示达美航空公司（Delta Airlines）的广告时，它还会标明你的"其他6个朋友也都是达美航空公司的粉丝";或者在《口袋妖怪》游戏的广告中,它很可能会指出你的某位朋友"也是《口袋妖怪》的粉丝"。类似的社会认同还可以通过点赞、分享以及评论等形式与原始的内容一起呈现在你面前,这可以极大地增强相关信息的说服力(见图8.4)。

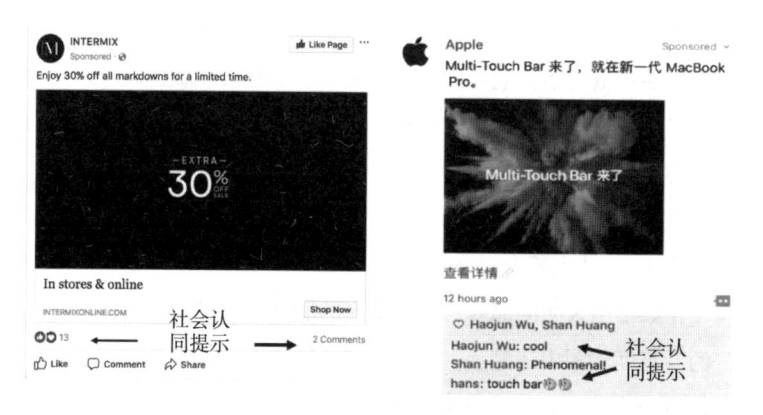

图 8.4 脸书和微信广告上的社会认同提示。该图展示了在脸书(左)和微信(右)上观看了广告的朋友发布的社会认同提示(点赞和评论)

2012年,脸书进行了两次大规模的随机实验来衡量这种社交广告的有效性。我的朋友和同事埃唐·巴克西(Eytan Bakshy)、迪恩·埃克尔斯、杨容(Rong Yang,音译)和伊塔马尔·罗森(Itamar Rosenn)当时都在脸书工作(迪恩自那之后就和我一起在麻省理工学院就职了),他们分别对600万名和2 300万名脸书用户进行了两次随机取样实验。[8] 在一项实验中,他们向看到某个品牌广告的用户随机显示(或者不显示)他的一个为该品牌点赞过的朋友的名字。通过对比那些看到了朋友名字的用户和没有看到朋友名字用户的反应,他们发现,用显示某个朋友名字的方式展示社会认同,可以使点击率提高3.8%~5.4%,点赞率提高9.6%~11.6%。这些都是非常显著的效果。所以,研究人员用相对比较保守的科学术语总结道："哪怕是最细微的社会认同提示也会极大地影响消费者对广告做出的反应。"

在第二个实验中，他们随机改变了显示的社会认同提示的数量。他们向一些用户显示了一个朋友的名字，向一些用户显示了两个朋友的名字，向剩余用户显示了三个朋友的名字。他们发现，显示的朋友名字数量越多，最后的影响越大。对于有两个品牌关联好友的用户来讲，与只显示其中一个好友的名字相比，显示两个好友的名字会使点击率提高10.3%，点赞率提高10.5%。对于有三个品牌关联好友的用户来讲，显示三个好友而不是两个好友的名字会使点击率提高8%，使点赞率提高8.9%。

正如下图表明的那样，显示更多的朋友姓名可以提高用户对广告的参与度。图中还显示，有些用户的朋友之前就很喜欢这个品牌，用户有越多这种朋友，他对相关广告的参与度就越高。$Z=1$、$Z=2$和$Z=3$这三列的差异证明了这一点。下图将拥有一位、两位或者三位喜欢某个品牌的朋友的用户区分开来。每一个组都必须单独进行分析，由于朋友之间的同质性，拥有喜欢某个品牌的朋友的数量越多，该用户对这个品牌的天然好感就越强。从$Z=1$、$Z=2$到$Z=3$，随着点击率和点赞率的上升，同质性的效应越发明显。你喜欢某个品牌的朋友越多，你就会越喜欢这个品牌（见图8.5）。

脸书的社交广告实验是此类实验的首例。它展示了社会认同提示在增强广告效果方面的力量，超越了由同质性创造的目标网络定位的力量。但这个实验并没有分析不同产品的社交广告效果是如何出现差异的。社交广告是推广电子产品更有效，还是推广时尚配饰更有效？它对跑步或者投票的影响又有怎样的效果差异？当我们购买能够代表自身地位的产品，比如劳力士手表和豪华轿车，或者一些体验类的产品，比如酒店和餐厅服务时，我们需要亲自体验这些

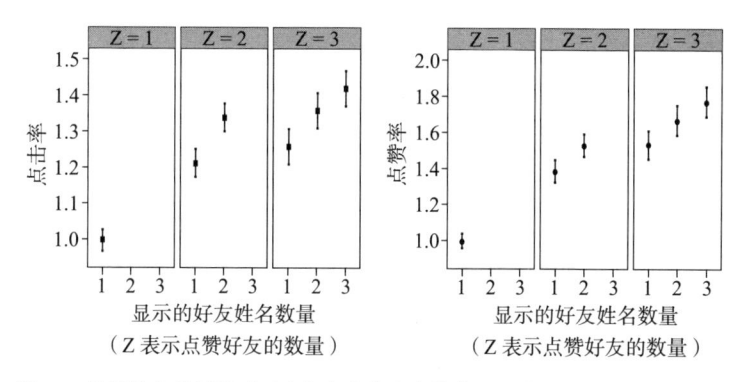

图 8.5 显示社会认同提示对广告点击率和点赞率的影响。上图显示了脸书上广告的点击率（左）和点赞率（右）与显示的好友姓名数量的平均关系。Z 的取值可以是 1、2 或 3，这些数字代表了用户有多少个点赞了广告的朋友。资料来源：Bakshy, Eytan, Dean Eckles, Rong Yan, and Itamar Rosenn. "Social influence in social advertising: evidence from field experiments," In *Proceedings of the 13th ACM conference on electronic commerce*, pp. 146-161. 2012

产品或者听取其他人的反馈，才能对它们的价值做出具体的评估，在这样的情况下，我们是否更容易被朋友的意见左右呢？

为了找到这些问题的答案，我和埃里克·布莱恩约弗森、黄珊（Shan Huang，音译）、杰弗里·胡（Jefferey Hu）与中国最大的社交平台微信展开合作，进行了一次更大、更全面的实验。[9] 在涉及 25 个品类、71 种产品的微信朋友圈广告中，我们向 3 700 万名微信用户随机给出了不同数量的社会认同提示，然后我们对所有产品的社交广告效果的差异进行了分析。我们想知道，显示某个朋友喜欢某个品牌这样的社会认同信号是否会增强该品牌信息的说服力呢？如果确实如此，那么这些社会认同信号对哪些产品和品类是最有效的？我们发现，不同产品的社交广告效果确实存在巨大的差异。

微信

对微信进行分析和思考显然是很有价值的，因为它是炒作机器中令人敬畏且极其独特的一部分。如果脸书的重要性在于它的规模，那么微信的重要性就在于它几乎无所不包。微信是社交网络界的瑞士军刀，你几乎可以在上面做任何事情。你可以用它买火车票、订酒店、支付账单、向朋友发送信息、共享照片、点餐、转账、叫出租车、购物、送干洗衣物、交换比特币、支付账单、投资股票、向慈善机构捐赠、玩电子游戏、看电影、阅读新闻等。它实际上是脸书、WhatsApp、Instagram、优步、Venmo 以及整个 App 商店的综合体。

在中国，微信发展出了一种不受脸书网络竞争影响的网络效应，并且保留了其后发优势。通常来讲，在一个拥有网络效应的市场里，你只有成为第一个吃螃蟹的人，才能构建网络效应，并在早期以之对抗你的竞争对手。然而，这样做的缺点是后来者可以从你的错误中汲取教训并进行创新——当然，前提是他们能打破先行者构建的网络效应。不过，微信最初的故事还是有些不同的。一开始，它只能观察西方社交媒体平台的创新，但这让它在一个庞大的、因语言受到保护的市场上维持了先发者的优势。最终，在中国国内市场上，它像先发者那样不断地演化，同时拥有了后发者才具备的竞争洞察力。现在，它已经是世界上功能最全面的社交平台了，拥有超过10亿名用户。

显示一个朋友的点赞就可以让用户点击广告的概率提高33.75%，这比我的同事在脸书的实验中发现的 3.8%～10.5% 的行为改变值要大很多。但我们的实验中有三个不同之处可以解释这一点，并让我们对社会认同提示的力量有了更深入的了解。

首先，在脸书的实验中并没有一个不显示社会认同提示的控制组，相反，研究人员把显示了两个和三个社会认同提示的实验组与只显示了一个社会认同提示的实验组进行了比较。而我们的实验首次评估了广告从没有社会认同提示到有一个社会认同提示的说服力，这次尝试揭示了社会认同提示纯粹的说服效果。

其次，我们的实验只把用户的点赞信息发送给了他们的朋友，而不是朋友的朋友，或者朋友的朋友的朋友。与之相比，脸书的实验所显示的社会认同提示的用户与在社交网络中实际看到广告的用户之间还有好几层关系。这证明了在调节社会认同提示的效力的过程中，人际关系的紧密程度具有的影响力。换句话说，朋友与我们的关系越紧密，他们发出的社会认同提示对我们行为的影响就越大。这强化了我在第 5 章表述的观点，即脸书的局部网络效应是如何帮助它击败 MySpace 的。

最后，我们研究了不同产品的社交广告效果是如何表现出巨大差异的。对最成功的社交广告来讲，在广告中添加一个朋友的点赞可以将点击率提高 270%。由于这是一项随机实验，所以我们是在真正的因果意义上对行为改变值进行测量——实验中除了在广告上添加社会认同提示之外，其余所有的元素均没有发生改变。在添加了社会认同提示之后，大多数广告的效果都出现了显著的提升，但是有些广告的效果明显好于其他广告。39 种产品的广告因为添加了社会认同提示而出现了显著的行为改变值的提升；32 种产品的广告没有导致行为改变值的大幅变化；没有任何一种广告的效果因为添加了社会认同提示而降低。

喜力啤酒（Heineken）是其中表现最好的品牌，在实验中，其行为改变值提升了 270%。行为改变值提升幅度最小的品牌是迪士尼，只提升了 21%（请记住，还有 32 种产品的行为改变值没有大幅变化）。这就引出了一个问题，是什么让某种产品更适合社交广告呢？为什么社会认同提示会改变我们对某些产品的观感，而对其他产品却没有？为了找到答案，我们首先将数据按照产品的分类进行细分，然后再观察相关的行为改变值。

当我们观察不同类别产品的社交广告效果时，我们很容易发现，有些产品比其他产品更适合使用社交广告。食品、时尚类产品以及汽车是最适合使用社交广告的品类；饮料和珠宝也比较适合使用社交广告；金融产品、房地产、保险以及金融服务则不太适合。信用卡及电子商务平台这类产品的广告效果基本上不会受到社会认同信号的影响。为什么会出现这种差异呢？是什么让某些类别的产品广告的说服力更容易或不容易受到社会认同信号的影响（见图 8.6）？

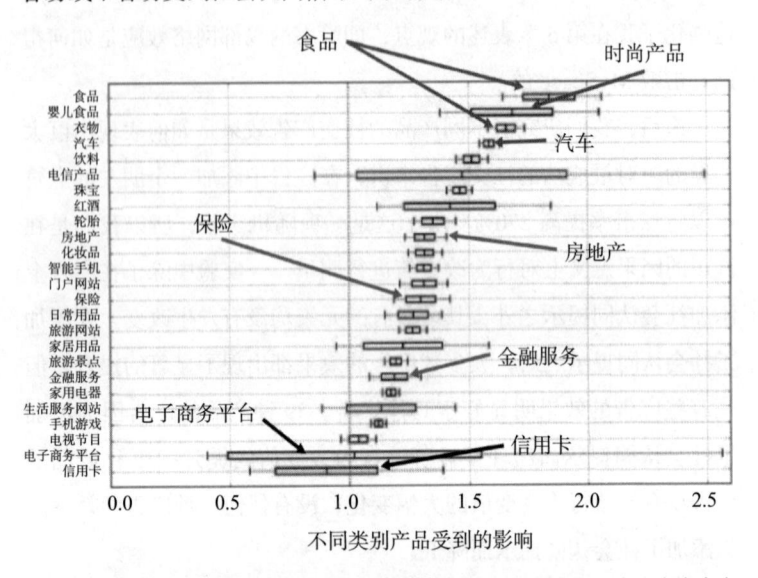

图 8.6 在广告中显示社会认同提示（如点赞）对不同类别产品的广告点击率产生的影响。上图显示了在微信朋友圈广告上显示朋友的点赞与这个广告的点击率之间的平均关系。资料来源：Huang, Shan, Sinan Aral, Jeffrey Yu Hu, and Erik Brynjolfsson. "Social Advertising Effectiveness Across Products: A Large-Scale Field Experiment," *Marketing Science*, Forthcoming, 2020

或许产品类别的某些重要维度推动了社会认同信号的有效性。例如，某些产品满足了我们平时与朋友进行攀比的心理需求。我们以那些通常被认为代表了个人社会地位的产品作为例子，比如那些昂贵的手表或者豪华汽车，人们购买这些产品并不只是为了使用或者享受，而是为了彰显自己的社会地位。我们猜测，社会认同对能代表社会地位的产品的影响或许会更大。当我们测试这一类产品与其他产品之间的差异时，我们发现，能够传递社会地位信息的产品受到社会认同提示影响的程度远远超过了其他类别的产品。

我们从与微信合作开展的研究中了解到，我们通过炒作机器与不同的产品和行为进行不同的互动。炒作机器通过人类的社交网络传播各种信息、创意、产品或者行为的方式并不是唯一的。每一种行为、产品或者创意都有某些特性，使它们会或多或少容易因为社交影响而被传播，或者会受到同质性（即人以群分）效应的影响。有些创意和产品很适合社交传播，而另一些则不适合。但如果我们想要这样做，我们能否将产品设计成适合社交传播的类型呢？

设计产品和创意（病毒式设计）

前面已经讨论过的三个策略是关于如何对现有产品和创意进行市场推广的。但是，一种全面实现社交化的方法需要我们回溯到产品或创意的开发周期内，进入产品或创意本身的设计中。与其简单地询问如何才能在这个新的社交时代传播产品、创意或内容，那些对改变他人行为感兴趣的营销人员、政客和个人应该提出一个更加深刻的问题：我们应该如何设计产品和创意，使它们从一开始就可以很容易地在社交媒体中被分享和传播？这就是所谓的病毒式设计，一种让产品、创意和内容可以很容易地在朋友间被分享的设计过程和方法。

病毒式设计并不是什么新生事物,自从人类有了《圣经》,它就一直存在着。事实上,几乎每一种宗教信仰都有某种传道方法,这种方法是宗教得以传播的关键。基督教的设计就是为了使它能够在公众中被传播。《古兰经》则把布道当作一种责任。如果你认为"病毒式传播"是千禧一代的事情,那么你就错了。

在信息时代,病毒式设计就是为产品开发出病毒式特征和病毒式功能。我的朋友和同事乔纳·伯杰(Jonah Berger)在他撰写的《疯传:让你的产品、思想、行为像病毒一样入侵》(Contagious)一书中,极富表现力地描绘了所谓的病毒式特征。[10] 它们是一种想法的特质,让我们想要分享。例如,在伯杰和凯西·米尔克曼(Kathy Milkman)共同对《纽约时报》上被分享次数最多的文章进行的一项研究中,他们发现,能够激起读者情绪反应的内容,无论是积极的(比如敬畏),还是消极的(比如愤怒或焦虑),都更具有病毒式特征。[11] 那些无法激起情绪反应或者会压制情绪的内容(比如悲伤)就没有多少病毒式特征了。有趣、实用以及令人惊讶的内容也和病毒式特征正相关。

另外,病毒式功能实际上是一件产品或者某种创意的设计元素,这种元素迫使我们分享这件产品或这种创意。如果你想要促进对产品或创意的接受、参与以及分享,那么这样的设计本身就是一种很强大的策略。我们以免费电子邮件服务 Hotmail 作为例子,它可以说是数字时代最早采用病毒式设计的产品之一。

当杰克·史密斯(Jack Smith)和萨比尔·巴蒂亚(Sabeer Bhatia)在1996年推出 Hotmail 时,他们在产品设计中嵌入了病毒式功能。在 Hotmail 发出的每封电子邮件的结尾处,签名这一行都有一句很聪明的附言,附言的内容是:"在 www.Hotmail.com 获取免费的电子邮件服务"。每一封发给同事或朋友的邮件都可以被看作 Hotmail 的广告，而且签名行的链接还提供了安装这款产品的直接路径。这款产品在 1996 年 7 月 4 日正式发布。

不到 6 个月后，Hotmail 已经拥有了 100 万名用户。再过了 5 周后，它的用户数量达到了 200 万，而且每天有 2 万多名新增用户。在这个过程中，他们几乎没有支付任何广告费。史蒂夫·尤尔韦松（Steve Jurvetson）是德丰杰风险投资公司的总经理，这家公司是 Hotmail 的首席投资方。史蒂夫·尤尔韦松说："我们对 Hotmail 在全球网络上的传播速度感到震惊。这种被用户快速接受的模式和病毒在网络上的传播模式是完全一样的。我们曾特别关注了第一个来自海外大学城的用户，接着，那个区域的用户数量就开始快速增加。从流行病学的角度来看，这就好像宙斯在地球上打了个喷嚏。"[12]

就像乔纳·伯杰所描述的那样，产品的病毒式特征关乎它的内容，以及这些内容对用户向朋友分享的欲望所产生的心理影响。正如我们在第 2 章谈到的那样，虚假新闻的病毒式特征就包含了能够激起惊讶、愤怒以及厌恶等感觉的内容。另外，产品的病毒式功能关乎你如何把这件产品设计成为可以与他人共享的模式。病毒式功能可以实现沟通、生成通知、发出邀请，或者在网站和博客上实现产品的超文本嵌入。

两个被应用得最广泛病毒式功能是"个性化推荐"和"自动化通知"。自动化通知由用户的操作触发。例如，当有人发送信息或者更新状态时，这些操作就会作为通知广播给他的联系人。当用户在 Instagram 上发布图片，或者在 Strava 上直播跑步时，社交网络平台通常会自动地通知这个用户的朋友。与自动化通知相比，数字推荐更加个性化、更有针对性。用户可以主动地在朋友中挑选一部分人接收上述通知信息，而且可以在通知中加入一些个人消息。但是，哪一种功能才是更强大的病毒式功能呢？为此，我和迪伦·沃克（Dylan Walker）在脸书上设计了一个大规模的随机实验来寻找这个问题的答案。[13]

与我们合作的公司当时正在脸书的平台上开发一款和电影有关的 App，这款 App 可以让用户与朋友一起阅读关于即将上映的电影的文章、撰写电影评论、了解名人并且以个人或者团体的名义购买电影票。这是一款旨在将电影文化嵌入脸书的社交电影 App。为了测试病毒式功能的有效性，我们准备了这款 App 的三个不同版本，每一个版本都有一种不同的病毒式功能，而且相关的功能可以随时被打开或者关闭。我们测试了个性化推荐和自动化通知，前者可以让用户亲自邀请朋友来试用这款 App，而后者可以自动将用户在这款 App 上的操作以通知的形式发送给他们在脸书上的朋友，通知里还会附上一个安装这款 App 的链接。

个性化推荐功能在这款 App 的所有界面上始终显示一个"邀请你的朋友"的按钮。当用户点击按钮时，它会显示一张该用户在脸书上的好友列表，这样，该用户就可以从清单上选择他想要邀请的朋友，并且可以再写一段个性化的消息，然后给他的朋友发送一个链接，以方便他们下载。自动化通知功能会将用户的操作通知给他们的朋友。当用户参与了一些很有意思的活动，比如给一部电影打分时，它就会向这个用户在脸书上的所有朋友发送一个通知，鼓励他们加入这款 App。例如，如果我给《终结者2》这部影片打了4分（满分5分），系统就会自动生成一条消息，发送给我在脸书上的所有朋友，告诉他们我给出的评分，然后鼓励他们也下载这款 App。那条自动发送的消息很可能是这样的："锡南在这款电影 App 上对《终结者2》给出了4颗星的评分，或许你也会对这款 App 感兴趣，这里有一个下载的链接。"

当用户下载这款 App 时，我们会给他们随机地分配我们之前准备的三个实验版本之一，每个版本都有一项不同的病毒式功能，而且该功能可能在打开或者关闭的状态。在第一组 App 中，我们打开了个人推荐功能；在第二组 App 中，我们打开了自动通知功能；在控制组中，这两项功能均已被关闭。接着，我们观察了每一个版本通过脸书网络自然扩散的过程，实验涉及的人数达到 140 万。

我们发现，在促成客户接受新产品这个方面，推荐功能的效率是通知功能的三倍。与对照组相比，推荐功能使用户接受率提升了 6%，而通知功能只将该比率提升了 2%。尽管推荐功能使这款 App 的全球扩散率翻了一番，即提升了 98%，但是通知功能产生了更大的效果，其全球扩散率达到了 246%。虽然推荐功能发出的消息更有效，但通知功能的整体效果更好，因为它生成了更多的自动消息，因此可以使更多的人接触这款新的 App。

个性化推荐功能在 App 的持续使用率上创造了 17% 的增长，而自动化通知功能在这一点上没有产生任何效果。当用户邀请他们最好的朋友使用这款 App 时，他们的朋友就会对这款 App 更感兴趣，因此更有可能会坚持使用这款 App。该结果清晰地表明，用户的持续参与是由脸书的局部网络效应推动的。对每个用户来讲，一款 App 的价值并不仅仅取决于他们接受了这款 App 的朋友数量，还取决于他们最亲密的朋友是否接受了这款 App，这强调了亲密、熟悉的关系对强化一个平台的网络效应的重要性（见表 8.2）。

如果你认为病毒式设计仅仅适用于一些数字产品，那么你就错了。事实上，即使是你能想到的完全没有任何数字化迹象的产品，也正在被数字化，并被嵌入炒作机器。我们以人类历史上最没有可能被数字化的产品——运动鞋为例。你想把一双运动鞋嵌入炒作机器吗？你只需要在鞋里放一块芯片，然后它就可以通过一款 App

表 8.2　病毒式功能与社交传播。该表格显示的是与控制组的 App 版本相比，同一款电影 App 的另外两个不同版本在每条信息的影响力上的提升（看到邀请并下载了 App 的人数的比例），在全球扩散率上的提升（利用风险模型估算的这款 App 被用户接受的比例的增长率），以及在持续使用率上的提升（用户在这款 App 上创建或参与某项活动的次数的增长率）。在这两个版本的 App 中，其中一个打开了个性化推荐功能，另一个打开了自动化通知功能，而控制组 App 的这两个功能均已被关闭。数据来源：Aral, Sinan, and Dylan Walker. "Creating social contagion through viral product design: A randomized trial of peer influence in networks." *Management Science* 57, no. 9 (2011): 1623-1639

哪一种病毒式功能的传播效果最好？		
	个人推荐	自动通知
每条信息的影响力	↑6%	↑2%
全球扩散率	↑98%	↑246%
持续使用率	↑17%	0%

将数据传输到类似脸书和 Instagram 这样的社交网络上。这正是耐克在 2006 年做的事情，当时它用的 App 就是我们在前面提到过的 Nike+Running。首先，他们的研究人员制造了一种芯片，这种芯片将你跑步时产生的热量和压力转化为电能来为自己供电。接着，他们在鞋里安装了一个发射器，这个发射器可以通过 2.4 GHz（千兆赫兹）的无线电与手机里的接收器进行通信。数据在你的脚和手机间的无线传输过程中是被加密的，但之后你可以自由地把这些数据和其他信息，比如你在跑步时天气有多热，一起分享到脸书、推特或者 Instagram 上。正如我们在前面对运动的传染性的研究中看到的那样，这种类型的病毒式设计通过网络传递跑步行为的社会影响。随着设备越来越智能，病毒式设计正在使这些设备更具社交性，从而使炒作机器的触角延伸到虚拟世界。正如我们在前面对虚假新闻的研究中看到的那样，人们在设计虚假信息的时候就已经考虑到了如何利用那些最令人感到震惊和煽情的内容，即那些最能让我们感

到惊讶、愤怒和厌恶的内容来激发我们的情绪，使这些虚假信息快速传播开来。

网红真的能告诉我们如何购物、吃饭和投票吗（网红营销）

2009年，为了给自己的男朋友留下深刻的印象，阿丽尔·查纳斯（Arielle Charnas）决定开始撰写时尚博客。当时她正在纽约肉类加工区的一家名叫Theory的服装零售店内工作。除了把自己撰写的内容标榜为"海军风格"之外，阿丽尔还在多个不同的社交媒体平台上分享了一些与时尚有关的技巧，她还堂而皇之地把这些技巧称为"提升时尚度的基础"。2010年，在Instagram上线后，她开始在这个新的社交媒体上不断地发帖子。她在帖子里的形象和举止始终保持着时尚、含蓄和积极向上，她还经常发布一些关于她光鲜亮丽的家庭的消息。但是，她的影响力一点儿也不含糊。2016年，她在Snapchat上贴出一张彼得罗夫（Peter Thomas Roth）旗下的玫瑰干细胞活性修护面膜的照片之后，这个品牌面膜一天之内的销售额就达到了17 565美元。如果这样的销售速度能够持续下去，这将产生"每月52.7万美元，或者每年接近640万美元"的营业收入。[14]她与诺德斯特龙百货公司（Nordstrom）的首次服装合作在24小时之内就卖出了100万美元的商品。她与诺德斯特龙的第二次合作导致诺德斯特龙网站瘫痪了，她的帖子在上传后的一个小时内的流量就已经势不可当了，这次合作为诺德斯特龙创造了400万~500万美元的销售收入。尽管还存在一些技术上的问题，但是这次合作达成的销量已经超过了诺德斯特龙与音乐人碧昂斯和蕾哈娜的合作曾达成的销量。[15]

当时尚网站Fashionista.com的泰勒·麦考尔（Tyler McCal）问

阿丽尔，社交媒体是如何改变她所做的一切的时候，她这样回答："社交媒体对我来讲就是一切，它成就了我的事业。有了社交媒体，我才能建立自己的公司，创建自己的品牌。如果没有社交媒体，我不知道我还能做什么。但是，这一切都是在 Instagram 上线后才真正开始的。博客确实很棒，而且是可持续的……但我在博客上的影响力比不上 Instagram 给我带来的所有可能性。"[16]

阿丽尔是一个典型的网红，在炒作机器的帮助下，她通过自己的个人品牌在网络上传播行为改变。她在 Instagram 上已经拥有了超过 130 万名粉丝，而且她在多个不同的社交平台上都是拥有很强影响力的网红。自保罗·拉扎斯菲尔德（Paul Lazersfeld）和伊莱休·卡茨（Elihu Katz）在 20 世纪 50 年代提出两级传播理论至今，学术界一直存在这样一个观点，即 1/10 有影响力的人足以通过社会推动各种行为改变。马尔科姆·格拉德威尔（Malcolm Gladwell）在他的第一本书《引爆点》（*The Tipping Point*）中向普通读者推广了这一观点。[17, 18]炒作机器使我们真正有机会接触那些有影响力的人，并且使这些网红可以通过影响他人来建立自己的事业。炒作机器在扩大自己的群体说服力的同时，也在扩大这些网红的影响力。

无论是为了某个品牌还是出于人道主义，现在我们所有人都拥有一些可以通过炒作机器增强群体说服力的工具。我们中的一些人，比如阿丽尔·查纳斯，只是比其他人更擅长做这件事而已。炒作机器使他们可以货币化他们的影响力，同时，它还使得各个品牌、企业以及政府（无论国内还是国外）通过观察、评估以及参与和网红们的互动来推广它们的产品和创意。到 2020 年，网红营销的行业价值将达到 100 亿美元①。[19]

---

① 2021 年，网红营销的行业价值已经接近 140 亿美元。——编者注

那么，营销人员应该如何识别炒作机器中影响力最大的网红呢？他们又是如何衡量这些网红的影响力的呢？两个最常用的衡量标准是"流行度"和"参与度"。流行度是一个网红的影响范围，通常可以用网红的粉丝数量来衡量；参与度是网红在他们的粉丝群体中引起互动的比例，在面向大众的场合，参与度可以用点赞和评论的数量来衡量，在小规模的线下活动中，参与度可以由组织活动的经理通过统计具体点击率和转化率来衡量。

尽管流行度和参与度是理解网红现象的一个很好的起点，但是仅仅靠这两个标准还无法衡量真正的影响力。想要对影响力有一个更加完整全面的了解，我们需要对行为改变进行更加严格的分析。即便流行度表明你的影响范围很大，但这并不一定意味着你有影响力。我们以阿什顿·库彻（Ashton Kutcher）为例，他可以说是炒作机器中第一批著名的网红之一。回想当初，阿什顿曾经在洛杉矶405高速公路上购买了一大块广告牌的广告，鼓励人们关注他的推特，现在他在推特上拥有了数百万名粉丝，但是他有多大的影响力呢？在公开演讲中，我曾要求在场所有在推特上关注了阿什顿的听众举起手来，确实有很多人举起了手。但接着，我又要求所有曾经听从阿什顿·库彻的建议行事的人举起手来，这一次几乎没什么人举手……而且现场鸦雀无声。如果阿什顿是一个典型的有一定影响力的网红，那么为什么没有人按照他的建议行事呢？什么才是真正的影响力呢？

假设巴拉克·奥巴马在2020年大选前向一群民主党的捐款人发表演讲。此时，一位政党领袖可能会提出疑问：这样的演讲会产生什么样的效果？想要真正了解奥巴马演讲的影响力有多大，仅仅知道有多少人在听完演讲后向民主党捐款是不够的。奥巴马的铁杆支持者很可能是最早出现在演讲现场的那批人，他们也是早已经决定在2020年大选时向民主党捐款的那批人。所以，想要了解奥巴马演讲的影响力究竟有多大，我们就不得不首先了解，如果一批人从来没有听过这次演讲，他们向民主党捐款的可能性有多大。[20] 想要估算因演讲而产生的行为改变，我们需要设想一个和现实情况完全不同的场景：如果奥巴马根本没有发表过任何演讲，即这样的影响力从来没有出现过，上述捐款人是否还会捐款，即他们发生相同的行为改变的可能性有多大。

为了精准地估算影响力，我们不得不从相关性转向因果关系。这意味着我们需要考虑的是行为的改变，而不是行为的趋势。[21] 每个人都有可能去购买某一款产品，为了确定其他人在多大程度上会影响我做出的购买决定，我必须估算他们发出的信息在多大程度上会影响我购买这款产品的可能性。问题是，如果你购买了这款产品且很喜欢它，那么作为你的朋友，我也很有可能会对这款产品感兴趣，因为作为朋友，我们彼此很相似，这就是所谓的同质性。正因为这一点，我们更有可能会接触这款产品的目标定位广告，所以，即便没有朋友对我产生的影响，我也很有可能是这款产品的买家。从统计学的角度来讲，这完全是一团乱麻。为了解开这团乱麻，我和迪伦·沃克一起设计了一种全新的方法，可以在衡量和识别真正网红的同时应对这一系列的挑战，这种方法已经被我们发表在了2012年的《科学》杂志上。[22] 还记得我们在前面讲述病毒式设计的实验时提到的那个电影App吗？我们以那个实验为基础，再向前走出了一步。

为了衡量人们在决定接受这款电影App的过程中受到的社交影响，我们随机向这款电影App的现有用户的150万名朋友发送了一个自动通知。例如，在我给《终结者2》这部电影打分的案例中，尽管我给出的分数应该被发送给我在脸书上的所有朋友，但我们还是随机阻断了其中的一部分信息,作为我们第二个实验的一部分。首先,我们对接到通知的人和没有接到通知的人进行了比较,然后利用比较获得的数据估算了人们对社交影响的易感性。接着,我们又对一系列其他特征,比如年龄、性别和情感状态进行了同样的比较和估算。此外,我们还分析了信息发送者和接收者的"配对"特征,比如,是一个男人向一个女人发送信息,还是一个女人向另一个女人发送信息。

利用这种随机取样的方式,我们可以估算出男性和女性受到的不同影响以及对各种影响的易感性。另外,我们还估算了男性对女性的影响,女性对男性的影响,以及这些影响是否会随着年龄变化增加或减少。我们发现,总的来讲,男性会比女性有更大的影响力,女性对男性的影响力超过了她们对其他女性的影响力,年龄大的人会有更大的影响力且不像年轻人那样容易受到外界的影响,另外,已婚人士在决定是否接受我们的产品时,是最不容易受到外界影响的。

当我在英国的一次公开演讲中描述上面列出的最后那项结果时,我用蕴含诗意的语言讲述了两个人结婚后如何建立一个紧密结合的基本单元,他们融入彼此,开始协调一致,并"合二为一"。这就可以解释为什么已婚人士最不容易受到外界的影响,因为现在他们两个人在做任何事情之前都必须达成一致。我的朋友、剑桥大学的教授桑吉维·戈亚尔(Sanjeev Goyal)当时也在演讲大厅里,他站起来对此评论道:"锡南,对于已婚人士为什么最不容易受到外界的影响,我还有另外一种解释。说实话,我做任何事之前都会先问过我的妻子。"听众为之大笑。这两种解释都是有可能的,我们仍然不知道为什么会发生这样的事情。但这里有一个需要注意的地方,那就是这些结果只适用于我们研究的那款电影App。在购买不属于我们研究范围内的产品时，女性的影响力很有可能会大于男性。也就是说，我们在影响力和易感性如何与网络发生关联方面确实发现了一些引人注目的规律，这些规律对我们最终如何选择网红非常重要。

首先，我们发现有影响力的人往往不会受到其他人的影响，而容易受到影响的人往往不具有影响力。某些人的影响力越大，他们所传递的信息改变与他们有联系的人的行为的可能性就越大，而他们改变自己行为以回应他人的可能性就越小。在我们的研究涉及的150万人中，这种影响力和易感性之间出现的令人惊讶的权衡现象，或许可以用来解释，为什么在我们的文化中，那些具有开拓性的创新者会不为批评者和反对者所动，而且会毫不动摇地致力于实现他们的愿景。史蒂夫·乔布斯以及比他早了将近一个世纪的阿尔伯特·爱因斯坦等先驱，都不会按照大众的思维随波逐流。他们致力于实现自己的愿景，并且在很大程度上不受他人意见的影响。在社交媒体中，这种影响力和易感性之间的权衡体现在研究人员所说的"粉丝比例"上，即某个人的粉丝数量与他关注的人数的比例。影响力和易感性之间的权衡还可以用来解释为什么特朗普有7 200万名粉丝，而他本人只关注了47个人，或者为什么著名歌手泰勒·斯威夫特有8 500万名粉丝，但她本人没有关注任何人。

其次，我们发现，一个网红在网络中的地位（或者定位）对他们的整体影响力至关重要。我们发现社交媒体网络中有两种不同类型的网红，一种网红会和其他拥有同样影响力的网红建立联系，而另一种网红更愿意和影响力比他们小的人建立联系。

那些有影响力较大的朋友的网红，更有可能在网络中把他们的影响力传播到两层关系之外，即传播到朋友的朋友那里。而那些没有影响力较大的朋友的网红，对他们的直接社交圈的影响不亚于顶尖的网红，但是他们的影响力无法传播得那么广泛，因为他们的朋友没有那么有影响力。

另外，我们了解了人群的聚类和影响力是如何联系在一起的。[23]在我们的脸书实验中，由于信息是随机发送的，我们可以测试社交影响力会如何随着网红及其朋友的共同朋友的数量而变化。当你具体思考自己的朋友关系时，你很可能会和他们中的一些人有很多共同朋友，此时你和他们实际上在同一个朋友圈里。但你有可能和其他一些朋友几乎没有什么共同朋友。事实证明，与那些我们有很多共同朋友的人在一起的时候，我们会有更大的影响力。换句话说，在拥有共同朋友且关系紧密的聚类中，网红的影响力才是最强大的。这很有可能源自同伴压力，比如，当你有一群朋友鼓励你戒烟时，情况就是如此。

这种影响力模式甚至会导致炒作机器中紧密相连的聚类内部更加相似，多样性更少，因此，不同的人群聚类之间就会出现更多的差异和分歧（在第10章探讨政治的两极分化和群体智慧时，我还会回到这个话题）。这也解释了为什么病毒式设计通常都是在那些已经接受了新产品的客户周围传播有关的行为，而不是在整个网络中进行广泛的传播。我们能够影响的往往是那些在一个关系紧密的聚类中的熟人，而不是那些在我们几层关系之外的朋友。

最后，或许并不令人惊讶的发现是，在拥有共同的社会背景或者制度背景的人群中，影响力更容易发挥作用。我们发现，人们对和他们在同一个组织或系统内的朋友的影响力会增加125%。另外，与上不同大学的朋友相比，人们对和他们上同一所大学的朋友的影响力会增加1 355%；与居住在不同城市的朋友相比，人们对和他们居住在同一个城市的朋友的影响力会增加622%。此外，人们是否在同一个故乡长大与他们的影响力没有什么关系，这意味着共同的近期社会背景对施加影响力更重要。这些结果为我们提供了更多有关影响力如何通过炒作机器发挥作用的背景知识，以及我们应该如何识别网红。但识别网红只是第一步。

营销人员面临的挑战是如何选出能够最大限度地传播他们的创意或产品的网红。一个营销人员通常只能与少数几个人合作，他们可以雇用这些人来当网红，或者让他们免费试用产品的样品，或者向他们的头脑灌输某个想法。那么，他们应该选择谁来进行合作呢？这实际上是一个在计算机科学、经济学以及市场营销理论中被充分研究过的问题，这个问题也被称作"影响力最大化问题"。我们在这个领域中学到的东西不但非常迷人，而且是违反直觉的。

影响力最大化

为了最大程度地在社会上传播某种创意或行为，营销人员应该如何选择适合的网红呢？2000 年，在《引爆点》这本书出版后，关于如何最大化影响力的研究开始在圈内普及，这项研究主要集中在如何展示真实的结果上。2001 年，《终极算法》(*The Master Algorithm*)的作者、计算机科学家佩德罗·多明戈斯(Pedro Domingos)和他现就职于微软的学生马特·理查森(Matt Richardson)首次把这个问题形式化了。[24] 从那时开始，计算机科学家和营销人员针对如何最大化影响力这个问题提出了众多不同的解决方案，这些方案越来越复杂，并且都已经在业界被实施。

一种显而易见的方式就是选择那些最受欢迎的人，这样的人往往是名人，而且很可能拥有数量庞大的粉丝。网红营销实际上就是这样开始的，比如你可以选择金·卡戴珊这样的名人，他们往往有很大的影响力。选择最受欢迎的人显然符合逻辑且非常明智，这与随机选择网红的方式相比也明显效率更高。但随着时间的推移，营销人员发现，这种策略也有缺点。首先，那些受欢迎的人之间往往原本就有联系，所以他们的粉丝网络会相互重叠，这就造成了他们的影响力过剩。其次，他们的影响力成本极其高昂。金·卡戴珊在 Instagram 上发一条帖子的要价高达 50 万美元，这就使她的影响力成本高得有点儿吓人了。[25] 最后，你很难预测网红发送的信息是否会获得成功，这些信息的有效性在营销人员的眼里有很大的差异。因此，如果你选用了一些需要你付出很高成本的网红，那么这样的策略将是极其低效的，换句话说，每一美元换来的影响力将是非常低的。

基于我在第 3 章讨论的"友情悖论"，之后出现了另一种策略。友情悖论基于这样一种理解，即"我们的朋友往往会比我们拥有更多的朋友"。这一悖论是由社会学家斯科特·菲尔德发现的，这种模式的出现是因为拥有更多朋友的人更有可能与其他人建立联系，所以我们随机选择的那些人的朋友之间往往也是高度连接在一起的。[26] 营销人员可以利用这种模式选择他们需要的网红，这样不但可以减少网红影响力的浪费或因网红数量倍增造成的选择困难，还可以使他们能够在线下状态、社交网络的实际规模未知或者获取成本过高，比如在农村地区对公共卫生进行干预时，继续他们的网红营销活动。

为了用这样的策略找到真正高效的网红，营销人员或公共卫生官员可以采取如下两个步骤。首先，他们可以从他们希望传播某种思想或者行为的人群中抽取随机样本。然后，他们可以随机抽取第一步的样本的朋友。这两个步骤可以识别那些在网上拥有很多联系的人，这些人本身就分布在网络中。通过这种方式，你可以找出在网上有众多联系人,但他们相互之间并没有什么联系的这样一群人。

2012年,我的同事尼古拉斯·克里斯塔基斯(Nicholas Christakis)和他的团队利用这一策略,在洪都拉斯伦皮拉地区的32个乡村中开展了推广"复合维生素"的活动。[27]他们把所有的村庄分成了三个组,每个组内有9个随机选择的村庄,然后在每个组中采用了三种不同的网红营销策略来推广复合维生素。在第一组中,研究人员向村里最受欢迎的一群人,即受欢迎程度在前5%的人分别赠送了一瓶60粒的复合维生素,然后向他们讲述了维生素的好处等健康知识,还给了他们一些复合维生素的兑换券,这样他们就可以和村里的熟人一起分享。在第二组中,研究人员向村里有影响力的人提供了同样的产品和信息,但他们是按照上述的两个步骤来选取影响者的,他们首先在村民中随机选取了5%的人,然后随机抽取了第一批样本中每一个人的一个联系人。第三组是他们这项研究的控制组,在这一组中,他们随机为5%的村民提供了复合维生素、相关的健康知识以及用来分享的兑换券。

他们的研究结果证实,从在当地商店中兑换复合维生素时使用的兑换券数量来看,通过两个步骤把随机选择的村民的朋友作为影响者的这种做法明显优于其他两种做法。在通过这两个步骤选出影响者的村庄中,村民使用了74%的维生素兑换券,而在采用另外两种策略的村庄中,村民只分别使用了66%和61%的维生素兑换券。

虽然这种策略确实让人眼前一亮,但它的缺陷也越来越明显。首先,正如我之前指出的,某个人的影响力越大,他就越不容易受到其他人的影响。无论是那些受欢迎的名人,还是通过上述的两步法挑选出来的网红,他们往往都不太容易受到最初思想或产品的影响,而且让他们信服的成本会更加高昂。

其次，我们需要权衡受欢迎的程度和参与度。一个网红的粉丝数量越多，他们对任意某个粉丝的影响力就越小。还记得我们在前面提到过的"邓巴数字"吗？普通人很难与一些特意聚集在社交媒体上的大量受众进行有意义的互动。所以，随着这些网红自身网络中的人数不断地增多，他们与自己粉丝的互动会逐渐减弱。例如，行业研究证实，在 Instagram 上拥有更多粉丝的网红发布的帖子得到的"每个粉丝的点赞数"会少，因为与粉丝相对较少的网红相比，他们的受众与他们的联系已经不再像以前那样密切了。[28] 对拥有 1 000～5 000 个粉丝的网红来讲，平均每个粉丝的点赞数是 8.8%，拥有 5 000～10 000 个粉丝的网红得到的平均粉丝点赞数是 6.3%，拥有超过 100 万个粉丝的网红得到的平均粉丝点赞数是 3.5%。当某人越来越受欢迎时，他就会逐渐地失去粉丝的注意力。

我的同事邓肯·沃茨、杰克·霍夫曼（Jake Hofman）、温特·梅森（Winter Mason）和埃唐·巴克西提出了一个挑选"普通网红"的截然不同的策略，普通网红就是那些粉丝数量较少，但每一篇帖子的互动较多，而且成本更低的网红。[29] 我与帕拉穆维尔·迪隆（Paramveer Dhillon）进行的研究证实了这种方法的有效性。在用真实的社交媒体数据进行测试后，我们的模型显示："最优的选择对象是相对来讲没有那么多社会联系，也并不是太多社交网络中心的人，而且他们与自己的联系人之间有更紧密、更深入的联系。"[30] 换句话说，我们的研究指出了"小网红"和"微网红"的重要性，这正是这个行业近年来的演化过程。

在上述对网红营销和小网红的研究中，有一个很关键的结论涉及注意力的重要性。一个由众多不同的小网红构成的组合之所以能够胜过作为名人的网红，是因为在没有任何重复浪费的情况下，这些小网红可以在网络的各个部分吸引人们的注意力。尽管他们自身的影响范围比较小,但他们可以牢牢地抓住粉丝们的注意力,从而用更低的成本让每个粉丝都能拥有足够的参与度。在下一章,我将把目光从网红的身上移开,把注意力及其对炒作机器的重要性放在整个经济领域内进行分析。

第 9 章

注意力经济的制度化

> 信息的泛滥造成了当今社会注意力的匮乏。
>
> 赫伯特·西蒙
> 诺贝尔经济学奖获得者

2016 年 9 月，剑桥分析公司的前 CEO 亚历山大·尼克斯（Alexander Nix）大步流星、充满自信地走上在纽约举行的康科迪亚年度峰会的讲台，发表了题为《大数据在全球选举中的力量》的演讲。会议的音响系统播放了克里登斯清水复兴合唱团的《恶月升起》(Bad Moon Rising) 作为他整场演讲的宣传音乐。[1] "我看见恶月正在升起，"约翰·福格蒂（John Fogerty）演唱着，"我看见一路上麻烦不断，我看到大地轰鸣、雷光闪闪，我看到今天是个糟糕的日子。"

我认为尼克斯或者当时在房间里的任何人都不会知道这些歌词是多么有预见性。2018 年 3 月，在仅仅 18 个月之后，人们通过一段秘密视频发现尼克斯声称，他曾经利用网络上传播的虚假新闻干预并影响了全球的选举。[2] 同月，他被解除了剑桥分析公司 CEO 的职务，两个月之后，这家公司也永远地关上了大门。

然而，尼克斯在 2016 年时还是一个由数据驱动的广告世界的宠儿。他领导的公司刚刚完成了他们在特德·克鲁兹（Ted Cruz）的总统竞选活动中的工作。用尼克斯自己的话来说，他们的工作把这位几乎没有什么人知道的参议员从"正在寻求提名且不是很受欢迎的候选人之一"，变成了特朗普"唯一有威胁的竞争对手"。"那么他是如何做到这一点的呢？"尼克斯在视频中这样问他的听众，随后他一点一点地说出了其中的秘密。"当下，绝大多数的通信公司依然按照人口统计学特征数据和地理位置数据来划分他们的受众，"他说，"这是一个极其可笑的想法。认为所有的女性因为她们的性别就应该收到同样的信息，所有的非裔美国人因为他们的种族就应该收到同样的信息，所有的老年人、富人或者年轻人因为他们的人口统计学特征就应该收到同样的信息，这样的想法根本没有任何意义。"他的口吻听起来很像是可口可乐的首席信息官罗伯·凯恩。凯恩提出的"数字参与框架"使上述细分战略落后了整整 30 年。尼克斯接着描述了剑桥分析公司是如何改变这种做法的。

> 我们建立了一个模型来预测每一个成年美国人的性格特征……如果你了解了你的目标人群的性格特征，你就可以微调你的信息，使其更有效地引起那些关键受众群体的共鸣……我们还可以利用关于我们目标受众的成百上千的个体数据点来准确地理解哪些信息会对哪些受众产生吸引力……那种地毯轰炸式的广告，那种让上亿名受众观看内容相同的邮件广告、电视广告以及数字广告的日子已经一去不复返了……今天，沟通正在变得越来越有针对性。可以说，它正在针对这个房间里的每个人进行个性化的调整。

那么，炒作机器又是如何把整个经济领域，甚至整个社会中的行为改变制度化的呢？为了回答这些问题，我们不得不先向后退一步，首先理解社交媒体经济自身的结构和功能，其核心实际上就是经济学家所说的"注意力经济"。针对我们关心的社会、经济以及商业上的结果，比如对选举的操控、虚假新闻以及营销方案的成功，注意力经济把炒作机器如何推动这些结果的出现融入了整个大背景中。想要知道这种类型的经济是如何运作的，最好问一问一个叫作加里·维（Gary Vee）的人。

向加里·维提问

我必须承认，我始终对加里·维纳查克（Gary Vaynerchuk）的观点和言论持怀疑的态度。从内心来讲，我绝不是一个"怀疑他人的人"，我曾劝诫我的儿子绝不要随意使用这个单词，但毫无疑问，我对这个人始终是怀有疑虑的。加里·维纳查克在平时被人称作"加里·维"，他是范纳媒体（Vayner Media）的创始人和CEO，他为人傲慢、绝不认错且绝不妥协，他还经常说一些似是而非的警句。在出版了像《刺拳、刺拳、右勾拳》（*Jab, Jab, Right Hook*）和《碾碎它》（*Crush It*）这样的畅销书后，当他真的出现在社交媒体上时，你或许会误以为这个人是某种形式的专题广告片中的人物，比如Instagram上曾经非常流行的"向上刷屏"的动画人物、古怪的摇头娃娃以及出现在微笑的"大便"旁的加里·维卡通造型等。所以乍一看，他就像是马戏团的杂耍演员。你或许还可以理解为什么我对他会始终抱有怀疑的态度，因为我和他在一些基本的问题上有根本性的分歧，比如教育的价值，以及为什么我们应该告诉孩子他们可以成为他们想要成为的任何人。他却经常建议那些10多岁和20

多岁的年轻人退学（想象一下我捂着我7岁孩子耳朵的样子）。所以，从这样一个角度来讲，或许我还真是一个"怀疑他人的人"。

但是，我完全错了（不是关于教育，而是关于加里是否懂得营销）。当我在Instagram上观看了更多他上传的视频，听了更多他的播客内容，仔细地阅读了他在网上发表的演讲，然后看着他在电视采访中满口粗话地面对目瞪口呆的记者（你可以在社交媒体上找到大量无可挑剔的、经过了精心策划的内容）时，我意识到我对他的看法大错特错。当我更深入地了解他的内容（在了解时不得不强忍自己的厌恶）时，我突然意识到，他已经证明了他的观点。这一刻，他完全可以忽略他的内容、建议以及他巡回演讲的价值，因为他已经成功地把他唯一想要的东西抓在了手上，这就是我的注意力。那么，他又是如何做到这一点的呢？

事实证明，加里·维使用的那些技巧确实有他自己的深意。他对推动数字经济的核心概念有着深刻的哲学见解（他很可能会说，正是这个概念推动了整个经济的发展）。他比我见过的任何人都更了解当今数字化的、由社交媒体驱动的经济的本质，无可否认的是，它从根本上来讲就是一种注意力经济。正如他喜欢说的那样："注意力是商业的货币。"事实上，注意力是炒作机器的货币，或者说（在我们的机器类比中）是燃料。它是所有主要的社交媒体平台采用的商业模式的驱动力，也是它们相互竞争，并销售给试图在全球范围内创造行为改变的品牌商和政府的东西。没有注意力，社交媒体平台就会萎缩和死亡。

对那些试图在炒作机器上说服消费者、选民和公众的品牌商、政客以及政府来讲，注意力同样也是他们的命脉。在品牌商把他们的最新产品卖给我们之前，他们需要我们的注意力；在政客说服我们投票给他们之前，他们需要的也是我们的注意力；在政府说服我们给孩子接种疫苗之前，他们需要的还是我们的注意力。

注意力经济

注意力是非常有价值的，因为在尝试说服任何人之前，你都需要他们的注意力。类似脸书、推特和 YouTube 这样的平台通过向消费者提供连接、交流和内容来赢得消费者的注意力。但接着它们会把这些注意力出售给品牌商、政府和政客，这些人希望用各种广告来改变人们的认知、观点和行为。这些平台上广告库存的数量和质量，即它们想要销售出去的广告单位的数量和质量，会随着它们服务的消费者的数量，以及这些消费者对平台策划的内容的参与度而相应地变化。这就是为什么这些平台痴迷于（以及为什么它们的市场估值取决于）用户数（社交平台上的用户数量）和用户参与度（用户与社交平台上的内容和功能进行互动的频率和强度）的增长（见图 9.1）。

我们创建 Humin 时，曾痴迷于数据分析。我们构建了一个控制面板来追踪所有可以被用来描述这个平台在全球各地增长和使用情况的关键指标。为了让团队了解实时信息，我们在旧金山办公室最核心的位置，也就是我们厨房的对面，安装了一个大屏幕显示器，所有人在放下手上的代码去休息时都会聚集到这里。屏幕上反复循环播放平台上实时发生的事情，其中包括了这款 App 被下载的次数、用户留存率、用户之间建立联系的数量、正在对话的用户数量、被打开的用户档案的数量以及正在进行的搜索数量。但是，有两个指标对管理一家企业来讲是最关键的，那就是用户的增长数量和参与度。我们不卖广告，也不分享用户数据，但是我们公司的市场估值完全取决于我们用户基数的增长速度以及消费者在这款 App 上的

注意力经济

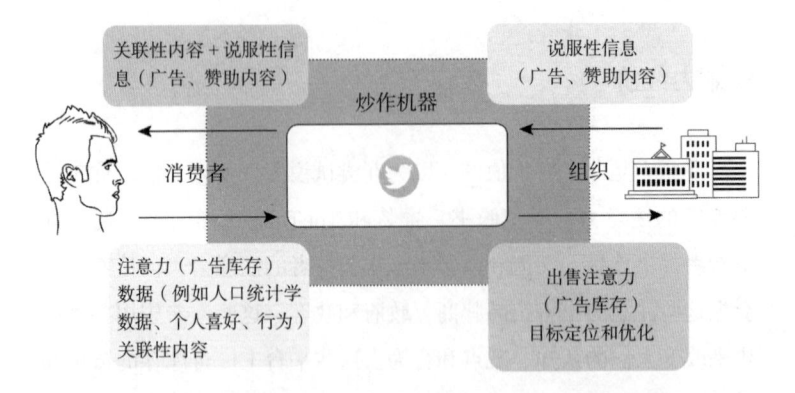

```
关联性内容 + 说服性信            说服性信息
息（广告、赞助内容）            （广告、赞助内容）

              炒作机器
消费者                        组织

注意力（广告库存）            出售注意力
数据（例如人口统计学            （广告库存）
数据、个人喜好、行为）          目标定位和优化
关联性内容
```

图 9.1　注意力经济。上图显示了注意力经济的结构。构成炒作机器的社交媒体平台在这里充当了消费者和组织（品牌商、政府、非营利机构以及小型企业广告商）之间的媒介，它们负责将各种内容和说服性信息传递给消费者，同时通过广告库存的形式将消费者的注意力出售给上述组织，以改变消费者的行为，并通过目标定位和优化服务来提升组织的说服力

参与度。这两个数据总结了我们吸引了多少人的注意力，以及其中我们每天可以操控的注意力的比例。这在本质上决定了我们公司的价值。

在以广告作为主营收入的企业里，一款 App 或者一个内容发布平台的用户数量越多，用户使用相关产品的时间越长，这款 App 或内容发布平台可以用来显示广告的位置就越多。从市场营销的角度来讲，这意味着它们需要销售的广告库存量就越大。但是，并不是所有的广告库存在价值上都相等。有时候这些广告的定价会通过拍卖决定，有时候又可以通过直销，按照广告的显示对象、显示页面、显示时间、显示位置以及广告类型（比如视频插播广告、朋友圈广告或横幅显示广告）等进行定价。不同的平台也会为它的广告收取不同的价格。比如，脸书就可以为它的广告收取更高的"单次

点击价格"（投放广告的企业通常只有在广告被点击后才会支付广告费用，这就是所谓的单次点击价格或者 CPC 定价模式）。与之相比，推特的价格更低一些。Snapchat 的单次点击价格通常介于这两者之间，它的价格可以比推特高的原因是，它比其他平台吸引了更多很有价值的千禧一代的年轻人。所以，注意力的价格会因为平台的不同而发生变化。

加里·维利用了这种价格上的差异。正如他自己描述的那样，他的职业生涯就建立在投资那些"被低估的注意力"上。他向那些品牌商、体育明星和音乐人销售书籍和高价格营销服务的能力实际上取决于他获得低价格注意力的能力（以及利用注意力来达成客户目标的能力）。所以，从 20 世纪 90 年代开始，当他把父亲的红酒业务转到线上，并且使其营业收入从每年 300 万美元增长到 6 000 万美元时，他就已经在寻找获得消费者低价格注意力的途径，并且精准地选择了其中最便宜、最有效的渠道来获得他想要的注意力。

当时，最低价的注意力可以通过电子邮件营销获得，因此他投资了电子邮件来推动他的业务。很快，在谷歌和脸书这样一些新的平台和社交服务上线后，之前渠道的价格和有效性都发生了改变。为了发展它们的业务，类似谷歌这样的新平台最初都会低价销售它们获得的注意力，所以加里·维把他的营销资金都投在了谷歌上。随着谷歌逐渐在市场上站稳脚跟，其注意力价格逐渐上升，但此时一些新的服务，如脸书、推特和 YouTube 也上线了。所以，当这些平台的注意力价格还很低时，加里转而将他的资金都投放到了这些平台上。现在，他又把抖音当作下一个注意力淘金地。他说他对任何渠道都没有特别的偏好，他实际上是一个"平台的怀疑论者"。他只是在对注意力进行套利交易而已。他说："我的职业生涯就建立在利用这些低价的注意力上，1997 年的电子邮件营销，2000 年谷歌的 AdWords（关键字广告），2006 年的 YouTube，2007 年的 Snapchat，那就是我的职业经历。"

广告的库存量也会因为不同的平台将其说服性信息定向投放到合适的人群（它们打算说服的人群）中的能力而出现差异。例如，如果一个政客希望用关于持枪权的信息来说服居住在某个州的某个特定区域内、年龄在 35~45 岁之间的保守派，那么能够在上述区域内最精准地找出 35~45 岁的枪支爱好者的平台就更有可能赢得这类广告收入，并且能为该广告设定一个非常高昂的价格。所以，能够最有效地将广告定向投放到合适人群中的平台，以及懂得如何进行目标定位的品牌商和营销人员就有了某种竞争优势。这种对说服性信息进行精细定位的能力，即将广告定向到越来越窄的消费者类别的能力，取决于社交媒体平台搜集的关于用户的人口统计学特征、个人观点、行为、心理特征、居住的地点以及使用的社交网络等数据的质量和数量。

目标精细定位

我在第 6 章曾概括地描述了对目标进行精细定位的整个过程。为了定位合适的人群，品牌商、政客等会首先建立一个模型来确定谁最有可能参与进来，并且会被特定的说服性信息影响，从而采取行动，接着，他们会通过炒作机器的不同渠道将这些信息传播出去，然后再通过衡量这些信息的有效性来调整相关信息的内容，最后，他们会针对不同的渠道调整相应的预算，以此最大限度地扩大这些信息在他们试图说服的消费者或者投票人当中的覆盖范围、知名度和影响力。如果你们还能回忆起来的话，这就是我们在前面曾提到过的数字营销集成。

目标精细定位模型由如下这些大量的个人数据驱动，包括消费者的人口统计学数据（比如年龄、性别、语言、社会经济地位）、行为（比如购买记录、搜索历史、浏览历史）、个人喜好（比如社交媒体的点赞、分享）以及心理特征档案。所有这些数据都由第三方生态系统在多个不同的平台集成，而这个第三方生态系统也可以将这些数据从一个数据源共享到另一个数据源。基于人口统计学数据的目标精细定位模型会利用相关的数据，通过受众的具体身份来识别受众群体；基于行为数据的目标精细定位模型会通过受众的行为方式来识别受众群体；基于兴趣数据的目标精细定位模型可以识别出人们喜欢什么；而亚历山大·尼克斯和剑桥分析公司倡导的基于心理数据的目标精确定位模型会根据人们的个性对他们进行分类，比如，某人是外向型性格还是内向型性格。但上述的每一种方式具体是如何运作的？它们的效果如何？让我们实时地体验一下其中的某一种方式。

如果你想体验基于行为进行目标精细定位的效果，那么先把你手上的这本书放下一小会儿，然后尝试在你的手机上进行如下操作。首先，打开谷歌的网站，搜索"脸书实时竞价"、"谷歌实时竞价"以及"Instagram定位展示广告"。接着，你可以点击一些有赞助的链接，浏览一些新闻网站以及为营销人员和小企业提供广告定位服务的企业网站。现在请关闭谷歌的网站，打开Instagram，上下滑动一下你的信息流页面，同时注意那些正在向你展示的广告。你会发现，你的Instagram信息流页面很可能已经被那些想要帮助你在社交媒体和网页上推销产品的营销公司占领了。

你认为这只是一种巧合吗？那么你可以再试一次。在你的手机上打开谷歌的网站，然后搜索"靴子"、"保暖靴"和"防水靴"。点击出现在搜索广告上的靴子链接。现在请关闭谷歌的网站，然后打开 Instagram，如果你看到的都是靴子，请不要惊讶。在数据的支持下，注意力经济被目标精细定位技术强化了。但如果没有细粒度的个人数据，目标精细定位技术是不可能实现的（尽管存在某种隐私保护法，可以让你在不知道目标对象具体是谁的情况下，利用个人数据进行目标的精细定位，但我还是会在第 12 章重新对这个问题展开讨论）。

但是，目标精细定位技术真的有用吗？品牌商、政客等真的可以利用炒作机器每天搜集的大量个人数据，通过对合适的人群使用目标精细定位技术来改变我们的行为吗？目标精细定位通常确实会造成一些细小但意义重大的行为改变，当这些细小的改变叠加在数亿人身上时，它就有可能对产品的销售产生明显的影响，并对选举以及接种疫苗的意向造成潜在的冲击。但是，在我们具体评估注意力经济的说服力时，这样的概括还是有一些值得你注意的地方的。

2002 年 7 月，欧盟颁布并实施了《隐私和电子通信条例》，这实际上是现行的《通用数据保护条例》的前身。2011 年，我的朋友兼同事凯瑟琳·塔克（Catherine Tucker），一位经济学家、麻省理工学院的市场营销学教授，以及我们在多伦多大学的同事阿维·戈德法布（Avi Goldfarb）巧妙地利用了欧盟隐私法的变化来衡量目标精细定位的有效性。[3] 隐私条例实际上限制了广告商搜集和使用消费者数据来开发定位广告的能力。凯瑟琳和阿维把这种政策上的改变当成了一个自然实验，并以此来衡量目标数据的缺失会如何影响广告商对消费者购买决策的影响。

他们对在如下三种情况下播放广告的有效性进行了比较，即在已经执行了隐私法律的欧洲国家内播放广告的效果，在没有这种法律的国家内播放广告的效果，以及在已经颁布了相关法律但法律尚未生效的国家内播放广告的效果。在他们研究的近 10 000 个广告的宣传活动中，当限制实现目标精细定位的法律开始实施时，广告的有效性下降了65%。当欧洲人在欧洲以外浏览各种网站时，由于他们没有受到隐私法的影响，所以广告的有效性没有下降。当在欧洲以外的人浏览受到这一法律影响的欧洲网站时，广告的有效性也会下降。这表明，如果法律阻止了目标精细定位所需的数据采集，广告的有效性就会下降。另外，目标精细定位极大地提高了广告商利用合适的信息，通过定位合适的人群来提升消费者购买意愿的能力。虽然凯瑟琳和阿维的研究确定了目标精细定位对广告有效性的因果影响，但通过对运行系统的深入研究，我们可以更深入地了解目标精细定位的工作原理。

我的两位密友克劳迪娅·珀利奇（Claudia Perlich）和福斯特·普罗沃斯特是机器学习的专家，他们当下的研究项目正好处在目标精细定位理论及其实践的前沿。他们对目标精细定位理论的洞见是非常重要的，这不仅是因为由他们主导的早期机器学习的研究帮助建立了目标精细定位的统计学理论，而且还因为他们在实践中建立了大规模的目标精细定位系统。他们一起帮助创建了一个机器学习系统，这个系统每天会在数字经济中运行数万亿个目标精细定位决策。福斯特是我在纽约大学的前同事，而克劳迪娅是他的博士生，她后来还成为目标定位公司 Dstillery 的首席科学家，这家公司实际上就是在福斯特的帮助下创立起来的。如果你想了解目标精细定位在实践中的运作细节，那么你可以请他们中的一位或者两位一起吃个饭。我和他们两人一起吃过很多次饭，并且学到了很多东西。

当你与福斯特和克劳迪娅讨论目标精细定位是否会有效时，正确数据类型的重要性会变得越来越清晰。目标精细定位可以帮助品牌商、政客等更好地理解他们的受众，这样他们就能更有效地与受众沟通了。想要理解受众需要大量的数据，而社交媒体采集的数据是其中最具预见性的，也因此是最有价值的数据。到 2018 年，Dstillery 公司每天会在台式机、平板电脑以及智能手机上处理 1 000 亿个事件，帮助像 CVS 连锁药店、微软、AT&T（美国电话电报公司）等一些蓝筹企业进行广告定位。2018 年，克劳迪娅给我在麻省理工学院的学生做了一次演讲，当时她举了一个很简单的例子，将人口统计学数据（比如年龄和性别）与个人偏好数据（比如用户在脸书上点赞了什么）进行了比较，进行这样简单的目标定位需要你了解你面对的是什么样的人，或者他们有什么样的喜好。

想象一下，你正在尝试预测消费者的性别（这是在市场营销过程中最简单的预测任务之一），而你当下只知道消费者的年龄。通常来讲，你不太可能通过人们的年龄来预测他们的性别。有一个利用 Dstillery 的数据建立的模型，只要有目标的年龄数据，它就可以识别出男性消费者，这个模型的预测准确率可以达到大约 60%。这实际上只比你通过抛硬币来进行判断稍微准确一点儿，而且这还是因为在 Dstillery 的数据库中，消费者的年龄和性别间存在某种非常微弱的关系。然而，当克劳迪娅尝试用消费者在脸书上曾经点赞过的 10 件事来预测他们的性别时，模型的准确率跃升到了 86%。当她参考 100 件点赞的事件时，这个模型预测性别的准确率达到了 100%，而且参考 100 件点赞的事件和参考 10 万件点赞的事件获得的结果是完全一样的。所以，某些数据的特征在改善目标定位预测方面会优于其他特征。

现在想象一下，有一个大规模的运行系统可以通过每天筛选数千亿个事件建立目标定位模型，为大规模的广告提供服务。那么，这样一个模型的表现会如何呢？2014 年，福斯特、克劳迪娅和他们的同事布赖恩·达利山德罗（Brian D'Alessandro）、奥里·斯蒂特曼（Ori Stitelman）和特洛伊·雷德（Troy Raeder）在《机器学习》

杂志上发表了一篇论文，其中详细描述了M6D（广告公司）最初的目标定位系统及其在现实中的表现。[4]当他们将其系统定位广告与随机定位广告进行比较时，该系统定位广告总是效果更好。事实上，那些实际表现中等的定位广告的效果是随机定位广告效果的5倍，而实际表现顶尖的15%的定位广告的效果是随机定位广告效果的25倍。在一年后发表的两个大型现场实验和两个实验室实验的结果中，亚历山大·布莱尔（Alexander Bleier）和迈克·艾森拜斯（Maik Eisenbeiss）发现，在提高点击率和浏览率方面，个性化广告的效果是非个性化广告效果的2~4倍。[5]

但目标定位是如何做到这些的呢？这不只需要找到那些最有可能按照说服性信息采取行动的人。实际上，定位那些对某些事情感兴趣的人会改变他们对这种兴趣的自我认知。克里斯托弗·萨默斯（Christopher Summers）、罗伯特·史密斯（Robert Smith）和丽贝卡·沃克·雷切克（Rebecca Walker Reczek）发现，与基于人口统计学数据的定位广告相比，基于消费者在线搜索和购物行为的定位广告把消费者的购买意向提高了17%。[6]他们还发现，定位广告的作用就像是一个"社会标签"，它实际上改变了消费者的自我认知，而消费者的行为也会因为这种新的自我认知而产生相应的改变。例如，当广告商把我定位成一个喜欢健身的人时，我也会认为自己是一个热衷于健身的人，而且我还会通过购买运动服或者加入某个健身房的方式来改变自己的行为，从而使自己显得更加热衷于健身。

有意思的是，自我感知的调整和购买意图的改变只有在社会标签与消费者先前的行为有合理联系时才会出现，换句话说，只有当目标精细定位真的准确时，这种情况才会发生。我之所以会认同健身这个标签，是因为我对健身至少有某种模糊的兴趣。如果目标定位是不精确的，它对我的自我感知就不会产生任何影响。如果炒作机器影响消费者和投票人行为的能力取决于目标精细定位的准确性，那么它必须有多准确呢？

虽然网上有大量的炒作内容涉及脸书、推特以及YouTube对我们每个人的了解程度，以及品牌商和政客在多大程度上利用这种了解并通过社交媒体来引导活动，但凯瑟琳·塔克在这方面做了更多实际的研究。2019年12月，她与尼科·诺伊曼（Nico Neumann）和蒂莫西·惠特菲尔德（Timothy Whitfield）共同发表了一份研究报告，审查了由众多不同的数据代理商建立的目标精细定位受众的精确性（所谓数据代理商指的是在注意力经济中被品牌商雇用，并利用人口统计学数据和行为数据来寻找特定受众的第三方公司），并且比较了这些数据代理商精准识别不同类型人群的能力。[7]她和同事们的发现帮助我们了解了炒作机器是多么擅长将其燃料（数据）转化为行动（行为改变）。

仅在美国，目标精细定位就已经是一个价值200亿美元的产业了。[8]问题是目标定位的算法是一个秘密。很少有人知道这些算法如何运作，它们是否真的有效，以及它们在多大程度上为不同的受众、在不同的平台以及在不同的目标定位服务中提供服务。《纽约时报》的CEO马克·汤普森（Mark Thompson）就曾经这样提问："当我们说（某个品牌想要影响的）受众中有一位是20~30岁女性时尚达人，这一说法实际成立的可能性有多大？"凯瑟琳、尼科和蒂莫西回答了这个问题。

他们在6个不同的平台上审查了由19家领先的数据代理商定位的受众的精确度，这19家数据代理商使用了90项第三方人口统计学数据以及类似"25~35岁对运动感兴趣的男性"或者"20~30岁穿着时髦的女性"的一些兴趣区间数据。研究人员采用第三方数据，在使用优化算法（来选择数据源并投放广告）和不使用优化算法的情况下，分别对目标精细定位的结果进行了审查，其中第三方数据既包括人口统计学数据（比如20~30岁的女性），还包括基于兴趣爱好的区间数据（比如体育爱好者、健身爱好者以及旅游爱好者等）。他们的发现揭示了炒作机器在进行目标精细定位时的真实运作状况，这些信息可以帮助我们理解目标精细定位是否真的有效以及它们是如何运作的。

在没有优化算法的情况下使用第三方数据，目标精细定位的结果是令人失望的。在辨识25~54岁的男性时，目标精细定位的平均精确度是24.4%，而正确辨识男性的平均精确度是42.3%。由于这两类群体的自然发生率是26.5%和50%，仅使用第三方数据进行的目标精细定位比随机选择的结果还要糟糕。

在第三方数据与优化算法结合后，目标精细定位的表现有了非常大的改善。辨识25~54岁的男性的平均精确度提升到了59%，这比随机选择的结果高了123%。但是，上述结果在不同的平台和目标定位公司之间有很大的差异。那么，福斯特和克劳迪娅是如何将目标精细定位的效果提升25倍的呢？有些公司比其他公司更擅长于此，它们使用了最具预测性的数据并编写出了更好的算法。在凯瑟琳的研究中，最好的供应商可以在72%的时间里将它们的广告展示给正确的目标受众（比随机选择的效果好171%），而最糟糕的供应商只能在40%的时间里将它们的广告展示给正确的目标受众（只比随机选择的效果好50%）。

虽然人口细分在过去是炒作机器关注的焦点，但是基于兴趣的受众细分才是目标精细定位的未来。凯瑟琳、尼科和蒂莫西发现，目标精细定位在辨识体育爱好者（87.4%的精确度）、健身爱好者（82.1%的精确度）以及旅行爱好者（72.8%的精确度）时具有"很高的总体精确度"。不同目标定位公司之间的差异实际上是很小的，它们都很善于辨识这些兴趣。某种兴趣的区间越窄，目标精细定位的表现就越好，这意味着在某个特定项目或者细分市场中，受众的范围越窄，目标精细定位相对于随机选择的改善程度就越大。那么，这一切对剑桥分析公司的目标定位意味着什么？

剑桥分析公司

亚历山大·尼克斯在康科迪亚大会和世界各地的其他会议上曾大肆宣扬"对心理统计数据进行剖析"的重要性。他认为，了解人们的心理特征，即"了解你的个性"是操控投票人行为时最重要的一件事，因为"是个性驱动行为，而行为显然会影响你投票的方式"。那么，剑桥分析公司是不是真的有某种秘诀呢？或者他们只是信口开河？

在2017年脸书上有史以来规模最大的心理特征公共研究中，桑德拉·马茨（Sandra Matz）、米哈尔·科辛斯基（Michal Kosinski）、吉迪恩·内夫（Gideon Nave）和戴维·史迪威（David Stillwell）测试了剑桥分析公司的分析方法。[9] 利用一款叫作MyPersonality（我的个性）的脸书App提供的数据，在三项使用心理定制广告覆盖了超过370万人的现场研究中，他们测试了心理说服对人们购买行为的影响。由史迪威开发的MyPersonality可以让用户进行一次心理测试，该测试会使用人格五因素模型（FFM）对用户进行打分。

人格五因素模型从5个广泛的心理学维度对测试者进行打分，这5个被称作"大五"的人格特征包括开放性、外倾性、宜人性、责任心以及神经质性。史迪威开发的MyPersonality还会向用户发送请求，希望可以访问他们在脸书上的个人资料和社交网络数据，这使得研究人员首次可以将个人可测量的个性特征与他们在脸书上点赞的东西联系起来。利用这种联系，研究人员按照这5个个性特征对脸书上点赞的用户进行了分类。例如，为"计算机"话题和电视剧《星际之门》(*Stargate*)点赞的人更加内向，而喜欢电影《让人发笑》(*Making People Laugh*)的人更加外向。通过把喜欢某些东西的人的分数结合起来（这些兴趣可以是名人Lady Gaga或者电视剧《纸牌屋》），研究人员就可以依据上述的"大五"个性特征对这些东西打分，然后再基于人们在脸书上的点赞，对他们开展心理分析。

在具体讲述这个故事之前，我们需要暂停片刻，先来谈一谈把科辛斯基、史迪威，以及MyPersonality这款App与更大的剑桥分析公司丑闻联系在一起的那些私下进行的谋划和交易，因为，就在科辛斯基和史迪威斗志昂扬地在剑桥大学的校园里开展他们的实验时，与他们在同一个系的、现在已经臭名昭著的剑桥大学研究人员亚历山大·科根（Aleksandr Kogan）将5 000万名美国人的脸书数据和心理档案交给了剑桥分析公司，这件事激起的丑闻直接让马克·扎克伯格陷入了尴尬的境地。

针对这些研究人员之间的关系进行的调查表明，科根代表一家不知名的公司（剑桥分析公司）接触了科辛斯基，表示这家公司对科辛斯基的方法很感兴趣，而且想要访问MyPersonality的数据库。调查还表明，当科根透露了这家公司的名字，并且科辛斯基发现这家公司主要关注的是如何"影响选举"时，科辛斯基马上终止了和科根的联系。[10]科根随后开发了自己的App，名字就叫作"This is Your Digital Life"（这就是你的数字生活），它模仿了MyPersonality，并与剑桥分析公司分享了其中的数据和方法。2017年，剑桥分析公司告诉德国杂志《Das magazin》，它与科辛斯基"没有任何来往",而且也"没有使用和他相同的方法"。但正如记者约翰·摩根（John Morgan）指出的那样，剑桥分析公司使用的方法"不可否认地与之完全类似"。[11]我们之所以讲述这样一段暗中的交易，是因为马茨等人的研究几乎就是对剑桥分析公司使用的方法和数据的说服力进行的一次系统化的审计，而且其结果还是完全公开的。

脸书不允许营销人员基于用户的个性来定位广告的投放，所以研究人员并没有直接基于人的个性来进行广告定位，而是基于那些能够代表人的个性的点赞内容对广告进行定位，并以此来测试个性分析的有效性。为了定位内向型的人，他们会找出具有内向倾向的点赞内容；为了定位外向型的人，他们会找出具有外向倾向的点赞内容。接着，他们会使用外向型或内向型的语言，或者用具有高开放性的语言或低开放性的语言来制作广告。例如，为外向的人制作的美容产品广告会显示一个女人正在一场聚会上跳舞，画面上的文字是"跳舞吧，就像没人在看一样（但在场所有的人都在看）"；而为内向的人准备的美容产品广告显示的是一个女人独自在梳妆镜前化妆，标题的文字是"美丽不需要大声呼喊"。研究人员随后基于用户给出的外向型和内向型的点赞内容，有针对性地分别对这些具有外向和内向性格的脸书用户进行了广告的定位投放，之后他们测量了这些与个性相匹配的广告在点击率和购买行为上是否比那些与个性不匹配的广告表现更好。

结果显示，相比于那些与个性不匹配的信息，与个性匹配的说服性信息增加了40%的点击量和54%的购买量。在对人的外倾性的研究中，那些看到与自己的性格匹配的广告的消费者在网店上购物的可能性要比那些看到与自己性格不匹配的广告的消费者高出54%。在关于开放性的研究中，对于看到与自己个性匹配的广告的消费者和那些看到与自己个性不匹配的广告的消费者，前者点击广告的可能性比后者高38%，前者安装填字游戏App的可能性也比后者高31%。这些结果表明，心理目标定位确实能够"按照目标受众的心理需求定制出具有说服力的信息，从而影响一大群人的行为"。

然而，科学界对这项研究存在一些质疑，主要是因为它没有把相关性和因果关系区分开来，同时没有在广告定位中对选择效应进行控制。如果你回想一下我们在第6章中进行的有关因果关系重要性的讨论，你就会想起，脸书的广告通常展示给那些它认为更有可能做出回应的人。所以，心理匹配信息带来的更高的反应率或许是由于选择效应，而不是心理定制信息对行为的因果影响。我的同事迪恩·埃克尔斯、布雷特·戈登和加勒特·约翰逊用上述观点对发表在同一本杂志上的该研究做出了回应[12]。他们指出："在对脸书的广告宣传效果进行比较时，该研究并没有随机地分配用户……这减弱了结果的内部有效性，同时弱化了他们的结论……脸书这样的广告平台会通过向某些特定的用户展示广告的方式来优化推广活动的效果，而那些特定的用户正是平台认为更有可能实现活动目标的群体……这或许可以用来解释这项研究结果中一个无法忽视的因素。"另外，说服人们改变他们的投票选择远比让他们点击某个定位广告或购买其产品更困难。所以，对于剑桥分析公司影响选举的方法的说服力，还有相当大的质疑空间。

虽然还不能完全确定，但对剑桥分析公司的研究确实表明心理分析能够提高炒作机器的说服力，至少在商业用途上确实如此。随着更多的研究结果不断地呈现出来，我们将进一步了解目标精细定位会如何改变我们的观点和行为，包括我们如何购物、投票以及约会。

除了目标精细定位以外，注意力经济还延续了另一个重要趋势，这一趋势源于整个行业对用户参与的痴迷。当我们记录自己对社交媒体内容做出的情绪反应，比如喜爱、开心、愤怒、悲伤以及惊讶时，平台不但会利用我们的反应为我们定制相关的内容，还会利用促进趋势的算法放大相关的内容。病毒式营销恰好符合注意力经济的需求，因为它不但能够传播流行的东西，而且暗示我们所有人都可以成为受欢迎的网红。但是，随着各种算法提高了事物的流行度，它们也创造了我所说的"潮流的暴政"。

潮流的暴政

获取用户的注意力需要使他们参与，所以炒作机器的设计会尽可能地鼓励和提高用户参与。社交媒体平台让我们参与得越多，它们的广告库存和广告价值就越高。这实在是一门很好的生意。有几个设计特性支持这种模式，例如，喜欢以及其他情绪反应可以让社交媒体平台"记分"，这不仅使它们知道哪些内容可以让用户积极参与，还会像我在第4章中描写的那样，直接刺激用户大脑的多巴胺反应系统。当其他人点赞了我们的内容时，我们会因为看到这些社会认同而获得多巴胺的刺激，但如果没有人点赞，我们就会感到非常失望。这鼓励我们去创作更多会被点赞的内容，而且出于社会的对等互惠原则，我们也会点赞那些我们认为有价值的内容。就在上周，我的母亲向我抱怨说，我至今还没有点赞她在 Instagram 上发出的假期照片，而距离她上传这些照片才刚刚过去两天！我真的忙不过来。作为一个7岁孩子的父亲，我很担心社交媒体文化对人的心理和精神健康的潜在影响，尤其是对小孩子。因此，我的儿子几乎没有任何机会接触手机或电脑。

通过记分，我们还可以通过另一项设计特性提升用户的参与度，这就是所谓的"算法放大"。首先，我们可以利用算法来策划和放大那些原本就已经很受欢迎的、有很多人参与的或者已经成为某种潮流的东西，即在平台上已经获得了一定分数的东西，然后再通过向更多人展示这些东西，进一步提升它们的受欢迎程度，这样就可以使更多人参与进来。通过向尽可能多的人展示不成比例的参与度，炒作机器创造出了另一个旨在进一步提高参与度的炒作环路。

算法放大有很多种形式。例如，你的很多朋友都点赞的内容会在你的信息流中被特别推荐。但是，有一种特别的功能可以针对某些特定的话题创造出一波又一波的参与，这样，这些话题的流行度就会在某个时刻出人意料地暴涨，从而形成所谓的潮流。一个可以被看作潮流的话题通常指的是在短时间内流行度激增的话题。平台通过筛选用户在特定时刻讨论的所有话题的参与度和流行度的评分，并通过算法识别那些新颖、及时且受欢迎程度不断上升的话题，来发现哪些是所谓的潮流话题。更具体地讲，平台是通过量化某个话题的相关活动的数量（比如某个话题的帖子、分享、点赞或评论的数量）以及我们对该话题的预计相关活动数量之间的差异来进行筛选的。[13] 如果观察到的活动数量远高于预期活动数量，那么该话题就可以被当作一种潮流。

人们总是会发布很多不同的话题，但是当某个话题在某个特定时刻的活动数量突然增加时，这个话题就会逐渐成为某种潮流。观察到的活动数量通常可以展示出话题的受欢迎程度，而观察到的活动数量和预期活动数量之间的差异可以展示出某个话题的新颖性。通过测量最近时间段内某个话题的流行度和新颖度，你就可以获得这个话题的时效性。但这些平台是如何辨识出合适的话题的呢？

机器学习和自然语言处理可以用来分析用户发布在社交媒体上的自由形式文本，但是，如果没有一些可以遵循的基本原则，分析不断增长的用户生成内容不但在计算上很有挑战性，而且效率也极低。因此，很多平台都采用了各种标签来区分各种主题。这种做法减轻了平台的工程负担，而且大量用户会自行为各种话题打上标签。如今，标签在社交媒体平台上无处不在，但它们是于2007年在推特平台上被首先发明出来的。

2007年8月23日，一位自称是"数字游民"的真名叫克里斯·梅西纳（Chris Messina）的推特用户建议在关键词中添加"#"，这样在推特中搜索相关的话题就会更加容易。他的原始推文是这样写的："在群里面使用'#'是什么感觉？比如格式可以是'#自由讨论营'。"正如你已经知道的，接下来的事情都已经成了历史。推特在2009年开始合并和支持各种标签，随后在2010年推出了可以用来衡量和推广潮流的流行主题。从那以后，标签和潮流分析在炒作机器中被广泛采用。

无论以标签还是话题的形式，潮流内容现在已经被显示在排行榜或者潮流列表上，这样一份列表或者排行榜完全是按照用户的兴趣及其地理位置量身定制的，其目的就是通知用户哪些东西是新颖、及时且流行的。用经济学家赫伯特·西蒙的话来说，虽然炒作机器创造了极其丰富的信息，但随之而来的是注意力的匮乏，这些标签正是解决注意力匮乏的一种方式。发布这样的潮流列表会放大潮流，并使那些原本就已经很受欢迎的话题变得更受欢迎。采用这样的方式，算法的放大效应可以创造出一种潮流的暴政，这种暴政会使用户的注意力都集中在当天最新的、最有人气的某种情绪中。这会给我们的文化、政治，以及正如我们将在下一章看到的，群体智慧与群体疯狂之间的冲突带来众多不同的影响和启示。

那些能够抓住人们眼球、令人感到震惊并且让人情绪化的话题是最容易成为潮流的。如果一个话题能够让我们感到震惊，并且引发我们最极端的情绪，比如惊讶、愤怒、厌恶、积极、喜悦等，那么它就很有可能快速流行起来，并最终成为一种潮流。一旦某个话题成为潮流，排行榜和潮流列表就会把它传播给更广泛的受众，提升它的流行度，并强调其使人情绪极端化，让人兴奋或煽动人心的内容。

算法放大和潮流话题还有另外一个意想不到的结果。它们鼓励了那些想要利用系统的尝试：通过为根本没有任何流行度的话题制造流行度，来放大和引导人们对某些话题的关注，并期望将这些话题转变成一种潮流。品牌商、政府以及各种政治运动对潮流话题带来的庞大关注量是如此重视，以至于推特现在每天向这类客户收取20万美元，让他们赞助的潮流话题出现在潮流话题列表的顶部。[14] 注意力的价值在与潮流话题的算法放大结合后，创造出了人们想要操纵各种话题的动机。老练的社交媒体专家可以通过调动由人类和机器人共同组成的网络来大力宣传某些特定的话题或思想，这样他们就能够快速地凝聚社会共识，比如通过某一项立法，决定干预"吞并"（比如克里米亚当时面临的处境），或者在国会调查的过程中做出合适的决定。举例来讲，俄罗斯人在网上推动的"公布备忘录"这个话题就成了2018年1月的一个潮流话题。

公布备忘录

公布备忘录这一话题是俄罗斯人在网上"让某种社会行为（或元素）成为一种潮流"的最为直接的一次尝试，这个话题于2018年1月在推特上被引爆。这里的备忘录指的是由美国众议院议员德温·努内斯（Devin Nunes）的工作人员撰写的一份文件，作者在这份备忘录中宣称，FBI在调查"俄罗斯对美国大选进行的干预"的过程中，以"有政治动机或可疑来源"为由，获得了根据《联邦情报监督法》对特朗普的顾问卡特·佩奇（Carter Page）进行调查的授权。民主党人反击称，这份备忘录中包含了刻意安排的、虚假的、有误导性的说法，其目的就是诋毁 FBI 和正在进行的调查。在对俄罗斯干预进行调查的合法性还悬而未决的情况下，一场关于是否应该向公众公开这样一份备忘录的辩论开始了。正如莫莉·麦丘（Molly McKew）当时报道的那样，俄罗斯的特工随后通过炒作机器发力，设计、部署并传播了各种数字宣传资料，期望可以为公开这份备忘录赢取公众的支持。[15]

俄罗斯的机器人和半机器人（部分是机器人，部分由人类掌控）账号帮助创造了一种标签，呼吁美国国会公布备忘录。这个标签最初来自一个名为 @underthemoraine（冰层下方）的推特账号，这个账号好像属于一个居住在密歇根州的美国人，当时他只有不到 75 个粉丝。但是，这样的账号经常被称为"网络僵尸"的机器人关注，并进行转发和扩散。这些机器人以协调的方式共同推动标签的传播，然后以此在社交媒体上创造出多个能形成热门潮流的话题。通过关注普通的账号，这些机器人会选择对它们的目的有帮助的标签，再通过推广这些标签获得政治上的好处。就在 @underthemoraine 使用了"公布备忘录"这个标签后不久，几个自动账号开始跟着发出推文、转发并分享它们对这种标签的推广。这些账号中有很多建立于 2012 年或 2013 年，但是在 2016 年选举周期之前一直处于休眠状态。

通过在推特上大肆推广标签，俄罗斯的"网络僵尸"把一些主要的网红和立法人员也吸引了过来。虽然有好几个不同的标签在互相竞争，但是一旦"公布备忘录"获得了势头，俄罗斯的"网络僵尸"就会把重点放在那条特定的推文上，将其放大并督促它们的粉丝"让它成为一种潮流"。1月18日下午4点,这个标签出现在网上,它在8个小时之内被使用了67万次。到了午夜,这个标签每小时被提及25万次。我们来做一个比较,当时还有另外两件事同时发生,一件事是1月20日华盛顿特区的妇女大游行,另外一件事是于1月21日举行的在新英格兰爱国者队和杰克逊维尔美洲虎队之间的全美橄榄球联盟季后赛。这两起事件的推文总量分别为60.6万和25.3万,它们在最高峰时每小时的推文量分别为8.7万和7.5万。而截至1月19日上午9点,"公布备忘录"这个标签已经在网上被提到了接近200万次。

"网络僵尸"随后会通过在推文中反复提及该标签来吸引更多主要的网红和立法人员,而网络上真正的美国人随后也会效仿,他们会上传自己的推文,转发其他的推文,并且在这个过程中提及那些主要的网红。比如,众议院情报委员会的共和党成员被集体提及了21.7万次,著名演员肖恩·汉尼提(Sean Hannity)被提及了24.5万次。在众议院议长保罗·瑞安(Paul Ryan)表示他支持公布这份备忘录时,他已经收到了超过22.5万条关于这个标签的信息。特朗普自己也收到了100万条这样的信息。

一旦某种行为模式获得了发展势头,与之相关的标签就会被趋势算法放大,在新闻媒体中成为主流,并最终成为政治讨论的一个话题。随着这个标签的使用次数在短时间内快速增加,自动算法就会认为整个社区对这个话题很感兴趣,并将其发布到最受关注的潮流话题列表中。这个列表的作用就是告诉公众当下的热点是什么,从而将更多公众的注意力引向这些热点。"公布备忘录"这个标签成功地使这个话题成为一个潮流话题,它不但成了主流媒体内容,还影响了国会中的立法人员。

最终,网上掀起的支持浪潮被用来作为公布备忘录的理由,而

第9章 注意力经济的制度化

这些支持有很大一部分是由那些俄罗斯人控制的社交媒体账号激发起来并加以推动的。2018年2月2日，众议院的共和党人正式公布了这份备忘录。"公布备忘录"运动反映出的社交媒体在宣传上的投入呼应了2014年在克里米亚爆发的支持浪潮。在克里米亚，那些支持公布努内斯备忘录的人利用炒作机器激发了他人的支持，从而完全扭曲了公众对政府给出的官方结果的支持程度。2014年2月，克里米亚加入了俄罗斯。2018年1月，努内斯备忘录被公布。在上面的每一个案例中，你都可以看到外来者在尝试对政治进行操控。

注意力的不平等

注意力经济的结构、它对流行度的关注以及算法对潮流热点的重视都使得这个社交时代充斥着各种不平等。注意力在炒作机器中的分配就是不平均的。事实上，情况完全相反。很小一部分人和内容吸引了绝大部分的注意力，这种情况甚至超过了没有社交媒体的年代。这是由于人类的自然倾向和推动社交网络的算法协同工作。例如，1998年我的朋友和同事拉斯洛·巴拉巴西（Laszlo Barabasi）在与雷卡·艾伯特（Reka Albert）共同进行的一项研究中发现，网络动力学受到了"偏好连接"的支配。[16] 我们会倾向于和那些在社交网络中受欢迎的人建立联系，因此，流行度就和财富一样，"受欢迎的人会越来越受欢迎"。

炒作机器的算法延续并加速了这种注意力的不平等。好友推荐算法对那些拥有更多朋友的人往往更容易起效，因为他们与收到推荐的人有更多的共同朋友。最终，那些在网上拥有更多联系的人会获得绝大部分新的联系。

对内容的关注也同样导致了不平等。由于馈送算法更偏爱那些能提高参与度的内容，拥有更多点赞、评论和分享的帖子就更有可能会被重点推广，因此也更有可能会被再次转发和分享，这样就会创造出一个内容流行度的炒作环路，更进一步地导致注意力的不平等。通过传播可以吸引大量注意力的内容，趋势算法也融入了上述那种"富者更富"的循环之中。正如我的同事克里斯蒂娜·莱尔曼（Kristina Lerman）和她的合作者朱林鸿（Linhong Zhu，音译）在他们关于推特上的注意力经济的研究中记录的那样："绝大多数的用户根本不会获得任何关注，而顶尖的1%的用户获得的关注比底层的99%的用户获得的关注的总和还要多很多！"[17]这一点对于我们在下一章具体探讨炒作机器对群体智慧的影响时，会显得尤为重要。

新奇、震撼、真实

如果注意力经济是社交媒体的引擎，那么是什么通过炒作机器驱动注意力呢？有一条线索在我们对虚假新闻长达10年的研究中浮现了出来，我们发现那些能让人感到震撼的，包含情色、意外以及惊喜的内容最能够吸引注意力，并激发我们分享的欲望。这不是我第一次在研究中看到新奇的重要性。2011年，我和马歇尔·范埃尔斯泰恩（Marshall Van Alstyne）发现，新奇的信息对提升工作效率是最有价值的。[18]我们分析了一家专门负责招聘行政管理人员的公司5年内的电子邮件数据，并且衡量了那些招聘人员在电子邮件中发出和接收的信息的新奇程度。我们发现，那些能够接触新奇信息的招聘人员不但可以更快地完成更多的项目，还可以更快地锁定和获得更多的营业收入。我们并不能确定新奇性是否真的能促进生产力的提升，但其中的关联性还是让人感到震惊的。我和帕拉穆维尔·迪隆随后在另外一个完全不同行业的公司里验证了这些发现，所得的结果与上面的结论完全吻合。[19]

这两篇论文证实了我的同事罗恩·伯特（Ron Burt）多年来一直主张的观点，即弱联系是有价值的，因为它们可以让我们接触新奇的信息。这一切又回到了我在第 3 章中描述的炒作机器的网络结构，即整个网络是由很多不同的人群聚类组成的，某一个人群聚类内部的人们之间的联系是很紧密的，但不同人群聚类之间的联系很松散。你可以通过弱联系、联系人或者在网络中被称为"中介"的人与很多不同的人群聚类建立联系，一旦这样的联系建立了起来，你就会接收很多新奇的信息，这样你就可以沉浸在众多不同的信息池中。结果显示，在有了接触新奇信息的渠道后，人们会更清醒地意识到网络的不同部分正在发生什么事情。他们可以为各种机会搭建桥梁，解决现有知识结构下那些让人感到棘手的问题，并推动创新。出于上述这些原因，新奇的信息不但可以更新我们对这个世界的理解，还能够传达愿意分享这些信息的人的社会地位。新奇性可以吸引我们的注意，并且鼓励我们进行分享。这意味着我们的注意力会被那些最能让人感到惊喜、震惊、淫秽和激动人心的内容所吸引。

但是，能够维持我们注意力的东西和那些能够吸引我们注意力的东西并不一定完全相同。在某种意义上，能够维持我们注意力的东西恰恰和那些能够让我们感到震惊的东西是截然相反的，这就是所谓的真实性。局部网络效应在强联系中是最强的，而在弱联系中就完全是另一回事了，因为我们亲密的朋友和家人所提供的长期价值比那些名人所提供的短期的、吸引人眼球的价值大很多。这也就解释了为什么小网红可以比名人网红提供更高的参与度，为什么局部网络效应只有在强联系中才是最强的，为什么复杂工作中强大的凝聚力可以提升生产力，以及为什么我们与最亲密的人和关系最紧密的人才会有最频繁的联系。[20] 当谈到注意力时，如果说新奇性在短期内有效的话，那么真实性才是长期有效的东西。

平均值毫无意义

不同的社交媒体信息不但获得的注意力高度不平等，而且会对网络中不同的人产生截然不同的影响。动员民主党人的政治广告会被共和党人百般嘲讽，专门为外向性格的人定制的信息对内向性格的人完全没有效果。我们发现，社交媒体信息的平均效果远不如它们对特定人群的影响重要。想要理解社交媒体，我们不应该只关注其平均效果，还应该知道社交媒体信息对特定人群有哪些不同的具体效果。我的一项研究结果使我真正明白了这一点。

我与列夫·穆奇尼克（Lev Muchnik）、肖恩·泰勒（Sean Taylor）曾经研究了身份在社交媒体中的重要性。出于对安全的担忧和对目标定位的需求，社交媒体公司近年来开始尽可能地在各种场合验证并显示用户的真实身份。我记得一幅著名的《纽约客》的漫画探讨了身份在互联网上的含义。漫画描绘了一只狗在电脑前和另一只狗对话，第一只狗对另一只狗说道："在互联网上，没有人知道你不是一条狗。"这幅漫画完美地捕捉到了在促进商业和确保安全对真实身份的需求以及匿名对自由表达的好处之间的冲突。肖恩、列夫和我对于匿名（或者不匿名）的形式会如何影响人们在社交媒体上的行为非常好奇。当社交媒体内容以匿名方式显示时，他们会做出怎样的反应？

我们在一个大型社交媒体平台上设计了一个实验，来衡量匿名对人们在社交媒体上的行为的影响。[21]我们随机将人们在Reddit等社交新闻聚合网站上发表的评论中的5%设定为匿名,而其余95%的评论有明确的身份认证。关于这些评论的其余部分,包括它们的内容、在网站上出现的顺序、其他人点赞或评论这些评论的权利,以及朋友们看到后所做出的社交反应等,均没有任何改变。我们接着衡量了匿名对这些帖子收到的赞同和反对的数量的影响,并将之与那些有明确身份认证的内容做了比较。我们发现,平均值在很大程度上是毫无意义的。

我们首先评估了匿名对社交媒体反应的平均效果,结果发现没有任何影响。平均来讲,让某个人的帖子匿名对于这个帖子是否会被人点赞或者遭人反感没有丝毫影响。接着我们又研究了匿名对不同类型的人的影响,我们发现存在两种非常强烈的抵消效应。对有些人来讲,在帖子上公开自己的身份会给他带来巨大的好处,当人们知道是谁发布了这些内容时,他们会更喜欢这些内容。然而,对其他一些人来讲,他们的身份可能会给他们带来完全相反的效果,因为当人们知道是谁发布了这些内容时,他们会更加不喜欢这些内容。那些在社区里有良好名声的人会因为公开自己的身份而获得好处,而那些名声较差的人则会因为公开自己的身份而受到伤害。我们之所以无法在平均情况中看到这些影响,是因为当所有的数据叠加在一起时,正面和负面效应互相抵消了。但是,当你从一些更小的群体的角度进行观察时,这些影响就会相当明显。

社交媒体中类似的情况比比皆是。还记得我们在前面谈到的体育锻炼的数字化传染吗?我们发现在那个研究项目中,平均来讲,那些将跑步训练数据上传到社交媒体上的人的朋友也会因此跑得更多。但是,这种影响对有些人要比对其他人更大一些。[22]另外,我们往往会通过和其他人比较来衡量我们自己在锻炼上的表现。[23]但是研究人员还有这样一些问题：是什么激励了我们跑得更多一点？是与那些比我们表现更好的人进行比较，还是与那些比我们表现更差的人进行比较？[24, 25] 与那些跑得更多的人进行比较，会鼓励我们更努力，但是，与那些通常没有我们跑得多的人进行比较，会产生"维持某个人自身优越地位的竞争性行为"。[26] 当我们更仔细地研究较小的群体时，我们发现，不那么活跃的跑步者对更活跃的跑步者的影响要大于那些更活跃的跑步者对不那么活跃的跑步者的影响。我们还发现，那些不是每天坚持跑步的人对始终坚持跑步的人的影响要比那些坚持跑步的人对不是每天跑步的人的影响大很多。上述结果表明，与那些在社交媒体上跑步不如我们的人进行比较（我们称之为"向下比较"），比我们称之为"向上比较"的人对我们日常健身活动的在线自我评估的影响更大。

我们还发现，网络对体育锻炼行为的影响在同性之间最强，在不同性别之间较弱。男性会强烈地影响其他男性，而女性只会很有限地对男性和女性产生影响。更让人感到惊讶的是，男性对女性根本没有任何影响，这或许是因为对体育锻炼和竞争性运动，不同性别的人有完全不同的动机。例如，男性在决定使用某种体育锻炼方式的时候会更多地受到社会支持的影响，而女性则更多地受到个人的自律和自我规划的激励。[27] 另外，男性或许只是简单地受到了与女性竞争的激励，而女性则很少会因为与男性竞争而决定参与体育锻炼。

我们在微信和在脸书的投票实验中对社交证据进行了研究，发现了另外一个涉及小群体效应的例子。我们在微信平台上发现，平均来讲，向一个用户展示他们的朋友很喜欢某个广告可以提高他们对该广告的参与度，但并不是所有的朋友都有同样的影响力。那些拥有更高社会地位的朋友（这可以通过他们在微信上的朋友数量来衡量）和对广告产品拥有更多专业知识的朋友（比如，这可以通过他们阅读的关于汽车或者消费类电子产品的文章数量来衡量）往往拥有更大的影响力。[28] 在脸书的投票实验中，那些关系密切的人比仅仅是点头之交的人更有影响力。[29]

这里的关键是，正因为小群体效应如此强大，我们在评估社交媒体的影响时必须小心谨慎。仅仅了解俄罗斯的错误信息对投票的平均影响，或者反疫苗广告对那些怀有疑虑的人的平均影响是不够的，我们必须了解这些信息对特定小群体的影响，然后从整体社会的角度考虑各种不同的、潜在的抵消效应所产生的影响。选举操控就是一个完美的例子，尽管数字广告可能对投票选择的平均影响很小，甚至可能根本没有影响，但如果你在合适的地理位置（比如在合适的州或选区内）将目标定位在合适的小群体内部，然后再施加你的影响，那么改变选举结果的可能性依然存在。

第10章

群体智慧与群体疯狂

> 吊诡的是，让一个群体变得聪明的最佳方法是让群体中的每一个人都尽可能地独立思考和行动。
>
> 詹姆斯·索诺维尔基（James Surowiecki）
>
> 《纽约客》杂志财经专栏作者

> "相互依赖"和"自给自足"这两者都是而且也应该是人类的理想状态。人类是一种社会性的存在。
>
> 莫罕达斯·甘地（Mohandas Ghandi）
>
> 印度国父

在颇具影响力的著作《群体智慧》(*The Wisdom of Crowds*)一书中，詹姆斯·索诺维尔基描述了在解决人类最具挑战性的问题，比如预测、创新、治理、战略决策，以及一些更琐碎的事情，比如如何建立一支能赢球的橄榄球队或棒球队时，所谓的集体决策所具有的强大力量。[1]这个理论最初是由弗朗西斯·高尔顿（Francis Galton）在100多年前提出的，其目的就是解释一群陌生人是如何通过将足够数量的个人猜测进行平均,进而推测出一头公牛的真实体重,这种方法可以把推测的误差控制在与公牛真实体重相差1磅(约453克)以内[2]。

具体的想法很简单:一群拥有不同独立观点的平等个体,如果可以把他们的观点集合在一起并以此来利用群体智慧,那么在很多不同的任务中,他们的集体表现将会超越绝大多数的专家(如果不是所有专家的话)。这是一个很简洁的理论,而且在很大程度上,当你把所有东西都放在一起计算时,它会是完全正确的。但是,约吉·贝拉(Yogi Berra)曾意味深长地指出:"在理论上,理论和实践之间是没有区别的。但是在实践中,这种区别确实存在。"

索诺维尔基的论点的唯一问题是,它是2004年提出来的,也就在同一年,马克·扎克伯格创立了脸书。在随后的10年时间里,炒作机器系统化地削弱了有关群体智慧的三个基本假设。群体智慧依赖于众多持有不同的独立观点的平等个体。但是,正如我们所知道的,炒作机器已经使我们在炒作中高度社交化了。它使我们的个体判断因为系统和算法而产生了相互依赖,同时把我们两极分化为一大堆同质的群体,只有气味相投之人才会聚拢在一起。另外,它还将我们禁锢在一个不平等的沟通体系中,这个体系不但延续了那些已经流行的东西的流行,而且加速了某些潮流的出现。我们所有人实际上待在一个自动化的"牧场"中,只会不由自主地追随其他人的行事方式。

结果是,我们正在背离索诺维尔基关于群体智慧的观点,转向了他的智识上的对手查尔斯·麦基(Charles Mackey)所说的"群体疯狂"。我们如何设计、使用和管理炒作机器,将决定它会引领我们走向智慧还是走向疯狂。今天的炒作机器就是为了让我们疯狂而建造的,但它也可以为智慧而建造。那么,我们如何才能将炒作机器设计得远离群体精神异常呢？我的这一想法最初是由我在纽约吃的一顿午餐所引发的。

社会影响的倾向性

在我加入麻省理工学院任教之前，我是纽约大学的一名教授。纽约大学位于格林尼治村的中心，那里是街头爵士乐、节拍诗以及美食的胜地。我的办公室附近有很多可以享用午餐的好地方，从著名厨师马里奥·巴塔利（Mario Batali）的 Babbo 餐厅到供应中东美食的 Mamoun's Falafel 餐厅，再到蒂鲁·库马尔（Thiru Kumar）的煎饼摊，所有这些都是非常精妙的饮食。如果你曾经在华盛顿广场公园附近吃过饭，你就会明白我的意思了。那里食物的香味和口味是很难让人忘怀的。我经常拉上我的学生和同事一起去那里吃午饭，在紧张的分析和写作的间隙到这里来吃点东西，一起讨论一些新的想法。

有一天，我们一群人去了当地一家名为"道场"（Dojo）的餐馆，那里供应的是一种学生简餐。这家餐馆既不是 Babbo 那样的正规餐厅，也不是那种常见的街头小摊，而是介于这两者之间。吃完饭后，我感到很有必要通过在网上给餐馆评分来分享我的体验。回味着在我的嘴唇上还残留着的生姜酱汁的味道，我回到办公室登录了 Yelp 网站。

在这个特别的下午，食物一般，服务一般，气氛一般，整个体验也只能说一般。所以，我想给那个地方一个中等的评价，给出 5 星中的 3 颗星。但是，正当我准备输入我的 3 星评价时，在我打分的位置旁边出现了一个名叫"莎尔 H"的用户所撰写的特色评论，她给出的分数是鲜红色的 5 星，她还用充满诗意的语言描述了"这里的价格是多么让人震惊"以及"他们那种新鲜、惊人、酸甜的鲜姜酱汁"。我对我自己说："没错,她说的有道理。就他们所提供的食物而言,价格确实非常便宜,而且那种酸甜的鲜姜酱汁也确实很美味!"所以,我给了那个地方 4 星评价,而不是原来打算的 3 星评价。

当我想到这一点的时候,我意识到这样做很不好。Yelp 和其他评级网站搜集的应该是人们不带偏见的意见。至于某一家餐馆或酒店究竟是好还是坏,它们传递出来的应该是最真实的、大众层次的观点,只有这样我们才能够做出更好的选择。如果我被最后一个给那家餐厅打分的人的观点左右,那么我的打分肯定会把某种倾向性引入群体的观点中。如果每个人都被之前的评论左右,那么某种形式的从众行为就会出现,而这种行为会非常深刻地扭曲群体智慧。但对我来讲,这是一个让我猛然醒悟的时刻。

我从椅子上站起来,走向就在我办公室旁边的我的博士后列夫·穆奇尼克的办公室(他现在已经是耶路撒冷希伯来大学的教授)。列夫办公室的门总是敞开着,所以我把头探了进去,然后敲了敲打开的门。当他从电脑上抬起头来时,我向他解释了刚才发生的事情,然后我们开始讨论其中的含义。我们能为此建立一个动力学模型吗?当然。但是有关从众行为的模型已经存在了数十年,而我们真正想要知道的是,这样的事情在现实生活中是否会经常发生,如果确实如此,那么这对在线评分以及网上的意见动力学又意味着什么呢?

所有这些问题都很重要,因为网上的各种评分会影响我们的选择。有 92% 的消费者报告说他们阅读了网上的各种评论,而其中有 46% 的人说他们因此受到了影响而决定购买,有 43% 的人说他们因此而不敢购买,只有 3% 的人说他们的决定不受任何评论的影响。[3] 此外，虽然有 92% 的消费者会阅读各种评论，但只有 6% 的人会撰写评论，这意味着极少数人正在影响着绝大多数人的意见。网上评分的从众现象潜在的后果是非常严重的，因为这 6% 的人会对我们其他人的购物行为产生巨大的影响。

肖恩·泰勒曾经是脸书的核心数据科学团队中统计小组的负责人，现在他是来福车（Lyft）的高级数据科学家，但当时他还只是我的一个博士生。他在无意中听到了我和列夫的对话，于是他穿过大厅向我们走了过来。"嘿，你们正在谈什么？"社会科学的研究就是这样开始的，它往往由各种日常的困惑所引发，而这些困惑又会逐渐演变成对事情发生的方式和原因的调查。

我和列夫、肖恩决定来解决这个与从众行为有关的让人感到有些心神不安的问题，为此我们启动了一个研究项目，尝试去揭示人群中与人口规模有关的舆论动力学的真相。比如，我们当下给出的评分会影响未来的评分吗？如果确实会，那么这一点对于网上众包观点的倾向性又意味着什么呢？找到当下的评分和未来的评分之间的相关性并不能告诉我们些什么，因为过去和未来评分之间的相关性可能只是源于被评分对象本身的质量。高质量的餐厅（鞋子或者酒店）不但现在会获得很高的评分，而且未来也会获得很高的评分；而低质量的餐厅不但今天会获得一个很低的评分，而且明天也不会有什么改变。虽然过去的评分与未来的评分是相关的，但实际上我们只有一种方法可以判断过去的评分是否影响了未来的评分。为此，我们不得不设计一个实验来操控评分。

所以，我们与一个类似 Reddit 的社会新闻聚合网站合作，对上述的从众假说进行了规模化的测试。[4] 该网站允许用户上传各种帖子，并对新闻内容进行评分和撰写评论。不像其他网站用星星的数量来进行评分，它给了用户点赞（拇指向上）和厌恶（拇指向

第 10 章 群体智慧与群体疯狂

下）这两种选择来进行评分，这就使得整个实验变得更加简洁了。我们的实验在评分周期开始的时候会随机地对网站上的帖子给出一个点赞或者厌恶的评分，另外，我们还设置了一个控制组，对其中帖子的评分不做任何干预。接着，我们开始观察这三个组的评分随后发生的变化。通常来讲，每一个帖子都会有成百上千的点赞或者厌恶，所以你随机输入一个点赞或者厌恶的评分只能被看作某种最小程度的操控。这样说吧，我们并不想对那些评分施加太过明显的影响，但是，尽管这个实验是以很小心谨慎的方式进行的，其结果却非常引人注目。

对评分进行正面的操控可以把评分的分布曲线整体向右平移（这里指的是把向上波动曲线，即接受了正面操控的那个组的曲线，与控制组曲线进行比较，见图10.1）。在评分生命周期刚开始的时候，你只需要一个点赞就可以使这个组随后获得正面评分的可能性增加32%，并且使这个组的平均评分提高25%。事实上，这种效应是如此强大，以致对某些项目产生了一种"超级明星效应"，因为对这些项目的正面评价所产生的从众行为很快就滚雪球般地造就了一个个明星。如果我们随机地指定一个项目，使其能额外获得一个点赞，那么它获得10分以上的可能性就会增加30%，如果考虑到在那个网站上所有项目的平均评分只有1.9，那么能够获得10分就已经是一个相当不俗的成就了。所以，只需要在评分周期刚开始的时候进行一个动作很小的点赞操控，这个项目的评分被"发射到平流层"的机会就会增加30%。

图10.1中的另一个结果同样让我们感到震惊：我们看到的从众行为是不对称的。虽然"向上波动"组的评分被明显向右平移了一段距离（向更高的评分区间移动），但"向下波动"组的评分并没有明显向左平移（向更低的评分区间移动）。当消费者用更多的

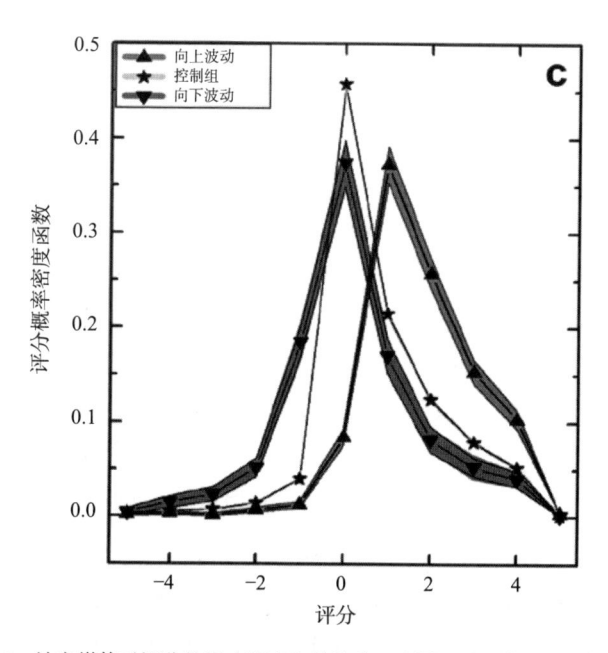

图10.1 社交媒体对评分的影响所产生的效应。上图显示了在一个类似Reddit的社交新闻聚合网站上,三个随机选取的、由各种帖子组成的小组的标准化评分的分布曲线:在"向上波动"组中,所有帖子的第一个评分都被人为设置为"点赞";在"向下波动"组中,所有帖子的第一个评分都被人为设置为"厌恶";在控制组中,所有帖子都没有受到任何人为的干涉。95%的置信区间是从包含了评论者、评分者,以及评论者-评分者随机效应的贝叶斯逻辑回归中推断出来的。数据来源:Muchnik, Lev, Sinan Aral, and Sean J. Taylor. "Social influence bias: A randomized experiment," *Science* 341, no. 6146(2013): 647-651

正面评分来对某个点赞做出回应时,他们对某个厌恶做出的回应是自己给出一个点赞,或许这样做只是为了纠正他们眼中的不公平。就这样,我们之前所进行的负面操控被这种"纠正效应"削弱了,而这种效应对负面的从众现象起到了某种刹车的效果。正如我们将会看到的,这对在线评分中所发生的从众行为的方向具有深远的影响，而这种影响对正面的从众现象明显更加有利。

但是，面对这样的结果我们都惊呆了。社会影响会使舆论发生如此剧烈的转变，这实在令人感到不安。这个问题实际上源于我们的群居本能，正是这种本能促使我们像周围的人一样去思考和行动。在数字时代，我们每天都不断地在脸书、Instagram、推特以及Yelp上被别人的观点轰炸，我们已经因为各种炒作而被高度社交化了。当我们在亚马逊浏览图书的时候，我们会很清楚其他用户对这里的某一部巨著喜欢（或者不喜欢）到什么样的程度；我们会在旅游休闲公司Expedia的网站上具体地比较其他用户对不同酒店的评分；我们会通过查看YouTube视频上的点赞和厌恶的评分来确定它们是否值得我们花时间去观看；我们甚至会部分地基于以前的病人对某些医生的评价来判断专业医疗人员。

社交媒体上的同伴的影响并不只会导致某种外在的一致性，即假装自己的喜好和群体的喜好一致，还会让我们对不同选项的价值判断产生实际的改变。当一组有关神经图像研究的参与者被要求对其他人的脸部吸引力进行评分，却又很快被告知其他人的观点时，他们的功能性磁共振成像结果会显示出，他们不但与群体关于吸引力的观点一致，而且大脑中负责对主观价值判断进行编码的那一部分也正在被激活。"这表明在人们和社会规范发生接触后，这些社会规范就会影响参与者关于价值的神经表现。"[5] 在另一项研究中，参与者被要求说出他们对音乐的看法，但紧接着他们就被告知了专家和公众对音乐的意见。社会影响力改变了参与者关于音乐的观点，而功能性磁共振成像的结果也显示："社会影响力传递了最基本的价值信号，而这对快速地学习以及在人群中快速地传播价值有很重要的作用。"[6]

当我们在网上打分的时候，我们的从众本能会很自然地与我们对正面社会影响的敏感性结合在一起。当我们看到其他人欣赏某一本书、某家酒店、某家餐厅或者某个医生,并且给所有这一切很高的评分时,我们也会给上述这些东西一个类似的高分,并且会对这一切评价更高。实验已经表明,我们往往会在文化选择上表现出从众的行为,比如我们听什么音乐,[7]甚至在街角我们应该关注些什么。[8]社会学家所罗门·阿希(Solomon Asch)在20世纪50年代所做的从众实验表明,对于一些很简单的感知问题,我们甚至会选择明显错误的答案(比如在图10.2中,右边卡片中哪一根线要比在左边卡片上的参照线更长),而只是为了与群体的观点保持一致。[9]在群体意见中存在的这种反常的现象也帮助解释了我们在亚马逊这样的电子商务网站上所看到的那种完全出人意料的、几乎无所不在的星级评分分布曲线的形状。

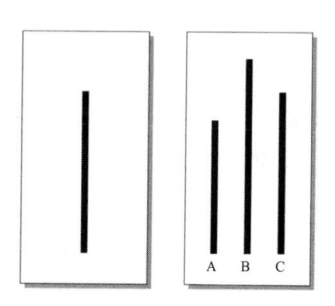

图10.2 在阿希从众实验中使用的一组卡片。左边卡片显示的是参照线,右边卡片显示的是三条对比线。受试者会被询问在对比线中哪条线的长度和参照线是一样的。在通常情况下,实际受试者在所有的时间都给出了100%正确的答案(即C)。但当与研究人员共谋并伪装成受试者的人给出了错误的答案,比如A或者B与参照线的长度相同,那么实际受试者在几乎40%的时间里也会给出明显错误的答案。资料来源:Asch, Solomon E. "Studies of independence and conformity: I. A minority of one against a unanimous majority," *Psychological Monographs: General and Applied* 70(9)(1956):1

第10章 群体智慧与群体疯狂

星级评分的 J 形曲线

网上星级评分分布曲线的形状一直在困扰着我。如果从经过核实的、已经购买了鞋子或者酒店套餐的购买者当中随机抽取出具有代表性的样本,我们通常会认为消费者体验的分布曲线大致上应该是钟形曲线。有一小部分人会有非常美好的购物体验,当然还有很小一部分人会遭遇非常糟糕的购物经历,但是他们中的绝大多数人只会有很一般的体验,既不糟糕也并不会让人感到惊喜,也就马马虎虎而已。当然,好产品的评分分布曲线会向右平移,而坏产品的评分分布曲线会向左平移。但是,如果你把所有体验过这些产品的消费者对所有好产品和坏产品的评分都汇总在一起,你就会看到一条接近正态分布或者钟形曲线的分布曲线(见图 10.3)。

但是,当你横跨不同的产品类别和平台,把众多不同的产品和消费者的在线评分汇总在一起的时候,你会得到一条很古怪的分布曲线,其形状看起来就像是字母"J",其中有很多 5 星和 4 星评分,少量的 1 星与 2 星评分和很少的 3 星评分。在线星级评分的 J 形曲线具有惊人的前后一致性。[10] 如果你就在一台电脑边,那么请打开亚马逊的网站,然后随机浏览其中的一些商品。一般来讲,你选择哪些产品或者类别并不重要,所有你能看到的星级评分通常都会是 J 形的。获得高度评价的产品往往会有一条更加平坦的 J 形分布曲线,比如曲棍球棒往往只有很少的 1 星评分,而那些只有平均评价的产品往往会有一条更加清晰的 J 形分布曲线,因为这些产品会有更多的 1 星评分。但是,分布曲线呈现出 J 的形状惊人地前后一致:其中有很多 5 星和 4 星评分,少量的 1 星与 2 星评分和很少的 3 星评分。但是,为什么会出现这样的现象呢?

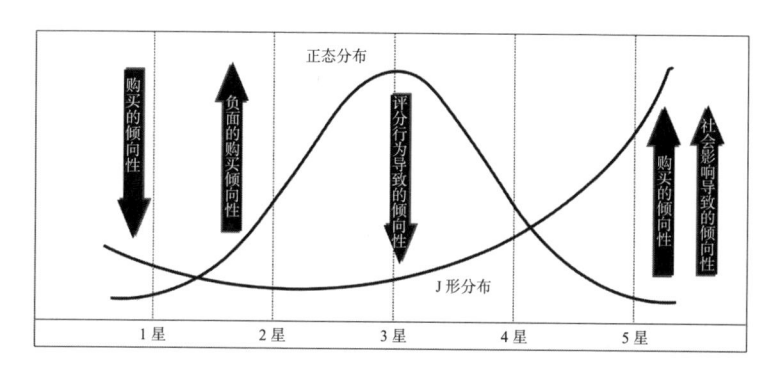

图 10.3 在线评分的 J 形分布曲线。上图显示了那种古怪的在线评分 J 形分布曲线。我们原本以为消费者对产品的体验在统计上会呈现出正态分布的形状，其中大多数人拥有的是一种平均的体验，但典型的在线评分实际上遵循的是一种 J 形的分布曲线，其中有大量的 5 星和 4 星的评分，少量的 1 星与 2 星的评分和很少的 3 星评分。这种现象可以用"购买的倾向性"、"评分行为导致的倾向性"以及"社会影响导致的倾向性"来加以解释。资料来源：Hu, Nan, Jie Zhang, and Paul A. Pavlou. "Overcoming the J-shaped distribution of product reviews," *Communications of the ACM* 52, no. 10（2009）：144-147

证据指向了三种潜在的解释。首先，存在一种"购买的倾向性"。已经购买了某些产品的消费者（他们也因此会选择留下经过验证的对这些产品的评论）实际上从一开始就对这些产品有好感，正因为他们喜欢这些产品，所以才会购买这些产品。其次，存在一种"评分行为导致的倾向性"。那些拥有极好或者极其糟糕的购物体验的消费者会更愿意在网上打分，而购物体验很一般的消费者通常根本不会想到去网上评分。所以，在对消费者进行取样的时候，大部分的消费者都是拥有极好或极差体验的消费者，而且其中拥有极好体验的消费者会比拥有极差体验的消费者比例更高。另外，当我们与交易伙伴达成了互惠互利的结果时，另一个促成 J 形分布曲线的因素也会随之出现。例如，一种简单的技巧就可以让优步和来福车的司机与乘客串通一气，互相给对方好评。当你从优步车上下来的时候，你可以问司机："5换5行吗？"意思是："我可以给你5星好评，如果你也可以给我一点好处的话。"这种做法实际上造成了评分的膨胀。最终，正如我们在评分实验中所看到的，"社会影响导致的倾向性"会更有利于正面的从众行为，而不是负面的从众行为。所有这些解释的混合效应推动了评分分布曲线向J形曲线转变。

人们通常都会对网上的观点表现出正面的从众行为，而这种行为对商业策略、欺诈预防、股价甚至选举都有一定的影响。例如，对那些急于提升自身声誉的品牌来说，一种很简单的策略就是鼓励那些感到满意的客户尽早对产品进行评分。这样可以推动未来的评分者给出更高的分数，同时推动各种观点动态地朝着有利于这个品牌的方向发展。而且这样的做法并不是在弄虚作假，因为所有的评分都是真实的。

正面的从众效应还很有可能会阻碍对各种欺诈行为的探测。比如，Reddit这样的网站会利用机器学习来探测虚假的评论，当发现有虚假评论时，人们就会移除这些评论。但是，移除虚假评论并不能消除虚假评论对随后出现的所有正常评论的影响。通过这样的方式，虚假评论就会逐渐渗透到系统中，进而污染之后出现的正常评论。

从众理论认为，在人和人之间分享的海量信息，无论在股票市场上还是在房产市场上，都有可能创造出大量的泡沫。曾经发生在荷兰的郁金香狂热就常常被引用为此类泡沫的历史案例。但是，今天炒作机器已经把"社会影响导致的倾向性"完全制度化和自动化了，而且其程度之深已经使这种倾向性无所不在。其产生的影响很可能是极其深远的，我们目前还不清楚自己是否真的已经完全理解了这种现象。

我们拿选举作为例子。2012 年，我们在美国总统大选期间发表了关于"社会影响导致倾向性"的实验。当我们还在分析实验所展现出的那种极其明显的正面从众现象时，我记得我当时正在倾听收音机里有关奥巴马总统支持率的选举民调报告，报告的内容可以告诉我们谁在总统选举中正处于领先地位。由于我对实验中看到的那种倾向性的结果记忆犹新，我不由自主地开始猜测：这些民调的数据是在预测选举的结果，还是在推动相关结果的出现呢？我在政治科学领域的同事已经证明了，民调的结果会影响投票人的投票率。如果你中意的候选人目前正处于领先的位置，你很可能会想："我们不可能输掉这次选举，所以我投不投票实际上无所谓。"我们的结果还显示，从众行为或许不仅仅影响人们是否去投票，还会影响他们如何进行投票。虽然我们研究的并不是投票行为本身，但是从众现象存在于众多人类的行为中。没有理由认为投票可以免于这样的从众行为，而且我们在脸书进行的投票实验也验证了这一点。

有一个解决方案是，在网站拥有足够数量的评分之前，不对外公开任何在线评分的结果，这样后面的评分就会逐渐趋于稳定。例如，在我们关于"社会影响导致的倾向性"的研究结果在《科学》杂志上发表数月之后，Reddit 改变了它的政策，将所有的评分隐藏了起来，直到相关项目在私底下汇聚起数百条不同的评分。如果有足够数量的投票是在私底下进行的，那么群体意见的独立性就可以得到保证，至少在单张选票不太可能影响群体的投票选择前是如此。在一篇博文中，Reddit 解释了它做出这种改变的原因：避免"社会影响导致的倾向性"和防止欺诈。2019 年，Instagram 因为一些完全不同的原因也开始隐藏其平台上的点赞数量，而对这一点，我将在第 12 章中进行讨论。那么，这种在政策上的改变又会如何影响社会呢？我们很快就会看到了。

炒作机器阴影下的群体智慧

炒作机器常常被描述成蜂巢式思维的先驱。它的算法，如果运用得当的话，可以用非常聪明的方式，通过快速地汇聚群体的意见来增强我们的群体智慧。但是，当这些算法把我们的集体缺陷融入群体行为时，它们就有可能消除我们的预测能力，并使我们的集体判断偏离正轨。对此我们有一个完美的案例，在 2009 年和 2013 年，我们曾经尝试通过汇聚集体的力量用算法来预测流感（H1N1 流感）。

全球每年大约有 100 万人会死于流感。但早期发现，再加上快速反应，可以减少流感对我们健康的影响。预测流感暴发可以改善 CDC（美国疾病控制中心）等组织的资源分配和应对计划。2009 年之前，CDC 一直在使用与流感有关的门诊记录以及其他病毒学和临床健康数据，以每周一次的频率报告流感的发病率，当然 CDC 使用的数据会有一到两周的延迟。

2009 年 2 月，谷歌推出了被称作"谷歌流感趋势"（GFT）的流感检测系统，这个系统利用了在谷歌上现有的 5 000 万种与流感有关的搜索查询程序所进行的数千亿次的个人搜索来预测全美每周的流感发病率。这种做法的逻辑很简单：得了流感的患者通常会在看医生之前在网上搜索流感的症状，以及在家中自己吃药进行治疗。利用这些搜索查询程序建立起来的模型可能要比传统的监控系统更快地预测流感的暴发。这实际上是把赌注押在了通过算法实现的群体智慧上，事实也证明，这样的押注还真的让我们赚到了。

谷歌流感趋势预测流感的平均相关性达到了 0.97，而且比 CDC 的方法要快很多，通常只有一天的延迟而不是传统的一到两周的延迟。[11] 其结果是非常令人吃惊的。对公共卫生监管来讲，这种方法被认为是利用群体智慧的一个里程碑。网络上针对流感症状（比如头痛、鼻塞以及发烧）和居家护理方式（比如服用润喉糖和热敷的方法）进行的数十亿次搜索反映了某种群体智慧，利用这种群体智慧（在其失效之前）可以极大地改善传统的公共卫生监管方法。

从 2009 年 6 月到 2011 年 6 月，谷歌流感趋势所做出的估算实际上近乎完美地追踪了实际的流感病例。然而，从 2011 年 6 月开始，谷歌流感趋势所做的预测突然偏离了轨道，从 2011 年到 2013 年，谷歌流感趋势对流感病例的估算比实际发生的数量高出了 50%，而且在 2011 年 8 月开始的 108 周的时间里，有 100 周的时间报告的流感病例的数量明显偏高。在 2012 年到 2013 年的冬季，谷歌流感趋势所做的估算是 CDC 报告数量的两倍以上（见图 10.4）。

那么，群体智慧又是怎样如此迅速地转变成群体疯狂的呢？有两种主要的解释。第一，谷歌流感趋势系统的设计师已经成了戴维·拉泽、瑞恩·肯尼迪（Ryan Kennedy）、加里·金（Gary King）和亚历山德罗·韦斯皮尼亚尼（Alessandro Vespignani）等人所说的"大数据傲慢"的受害者。[12] 在一个相对来讲只有很少客观流感记录（即只有数以千计的门诊记录）的预测任务中，通过投入海量的数据（针对数百万个不同的关键词进行的数十亿次搜索），相关的模型出现了统计学家所说的"过度拟合和虚假相关"。在 5 000 万个与流感有关的搜索项目中，很多都与时间有关，但与流感本身没有任何关系。例如，流感暴发的季节大致与篮球赛季的时间重叠，所以，与篮球有关的搜索项目就会与流感产生联系，但这种联系也

第 10 章 群体智慧与群体疯狂

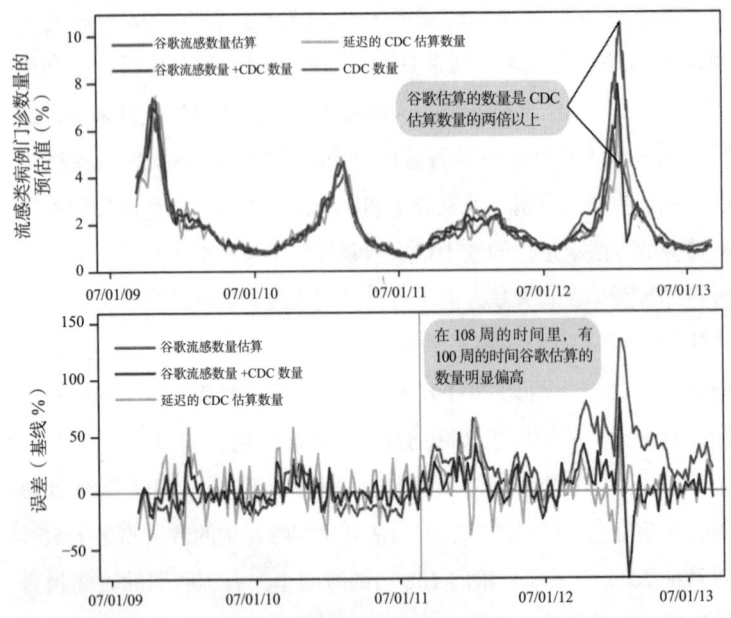

图 10.4 谷歌流感趋势系统对流感病例数量的过高估计。谷歌流感趋势系统过高地估计了 2012 年到 2013 年间的流感病例数量,并且对 2011 年到 2012 年间流感病例数量的估计数超过了实际水平的 50%。从 2011 年 8 月 21 日到 2013 年 9 月 1 日,谷歌流感趋势在 108 周当中有 100 周报告的流感病例数量都偏高。上方的图显示的是流感类病例门诊数量的预估值(ILI)。"延迟的 CDC 估算数量"在原本已滞后的 CDC 数据中加入了 52 周季节性变量。"谷歌流感数量 + CDC 数量"将谷歌流感趋势系统的估算、滞后的 CDC 估算数据、滞后的谷歌流感趋势估算数字的误差,以及 52 周季度性变量都有机地组合在了一起。下方的图显示的是以某一条基线为标准的估算误差,用百分比表示的误差的计算公式是(非 CDC 的估算值 − CDC 的估算值)/CDC 的估算值。两种替代模型的误差都比谷歌流感趋势系统的误差要小很多。在样本外周期,谷歌流感趋势系统的平均绝对误差是 0.486,延迟的 CDC 估算数量的平均绝对误差是 0.311,在混合了 CDC 和谷歌流感趋势的数据后,平均绝对误差是 0.232。当 $p<0.05$ 的时候,所有上述的差异在统计学上都有意义。资料来源:Lazer, David, Ryan Kennedy, Gary King, and Alessandro Vespignani. "The parable of Google Flu: traps in big data analysis," *Science* 343, no. 6176 (2014):1203-1205

只是巧合。另外，与冬天有关的搜索项目实际上也是如此。也因此，谷歌流感趋势系统才会误判非季节性的流感预测，比如2009年的非季节性H1N1流感大暴发。拉泽和他的同事曾这样写道："谷歌流感趋势系统只能探测到部分的流感，关于其余的部分，它能探测到的实际上是冬季的到来。"

第二，对谷歌搜索算法数次微小的调整削弱了谷歌流感趋势系统的精确度。2011年6月，谷歌开始推荐与用户搜索查询程序有关的额外搜索项目；2012年2月，当用户搜索流感症状，比如发烧或者咳嗽时，他们开始把潜在的诊断方法作为额外的搜索项目返回给用户。这些在产品设计时所做出的选择把倾向性融入了炒作机器的代码中，从而使谷歌的用户在搜索与流感相关的关键词时，实际搜索的次数要远多于他们在没有算法的引导下可能这样做的次数。这些新的做法导致了更多与流感有关的搜索，从而使谷歌流感趋势系统认为流感病例的数量比实际存在的要多很多。这是一个很戏剧性的例子，说明了软件代码会如何决定炒作机器所带来的影响。通过颠覆支撑起群体智慧的三大支柱之一，任何对算法进行的微小改变，比如在原先独立的观点中注入相互依赖的因子，就能够把一个有关群体智慧的典型例子转变为群体疯狂。这一理论认为，明智的群体通常需要有三个要素：独立性、多样性，以及相互平等。但问题是，炒作机器已经埋葬了这三个要素。

独立性

群体预测之所以很精准，是因为他们能够相互抵消个体所犯的错误。还记得高尔顿让一大群人猜测公牛重量的故事吗？无论一个人对牛的重量多么有经验或者有洞察力，他都会犯错误。有些人会高估牛的重量,而有些人则会低估。但如果这些错误是没有相关性的,即它们相互之间没有关系,而且这些错误还是没有倾向性的,也就是说它们没有系统化地低估或者高估真实的重量,那么在有了足够多的猜测后,所有低估和高估的数量就会相互抵消,此时平均的(或者中间的)观点就会接近真相。用数学的术语来讲,当所有误差不存在相关性时,智慧就会在不断的猜测中浮现出来。

独立性之所以重要,是因为它允许个体在不受到其他观点污染的情况下将自己的信息带入群体的猜测中,而且也不会有任何观点把群体带入歧途。但是,社会影响又会把正面的相关性注入个体的猜测中,因为我们会模仿其他人的观点,这或许是因为我们以为其他人会知道一些我们不知道的东西,或者我们感受到了某种压力,从而不得不与群体保持一致。这就造成了从众效应,而这个效应会把群体推向某一种猜测或者另一种猜测,从而消除群体能够抵消各种错误的能力。在线评分的倾向性和谷歌流感趋势系统就是这种社会病症的有力例证。

《群体智慧》这本书的作者詹姆斯·索诺维尔基认为,必须承认人类是"一种社会性的存在"。"我们希望能互相学习,而学习是一个社会性的过程,"他这样写道,"我们居住生活的社区、我们读书的学校,以及我们工作的企业塑造了我们思维和感觉的方式。"尽管他承认社会影响是生活中的一个事实,但他依然坚持自己的观点,即智慧通常需要独立性。"我想在这里证明的是,"他写道,"群体成员施加在彼此身上的影响力越大,他们相互之间的个人接触越多,这个群体所做出的决定就越不可能是明智的。我们施加在彼此身上的影响力越大,我们相信同样的事情并且犯同样错误的可能性也就会越大。这意味着,很有可能我们会在个体上变得越来越聪明,但是在成为一个集体后就变得越来越笨了。"

但是，炒作机器让社会影响力几乎无所不在，而且我也无法确定索诺维尔基是否看到了这种情形的到来。"那么，级联效应存在吗？"他写道，"这一点是毫无疑问的。但是级联效应并不像去餐厅用餐的模式所暗示的那样无所不在，正如耶鲁大学的经济学家罗伯特·希勒（Robert Shiller）所认为的那样，人们通常并不会按照顺序来做出决定。""在大多数的情形中，"希勒写道，"很多人会基于他们自己的信号独立地选择自己的行动，而不会去观察其他人的行动。"[13] 显然，在得出上述这些结论的时候，索诺维尔基和希勒都没有见识过 Instagram、Yelp、推特、标签、病毒式的模因、潮流热门话题或者社交媒体上的网红等表现出来的影响力。

今天，我们在做出一连串的决定的同时还会持续不断地观察其他人的行动。在做出决定的时候听取其他人的意见是一种常态，而不是例外。我们根本无须去寻找社会影响，它会来找我们。无论我们是否喜欢，每天从早到晚各种推送的消息都在用其他人的观点不断地向我们轰炸。事实上，如果我们在网络评分、网络评论、发送推文、分享内容以及推荐内容的背景下重新审视希勒的上述结论，我们很可能会说，今天"很多人在没有观察其他人所采取的行动的情况下是不会选择他们自己的行动的"。但是，这样做真的会很糟糕吗？这要看情况，稍后我会再一次回到这个问题。

多样性

群体智慧的第二个支柱是多样性。当每个人都持有相同的观点或者都持有根深蒂固的两极化观点的时候，这些人所在的群体就不可能是明智的。在解决问题和进行预测的时候，我们能够用聪明的方式将集体的判断汇聚起来，完全得益于有众多不同的想法。为什么这么说呢？因为不同的团队会给出多种不同的解决方案，以及有效地利用这些解决方案的方法。在复杂系统领域工作的科学家斯科特·佩奇（Scott Page）指出，在实际解决问题的团队中，多样性比同质性更加重要，[①]而且在合适的条件下，多样性甚至比团队成员的能力更重要。[14]事实证明，在认知上呈现多样性（多元化）的团队要比那些拥有最好的解决问题能手的团队表现更好，其原因恰恰是，具有顶尖表现的个体往往有相似的思维方式，所以他们不会去探究足够多的可能的解决方案以发现更好的替代方案。在预测选举结果、股票价格或者一头牛的重量时，群体的多样性和组成该群体的个体所做预测的精确性同样重要。而且当你汇集一个群体所做的预测时，最终的结果至少会和该群体成员的平均预测结果表现同样好。所有这些在数学上表现出来的规律性，在很大程度上取决于群体的多样性。

有一个很可能会减少多样性还引起了热议的趋势就是所谓的两极分化。两极分化是一件很危险的事，因为它会在多种场合制造僵局，并且削弱一个社会有效地处理社会信息的能力。它放大了我们原有的倾向性，因为人们更愿意接受那些和他们自己信仰一致的想法。这种"带有动机的论述过程"可以把已经两极分化的派系推向形成根深蒂固的分歧的陷阱，哪怕面对的是基本事实也会如此。我们可以从美国众议院对特朗普的弹劾调查，以及参议院对他的弹劾

[①] 这里所涉及的问题必须是一个困难的或复杂的问题，而且除了由解决问题的能手的集合所构成的众多团队本身必须足够大以外，由那些能手所构成的集合也必须足够大。

审判中看到这一点。无论是民主党还是共和党，他们的论点似乎都无法动摇对方的立场，这两个政党都已经被禁锢在了自身的视野中。按照你自己的政治倾向，你可能会以这样或那样的方式来看待这次审判，并且很难相信居然会有人持完全相反的观点。

我们根深蒂固的、两极分化的观点会很容易受到所谓的"确认偏差"的影响，这是人类的一种自然的倾向，人们更愿意相信那些支持我们的信念而不是与之相悖的事实和观点。从美国民主党和共和党之间的紧张关系，到那些在英国脱欧公投中支持"脱欧"或"留欧"的人，再到巴西总统选举中那些右翼和左翼政党，两极分化似乎已经席卷了全球……但事情真的已经如此不堪了吗？

两极分化的悖论

如果你在数据中深入地挖掘，无论在全球还是在美国，两极分化的兴起似乎都不是那么一目了然。当我们像皮尤研究中心从1994年以来就在做的那样，在整个政治价值的尺度上来比较自认为民主党人或共和党人的观点时，我们看到，从2004年脸书公司成立以来，两党之间就已经开始出现巨大的分歧。[15] 这种分歧在"政治的参与度"上更加深刻（见图10.5），而且在一连串的政策问题上都可以看到这样的分歧（见图10.6）。

但是，当我们审视某个被调查对象的政党认同、意识形态，以及对某些特定政治问题的观点时，所有这些从20世纪60年代以来几乎没有发生什么大的变化。正如马修·根茨科所指出的，在过去50年时间里，无论在党派关系上还是在美国选民的自由-保守倾向上，"我们都没有看到有任何证据表明两极分化正在加剧"。[16] "很

1994 年到 2017 年，在美国的投票人之间出现的政治两极分化

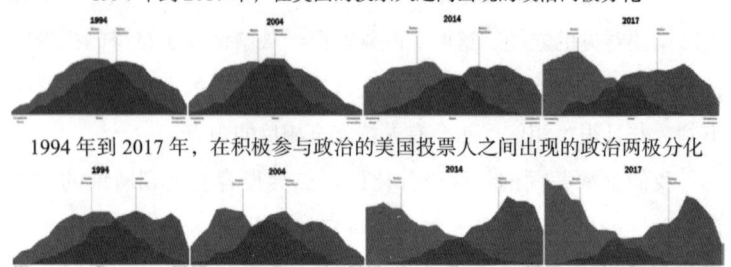

1994 年到 2017 年，在积极参与政治的美国投票人之间出现的政治两极分化

图 10.5　1994 年到 2017 年美国本土政治力量的两极分化。上半张图显示的是 1994 年、2004 年、2014 年和 2017 年民主党（左）和共和党（右）的人数在 10 项政治价值指标上的分布情况。下半张图显示的是 1994 年、2004 年、2014 年和 2017 年民主党（左）和共和党（右）在 10 项政治价值的指标上积极参与政治活动的人数的分布情况。这里所谓的政治价值指标由 10 个问题组成，皮尤研究中心在调查中会通过向调查对象询问这 10 个问题来判断在众多的政治价值中，被调查对象在多大程度上持有的是自由派或者保守派的态度，这里涉及的政治价值包括：对政府的规模大小和权力范围、社会安全网络、移民、同性恋、商业、环境保护、外交政策和种族歧视等一系列问题的态度。资料来源：皮尤研究中心在 1994 年、2004 年、2014 年以及 2017 年进行的调查，具体文件参见 Pew Research Center Report "The Partisan Divide on Political Values Grows Even Wider," October, 2017

少有美国人把自己描述为'非常'保守或自由。其余那些自称为'保守派'、'自由派'或者'温和派'的人的数量依然相当稳定，而且近年来，也没有任何迹象表明他们正在走向极端。"如果美国人关于政治问题的观点开始变得两极分化，那么我们可以预见，在经济和社会问题上，美国人观点的统计分布会逐渐扩散开来。但是，绝大多数的美国人在大多数问题上依然持有温和的观点，比如，从统计分布曲线的形状来看，有关经济和社会问题观点的分布曲线有一个稳定且"单一的峰值"。

共和党和民主党在不同领域不断扩大的裂痕

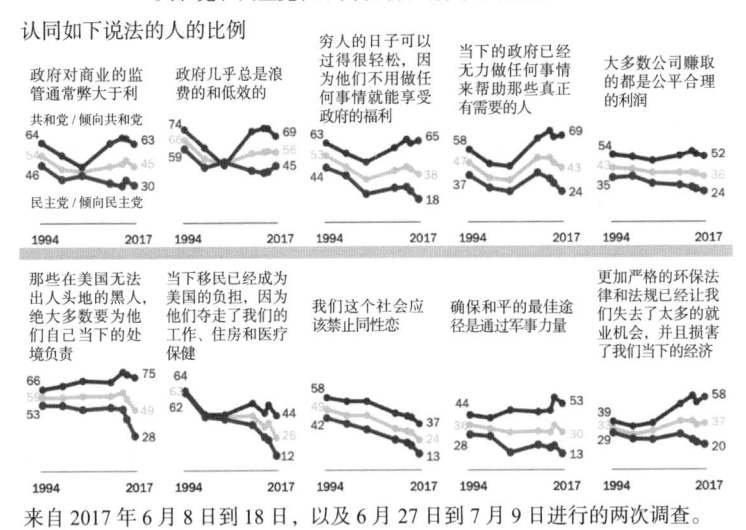

认同如下说法的人的比例

| 政府对商业的监管通常弊大于利 | 政府几乎总是浪费的和低效的 | 穷人的日子可以过得很轻松，因为他们不用做任何事情就能享受政府的福利 | 当下的政府已经无力做任何事情来帮助那些真正有需要的人 | 大多数公司赚取的都是公平合理的利润 |

共和党 / 倾向共和党
民主党 / 倾向民主党

| 那些在美国无法出人头地的黑人，绝大多数要为他们自己当下的处境负责 | 当下移民已经成为美国的负担，因为他们夺走了我们的工作、住房和医疗保健 | 我们这个社会应该禁止同性恋 | 确保和平的最佳途径是通过军事力量 | 更加严格的环保法律和法规已经让我们失去了太多的就业机会，并且损害了我们当下的经济 |

来自 2017 年 6 月 8 日到 18 日，以及 6 月 27 日到 7 月 9 日进行的两次调查。

图 10.6　从 1994 年到 2017 年美国在众多问题上的两极分化。在所有的受访者当中，在上述 10 个对美国政治非常关键的政策问题上持保守立场的共和党人、独立派人士，以及民主党人的比例。资料来源：皮尤研究中心在 1994 年、1999 年、2004 年、2011 年、2014 年，以及 2017 年进行的调查，详见皮尤研究中心报告："The Partisan Divide on Political Values Grows Even Wider," October, 2017

然而，投票数据"似乎表明两极分化正在加剧"。美国总统候选人现在会在某些郡或者县以 20% 或以上的"压倒性"得票优势获胜，同时居住在这些地区的美国选民的比例也已经从 1976 年的 25% 增加到了 2016 年的 60%；[17] 在当下同时进行的总统和国会选举中，选民们不太可能会跨越党派的界限来分配手中的选票；[18] 另外，随着时间的推移，当选民在总统和国会选举中更有可能投票给同一个政党的时候，[19] 郡县层面的投票份额也就变得越来越重要了。[20]

第 10 章　群体智慧与群体疯狂

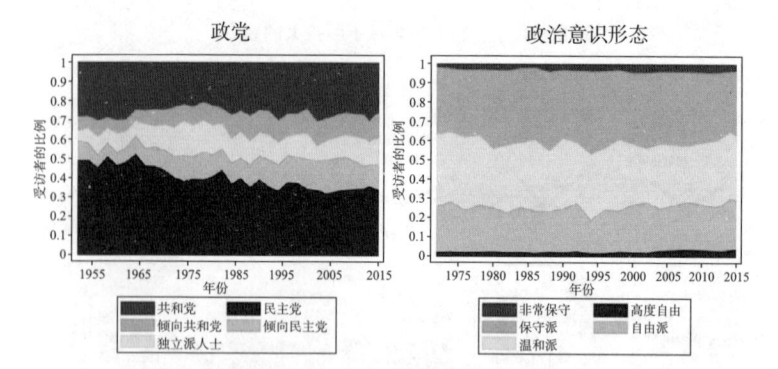

图10.7 在不同的时间段，美国选民在政党和意识形态上的归属。上图显示了在美国全国选举研究调查中，自认为共和党人、倾向共和党人、独立派人士、民主党人或者倾向民主党人的受访者的比例。2012年以后的数据来自皮尤研究中心组织的另一项调查，针对上述两个数据的来源，该调查对其中重叠的时间段进行了重新调整，这样两个数据源就会有相同的平均值。资料来源：Gentzkow, Matthew. "Polarization in 2016," Toulouse Network for Information Technology Whitepaper（2016）

事情怎么可能会是这样的呢？在共和党和民主党（政党认同）以及保守派和自由派（政治意识形态认同）的比例数十年间一直维持着相对稳定的情况下，民主党和共和党在政治意识形态以及一些重大问题上的立场却已经出现了巨大的分歧，这又是怎么回事呢？

答案很简单：人们持有的观点与他们的政党认同之间的相关性已经急剧飙升。[21] 在两个同质的信仰体系下，美国人已经分成了两个阵营。虽然总体来讲大多数的美国人在绝大多数的问题上都持有温和的观点，但是在不同的党派之间，在一些具体问题以及某些候选人所持有的观点上还是会出现一些重大的调整。虽然持有支持移民和反对移民观点的美国人在总体比例上没有发生大的改变，但"持有支持移民观点的共和党人，或者持有反对移民观点的民主党人的比例已经开始大幅下降"。选民们针对特定问题的观点开始汇聚成为各种虽然表面上完全不同，但实际上完全同质的观点，而且这些观点与某个政党的立场是一致的。在过去，情况根本不是这个样子的。"过去很常见的是，在某些问题上（比如社会政策上）人们会持有自由派的观点，而在其他问题上（比如经济政策上）人们又会持有保守派的观点，"根茨科这样写道，"今天，越来越多的人要么全盘持有倾向于自由派的观点，要么全盘持有倾向于保守派的观点。"[22]

这种分歧也已经外溢到了美国的文化中。苏珊娜·卡普纳（Suzanne Kapner）和丹蒂·奇尼（Dante Chinni）分析了《西蒙斯全国消费者调查报告》，这份报告的内容是从2004年开始一直延续到2018年的针对消费者品牌偏好的调查，他们发现，近些年来，各种品牌要么与共和党产生越来越紧密的联系，要么与民主党建立了更紧密的联系。[23]当你观察消费者的品牌忠诚度和购买模式时，你会发现，共和党人一般购买的是威格牌的牛仔裤，而民主党人购买的是李维斯牌的牛仔裤；共和党人购买的通常是通用汽车公司的产品，而民主党人购买的往往是德国大众汽车公司的产品。另外，我们还都知道，共和党人观看的是福克斯新闻台，而民主党人观看的是CNN新闻台。

这些现象在很大程度上是由品牌推广、市场营销，以及目标定位来推动的，但是在最开始的时候，它仍然是由消费者的品位来驱动的。不同的品牌已经开始在一些社会问题上选择立场，这或许是因为这些公司的领导层想要借此来表达自己的价值观，又或者只是一种尝试，想要让某些消费者群体可以对他们的品牌产生认同。例如，支持枪械管制和移民政策是典型的自由派的理念，而李维斯这个品牌已经开始公开拥抱这些理念。吉列刀片的广告引发了一场争议，因为在广告中，吉列质疑了那种有些病态的男子气概，并且设计了一个父亲教导他的变性人儿子如何剃须的场景。另外,还有谁会忘记耐克对科林·卡佩尼克(Colin Kaepernick)的支持呢?这位前旧金山 49 人队的四分卫在奏国歌的时候曾经用屈膝来抗议对少数族裔的压迫。那些声称会基于某个品牌在一些社会问题上所采取的立场而做出选择、更换、避免使用或者抵制该品牌的美国人的比例,已经从 2017 年的 47% 上升到了 2018 年的 60%。所以,当你听到 2018 年有 46% 的耐克客户认为自己是民主党人,而只有 31% 的客户认为自己是共和党人的时候,你就一点儿也不会感到奇怪了。

随着共和党人和民主党人在上述这些问题上,以及在某种程度上基于他们对某些品牌的忠诚度,被划分成了内部关系紧密的、同质的社群后,两党成员在如何看待对方的问题上也开始浮现出相关的分歧。从 20 世纪 90 年代的中期到后期,在"情感上出现的两极分化",即在两党成员之间浮现出来的互不喜欢、互不信任,以及相互憎恨的情绪,已经通过所谓的"体温计"评分在美国表现出了大幅度的增长。这种评分方式除了可以被用来衡量受访者对他们自己所在的政党以及其他政党的相对感受外(具体的分数从"温暖"到"寒冷"一共有 100 分),还可以被用来在团体内和团体外对自己所在政党的某个成员以及其他政党的成员是否"自私"或者"聪明"进行评分,另外还有人用这种方式来衡量有多少比例的人会感到不高兴,如果他们的孩子与来自另一个政党的成员结婚。[24] 可以说,这种"情感上的两极分化"现在正处于 60 年以来的最高峰,而且这种现象正好与皮尤研究中心从 1994 年到 2017 年记录下来的政治上的两极分化相对应。

当然,接下来一个很自然的问题是,为什么会出现这样的现象? 为什么我们会在美国,而且坦率地来讲,在孟加拉国、巴西、加拿大、瑞士、哥伦比亚、印度、印度尼西亚、肯尼亚、波兰、土耳其以及全世界其他很多地方都可以看到这种日益扩大的分歧？两极分化产生的根源是非常复杂的，而有关其原因的科学还不能说已经建立了起来。虽然我们确实已经对其中的几项关键性因素找到了证据，但它们仍然存在很多争议。首先，把所有人按照党派进行区分，或者说按照意识形态和社会认同进行划分，比如按照种族和宗教进行划分，实际上是在不同的党派之间划出了一条不允许跨越的分界线。事实上，现在几乎所有的福音派基督徒都把选票投给了共和党，而同样，几乎所有的非洲裔美国人都把票投给了民主党。

其次，在过去的10年时间里，美国选民已经在经济上出现了两极分化。在以民主党为主的选区内，尤其在城市和近郊，家庭收入的中位数已经增长了17%，在这些地区内教育水平往往会更高，而且各种专业性的工作也更容易找到。然而，在教育程度较低、劳工阶层聚居且处于农村地区的共和党传统选区内，家庭收入的中位数已经下降了3%，而且在这些地区里，农业和低技能的制造业工作更容易受到海外竞争的冲击。[25]

再次，有线新闻媒体在党派政治上的两极分化很可能强化了政治认同，同时加剧了两党之间在情感上的两极分化。也就是说，已经分化的两党成员会很自然地选择倾向于右翼或者左翼的媒体受众，这就让我们很难判断是已经两极分化的新闻媒体导致了受众出现两极分化，还是早已经两极分化的公众简单地选择了观看哪一个两极分化的媒体。[26]

最后，互联网经常被指责为两极分化加剧的原因，在个性化和目标定位技术结合在一起，创造出了法律学者卡斯·桑斯坦（Cass Sunstein）和政治活动家兼MoveOn.org网站的董事伊莱·帕里泽（Eli Pariser）所描述的那种针对两极分化内容的"过滤泡"后，不同的政治派别日常所消费的就已经是关于这个世界截然不同的信息和事实。[27] 但不得不指出的是,在互联网加剧两极分化这件事情上,还存在互相矛盾的证据。有一些研究发现,使用互联网会使两极分化出现小幅度的提升,[28] 但另外一些研究发现,在很少使用互联网的人群中,两极分化才是最为普遍的现象。[29]

利维·博克斯尔(Levi Boxell)、马修·根茨科和杰西·夏皮罗(Jesse Shapiro)所做的唯一的纵向跨文化研究为不同的国家在"情感两极分化"上所出现的不同趋势提供了重要的证据。[30] 他们对8个国家在40年的时间里所发生的变化进行的分析表明,虽然在过去的40年时间里美国、加拿大以及瑞士的"情感两极分化"的程度一直在稳步上升,但是在澳大利亚、新西兰、英国、瑞典、挪威和德国,"情感两极分化"的程度一直在不断地下降。

由于在这段时间里,互联网的接入率在所有这些国家都很高且在不断上升,用互联网来解释情感的两极分化就不太能行得通了。虽然他们同时也指出"在很多国家,两极分化在2000年以后的时间段要比在2000年之前的时间段上升得更快,而这个事实显然与数字媒体所扮演的角色相一致",但这些趋势无法解释为什么两极分化在20世纪90年代也在不断上升,以及为什么在2000年后,在一些国家两极分化会不断上升,而在另一些国家两极分化在不断下降。这表明,情感的两极分化和某个国家特定的趋势是由众多不同的因素共同导致的,比如不断加剧的收入不平等、不断增长的种族分歧,以及有线新闻在美国的崛起等,所有这一切与数字和社交媒体混合在一起后,就有可能会导致两极分化。

在过去的数年时间里,很多人都在思考这样一个问题,即炒作机器与所有这些不和谐的因素究竟有什么关系。自动化的、个性化的、目标定位的,以及趋势化的算法似乎就是为了把我们推向更严重的同质化和两极分化。社会本身因炒作而呈现出来的高度社交化的倾向很可能会减少社会的多样性，因为当我们聚焦于或者跟随他人的观点时，我们或许正在和那些与我们一样的人聚集在一起，从而形成一个结构紧密的"思想空泡"。像收入不平等、种族分歧，以及不断增加的党派联盟等这样一些与国家有关的具体因素是否有可能和炒作机器结合在一起，通过在网上创造回声室效应来加速情感的两极分化呢？这些因素是否会让那些同质的、附属于某个党派的团体更容易在脸书和其他社交媒体上成为目标定位的对象呢？所有这些都是很复杂的问题。馈送算法和好友推荐算法或许会和我们自己的选择结合在一起，共同来塑造我们阅读和信赖的内容，从而更进一步地分化我们。那么，关于这些可能性，科学又能告诉我们些什么呢？

炒作机器正在让我们出现两极分化吗

首先，馈送算法会通过我们的点击、参与和点赞的对象来了解我们的偏好，而且这种算法已经被训练成会给予我们更多我们愿意参与其中的内容。各个平台还都声称，它们并不只是最大化点击量，在它们的算法中还包含了增加多样性的规则。但我的直觉是，在炒作机器的算法中所包含的寻求多样性的规则可能只是用来更进一步探寻我们的偏好以便改善其定位的精确性的，而不是为了增加我们消费的多样性（想要确定这一点是很困难的，因为这些平台并不会公开它们的算法）。通过让我们尝试与自己平常喜欢的完全不同的内容，算法会再一次探寻我们的兴趣和偏好，并确认它们没有错过任何东西，又或者确认我们的偏好并没有发生改变。但是，这些有关多样性的规则很可能会被算法中支配一切的目标所淹没，而这个目标就是给予我们更多可以参与其中的东西。

其次，炒作机器的内容管理算法会通过正在把我们推向两极分化的"炒作环路"来降低消费的多样性。比如，好友推荐算法就会把我们与那些和我们相像的人连接在一起，所以，被我们的通信录里的朋友共享的内容就会很自然地倾向于我们自己的观点。而信息流算法通过把我们的阅读选项缩小到那些与我们的偏好最直接相关的内容，进一步减少了内容的多样性。接着，我们会在这些内容中去选择阅读其中一个更窄的子集，从而把带有倾向性的选择又反馈给机器智能，而这些机器智能会以此来推断我们想要的是什么，这样就创造出了一个两极分化的循环，并且把我们拉入了一个不断分裂的信息泡沫中。这是一个由算法和我们自己的选择共同推动的恶性的"炒作环路"，它会把我们带入一种短视的、两极分化的世界观中。

在一篇 2015 年发表在《科学》杂志上的现在已经被广泛引用的论文中，我在脸书的同事埃唐·巴克西、所罗门·梅辛（Solomon Messing）和拉达·阿达米克（Lada Adamic）研究了我们的网络、信息流算法，以及我们自己的选择会在多大程度上影响我们在脸书上接触不同意识形态的新闻。[31] 他们分析了 1 000 万名美国的脸书用户是如何在信息流上与社会中广泛分享的新闻进行互动的。他们发现，在内容管理过程中的每一个承前启后的阶段，内容可供选择的范围都在不断地缩小，比如利用你的朋友在分享内容时所做的决定来进行管理，通过信息流的算法来进行管理，以及利用我们自己在选择阅读什么的时候所做的决定来进行管理。

在对内容进行管理的每一个阶段，我们能够接触的在意识形态上不同的观点会越来越少，其原因是好友推荐算法和我们个人的网络连接偏好使我们的社交网络被两极分化了，而且这两种方式都更有利于同质性的产生，所以，在脸书上存在非常明显的基于相同的政治立场而发生的聚类现象。研究人员还观察到，与网络结构中存在的两极分化一致的是,在我们的朋友与我们分享的新闻内容中也存在大量的两极分化现象。下图将我们在网络中所分享的硬新闻(即重要新闻)内容中的大量两极分化现象,和我们分享的软新闻(体育、娱乐或者旅游内容等)中相对较少的两极分化进行了比较。对那些自认为自由派的人来讲,信息流算法把他们接触不同内容的机会更进一步地降低了8%,而对于那些自认为保守派的人则降低了5%。最后,在通过算法管理的信息流项目中,对于自由派人士,个人的选择使得他们接触不同内容的机会降低了6%,而对于保守派人士,他们看到不同内容的机会降低了17%(见图10.8)。

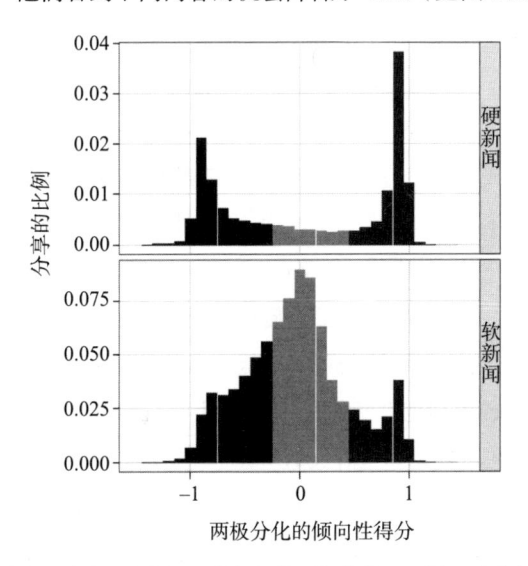

图10.8 脸书上共享的硬新闻和软新闻的两极分化。上图显示了在1 000万名美国脸书用户的信息流上,共享的硬新闻和软新闻在意识形态倾向性上的分布情况。我们用总的分享数量中从属于某一种倾向的平均分享数量来衡量在意识形态的倾向性中向左倾斜或者向右倾斜的内容数量。所以,如果有很多左倾(或者右倾)的朋友分享了某一段内容,那么这段内容就会被标注为左倾(或者右倾)。资料来源:Bakshy, Eytan, Solomon Messing, and Lada A. Adamic. "Exposure to ideologically diverse news and opinion on Facebook." *Science* 348, no. 6239(2015):1130-1132

第10章 群体智慧与群体疯狂

上述结果很明确。脸书的网络是通过算法来进行组织和管理的，但正是这些算法设定了我们可以关注谁以及接触哪些社交内容的规则，所以，脸书实际上限制了我们去接触有关政治和世界事务的硬新闻，因为在这些硬新闻中包含了众多不同的观点。虽然信息流算法在形式上可能会更温和，但实际上它更进一步地加剧了这种两极分化。最后，我们的个体选择对我们阅读的内容做出了更多的限制，因为我们的选择会被反馈给各种算法，从而使机器在一个已经被强化的意识形态的循环中对我们真正想要的内容做出新的诠释。

参与度和多样化的陷阱

事实上，在对脸书进行的观察研究中，你很难得出这样一个结论，即算法或者我们的选择会在我们接触硬新闻的时候导致两极分化，因为这项研究是基于相关性而不是因果性的。但是，麻省理工学院的前博士后阿纳亚·森（Ananya Sen）所搜集的实验证据为我们提供了第一个在两极分化和新闻的算法管理之间可能存在因果关系的证据，这项实验证据是从2017—2018年他与约格·克劳森（Jörg Claussen）和克里斯蒂安·波伊克特（Christian Peukert）在一家主流的德国新闻网站上开展的研究中获得的。[32]

他们准备了一个大型的实验来测试算法管理是否真的导致了对网上内容的过滤，具体的做法是随机地分配一些用户接收由算法管理的新闻，而其他用户接收的是由人工管理的新闻。在控制组中，用户接收的是由人类编辑管理的页面。在实验组中，用户可以在网站信息流的第四个位置（或者新闻内容的入口）看到基于该用户之前的阅读历史经算法管理的内容。在控制组和实验组中，网站页面上其他所有的东西都是完全一样的。通过将人类管理的第四个位置与机器管理的第四个位置中的内容进行比较,他们测量了算法管理在多大程度上收窄了人们对新闻的消费。

在对 1.5 亿名用户的网上行为进行分析后,他们得出的结论确认了与算法管理有关的三件事情。

首先,在使用户的参与度最大化这方面,算法管理远比人类管理更加出色。在只搜集了 6 次访问的数据后,算法已经能够更好地预测读者想要的是什么,并且在引导读者进行点击的时候,其表现要远超人类编辑。[1] 这证实了算法管理在对参与度进行大规模优化这方面的有效性。算法搜集的数据越多,我们参与的程度也就会越深,一直到其中的收益开始递减。

其次,算法管理导致了过滤层的出现,从而极大地降低了新闻的多样性。在实验中,对于那些多次返回同一个网站的读者,实验每次都会随机地将他们分配给算法或者人类。当他们被分配给算法的时候,过滤层就会起作用,这样他们的阅读面就会更窄,而当他们被分配给由人类编辑的页面时,他们的阅读面就会更宽。

再次,算法管理不仅收窄了读者阅读不同内容的选项,而且使他们的阅读选择也变得更窄了。换句话说,过滤层不仅仅在信息流的第四个位置发挥了作用,还溢出到了更一般的消费选择中。被随机分配给算法的用户不仅仅在第四个位置被收窄了阅读的选项,而且当他们点击其他由人类管理的位置时,相应的阅读面也被收窄了。阿纳亚·森的研究为我们提供了第一个大规模的实验证据,证明了算法管理确实会导致过滤层的出现。这份证据还表明,算法管理不但通过限制我们的选项,而且通过缩小在剩余选项中的选择范围来

---

[1] 有意思的是,当某一天突然有爆炸性新闻出现的时候,人类编辑的表现明显要好于算法,这表明人类显然更擅长预测读者对有新闻价值的内容的喜好。

收窄我们能够阅读到的内容,这就解释了为什么在脸书平台上开展的研究会发现,可供人类做出选择的范围出现了明显的缩小。

我的博士生戴夫·霍尔茨(Dave Holtz)、本·卡特莱特(Ben Carterette)和我在一个大规模的实验中也发现了类似的现象,这个大规模的实验可以测试在音乐流媒体平台 Spotify 上,个性化的推荐会对消费的多样性产生什么样的影响。[33] 在我们的实验中,一些 Spotify 用户根据他们之前的收听历史得到了个性化的播客推荐,而另一些用户则收到了在他们所在的年龄群体中最受欢迎的播客推荐。算法推荐提升了用户的参与度,用户上传的流媒体播客数量增加了 38.29%,每个用户的平均播客流增加了 30.67%。不过这样的做法也产生了两极分化的消费群体,而且在每个群体中还会出现同质化的现象,但是不同的群体间又会呈现出多样性的特征。在实验中,算法推荐使面对个体的播客流的多样性降低了 2.83%,但同时使面对整体的播客流的多样性增加了 3.04%。类似于前面提到的阿纳亚·森等人的发现,我们发现,算法管理不但收窄了用户的选项,而且导致用户收窄了他们自己能够做出的选择。用户的选择被收窄不仅仅表现在网站的主页上(因为主页上会显示出算法的推荐内容),还会表现在平台的其他区域,比如用户库列表和音乐电台的页面上(虽然在那些区域你无法看到算法推荐的内容)。

在我们的实验中,算法管理所产生的过滤层效应在相应的管理停止后并不会持续存在。在我们关闭了算法推荐后,用户在内容消费上的多样性又会回到正常水平。这表明,用户对多种选项的偏好是有弹性的,并且能够从算法管理所产生的两极分化中恢复过来。这就让我们提出了这样一种可能性,即被设计用来使用户参与度最大化的自动算法并不能永久性地改变我们的消费模式,而且更好的算法设计可以恢复我们在社交媒体上消费内容的多样性。

但是，上述这些研究都没有考察两极分化的媒体消费对政治的两极分化所产生的影响。为了在社交媒体和政治的两极分化之间建立起直接的联系，我们需要进行这样一项实验，首先把社交媒体给用户的信息流随机化，然后再测量用户的新闻消费和政治态度可能发生的改变。为了使这项研究尽可能地有效和普遍适用，最理想的做法是把实验放在脸书上进行，因为脸书是目前世界上最大的社交媒体新闻消费平台。耶鲁大学的罗伊·利维（Ro'ee Levy）就曾经做过这样一个实验。[34]

利维将美国的成年脸书用户进行了随机分配，让他们要么订阅自由派要么订阅保守派的新闻媒体。其中有半数的参与者订阅了相关的媒体。那些订阅了自由派媒体的人会在脸书的信息流上收到更多倾向自由派的新闻，而那些订阅了保守派媒体的人则会收到更多倾向保守派的新闻。利维测量了在信息流中随机注入自由派或保守派的内容对用户媒体口味所产生的影响，以及随后出现的他们在政治观点和态度上可能会发生的改变。他的实验记录了4个关键的发现。

首先，在这项实验中，脸书的信息流极大地改变了在线新闻消费的模式。在信息流中注入自由派或保守派的新闻内容实际上改变了用户的媒体口味，并使用户倒向他们在实验中被分配的政治倾向。换句话说，保守派如果被分配接收更多有关自由派的新闻，就会使他们的媒体口味朝着政治光谱中自由主义的那一端移动；而自由派如果被分配接收保守派的新闻，就会在另一个方向上发生同样的事情。从两极分化的角度来看，这可能是好消息，也可能是坏消息。一方面，它暗示了脸书可能是一种很有效的工具，可以让我们更多地接触与自己的意识形态背道而驰的新闻。另一方面，如果脸书向用户提供的新闻强化了他们的观点，它就会提升有关媒体内容的两极分化程度。这取决于相关算法的代码是如何被编写出来的。

其次，接触与自身信仰相悖的新闻，可以减少人们对非自己政党成员的反感。利维使用了一种传统的"感受温度计"来测量对信息流所做的这种调整会带来什么样的效果。从1996年到2016年，情感的两极分化在这个"温度计"上的表现，即共和党人对民主党人的反感程度，或者民主党人对共和党人的反感程度，从整体上来看上升了3.83度。但是，利维的实验使这种两极分化降低了0.98度，在实验中，利维的团队在脸书的信息流中注入了随机的态度变化。当他开始估算，如果脸书让它的用户接触"同样比例的持赞成和反对态度的新闻"后会发生什么时，利维发现"他们对民主、共和两党在感受上的差异会降低3.76度，这几乎就是在过去的20年时间里的全部增长"。

再次，操控脸书的信息流服务并没有对用户的政治观点产生可测量的影响。这和我在前面讨论的两极分化的悖论是相一致的。虽然过去的20年时间里出现了非常严重的党派对立，但美国选民的政治观点依然相当温和与稳定。与之相比，关于成为一个民主党人或者共和党人意味着什么，这两党内部具体的观点却已经变得更加同质化了。

最后，利维发现，脸书的信息流算法确实导致了过滤层的出现。这种算法几乎不太可能向人们提供与他们之前的政治态度相悖的各种新闻媒体的帖子。尽管利维的实验鼓励人们去阅读持相反观点的帖子，但脸书的算法依然在向他们提供倾向于他们之前的政治观点的内容，即便他们已经订阅了与自己的政治态度相反的信息内容。

那些声称炒作机器正在使我们发生两极分化的人会争辩说，正因为炒作机器导致了过滤层的出现，所以我们开始出现两极分化。虽然没有确凿的证据可以直接证实或否认炒作机器在两极分化中所扮演的角色，但是有多项不同的实验研究给出了足够的证据，表明炒作机器的推荐算法确实导致了可以促进内容消费两极分化的过滤层的出现。这些结果与研究人员最近获得的证据是相一致的，即"美国人的两极分化不仅仅表现在他们对政策问题的观点，以及对政府和社会的态度上，而且表现在他们对同一事实真相的感知上"。

但事情并不一定非如此不可。如果我们在编写代码的时候足够小心，我们就完全可以鼓励人们去接触与自己的观点不同的内容。炒作机器推荐算法的设计人员可以利用所谓的"多目标优化"的方式来推动人们同时参与和接触不同的内容及观点，这里所谓的"多目标优化"的方式指的是用软件代码来实现多个不同目标的过程。Spotify 的"每周发现"推荐算法就是一个很好的例子。"每周发现"旨在向听众介绍他们从未听过的新的音乐，但是基于他们过去曾经听过的内容，他们很有可能会喜欢这些内容。我发现这种推荐算法会让人非常积极地参与进来。虽然它不是让人们去接触不同的政治观点和内容，但同样的逻辑可以被用在我们的信息流上。就我本人而言，我对这种形式的多样性表示由衷的欢迎。

平等性

就其核心而言，群体智慧实际上是一个数学概念，它涉及的是在团队中、社区内以及在社会上，各种集体的或者汇聚在一起的意见所呈现出来的模式。但是，自从弗朗西斯·高尔顿用猜测牛的体重的故事第一次说明了我们的群体智慧后，我们需要用到的数学也已经发生了演化。在过去的 10 年时间里，在对群体智慧的思考中，我们最重要的进展就是认识到（并正式开始思考）群体是如何通过把他们连接在一起的网络成为一个"集体"的。当我们把群体智慧这个概念延伸到网络中的时候，我们发现，平等对于智慧有着至高无上的重要性。在社交媒体的时代，维护平等性和少数群体的表达权是至关重要的，这并不仅仅是为了这样做所包含的道德价值，更是为了实现群体智慧所拥有的潜力。要想弄明白这是为什么，我们需要首先思考如何才能从与社会的互动中学到东西，并以此来架构我们自己与社会的互动。

当我们阅读书籍、聆听新闻广播或者在现场观察一些事情的发生时，我们实际上正在吸收各种新的信息，并同时更新我们对这个世界的认知。每天我们还会在各种社会交往中学习，并且把各种信念、观点以及我们朋友的视角融入自己的视角中。[35] 事实上，几乎在我们生活的每一个方面，比如，当我们与认识的人讨论各种突发新闻、时尚潮流以及当前的政治动向时，我们都在参与某种形式的"社会学习"。

在过去的 10 年时间里，通过管理各种社交信号、促进（或者压制）社交反馈，炒作机器已经强势地把自己嵌入了我们的社会交往和学习的过程中。比如，2019 年，Instagran 开始在共享的内容上主动显示或者隐藏用户的点赞；2013 年，Reddit 开始在网上让用户首先在私底下进行评分，直到积累了足够多的评分数量后，才公开评分的结果；2019 年，WhatsApp 规定用户在全球范围内转发有关信息的次数不能超过 5 次。[36] 所有这些在算法设计上做出的选择，结合我们自己（作为个体）做出的选择，完全改变了我们了解这个世界的方式。

然而，我们的社会结构具有同样的影响力，正是这样的社会结构才使我们有可能接触其他人的观点。由于我们的世界观在某种程度上依赖于周围的人所带来的信息和观点，将我们联系在一起的社会关系结构就会影响我们的视角、观点以及思想的流动。而最有可能支撑起群体智慧的社会结构特征就是平等性。

我在斯坦福大学的同事马特·杰克逊和他以前的学生本·戈卢布（Ben Golub，现就职于哈佛大学）厘清了群体智慧这个数学概念。[37]当他们坐下来想要在网络环境中为高尔顿的理论建立一个模型时，他们开始不断地遇到平等的重要性问题。[38]杰克逊和戈卢布提出了这样一个问题：假设存在一些我们所有人都知道的事实，但只有某些人才知道事情的真相，而其他人一无所知，那么，哪一种社会网络结构可以让整个社会在事情的真相上达成一致呢？[39]他们两人把能够达成某种一致的社会称作"明智的社会"。

他们发现，一个社会的网络必然拥有一个简单而又完整的可以代表智慧的特征，那就是它必须拥有发现真相的能力，用一句现代的时髦话语来讲，在这个网络中不应该存在对其他人有很大影响力的"网红"。正如杰克逊和戈卢布在他们的论文中所写的那样："不成比例的受欢迎程度是通向群体智慧的唯一障碍。拥有一个杰出的代理人会使人们通过社会交往进行学习的努力最终走向失败，因为这些人的存在限制了人们发展出自身的信念，这些人所拥有的影响力已经超出了合理的范畴。"[40]一个没有智慧的社会往往会缺乏某种平衡，这意味着在这个社会中，某些群体的影响力已经远远超出了其他群体，所以这些群体对这个世界的其他地区或许就不会再给予足够的关注。

这听起来是不是很耳熟？这就是我们当下生活的世界，在这个世界里，奥巴马和特朗普分别拥有1.1亿和6 700万个推特粉丝，著名歌星坎耶·维斯特（Kanye West）有3 000万个粉丝，而他本人关注的人数只有300。在这个世界里，趋势算法会竭力推销最受欢迎的人和内容,而"偏好连接"(在网络中那些受人欢迎的节点可以吸引更多连接的趋势)会使那些最受欢迎的人和内容变得更受人欢迎。[41] 杰克逊和戈卢布还发现,这种类型的社会很容易走向疯狂。[42]

这是一个很简洁优雅的理论,其中的数学也无可挑剔。但是,作为一个经验主义者,我总是很好奇我们的理论是否真的适用于现实生活。我在宾夕法尼亚大学的同事戴蒙·森托拉(Damon Centola)和他的团队在一系列的在线实验中测试了这个理论。2015年夏天,在芬兰赫尔辛基举行的计算社会科学国际会议(International Conference on Computational Social Science)上,我和戴蒙的学生德文·布雷克比尔(Devon Brackbill)具体讨论了这个问题。布雷克比尔告诉我,他、戴蒙和乔希·贝克尔(Josh Becker)正在进行一系列的实验,来测试在面对日益增长的社会影响力时群体智慧可以达到的极限,以及相对于一个公平的网络,集中化对群体智慧可能产生的影响。[43]

他们在不同的在线社交网络中各安排了1 000个人,这些人的任务是测试其群体智慧,研究人员会按照他们所获结果的准确度来支付他们的报酬。其中有些参与者被随机安排到了一些公平的网络中,在这些网络中,每个人所拥有的连接数量都是完全等同的;而其他一些人被分配到了一些集中化的网络中,在这些网络里,一个处于中心地位的网红拥有完全不成比例的连接数量。最后,在第三组也就是所谓的控制组里,不存在任何网络连接,所以第三组也代表了一个真正独立的群体。接着,他们给这些组分配了一些可以用来测试群体智慧的任务,比如,估算食品中卡路里的含量,或者计算在一个罐子里的糖果数量。然后,在连续进行了几轮预测后,他们测量了每一组在汇总事情真相的能力上所存在的差异,不过在参与者所在的社交网络中，参与者之间所发生的交流可能会不时地打断每一轮的预测。

他们的发现证实了杰克逊和戈卢布的理论。在一个公平的网络中，每个人都用几乎相同的方式和其他人连接在一起，当其中的参与者相互间进行沟通的时候，这样的连接方式可以提高他们进行预测的精准度；而在一个集中化的网络中，人们预测的结果往往会倾向于网络中那几个最著名的网红个人所持有的信念。这些结果教会了我们很多有关网络群体智慧的知识。社会影响力不但削弱了独立性，还降低了群体估算的多样性，这一点实际上加固了高尔顿和索诺维尔基赋予独立性和多样性的重要性。

但是，社会影响力和人们之间的相互依赖性并不一定会埋葬群体智慧。哪怕由于社会影响力的存在而变得相互依存的群体仍然能够表现出一定的智慧，甚至更大的智慧，比如，尽管群体的成员间存在相互依存的关系，但他们相互间可以是完全平等的，或者，如果群体的成员间是不平等的，但他们当中只有一个非常明智的、有影响力的网红，那么这样的群体也是能够表现出群体智慧的。

乔希·贝克尔、布雷克比尔和戴蒙·森托拉在他们的实验中发现了两种类型的集中化网络：一种是"中心向真相倾斜"的网络，而另一种是"中心向真相偏离"的网络。在前者中，具有影响力的网红给出的估算值和群体估算的平均值正好位于真相的左右两边（真相位于中心位置），所以网红的估算值会把群体估算的平均值拉向位于中心的真相，从而提升群体预测的精确度。在后者中，群体估算的平均值位于真相和网红估算值的中间，所以网红的估算值会使群体的预测偏离真相，从而降低了群体预测的精准度。

让我们来看下面这些例子。如果在罐子里有50颗糖果，而群

第10章　群体智慧与群体疯狂

体估算的平均值是 40 颗，那么一个估算有 55 颗（比群体估算的平均值更加准确）或者估算有 65 颗（比群体估算的平均值准确度低）的网红就会把群体估算的数值拉向一个更准确的数字。但如果这个网红给出的估算数值是 35 颗，那么他就会使群体估算的数值偏离准确的数字。最后的结果完全取决于，相对于群体估算的数值，这个网红给出的数值距离真相到底有多近。

所有这些都表明，因炒作而出现的高度社交化究竟会把我们引领向群体智慧还是群体疯狂依赖于如下这几个因素：我们所创造的网络的结构、在社会上传递社交信号的系统设计、网红的智慧，以及我们是否用建设性的方法而不是毁灭性的方式从社会环境中不断学习的能力。对此我们完全有理由充满希望，因为，对于如何利用群体智慧来为集体利益服务，最新的思考已经为我们指出了解决方案。

群体智慧万岁

炒作机器当下的设计削弱了群体智慧的三大支柱，威胁到了我们实现群体智慧的能力。另外，它还将这个社会引向了两极分化和不平等，而其中所涉及的元素都是和群体疯狂有关的。这些趋势表明，炒作机器会约束我们通过处理社交信息来获取最佳社会效益的能力，而且它很有可能会破坏民主体制、市场以及我们预测传染性疾病的能力。然而，最新的研究指出了一些途径，可以帮助我们恢复独立性、多样性和平等性，或者在不具备这些特性的前提下实现群体智慧。但是，想要走通这些途径需要我们对炒作机器的结构和设计，以及我们使用炒作机器的方式进行彻底的反思。那么，为什么我们不在这里再添加几页文字来进行彻底的反思呢？为什么我们不可以想象有一台特别的炒作机器，它可以操控、放大和引导我们的群体智慧，为我们谋取福利呢？

戴蒙·森托拉和他的团队在研究网络化的群体时发现，当最有影响力的个体同时也是预测最精准的个体时，群体智慧就可以通过社会影响而获得改善。在这个社会上，毫无疑问存在这样一些人，他们的意见极其精准、可靠，而且非常接近真相，所有愿意更加重视这些人意见的网络都会比那些独立的群体表现更好。那么，我们又该如何对炒作机器进行调试，使其对这样一些人予以更多的重视或关注呢？

炒作机器的身上早就充满了各种反馈机制，不过这些机制只是用来反馈错误信号的。我们拿点赞为例，点赞这个按钮可以说是注意力经济的引擎。它被设计用来捕捉我们的注意力，让我们可以毫无顾忌地对我们所看到的内容表达赞同或反对，并且通过让我们的大脑产生多巴胺来刺激我们产出更多类似的内容。我们对社交媒体上的内容越是喜欢，我们对这些内容的参与度也就会越高，因此广告商向我们提供广告服务的机会也就会越多。然而，点赞还可以被用来达成另一个目的，我们点赞的内容越多，我们传递给炒作机器的关于我们偏好的信息也就越多，这就使得在这些内容中嵌入的广告可以很容易地定位到合适的人群。

现在，让我们想象回到了发明点赞按钮的时刻，此时取而代之的可能是一个"真相"按钮（对那些我们认为是真相的内容），一个"可靠"按钮（对那些我们认为有可靠来源的内容），一个"有益身心"按钮（对那些有益于我们身心的内容），或者一个"启发"按钮（对那些能够给我们带来启示的内容）。这种形式的思维训练会迫使我们去重新思考自己在社交媒体上所看到的反馈，并且考虑我们该如何改变代码才能够使炒作机器朝着积极的方向做出调整。

第 10 章 群体智慧与群体疯狂

事实上，我们早已经在使用各种规范来参与对炒作机器的调整。例如，在社会上，我们已经在很大程度上接受了在推特上"转发一篇文章并不一定意味着你对其中的内容表示支持"，因为我们已经把无所不在的"RT"当成你表示"支持"的标签，从而对"转发"这个动作本身赋予了另外的含义。研究表明，反馈对于我们以集体有效的方式来处理社交信息的能力是至关重要的。所以，我们用正式的和非正式的方式来设计各种反馈的方法将有助于塑造那些被炒作机器用来塑造我们的方式。

如果每次在社交媒体上发布一些内容时，我们都必须同时在数个选项中挑选一个单词来描述我们对这些资料有多大程度的"自信"呢？如果我们被问及，其他人上传的内容是否真实，我们又会做出怎样的反应呢？另外，我们需要多长时间才能够让所有美国人都正确地知晓美国50个州的州府呢？我们需要多长时间才能够让居住在美国的每一个人都了解他们的米兰达权利呢？

反馈并不仅仅是用有益于社会的方式来衡量我们接收的信息，它还能让我们逐渐适应网络本身。我很想知道，如果在推特上每个人的资料都有一个"准确性"的分数，用来记录他们上传的内容在经过事实检验后有多大比例是真实的或者虚假的，那么我们会改变我们在推特上具体关注的对象吗？如果上传内容的准确度会影响我们具体关注哪个人，而且讲真话的人能够汇聚起更多的粉丝，那么我很想知道，是否每个人都会因此而更加注重内容的真实性呢？另外，上述做法是否有可能限制虚假信息被重复转发的次数，以及减少散布虚假新闻的账号所拥有的粉丝数量呢？

我在麻省理工学院的同事阿布杜拉·阿尔莫托克（Abdullah Almaatouq）和他的合作者在宾夕法尼亚大学做了一个类似森托拉曾经做过的实验。[44] 他们在不同的在线社交网络中安插了15 000

个人，然后给这些人分配了具体的任务，让他们测试所在社区的群体智慧。但是在实验中，他们随机改变了各种反馈的数量以及"可塑性"（即人们重新更改他们关注对象的能力）。

在第一个实验中，他们人为地改变了"可塑性"，但维持了反馈数量不变。所有小组被随机分配进入了不同的环境中，有些小组会处于一种"孤独"的状态，只能在和外界隔绝的环境中完成任务；而有些小组会被放入一个"静态的网络"中，换句话说，这些人会被放置在一个不变的社交网络中；还有些小组会被放入一个"动态的网络"中，换句话说，在这样的环境中，这些小组中的人可以更换他们关注的对象。在第二个实验中，他们改变了反馈的数量，但使"可塑性"维持不变。所有不同的小组被随机分配进入了不同的环境，有些小组会被放置在"孤独"的状态，而且不会获得任何反馈（即对他们答案的精确度的反馈）；而有些小组会被放置在"无反馈的场景"中，换句话说，这些小组成员会被放置在一个社交网络中，但看不到任何和他们的表现有关的反馈；还有些会处在"自我反馈"的环境中，换句话说，这些小组成员会被放置在一个社交网络中，但只能看到与他们自身表现相关的反馈；最后，有些小组会被放置在一个"完全反馈"的场景中，换句话说，这些小组成员会被放置在一个社交网络中，而且能够看到和所有参与者，包括他们自身表现相关的反馈。

这些小组都会参与一个游戏，在游戏中，他们需要猜测在下图中分散的点之间的相关性，然后按照他们猜测的精确度获得报酬。其中有些点的相关性你很容易就能看到，而其他的点可能就比较困难了。下图中的例子显示了具有相同相关性的两幅图，但是因为左图中的数据量明显要比右图中的数据量多很多，所以在左图你更容易看到其中的相关性（见图10.9）。

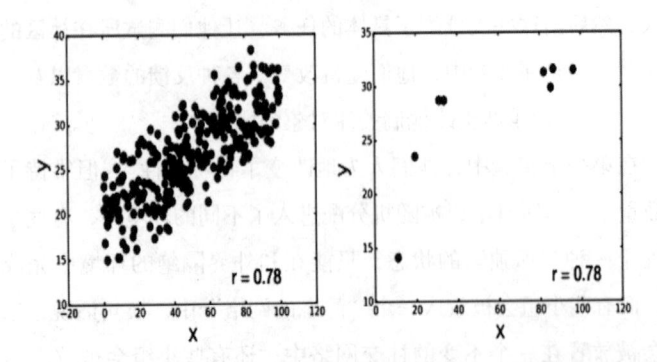

图 10.9 "猜测相关性"游戏的图解。上图显示的是在网络群体智慧实验中使用的散点图的具体图解。在任何一轮实验中,所有参与者看到的图像都共享一种完全相同的真实的相关性,但是仅仅通过观察数据来分辨,右边显然会更加困难,而左边会更加容易。资料来源:Noriega-Campero, Alejandro, Abdullah Almaatouq, Peter Krafft, Abdulrahman Alotaibi, Mehdi Moussaid, and Alex Pentland. "The Wisdom of the Network: How Adaptive Networks Promote Collective Intelligence," MIT Working Paper, posted to arXiv preprint arXiv:1805.04766v3(2019)

研究人员要求每个参与的小组在看到散点图的时候记录下他们对相关性的猜测。在接下来的每一轮中,收到反馈的小组会被告知他们和同伴具体表现如何,而在"动态网络"中的小组会被允许按照他们获得的反馈更改他们所在的网络。接着,研究人员会记录下每一个小组在猜测数据真实的相关性时实际的表现。他们的发现证实了,能够基于反馈更改关注对象的自适应网络要比其他任何小组表现出更高的群体智慧。换句话说,能够上网的小组要比处于"孤独"状态的独立小组表现更好,这证实了在适当的情况下,相互依赖也是具有建设性的。那些允许基于反馈重新调整关注对象的"动态网络"会随着时间的推移不断地适应,从而在所有的实验中获得最低的错误率。

这对炒作机器产生的影响是显而易见的。在过去的10年时间里，我们已经创建了一个拥有30多亿人的动态的全球性网络，我们每天以点赞、分享、转发和评论的形式发布在社交媒体上的反馈数量就像海啸一般急速增长。而且这个网络还是自适应的，因为我们可以随时选择关注谁或者停止关注谁。最新的有关群体智慧的实验表明，这种类型的自适应网络在获得高质量的绩效反馈后，所表现出来的群体智慧将会远超独立的小组和表现最好的个体。这意味着，在适当的条件下，我们日益增长的相互依赖性和因炒作而呈现的高度社交化完全可以成为人类文明的资产，而不是负债。

　　现在，问题已经成为，我们该如何设计这个系统，使我们有能力驾驭群体智慧的力量，并且避免群体疯狂？我们就像蜜蜂一样，正在用我们的蜂巢思维来适应我们面临的挑战。但是，我们还处在一个更加让人羡慕的位置，因为我们可以通过设计反馈机制和社会适应的过程使我们人类作为一个物种变得更加聪明。在下一章，我会概述摆在我们面前的希望和风险，以及如果我们做对了一些事，这个世界会是怎么样的，但如果我们做错了什么事情，这个世界又会是怎么样的。之后，在最后一章，我会探讨我们该如何适应和操控这种具有不可思议的力量的颠覆性技术，并使其帮助我们远离风险，让希望成真。

第 11 章

社交媒体带来的希望和并存的风险

当人们被连接在一起的时候,我们可以做一些伟大的事情。人们会获得工作、教育、健康以及通信的机会,而我们也有可能缩短我们关心的人与我们之间的距离。这真的可以让事情变得大不相同。

马克·扎克伯格

脸书创始人

他们利用了我们的信任,使用了复杂的技术来攻击人类心理上最薄弱的环节,搜集并挖掘了私人的数据,同时还设计出了一种不会保护用户免受伤害的商业模式。

罗杰·麦克纳米(Roger McNamee)

著名摇滚乐手,脸书的投资人

有时候,炒作机器会突然爆发出具有生命力的光辉。2015年4月,尼泊尔经历了一个世纪以来最严重的自然灾害。几十亿年来,在形成了喜马拉雅山脉的断层线上，印度板块一直在欧亚板块的下方不断摩擦。4月25日，这条断层线上发生的8.1级地震强烈地震动了整个尼泊尔，导致140英里以外的珠穆朗玛峰发生了一场雪崩。[1] 村庄被摧毁，成千上万的尼泊尔人无家可归。

在冲击了整个尼泊尔的地震发生后的数秒之内，脸书应对灾难的通信平台"平安信使"（Safety Check）发出了自动化通知，询问它的数百万名用户是否安全。[2] 由于电话服务被切断，人们已经不可能打电话了。但平安信使自动定位了850万名用户，并且在几分钟内向这些用户多达1.5亿名的亲朋好友发送了他们目前依然安全的通知。这些通知使急救人员了解到应该去哪里寻找幸存者，而且脸书在那一天提供了人类历史上最大规模的同步心理安慰体验之一。那种担心的感觉逐渐消退后，真正的救援工作开始了。

世界各地向该地区提供了大量援助。欧盟捐赠了300万美元，加拿大捐赠了400万美元，中国捐赠了990万美元，而美国捐赠了1 000万美元。脸书也希望能尽一份力，于是它在网页上添加了一个"捐赠"按钮，期望以此为赈灾募集资金。来自175个国家的77万人捐赠了1 550万美元，这个金额超过了美国和欧盟捐赠金额的总和。这些资金被用来资助能够惠及数百万人的紧急医疗设施、疾病控制设施、卫生设施、健康项目以及女性安全倡议。

我的观点是，炒作机器可以创造巨大的价值。但是，在这个也许是最黑暗的时刻，人们很容易忽视它所创造的价值。我想提醒大家的是，炒作机器拥有某种令人敬畏的力量，可以为我们的世界创造积极的变化。但是，我不得不给这种乐观的情绪泼上一盆冷水，因为这种积极性的根源也是我们试图避免的各种弊端的根源。这使得这本书的一个简单的核心论点变得清晰起来，即炒作机器所创造的积极性的源泉，也正是其黑暗面浮现出来的源泉。这种双重属性使得管理社交媒体变得非常困难。如果没有细致入微的方法，当我们提高炒作机器所创造的价值时，我们就会不可避免地释放出它的黑暗面；当我们想要对抗黑暗面时，我们又会降低这种价值。

集体行动的问题

人类进步的根本障碍之一是我们无法协调大规模的群体，并使其为集体的利益行动。一些类似"平安信使"的简单功能表明，自动化的、具有人口规模的通信平台可以促进这样的协调。几个世纪以来，政治哲学家和社会科学家一直将集体行动作为一种更加广泛的、有关激励和信号传递的问题进行探讨。合作对每个人都有好处，但是如果有一些人积极合作，而其他人在旁边"搭顺风车"，那么事情反而会变得更糟糕。实现集体行动需要沟通每个人的合作承诺，还要协调他们的联合行动。

集体行动的问题是当今许多最紧迫的全球挑战的核心。应对气候变化需要大量个体和企业合作减少其碳足迹，因为仅仅只有个体采取行动不会有什么作用。充满活力的民主制度需要大量的人积极参与投票，因为如果只有少数个体参与投票，那么这种投票在很大程度上也没有任何意义。对抗传染性疾病需要大量的人参与疫苗接种以实现免疫，但是社会上的错误信息误导了一些家长，使他们认为接种疫苗会伤害到他们的孩子。

我记得我第一次与推特的联合创始人比兹·斯通（Biz Stone）见面时，就曾谈起过集体行动这个话题。2014年2月，在由牛津大学和加州大学洛杉矶分校主办的有关技术变革的一次会议上，我们两人被分配在了同一个小组。当天，我们在加州大学洛杉矶分校校园内一栋风景宜人的建筑的露台上共进午餐，他在明媚的阳光下一边吃着沙拉,一边向我讲述一个完全出乎我意料的故事。这是一个他在某刻意识到推特肯定能够成长为大企业的故事,也是一个关于炒作机器所拥有的快速组织起一支团队的能力的故事。

斯通告诉我,在他们刚刚完成推特的测试版本后不久,公司的部分创始人、早期的一些工程师以及他们的朋友坐在酒吧里,发泄着一天辛苦工作后出现的各种烦闷情绪。整个团队分散在酒吧各处,一些人坐在餐桌旁,一些人坐在吧台前,还有人在酒吧的门口聊天。斯通和他的几个朋友想去街道另一头儿他们熟悉的一个地方,但想引起所有人的注意并不是一件容易的事,尤其是如果你不想张扬的话。你绝不可能站在酒吧的凳子上大声地叫嚷,也不可能用某种大规模电话会议的方式给每个人打电话。更重要的是,在喧闹的酒吧里组织一次集体行动是一件近乎不可能的事。虽然当时他们开发推特并不是为了达到这个目的(推特当时被当作一种实时的信息网络,而不是一种组织工具),但是他们在那一刻意识到,推特在传达群体利益和协调集体行动方面具有不可思议的效率。当时,推特的网络规模很小,他们小组中的每个人都在推特上互相关注。在只发送了下面这几条推文后——"嘿,我们转移阵地去街另一头儿的爱尔兰酒吧吧。""现在?""没错,就现在。"——整个团队就达成了一致,并且在一言未发的情况下协调完成了一次集体行动。斯通告诉我:"就在那个时候,我意识到推特肯定会获得巨大的成功。"

从社交媒体对抗议示威和社会运动所产生的影响中,我们可以看到炒作机器在协调集体行动时所具有的力量。我们已经看到了这种力量在埃及、俄罗斯、乌克兰所带来的结果。但是,社交媒体、抗议示威以及社会运动之间的关系不但充满了各种希望,而且包含了各种风险。

"我是查理"

2015年1月7日,"基地"组织的武装枪手袭击了法国讽刺报纸《查理周刊》在巴黎的办公室,造成12人死亡,至少11人受伤。这次可怕的袭击实际上是对两个月前这份报纸封面上刊登的一幅描绘先知穆罕默德的讽刺性政治漫画的回应,这次袭击在世界各地引发了反对恐怖主义和支持言论自由的大规模示威活动。袭击发生当晚,有超过10万人在法国各地进行了示威,其中有3.5万人在巴黎进行了示威。"我是查理"的口号在全球各地到处可见,成为声援示威的象征。它出现在各种标志、网站、广告牌以及T恤衫上,"我是查理"还成为袭击发生后推特上最热门的话题标签。接下来的三天里,抗议示威活动在全世界持续进行,1月10日法国有70万人参与游行,1月11日在巴黎爆发了200万人的大游行。[3] 仅仅在这起枪击案发生的4天后,就有近400万人参加了法国自"二战"以来规模最大的公众集会。

类似这样的抗议示威活动需要有一个群体传达出愿意合作并协调其行动的信号。通过快速传递信息、支持并表现出善意,以及有效地传递在何时、何地和如何开展抗议的消息,炒作机器不但协助了相关信号的传递,而且帮助开展了对当时各项行动的协调。当下,社交媒体上充满了各种表示团结的象征,从点赞和分享到我们在个人资料图片上显示的用来支持各种社会运动的标识,包括支持或维护巴塔克兰或奥兰多枪击案受害者、性少数群体的权利或我们勇敢的军人。在炒作机器问世之前,我们通过电子邮件、电话以及印刷传单进行沟通,而集体组织在社交媒体出现之前就已经存在了。那么,社交媒体真的给我们带来了什么不同吗?比兹·斯通讲述的那个在酒吧里发生的故事很有说服力,但是否真的有证据表明,社交媒体克服了集体行动所产生的问题，并且促进了在组织集体行动时所必需的协调和沟通吗？

政治科学家珍妮弗·拉森（Jennifer Larson）、乔纳森·纳格勒（Jonathan Nagler）、乔纳森·罗内恩（Jonathan Ronen）和乔希·塔克（Josh Tucker）想要找出上述问题的答案。因此，他们搜集了1.3亿名推特用户在《查理周刊》抗议活动期间的相关数据，分析了参与这场抗议活动是否取决于通过推特了解其他人并与他人进行沟通。[4]他们研究的关键是把大量人群在社交媒体上详细的通信数据与他们在抗议期间的具体地理位置联系起来，而地理位置可以表明某人当时是否参与了抗议游行。通过分析通信网络和参与游行之间的对应关系，他们测试了社交媒体是否促成了抗议活动的发生。

参与抗议活动可能取决于同伴的影响。如果某人与其他正在推特上进行抗议的人有很紧密的联系，那么他就很有可能也会参与抗议。所以，研究人员将参与了抗议活动的推特用户与那些虽然没有参与抗议活动，但是对抗议活动感兴趣（如果他们使用了"查理"相关话题标签的话）并有资格参与抗议（当时他们就在巴黎，而且距离发生抗议活动的地点很近）的用户进行了比较。通过搜集与抗议者和非抗议者有直接关系的人（他们关注的人和关注他们的人）的数据，以及这些直接关系人的联系人的数据，他们具体分析了抗议者和非抗议者的推特网络。

分析显示，抗议者更容易接触来自其他抗议者的社交信号，而且他们与其他抗议者有更紧密的联系——他们之间往往有更多共同的朋友，而且他们的联系也是对等的。他们在推特上会关注更多的抗议者，而且抗议者也会更多地关注他们。这表明，社交媒体在发出信号、协调和促进社会抗议的大规模动员方面发挥了重要作用。

但是，这并不能确凿无疑地证明是社交媒体导致了各种抗议的爆发。有可能只是那些想要抗议的人选择了一个有其他抗议者存在的网站，而不是他们在社交媒体上的联系人鼓励他们去进行抗议。在分析炒作机器对这个世界产生的影响时，一个反复出现的挑战是其中的因果关系，即如果社交媒体不存在，那么有哪些结果将不会出现？想要了解炒作机器对在埃及、俄罗斯、乌克兰以及其他地方不断兴起的社会运动和抗议起到的作用，真正的核心是下面这一系列的问题：如果没有社交媒体，这些抗议活动是否还会发生，其规模是否还会如此之大，其兴起的速度是否还会如此之快？但想要了解社交媒体是否真的导致了抗议运动的爆发，我们必须首先来了解一位不太知名的社交媒体超级巨星的有趣故事，这位超级巨星也被一些人称作"俄罗斯的尼奥"。

俄罗斯的尼奥

帕维尔·杜罗夫（Pavel Durov）有很多称号，比如"俄罗斯的扎克伯格"、"社交媒体之星"以及"俄罗斯的尼奥"（尼奥是科幻电影《黑客帝国》中主角的名字）。如果你从来没有听说过这个人，那么你一定会对他的事迹感到惊讶。他和他的兄弟尼古莱一起建立了两个世界上最大的社交媒体平台，同时他自己一直过着一种类似于秘密特工的生活，不断地更换自己居住的酒店，又从一个大陆转移到另一个大陆，以期能够避开普京以及其他威胁其权力的人的监视。[5]

杜罗夫与《黑客帝国》中的传奇英雄尼奥在外表上的相似使人们更容易把他和尼奥进行对比。他有一头黑色的短发，下颌的轮廓锋利又清晰，他很喜欢在黑色的风衣下穿全黑的套装，并且有自由主义政治倾向，这使得他在每一件事情上都想要摆脱政府的监管。

2006年，在杜罗夫从圣彼得堡国立大学毕业时，他推出了自己第一个主要的社交媒体网络VK（VKontakte，这个单词在俄语里的意思是"保持联系"）。在西方，这并不是一个家喻户晓的网络，但它拥有超过4亿名注册用户，是这个世界上最大的社交媒体网络之一。它是俄罗斯最受欢迎的社交媒体网络，其市场地位高于脸书、推特以及它在俄罗斯的其他所有竞争对手。它还拥有极为惊人的用户参与度，用户在每次访问时，平均会花约27分钟浏览约42个页面（用户在脸书上平均会花约17分钟浏览约16个页面，而在推特上平均会花约10分钟浏览约7个页面）。[6] 免费的网站分析软件Simlarweb（其分析数据不包含中国的网站）将VK列为全球访问量第四高的社交媒体网络，仅次于脸书、Instagram和推特，领先于WhatsApp、领英、Pinterest和Reddit（见表11.1）。

表11.1 炒作机器平台的参与度。下面的表格显示了一些顶尖炒作机器平台参与度的统计数据，按照"每次访问浏览的页面数量"对各平台进行排序，还显示了每次访问的平均浏览时长以及这些平台的跳出率

炒作机器平台用户参与度			
平台名称	每次访问浏览的页面数量	浏览时长	网站跳出率
VK	42.47	0:26:38	13.62%
Instagram	37.83	0:07:39	25.02%
OK.ru（俄罗斯社交平台）	26.45	0:20:42	12.98%
脸书	15.67	0:17:30	20.43%
Reddit	11.19	0:13:18	25.59%
Pinterest	7.75	0:08:21	30.65%
推特	6.78	0:10:07	28.01%
领英	5.83	0:06:49	34.06%
WhatsApp	2.43	0:02:38	47.52%

VK第一次正式发布时，俄罗斯政府采取了不干涉的态度。VK复制了脸书的设计，且有更加宽松的内容政策，所以很快成为俄罗斯年轻人的天堂，同时也成为俄罗斯政治和文化生活的基石。但是在2011年12月，这一切都变了。俄罗斯民众普遍声称2011年的国会选举存在舞弊行为，他们走上了街头，开启了自20世纪90年代以来俄罗斯规模最大的抗议活动。这场被称作"白雪革命"的运动通过VK、脸书、推特以及LiveJournal等社交媒体平台进行组织，并且在这些社交媒体上获得了支持。这场运动的规模在整个12月变得越来越大，并很快蔓延到了莫斯科、圣彼得堡、符拉迪沃斯托克（海参崴）、加里宁格勒、托木斯克、鄂木斯克以及其他众多俄罗斯城市。

随着抗议活动的规模越来越大，普京对VK的不干涉态度转变为铁腕政策。俄罗斯联邦安全局（FSB）要求VK删除7个团体的网页，因为他们正在利用社交网络鼓励和协调当时的抗议活动。杜罗夫拒绝了这个要求。让事件进一步升级的是，他还上传了一张讽刺性漫画，画中是一条穿着连帽卫衣的狗，它的舌头长长地伸了出来，旁边是俄罗斯联邦安全局官方要求的扫描件。[7] 莫斯科的工作人员显然认为这样的拒绝是无法接受的。不久之后的某一天，杜罗夫被敲门声惊醒，他发现全副武装的俄罗斯安全部队正威胁要破门进入他位于圣彼得堡的公寓。[8] 在他拒绝让他们进入后，他们在走廊里与他对峙了整整一个小时才撤退。随后，俄罗斯联邦安全局加大了它对VK网上抗议组织的遏制力度，明确要求杜罗夫关闭一个支持反对派领袖亚历克西·纳瓦尔尼（Alexi Navalny）的组织的网页，同时关闭正在组织基辅独立广场抗议活动的乌克兰活动分子的网站。杜罗夫继续抵抗。

最终，俄罗斯政府利用VK最大的竞争对手、俄罗斯互联网公司 Mail.ru 以及投资基金管理公司 United Capital Partners 策划了一次对 VK 的恶意收购（逼迫杜罗夫不得不出售）。[9] 俄罗斯联邦安全局突袭了 VK 的办公室和杜罗夫的家，不过杜罗夫逃脱了追捕，在逃亡的这段时间里，他还在社交媒体上贴出了很多张长毛狗的照片，并且用竖起的中指对"Mail.ru 以及它想要接管 VK 的企图"进行了嘲讽。但最终，United Capital Partners 收购了 VK 48% 的股份，并且杜罗夫在 2014 年 1 月被迫将其剩余的 12% 的股份出售给了 Mail.ru 实际控制人的一个盟友。接着，Mail.ru 收购了 United Capital Partners 的全部股份。就这样，Mail.ru 完全控制了 VK。

VK 和白雪革命

VK 在促成白雪革命这件事情上究竟起到了多大的作用呢？虽然在社交媒体兴起的过程中，我们看到了大量的社会抗议运动，从俄罗斯的白雪革命到占领华尔街运动，再到埃及的塔利尔广场，社交媒体和参与抗议运动之间的相关性证据并不能证明是社交媒体引发或促成了社会抗议，但是 VK 的市场进入策略还是为科学家们提供了厘清社交媒体的影响所需要的数据。

让我们来回想一下脸书当初是如何击败 MySpace 的。依靠其大学启动战略，脸书开发了一个所有人相互认识的网络。因此，与加入 MySpace 相比，你加入脸书时更可能认识更多的人。这种市场进入策略带来的局部网络效应使脸书对新用户来说更有价值。

VK 的市场进入策略与之类似。帕维尔·杜罗夫首先在圣彼得堡国立大学的学生在线论坛上发送了一个申请成为 VK 成员的邀请。由于有学生要求加入 VK，杜罗夫亲自通过了所有的新账号。所以，VK最初的用户都是杜罗夫的大学同学。这些用户邀请了来自他们自己家乡的朋友和家人，促使VK在这些城市中普及开来，但是这种情况并没有发生在其他城市。因此，与俄罗斯其他城市相比，VK在帕维尔·杜罗夫同学的家乡保持了长期的加速渗透。这就是科学家们所说的自然实验。

这样一个自然实验使我们可以衡量VK对人们参与抗议的影响。在当时的情况下，我们可以很自然地比较人们在有"很高VK渗透率的城市"与"很低VK渗透率的城市"中对抗议活动的参与度。鲁边·叶尼科洛波夫（Ruben Enikolopov）、阿列克谢·马卡林（Alexey Makarin）和玛丽亚·彼得罗娃（Maria Petrova）使用同样的方法估计了VK的市场渗透度对人们在白雪革命期间参与抗议运动的影响。[10]根据包含了625座俄罗斯城市数据的数据库，他们首先煞费苦心地搜集了在2011年之前注册了公共账号的VK用户所在城市的数据；接着，通过不同的新闻来源、警方报告以及抗议组织者的官方声明，他们搜集了在所有城市中发生抗议的次数以及抗议者的人数；然后，他们统计了这些城市中在帕维尔·杜罗夫生日前后一定年限内出生的、来自圣彼得堡国立大学的学生人数。

2015年夏天，当玛丽亚向美国国家经济研究局（NBER）提交这项研究结果时，我和她进行了讨论。我当时是这样想的："我们终于有了一些关于社交媒体和集体行动之间联系的因果证据。"美国国家经济研究局中的其他人也同样对这份研究报告印象深刻。玛丽亚和她的同事证实，社交媒体对政治抗议活动和社会运动的影响是巨大的。在对城市的规模和其他因素都进行了控制的情况下，VK在一座城市中的用户数量每增加10%，抗议者的人数就会增加19%，抗议发生的可能性会增加4.6%。

炒作机器是有史以来最有效的促进集体行动的工具。它可以将

第11章　社交媒体带来的希望和并存的风险

数十亿人实时联系起来,帮助大型团体传递它们的承诺信号,并协调它们的行动。但是,在发起一场抗议和创造一场成功的社会运动之间存在巨大的差异。事实表明,炒作机器所带来的快速组织的速度和规模也是当今抗议运动的致命弱点。

数字集体行动的力量和脆弱性 ①

虽然社交媒体可以帮助我们组织各种集体行动,但最近在社交媒体的推动下出现在俄罗斯、乌克兰、美国的抗议活动表明,社交媒体并不一定能够创造出成功的社会运动。抗议有助于推动变革,但往往无法获得有意义的胜利。现代组织中那种"走一步退两步"的探戈舞步似的进程之所以会出现,是因为以技术为基础的抗议运动实际上是非常脆弱的,而反对抗议运动的政府也可以利用那些促成了抗议运动的技术。

泽伊内普·图菲克希(Zeynep Tufekci)的书《推特和催泪瓦斯》(*Twitter and Tear Gas*)为我们提供了一个关于社交媒体会如何改变社会运动的全面深入的解读。[11] 在书中,她的论点有大量研究的支持。按照她的描述,在科技的推动下,各种抗议运动会迅速扩大,但往往会在其发展的顶峰出现某种不稳定的现象。在抗议运动获得进展并吸引了全世界注意力的时候,它们往往会出现图菲克希说的"战术冻结"。换句话说,此时抗议运动往往无法调整策略、协商政治需求并推动切实的政策改变。那么,是什么导致了战术冻结呢?那种通过炒作机器实现的快速动员通常伴随着无领导、临时性的决策,以及一个几乎没有多少早期规划的、缺乏根基的组织。

---

① 这个标题实际上是泽伊内普·图菲克希的书《推特和催泪瓦斯》的副书名。

成功的社会运动，比如马丁·路德·金的民权运动，以及圣雄甘地的印度独立运动，都发展了很多年。它们都计划周密、组织严密，而且有一份清晰可行的政策需求。现代网络化的速度和规模在抗议运动有机会发展成组织或建立真正的领导力（某种决策架构或有效的战略战术）之前，就已经使整个抗议运动发展到了无法控制的地步。

与此同时，促成了整个抗议运动的技术也可能被反对它们的政府利用。在俄罗斯，普京的盟友直接接管了 VK，然后完全压制了抗议者在网上进行的活动。正如这些现代抗议运动故事所表明的那样，炒作机器可以进行社会动员，但其方式非常脆弱。

这并不意味着由社交媒体促成的抗议运动无法演变成一场成功的社会运动。虽然在历史上，社会运动往往需要随着时间的推移通过持续不断的抗议活动慢慢积累力量，而且每次抗议活动很有可能需要经过数年的组织才能够达到巅峰，"但将现代社交媒体促成的运动视为失败是不正确的，"图菲克希在书中这样描述，"它的轨迹与过去的运动是不同的，我们现在衡量成功或影响的时间标准也是不同的……它应该被看作整个运动爆发的最初时刻，但仅仅是一个潜在的漫长征途中的第一站。"[12] 那么，炒作机器促成的社会运动可能留下什么样的遗产呢？实际上，这些所谓的遗产正在被写下来。有时候，它会促成并推动反抗压迫的进步的社会运动，但有时候，它又会庇护和支持暴力极端主义。

Telegram

在帕维尔·杜罗夫制造了那台最终促成白雪革命的炒作机器后，他和几个开发人员一起逃离了俄罗斯，在瑞士开设了一个银行账户，存入了出售 VK 后获得的 3 亿美元现金。通过向圣基茨的制糖业捐赠 25 万美元，他顺利地成为这个加勒比岛国的公民，这样他无须办理签证就可以前往欧洲各国旅行。他接着采取了一种隐秘的、居无定所的生活方式，他的团队不断地从一个国家搬到另一个国家，从一个酒店套房换到另一个酒店套房。与此同时，他的团队正在开发下一个大型社交媒体平台。凭借巨额资金、圣基茨的护照以及一支熟练的开发团队，他和他的兄弟尼古莱开始创建一款轻量级加密消息 App，他们把这款 App 称作 Telegram（电报）。

Telegram 体现了杜罗夫的政治哲学，即对个人自由以及不受政府监管的无条件支持。为了保护他们的通信不受俄罗斯政府的监控，兄弟两人创建了 Telegram。现在，他们想要将这种免于监控的自由提供给世界上其他所有人，而这个世界也急切地想要拥抱这样一个平台。Telegram 的增长速度超过了 WhatsApp、脸书、推特以及历史上其他任何一个社交媒体平台。不到两年，它的月活跃用户数就已经达到了 1 亿[13]，在 2018 年 3 月，它的月活跃用户数达到了 2 亿[14]（见图 11.1）。

虽然有密码学专家对 Telegram 的加密方式提出了质疑，但是 Telegram 对隐私的重视以及杜罗夫对抵制政府干预的承诺，使它成了私人交流的堡垒。它提供轻量级加密，并将数据存储在几个不同的司法管辖区内，这样任何政府机构都很难通过司法传唤接触或访问这些数据。它的秘密聊天选项允许用户发送可以在一段时间后自毁的消息，其公共频道还允许管理员向所有受众发布消息。在创建 Telegram 时，保护隐私和个人数据一直是杜罗夫唯一的优先事项。他拒绝了政府让他提交数据或在 Telegram 的基础设施中设置后门程序的要求。

随着棱镜门事件的爆发，剑桥分析公司丑闻的暴露，以及《隐

Telegram 的用户增长

产品推出后最初数年时间的用户增长
有 4 年以上历史的特定服务的月活跃用户数（百万）

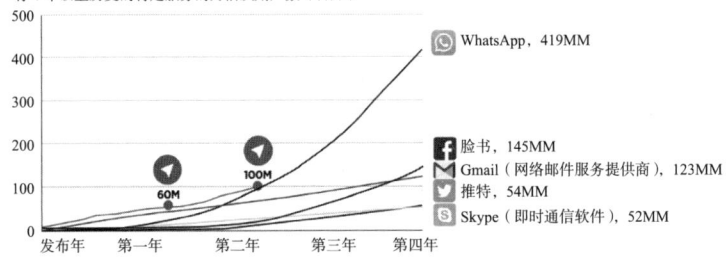

500
400
300
200
100
发布年　第一年　第二年　第三年　第四年

WhatsApp，419MM
脸书，145MM
Gmail（网络邮件服务提供商），123MM
推特，54MM
Skype（即时通信软件），52MM

60M
100M

图 11.1　Telegram 的用户增长。这张图展示了主要社交媒体平台在它们发布后的最初 4 年里的用户增长情况，为了进行比较，该图对数据进行了规范化处理，以便所有平台的数据都可以从"发布年"开始计算。图中显示的是有 4 年以上历史的特定服务的月活跃用户数。资料来源："Telegram users growth compared to other IM services," Andrew Neiman, Telegram Geeks, March 1, 2016; Comscore Media Metrix; Comscore Media Metrix, News and Company Filings [15]

私大盗》[16] 这样的电影的上映，Telegram 如此快速崛起的背后原因似乎已经很明显了。世界各地有很多人在大声地呼吁，希望可以拥有个人隐私、安全以及免于被监控。苹果的 CEO 蒂姆·库克拒绝了政府破解圣贝纳迪诺枪击案凶手储存在其 iPhone 上的个人隐私数据的请求，并受到了广泛的称赞。在隐私权利和数据安全性方面，确实有一些重要的价值观和保护措施必须要加以坚守。但是，正如我们在 2015 年 11 月 13 日发现的那样，不受限制的、私人的以及匿名的通信也可能助长社交媒体的黑暗。

就在我与玛丽亚·彼得罗娃在美国国家经济研究局探讨她那篇关于社交媒体在白雪革命中扮演的角色的论文 4 个月后，"死亡金属之鹰"乐队在巴黎的巴塔克兰夜总会举办了一场音乐会。在演出进行了一个小时后，夜总会内响起了 4 支自动步枪的枪声。全副武装的枪手冲进了俱乐部，随意射出了数百发子弹。在这样一次明显有组织的袭击中，枪手杀死了 90 人，再加上当时在法兰西体育场内发生的自杀式爆炸，以及在巴黎好几家咖啡馆内发生的枪击事件，此次事件总共造成了 130 人死亡。这是自 2004 年马德里火车爆炸案以来，在欧洲土地上发生的最血腥的恐怖袭击。"伊斯兰国"宣称对此次血腥杀戮负责，其目的是报复法国对叙利亚和伊拉克的空袭。

这些袭击是在叙利亚境内策划的，由一个在比利时的恐怖组织协调。为了防止被发现，大部分的策划工作都是面对面或者在回收的手机上进行的。但是，炒作机器也在其中发挥了作用。根据警方的报告，恐怖分子在袭击发生的当天早上将 Telegram 下载到了手机上，然后利用这款 App 所具有的隐秘和安全通信的特性来协调行动。[17]虽然有关"伊斯兰国"行动的情报为我们提供了比利时的恐怖分子和巴黎的袭击者之间详尽的语音通话和短消息记录，但是，他们在 Telegram 上的通信没有留下任何记录，因为这个平台的加密和短消息定时自毁功能为此次恐怖袭击的后台协调提供了某种形式的秘密掩护。

善与恶的传播渠道

社交媒体在埃及、俄罗斯的反腐败示威中扮演的角色，以及它在协调巴黎恐怖袭击中扮演的角色，都清楚地表明炒作机器既是善的传播渠道，也是恶的传播渠道。没有什么比与恐怖分子的斗争更能表现这种善与恶的冲突了。众所周知，"基地"组织和"伊斯兰国"利用社交媒体来传播恐怖主义思想。为了散播恐怖，他们会上传斩首视频；为了吸收新的成员，他们会上传招募视频。但是，像谷歌这样的公司会利用同样的技术来破坏通过炒作机器建立的恐怖分子招募网络。

从谷歌的网络和政策智囊团变身而来的谷歌 Jigsaw 专注于使用各种技术来应对棘手的地缘政治挑战，并期望能够使这个世界变得更安全。它的使命就是维护言论自由，同时打击各种形式的骚扰、不公正和暴力极端主义。他们在这方面的主要方向之一是开发一种被称作"重定位方法"的反恐技术。[18] 开发该技术的目的是设法在新恐怖分子犯下暴行前阻止他们被恐怖组织招募。

这种方法利用了 AdWords 的目标定位技术，并且通过对 YouTube 的内容进行管理来扭转网络上的各种极端思想。"伊斯兰国"的视频通过描述它强大的治理能力、在军事上的强大力量、在宗教上的合法性以及"圣战"的号召来招募新的参与者。重定位方法开发了两个 YouTube 频道，其中一个使用的是英语，另一个使用的是阿拉伯语，以此正面反驳"伊斯兰国"的叙述。

Jigsaw 团队发现了一些很有说服力的视频，其中包括了经过精心挑选的公民证词、现场的新闻报道以及反"伊斯兰国"的宗教诉求等，这些视频可以用来反驳 5 个被广泛认同的"伊斯兰国"招募叙述。例如，他们精心挑选的视频记录了"伊斯兰国"对平民的暴行和失败的治理能力，其中包括长长的领取食物的队伍、被"伊斯兰国"战斗人员骚扰的无助的老年人群以及"伊斯兰国"正在崩溃的健康医疗体系。他们搜集的视频涉及了牧师驳斥暴力极端主义的画面，这削弱了"伊斯兰国"的宗教合法性，还包括了"伊斯兰国"的叛逃人员谴责该组织毫无意义的暴力行为等内容。他们避免使用任何由西方媒体制作的视频，因为对"伊斯兰国"的叛逃人员的采访表明，这些信息来源通常会被潜在恐怖分子完全排除在外。

这些经过精心挑选的内容被放入了上述两个 YouTube 频道中，

并且被设置为在自动播放列表中重复播放。一个驳斥"伊斯兰国"善于治理的播放列表播放了它控制区域食品、教育和医疗资源短缺的视频。一个驳斥"伊斯兰国"军力强大的播放列表记录了"伊斯兰国"在库尔德人、伊拉克军队和联军手中遭受过的军事挫折。有些人会在网上主动搜索如何加入"伊斯兰国"的信息,该团队会利用 AdWords 的目标定位技术,把一些经过精心挑选的反驳"伊斯兰国"说法的内容定向输送给这些人。

该团队制作的内容,无论是文本、图像还是视频广告,都带有"伊斯兰国"的外观特征和内容风格,比如中性的文本基调和图片,同时,这些内容会提出"伊斯兰国"的潜在招募对象可能向他们自己提出的问题。AdWords 的定位技术会以一些关键词为目标,包括"伊斯兰国"支持者的口号、"伊斯兰国"官方媒体的名称、"伊斯兰国"经常提到的"圣战"或特定的法特瓦(由公认的权威部门按照伊斯兰法律做出的裁决),甚至包括用来接待"伊斯兰国"新成员在前往哈里发国家的路上居住的酒店名字。

2016 年,一个为期 8 周的试点实验涉及了 32 万名潜在的"伊斯兰国"招募对象,这些人总计观看了超过 50 万分钟的反"伊斯兰国"的内容。与这次试点实验之前的 12 个月内类似搜索项目的基准广告 CTR(点击率)相比,这次试点实验相关内容的 CTR 已经远远超过了前者,其中英语广告的 CTR 达到了 3.1%(与基准的 1.7% 相比提升了 76%),阿拉伯语广告的 CTR 达到了 4.3%(与基准 2.4% 相比提升了 79%)。在这次试点实验结束后,重定位方法已经被应用于防止自杀,[19] 并且还为应对三 K 党(美国民间排外团体)、极端主义以及网上的仇恨言论提供了一种可行的措施。[20]

有很多社交媒体传播善意的例子。2014 年,"冰桶挑战"在两个月内为肌萎缩侧索硬化(ALS)患者募集了超过 2.5 亿美元的捐款。在美国，有 12 万人正在等待器官捐赠，同时每天会有 20 个人在等待中死亡，但是在 2012 年之前，每天只有 600 个美国人会注册为器官捐赠者。脸书在同年推出器官捐赠计划，在计划发布的第一天，就有 13 000 人注册为新的器官捐赠者，这是之前平均每天的注册量的 22 倍，[21] 这项计划也使每天器官捐赠的平均数量增加了一倍多。[22] 当尼日利亚、利比里亚和刚果分别在 2014 年、2015 年和 2018 年暴发了致命的埃博拉疫情时，社交媒体帮助我们改善了疾病预测能力，发现了疫情的地理变化，使我们能够以更高的频率、更低的成本在更广泛的地理区域内扩大公共卫生的干预。[23] 但希望总是会伴随着各种风险，社交媒体也会传播关于埃博拉的错误信息。例如，在尼日利亚，一段明显是恶作剧的信息告诉人们，大量饮用盐水可以治疗这种疾病，这段信息最终导致好几个人死亡。[24] 2020 年初，新冠病毒在全球传播，类似的恶作剧式的治疗方式也阻碍了公共卫生系统遏制病毒传播的努力。

透明度悖论

在剑桥分析公司的丑闻曝光后不久，我在接受《麻省理工技术评论》的马丁·贾尔斯（Martin Giles）采访时曾预测，炒作机器将不得不面临一种两难的抉择，因为有两股力量正在从完全相反的方向拉扯着它。[25] 一方面，社交媒体平台会面临压力，外界会希望这些平台的内部工作机制可以更加公开透明，比如它们的趋势和广告定位算法是如何起作用的，错误信息是如何通过它们传播的，以及推荐引擎是否真的会加剧两极分化。这个世界想要脸书和推特揭开面纱，展示它们是如何工作的，这样我们就能明白该如何使用社交媒体并修复它可能存在的问题。

另一方面，炒作机器还会面临保护我们隐私和安全的压力，它们会被迫锁定消费者的数据，停止与第三方共享私人信息，并保护我们免受剑桥分析公司事件那样的数据泄露行为的侵害。《通用数据保护条例》和《加州消费者隐私法案》（这是目前美国最激进的州数据隐私立法）要求对炒作机器如何处理、保留、存储和共享消费者数据实施更加严格的控制。所以，一方面，这个世界要求更高的透明度；另一方面，我们却在坚持保护自身的隐私和安全。这两者显然是相互矛盾的，这就造成了所谓的透明度悖论。

隐私在一个自由、民主的社会里是非常重要的。但是，对于理解和设计社交媒体，使其发挥潜力并避开风险，透明度至关重要。所有人——公民、立法机构以及管理人员——都希望能够彻底地了解这些平台的运作方式，以便理解如何遏制仇恨的传播、维护民主，使其不受操控并保护下一代人不受欺凌、不被掠夺。然而，我们还希望私人数据保持私有和安全。在《麻省理工技术评论》的采访中，我曾预测需求会首先急剧地转向隐私和安全。

这次采访后一个月，马克·扎克伯格在脸书年度F8开发者大会上进行了演讲。他提出"未来将会是一个以隐私为重的世界"，他认为"一个保护隐私的社交平台对我们的生活甚至比我们的数字城市广场还要重要"，他还概述了从"连接整个世界"到"构建一个专注于隐私的社交网络愿景"的转变。脸书团队宣布，包括WhatsApp、Messenger和Instagram在内，他们将合并这些短信通信服务，并且会采用私密的、安全的、端到端的加密方式。"脸书到目前为止有4个主要的版本，而这将会是第5个版本，"扎克伯格说，"所以，我们把这个版本称作FB5。"[26] 脸书已经锁定了自己的发展方向，并开始向隐私保护转型。

脸书系统遭受的两次冲击促成了这一转变。首先，剑桥分析公司的丑闻表明了自由共享炒作机器的私人数据所具有的风险，这些数据可以被用来进行目标行为定位、操控选举，甚至可能会对民主产生更大的威胁。其实，另一个威胁也促成了这一转变，即全世界都希望炒作机器为平台上的所有有害内容负责，比如在新西兰克赖斯特彻奇发生的那场可怕屠杀的现场直播。

2019年3月15日，就在卡萝尔·卡德瓦拉德和吹哨人克里斯托弗·威利在英国《卫报》上披露剑桥分析公司的丑闻的三天前，一名病态的种族主义枪手在脸书上直播了他在新西兰克赖斯特彻奇的清真寺中发起的残暴袭击。整个世界在一段视频中看到了这个枪手的犯罪现场记录，那是一种血淋淋的场面，却非常奇怪地让人联想起第一人称射击游戏。他在准备这次袭击和后续视频的时候，就已经考虑了如何使其在网上快速传播。这个枪手首先在社交媒体上发布了一份长达74页的宣言，其中充满了种族主义言论，并含有一个即将开始的直播链接，随后他又将这个视频发布到了他的脸书页面上。[27] 有数千人看到了最初的实况直播，另外还有150万人在袭击发生后的数小时内曾试图在脸书上分享这个视频，脸书屏蔽了其中120万人的视频，但是依然有30万人发布的视频通过了审核。

2019年的秋天，民主党参议员伊丽莎白·沃伦（Elizabeth Warren）和时任美国副总统乔·拜登（Joe Biden）都曾嘲讽脸书允许特朗普在政治广告中赤裸裸地宣传有关拜登的谎言。脸书拒绝撤下这些广告，因为它们"没有违反脸书的政策"。克赖斯特彻奇的屠杀视频和2020年美国大选期间的虚假政治广告凸显了我们在和炒作机器打交道时会面临的一个关键的两难困境。人们对怪诞和煽动性内容有需求。比如，有儿童色情文学的创作者和儿童色情文学的消费者；有暴力极端分子和寻求暴力极端主义的人；有一些人会为了政治利益持续不断地撒谎，有些人会被这些谎言吸引并愿意分

第11章　社交媒体带来的希望和并存的风险

享它们。那么,我们该如何面对这个同时传播善和恶的新渠道呢?脸书、推特、Instagram 和 WhatsApp 应该负责监管网上的言论吗?我们真的想把这个责任委托给这些企业吗?

2019 年 10 月,美国前司法部长威廉·巴尔(William Barr)、英国内政大臣普丽蒂·帕特尔(Priti Patel)和澳大利亚的内政部长彼得·达顿(Peter Dutton)给马克·扎克伯格写了一封信,要求他停止在脸书上实施端到端加密计划,并允许他们代表的政府通过后门程序访问脸书系统,以方便他们铲除脸书网络上的犯罪现象。[28]几天后,FBI 局长克里斯托弗·雷(Christopher Wray)公开谴责了脸书的加密计划,他声称这个计划"让罪犯和儿童色情狂获得了他们梦寐以求的东西",随后他又补充,脸书向隐私保护转型的同时对通信进行加密,会产生"一个让人无法无天的空间,而这样的空间居然是由一家大公司的老板,而不是由美国人民或者他们选出来的代表创立的"。[29]"我们会失去找到那些需要我们救助的孩子的能力,"雷说,"我们会失去找到那些坏家伙的能力。"

隐私的倡导者和安全专家们对这一可能产生的影响犹豫不决。电子前沿基金会对此回应道:"政府对于加密可能产生的公共安全威胁的描述有些夸大其词了,而且获取罪犯的数据根本不需要在社交媒体平台上设置后门程序。另外,加密可以保护所有的人,包括那些最容易受到伤害的用户,这样做不但能保证他们的数字安全,还可以确保他们的人身安全。"这些观点与帕维尔·杜罗夫的哲学直接相关,即隐私和安全是神圣不可侵犯的。

在罗伯特·穆勒指控俄罗斯干预 2016 年的大选后不久,数据科学界行动了起来,想要找到其中的答案。研究始于对全球各地的虚假信息和选举操控现象的广度、规模和影响进行量化分析。科学家明白民主正在遭受攻击,而他们完全有资格帮助捍卫民主。另外,他们还可以衡量并指导如何抑制这种影响。哈佛大学的加里·金和斯坦福大学的纳特·佩尔西利（Nate Persily）联合推出了社会科学一号（Social Science One），这是一个产业界和学术界合作的全新项目，旨在帮助科学界更容易地获取社交媒体数据，这些数据是理解炒作机器对民主和社会的影响所必需的。这是一次让人尊敬的合作。在多个基金组织的资助和社会科学研究委员会的支持下，他们直接与脸书合作制订了一项雄心勃勃的计划，通过向一些研究项目提供数据和资金来更多地了解炒作机器对这个世界的影响。

但是，在涉及整个项目需要的透明度时，脸书退缩了，这项倡议遇到了真正的问题。[30] 脸书正在转向隐私保护和安全性的事实使得他们很难开放原本同意的数据访问权限。当时，我的朋友兼同事所罗门·梅辛负责发布脸书的数据，他表示，脸书确实很想发布这些数据，但如何在发布数据的同时保护用户的隐私和数字安全成了一个很麻烦的问题。这时，脸书面对的就是所谓的透明度悖论。

一方面要保护公共安全，另一方面要保护我们的私人通信安全，这两者之间合适的界限在哪里？当然，答案不可能是社交媒体上不存在合法的公共安全利益，也不可能是在没有合适理由的情况下允许政府自由地窥探任何对话。

或许还有第三条路可走。想要真正解决透明度悖论这个问题，社交媒体平台必须能够做到更加透明且更加安全。它们必须在维护个人隐私的同时允许一定的透明度，例如，它们可以通过实现差别隐私实现这一点。差别隐私是使个体数据实现匿名的方式，这样，你在对个体数据进行分析以了解选举操控和犯罪模式时，还能够确保消费者可以匿名。在第 12 章，我还会分析这第三条路，并具体探讨企业和政府应该如何在隐私和安全之间划清界限。

第 11 章 社交媒体带来的希望和并存的风险

幸福是有代价的

除了可以促成（脆弱的）社会运动，同时作为善和恶的传播渠道，以及在透明度和个人隐私之间徘徊之外，炒作机器还创造了巨大的经济利益，当然这是有代价的。虽然最近这几年人们的目光大多被社交媒体所产生的有害影响吸引，但我们仍然应该看到，炒作机器可以使我们每天获得免费的新闻和各种知识，协调我们与那些想要建立业务联系的人的关系，为我们提供各种经济和社会机会，促使我们获得新的技能，并向我们提供各种社会支持。炒作机器创造的经济价值可能是巨大的，但考虑到平衡所有潜在的利益和危害的需求，我们该如何衡量其净收益或成本呢？

虽然衡量经济活动的常用指标，比如国内生产总值（GDP）和生产力可以说明一个经济体的表现，但它们无法说明这个经济体内的公民是否感到幸福。一些经济学家曾经尝试用对生活的满意度或个人的快乐程度等主观评价来衡量人们的幸福感，但是这些方式都是不准确的。最终，衡量一个国家经济幸福感的最佳标准是其经济"盈余"。

当产品的定价低于消费者愿意支付的金额（消费者盈余），同时又高于生产者期望销售的价格（生产者盈余）时，这样的交易过程中创造的经济价值就是盈余。由于消费者的幸福感有98%来自产品创新，所以经济幸福感的主要成分正是消费者盈余。[31]如果我愿意花费800美元购买一部新的iPhone，但实际上只需要支付600美元，那么买下这部手机，我就获得了200美元的消费者盈余。[32]当我们将所有消费者实际支付的金额和他们愿意支付的金额的差值加在一起，我们所获得的就是经济学上的总消费者盈余，或者说消费者从所有的经济活动中获得的幸福感的总和。

但是，消费者愿意花多少钱使用社交媒体，以及运营者会以什么样的价格销售社交媒体的服务，这是很难衡量的事情，因为社交媒体是完全免费的。我在第10章对炒作机器的商业模式仔细地进行了分析，它通过将目标定位广告销售给品牌商和政治团体获得了向消费者提供免费服务的能力，而它提供免费服务这一事实使得对社交媒体进行反垄断监管变成了一件很复杂的事情，我将在第12章中对此进行探讨。那么，当一件产品免费的时候，我们该如何衡量它所产生的盈余呢？在如今这个数字时代，这是经济学家面临的一个很关键的问题，因为我们的经济正在由越来越多的免费数字产品组成，比如Spotify、YouTube、维基百科以及整个炒作机器，包括脸书、推特、Instagram和其他的社交媒体平台。

我的朋友、导师和麻省理工学院的同事埃里克·布莱恩约弗森最近与阿维·科利斯（Avi Collis）和费利克斯·埃格斯（Felix Eggers）开展合作，关于我们该如何衡量炒作机器带来的幸福感产生了顿悟。我们无法直接测量人们愿意为脸书提供的服务支付的金额和他们实际支付金额之间的差异，因为实际上没有人为脸书提供的服务付费，但我们依然可以参考其他指标，比如，说服人们放弃脸书提供的服务需要支付多少费用，以此来衡量脸书所创造的幸福感。这正是埃里克、阿维和费利克斯在2016—2018年的一系列大规模在线选择实验中所做的事：他们付钱让人们放弃使用脸书，再把他们需要支付的金额加总，从而计算出他们究竟需要支付多少钱才能让人们放弃使用脸书。[33]

研究人员首先询问人们，让他们放弃使用脸书一个月需要付给他们多少钱，然后在核实了其脸书账号在这一个月的时间里确实没有被使用后再支付这笔钱（参与者为了得到这笔钱才同意这样做）。研究人员接着问这些人，让他们放弃使用推特、Instagram、

Snapchat、领英和 WhatsApp 等社交网络服务一个月需要付给他们多少钱。之后，研究人员还针对其他免费的数字服务提出了相同的问题，比如网页搜索、电子邮件、地图服务、短消息、视频和音乐媒体，他们的研究甚至包括了一些成本高昂的非数字服务，比如"一年不吃早餐麦片"、"一年不看电视"和"一年不使用家里的卫生间"。当然，他们无法像在炒作机器的例子中那样核实参与者确实没有使用这些东西，但没有一项研究是完美的。这些实验让他们可以"利用代表全美国人口的数千名消费者的数据，估算任何产品的需求曲线"。

在 2016 年和 2017 年，中等水平的消费者愿意以 48 美元的代价放弃使用脸书一个月，这意味着美国的消费者从脸书上获得了大约每月 48 美元的消费者盈余。所有这些估算都和脸书的使用时间相关。消费者使用脸书的时间越长，在更新状态、点赞内容、分享图片和新闻、玩游戏和交朋友等行为上所花的时间就越多，因此他们对脸书服务的估值就越高，研究人员就需要支付更多的钱让他们放弃使用脸书。

利用类似的选择实验，亨特·阿尔科特、卢卡·布拉吉耶里（Luca Braghieri）、萨拉·艾希迈尔（Sarah Eichmeyer）和马修·根茨科证明，在美国脸书每个月可以产生 310 亿美元的消费者盈余，这意味着仅仅在美国，脸书每年可以为我们带来价值 3 720 亿美元的经济幸福感。[34] 现在，让我们想象一下这个数字在全球范围内可以达到多少，此时不仅仅是脸书，其他社交媒体平台，比如 Instagram、推特、Snapchat、微信、WhatsApp、VK 和 Telegram 都会对这个数字有很大贡献。炒作机器无疑为我们创造了极大的经济幸福感。但是，我们需要为此付出什么样的代价呢？

使用社交媒体需要付出的代价并不能用美元、卢比、里拉或者欧元来计算，因为消费者可能遭受的损失根本无法用货币来定价。我想你肯定听说过这样一句话："如果你不用为某一件产品付费，那么你自己就是那件产品。"这句话的意思是，免费的产品通常是通过向广告商销售消费者的注意力来赚钱的。此时，向消费者提供服务的成本并没有体现在该项服务的价格上，而是体现在消费者为了换取这项服务而放弃的某样东西上，这里指的并不是金钱。在社交媒体的情形中，消费者需要付出的代价来自其潜在的危害，从虚假新闻对民主体制的影响到它对我们身心健康的负面影响，再到剑桥分析公司的丑闻爆发后最受人们关注的一项代价，即我们个人隐私的丧失以及消费者数据的脆弱性。

在个体层面，社交媒体的使用与个体的幸福感和心理健康的负面影响相关。随着社交媒体的兴起和智能手机使用量的增加，抑郁症和自杀的案例数量也急剧增加，但到目前为止，我们还没有直接的证据表明这两者有因果关系。在社会层面，我们看到了虚假新闻对民主制度的冲击，以及回声室效应和政治两极分化现象的日益增加。

不幸的是，我们很难通过定价的方式用上述这些代价或成本计算经济幸福感。首先，消费者根本没有意识到这些针对个体的负面影响。例如，阿尔科特、根茨科和他们的同事就曾经推测，使用脸书会减少人们与朋友和家人进行面对面交流的时间，因此会大幅降低他们的幸福感。但在实验过程中，用户只有在放弃使用脸书后才会真正意识到这些成本。离开社交媒体平台一段时间后，用户对脸书价值的认可程度要低于他们在使用脸书服务时的认可程度，这或许是因为他们已经用其他更有价值的活动替代了他们在脸书上花费的时间，而且发现他们实际上更喜欢那些活动。

其次，我们并不擅长从我们消费产品所带来的个人利益中精准地减去其中可能含有的社会危害。例如，我们通常不会因为脸书可能会对民主制度产生某种影响而减少在脸书上的时间，或者因为汽车对环境造成的负面影响而减少使用汽车（虽然确实有些人会在某种程度上非常重视我们的行为对社会的伤害，比如我们会愿意为混合动力或者纯电动汽车支付更高的价格）。

从来没有一项研究曾令人信服地衡量出炒作机器产生的净收益，而且也不太可能有任何研究能做到这一点，因为对幸福感和心理健康的负面影响这些成本在社会层面上是很难衡量的。例如，你如何为社交媒体对民主制度造成的破坏性影响进行成本定价呢？

不平等的机会

社交网络创造了经济机会和社会流动性，对有些人来讲，这一点比其他任何事情都重要。有一种理论认为，社交媒体网络是通过松散的社会关系的力量来创造机会的。我会在下一章具体探讨这个理论以及它与那些运行炒作机器的算法之间的关系。但就目前而言，了解这个理论的基本逻辑前提就足够了。马克·格兰诺维特在20世纪70年代中期第一次提出这个理论，该理论认为，经济机会通过我们的社会关系而来，其中绝大多数的机会通过我们松散的社会关系而来，这使得我们的社交网络非常多样化，而且这些人往往身处其他朋友和联系人无法接触的机会中。他们是你获得新机会，比如新的工作机会的渠道。

内森·伊戈尔（Nathan Eagle）、迈克尔·梅西（Michael Macy）和罗布·克拉克斯顿（Rob Claxton）在一些国家验证了这个理论。[35] 他们搜集了整个英国的移动电话和固定电话的通话数据，然后将这些数据与关于社会和经济发展的全国人口普查数据联系了起来。他们搜集了90%的移动电话数据和99%的住宅与公司固定电话数据，然后分析了6 800万人的通话模式。他们测试了在这些人的通信网络中，那些有更多松散的、多样化的社会关系的人是否会具有更高的社会经济地位。这正是他们发现的结果：某人的通信网络越多样，他的社会经济地位就越高（见图11.2）。

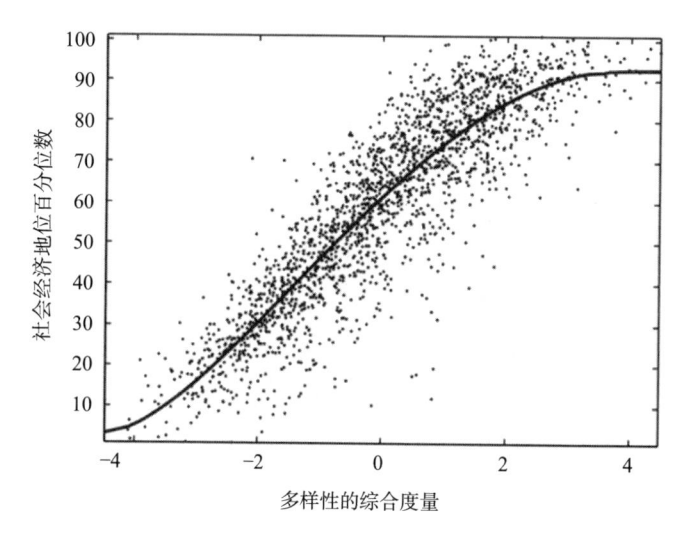

图11.2 通信网络多样性和社会经济发展。上图显示的是社会网络的多样性和社会经济地位之间的关系。资料来源：Nathan Eagle, Michael Macy, and Rob Claxton. "Network diversity and economic development." *Science* 328, no. 5981（2010）: 1029-1031

但是，你知道，我非常重视相关性和因果性之间的区别。这一点在上面的情形中尤为重要，因为如果是拥有更多经济机会的人更有可能构建出一个多样化的网络，而不是多样化的网络提供了更多的机会，那么炒作机器更有可能是在反映而不是创造经济机会。炒作机器在上述情形中有多重要呢？我们只是在社交媒体上复制了现有的社交网络，还是炒作机器的推荐功能为我们提供了新的经济机会?

我和埃里克·布莱恩约弗森与领英公司的徐亚（Ya Xu，音译）和纪尧姆·圣雅克（Guillaume Saint-Jacques）合作，尝试找到问题的答案。纪尧姆在加入领英为徐亚工作之前，是我们在麻省理工学院的博士生，而徐亚当时是领英公司的数据科学总监。我们通过这次的合作测试了松散的社会关系和工作的流动性之间是否存在因果关系。[36] 我们使用了在领英 PYMK 算法上进行的 60 个随机实验的数据，这个算法会向领英用户推荐新的联系人。通过向用户推荐较多或较少的与他们关系较弱的对象作为他们的新联系人，这些实验可以在一个 8 000 万人的人际网络中随机改变用户拥有的松散社会关系的数量。这使得我们可以测试松散的社会关系在多大程度上导致了工作的流动性。实验的结果首次证实了松散的社会关系可以创造就业机会，而领英的 PYMK 算法可以创造松散的社会关系。根据我们的设计，炒作机器有能力为我们创造就业机会和经济机会，并影响这些经济机会在其用户中的分配。

2018 年，斯坦福大学的一位经济学博士生路易斯·阿莫纳（Luis Armona）通过对一个自然实验进行分析，衡量了脸书对其用户的经济机会和工资所产生的影响。[37] 回想一下我们曾提到的吉米·法伦和肖恩·帕克关于脸书的市场进入策略的谈话。脸书是通过大学校园进入市场的，但所有的大学并不是在同一时间加入脸书网络的。从 2004 年 2 月至 2005 年 5 月，有 760 所大学在不同的时间加入了脸书，这意味着当有些大学的学生已经在使用脸书服务的时候，还有一些大学的学生尚未加入。通过比较当时已经加入脸书的大学生和尚未加入脸书的大学生在随后一段时间里的工资增长情况，阿莫纳得以衡量炒作机器会如何影响人们的经济机会和工资收入。他发现，那些在大学 4 年中已经使用脸书的学生的平均收入得到了近3%的增加,这是一个很有意义的结果。阿莫纳还通过分析这些学生在领英上的数据和其他数据,证明了使用脸书可以加强这些学生和他们以前的同学之间的联系,这强化了大学校友之间的就业网络,使他们的工资得到了提升。

沃顿商学院的吴林恩(Lynn Wu,音译,前麻省理工学院博士生)也对一个自然实验进行了分析,她的结果进一步证实了上述结论。[38]通过对一家公司引入企业社交媒体的过程进行研究,她具体分析了社交媒体是如何影响工作中的经济机会的。社交媒体工具使员工可以根据他们的专业知识在公司里搜寻新的联系人。她的分析显示,在引入社交媒体后,员工的社交网络联系更加多样化了(她通过电子邮件的收发数量来衡量这一点),这提升了他们的工作率,并且降低了他们被开除的可能性。

2019年,一位麻省理工学院的经济学博士生西妮·考德威尔(Sydnee Caldwell)将这一思想应用在了对丹麦的工资和工作流动性的分析上。通过仔细地分析一位前同事的人际关系网络、工资、工作流动性以及他现在所在新公司的劳动力需求等数据,考德威尔和尼古拉·哈蒙(Nikolaj Harmon)在他们的研究中衡量了这位前同事新公司的职位空缺是否与社会上的工资上涨和工作机会有关。[39]他们提出了这样一个问题:在具有相同生产力的员工中,那些拥有能够提供在其他公司更好的工作机会信息的社交网络的员工,是否可能通过谈判在现在的公司获得一份更高的薪资呢?答案是肯定的。拥有能够提供更优质信息的社交网络的员工可以通过谈判获得更高的薪资,并且具有更大的工作流动性和更高的收入。

但是,当考德威尔和哈蒙分析,是否每个人都能够享受到社交网络的信息好处时,他们发现了其中的不平等。社交网络对个人收入的影响主要集中在高技能的员工身上。与拥有中等技能的员工相比，具有专业技能的员工的工资受到社交网络影响的程度是拥有中等技能的员工的两倍，并且几乎是那些只拥有最基础技能的员工的 5 倍。由于拥有高技能的员工往往也会拥有更高的基础工资，上述影响会对这些员工的总收入造成更大的影响。事实上，社交网络的信息对于只拥有最基础技能的员工的收入，比如装配线上的员工、手工技术员工和一般的工匠的收入，几乎没有什么影响。另外，从整体上看，女性也并没有因此受益。虽然炒作机器通过提供更大的工作流动性、更高的工资、更强大的生产力以及更多的工作保障创造了更多的经济机会，但能够从这些机会中获得更多好处的往往是男性以及那些受过更多教育、拥有更高技能的人，这意味着富人会因此变得更富。

有三种因素使人们无法公平地利用炒作机器创造的经济机会。首先，居住在不同区域、拥有不同的社会经济地位以及不同性别的人群接触炒作机器的深度和广度是有很大差异的。发展中国家在互联网、社交媒体以及智能手机的使用上明显落后于发达的经济体。但是，除了社交媒体访问方面的数字鸿沟之外，我的朋友和同事埃丝特·豪尔吉陶伊（Esther Hargittai）所说的"能力提升"和社交媒体的娱乐性用途之间也存在着数字鸿沟。[40] 经济上有优势的人倾向于使用各种社交媒体得到"向上流动的机会"。向上流动的机会包括人际关系和个人声誉的建立、信息的搜索、人与人之间的合作、工作岗位的调动以及其他"可能会导致更知情的政治参与、职业晋升或者搜寻与金融和健康服务相关信息的活动"[41]。尽管研究发现，社交媒体上的自我完善活动能够给那些来自不发达经济体的人带来积极影响，但豪尔吉陶伊发现，这类人更倾向于参加那些自我完善活动，而不是社交媒体的娱乐活动，这加剧了社交媒体利益分配的不平等。

其次，炒作机器的网络会使富人变得更加富有。当人们在社交媒体上建立联系时，他们往往会与那些和自己很相似的人建立联系（这种社会现象叫作同质性，我会在下一章对此进行探讨），所以新的联系会加剧现有的差异，好友推荐算法部分基于你当下拥有的社会关系。由于共同的朋友往往会构成社交媒体上很多类似PYMK的推荐算法的基础，与类似我们的人建立联系的倾向会使得社交网络内部出现隔离现象，并在富人和穷人之间形成更深的鸿沟。

最后，炒作机器为高技能的员工提供了更高的回报，他们的工作会更依赖于获取和处理社交媒体所提供的各种信息、知识以及技能，这加剧了不平等的出现。[①]42 我对炒作机器的优缺点进行了总结（见表11.2）。

表11.2　社交媒体的益处和风险。下面的表格显示了在5个关键的社会和经济领域中，社交媒体给我们带来的益处和与之相伴的风险

社交媒体的益处和风险		
社会或经济领域	益处	风险
集体行动的力量和脆弱性	广泛、迅速的集体行动	脆弱的集体行动
善和恶的传播渠道	积极内容和行为的传播	有害内容和行为的传播
透明度悖论	确保安全和隐私	缺乏透明度
幸福感的代价	广泛提升经济幸福感	无法定价的、代价高昂的伤害
不平等的机会	社会和经济机会	获取社会和经济机会的不平等

---

① 值得注意的是，路易斯·阿莫纳在对脸书的研究中发现，女性学生和来自中下层家庭的学生因为使用脸书而带来的工资上涨幅度更大，这表明炒作机器具有缩小性别差距和收入差距的潜在能力。然而，阿莫纳的样本局限于760所经过挑选的4年制大学，这些大学的毕业生很可能处于整个技能分布曲线的高端。由于取样的原因，考德威尔、哈蒙和豪尔吉陶伊研究的低技能员工大多被排除在阿莫纳的分析之外。

第11章　社交媒体带来的希望和并存的风险

社交媒体监管：用手术刀，而不是大刀

我在哈佛大学肯尼迪政府学院学到的一个教训是，市场有时会失灵。当我在肯尼迪政府学院时，我分析了市场是如何、在何时以及为什么失灵的，我还分析了如何才能解决市场失灵的问题。当你思考有关社交媒体的问题时，这些经验教训迟早会派上用场，因为炒作机器导致市场失灵的案例层出不穷。当错误信息、恐怖主义、选举操控、公共卫生破坏以及隐私侵犯等负面事件因为技术被更快地传播开来，而其伤害无法在市场上用价格进行衡量时，合乎情理的政府监管变得很有必要。

但真正的风险在于，考虑不周的立法必然会束缚创新、言论自由、生产力、经济增长、消费者盈余以及由社交技术带来的社会和经济利益。当我们明白社交媒体的益处和风险有共同的源头时，那么显然，生硬粗糙的监管方式很可能会失败。监管社交媒体必须经过深思熟虑，在尽可能回避风险的同时，还要保留社交媒体的各种潜力。最近几个监管社交媒体没有效果的案例很清楚地表明，为什么我们需要的是"手术刀"，而不是"大刀"。

艰难挣扎的乌干达经济激励乌干达的公民和企业转向网络，并试图跨越该国陈旧的电信基础设施造成的障碍。但是 2018 年 7 月，乌干达总统约韦里·穆塞韦尼（Yoweri Museveni）在遭遇了对他统治的抗议后，决定对社交媒体加征每天 5 美分的税，并将移动货币税提高了 5%，希望以此遏制反政府情绪并增加整个国家的税收。不幸的是，这种大刀阔斧的做法给乌干达带去了意想不到的毁灭性的后果。

对很多乌干达人来讲，社交媒体是通向互联网的入口，而且像脸书和 WhatsApp 这样的 App 对商业、教育、新闻、社会支持以及

获得各种紧急服务至关重要。在对社交媒体征税的6个月后，乌干达的互联网使用率下降了26%，因为税收带来的经济压力使乌干达人开始逃离网络。[43] 根据廉价平价互联网联盟（A4AI）的估计，新的税收使最富有的乌干达人的互联网连接成本上升了1%，但使这个国家最贫困的人的互联网连接成本上升了10%。[44] 1GB（吉字节）的数据会花费后者平均月收入的40%。社交媒体的寒蝉效应还放缓了这个国家的经济增长，减少了就业和企业收入。一项研究估计，这项税收政策将使乌干达的经济损失7.5亿美元，这相当于其国内生产总值的3%，并最终使这个国家的税收减少1.09亿美元。[45] 为了平息社会上的反政府情绪，穆塞韦尼大刀阔斧地切断了乌干达经济的筋腱和肌肉，并剥夺了他的国民享受社交媒体益处的机会。

俄罗斯对Telegram进行监管的尝试是另一个舞动大刀反而伤及自身的案例。2018年4月，在杜罗夫拒绝了俄罗斯政府获得加密信息的要求后，俄罗斯政府禁止了Telegram的运营。2016年，俄罗斯的《雅罗瓦亚法》（Yarovaya Law）明确要求社交媒体和各种类型的短消息App必须在其基础架构中留出后门程序，以便俄罗斯联邦安全局利用这些平台调查恐怖主义行为，并更容易地获得加密信息。在杜罗夫明确予以拒绝，并声称这些法律"与Telegram的隐私政策完全不兼容"后，Telegram彻底被俄罗斯政府禁止运营。[46]

然而事实证明，强行禁止一款软件比硬性推广这款软件更难。作为俄罗斯版本的联邦通信委员会（FCC），俄罗斯通信、信息技术和媒体监督局（Roskomnadzor）开始封锁提供Telegram服务的IP地址，并要求谷歌和苹果在它们的App商店中下架Telegram。但是，杜罗夫将Telegram的服务器迁移到了类似亚马逊和谷歌的第三方云服务供应商那里，以便用户继续使用 Telegram。另外，苹果和谷歌也拒绝了下架 Telegram 的要求。因此，俄罗斯强行限制了谷歌和亚马逊的云服务，并封锁了至少 1 900 万个 IP 地址。

但是 Telegram 的服务并没有因此被终止，很多俄罗斯人开始使用虚拟专用网络来访问 Telegram。Telegram 的日活跃用户数量从 2018 年 4 月它被禁止时的 370 万，增长到了 2019 年 2 月的 440 万。[47] 它现在仍然是俄罗斯第三流行的短消息应用程序，仅次于 WhatsApp 和 Viber（网络通话软件）。虽然俄罗斯扼杀 Telegram 的尝试失败了，但它成功地扼杀了这个国家中很多合法的在线服务。[48] 由于俄罗斯采取的封锁方式比较粗糙，无法只针对 Telegram 一家公司，很多零售商、主要的网上银行服务、电子商务网站以及类似 Viber 和 TamTam（这是由俄罗斯政府资助的、媒体宣称可以替代 Telegram 的应用程序）的短消息应用平台都受到了严重的冲击。甚至连俄罗斯通信、信息技术和媒体监督局用来公布被列入黑名单的公司的网站也因此停止运行了。

上面的例子表明，监管炒作机器需要非常精细的操作，任何粗糙的政策只会造成意想不到的结果。在某种意义上，这些都是为什么对社交媒体进行监管不可能有实际效果的案例。不过有时候，我们所面对的选择的微妙之处并不是显而易见的。当我在最后一章探讨如何适应炒作机器的存在时，这一切会变得明朗起来。

第12章

打造更好的炒作机器：
新社交时代的隐私、言论自由以及反垄断

> 我们的技术显然已经超越了我们的人性，这让人不由得毛骨悚然。
>
> 阿尔伯特·爱因斯坦

今天，我们正处在隐私与安全、自由言论与仇恨言论、真相与谎言、民主与威权、包容与两极分化的十字路口。虽然这种结果的形成并不能完全归因于炒作机器，但它也确实在其中起到了一定的作用。当我们谈及社交媒体对民主、经济以及公民社会底层结构的影响时，我们会不可避免地面对下列问题。我们应该如何适应炒作机器？我们该如何引导这种全新的社交技术的设计、监管以及使用，以实现其潜力并规避其风险？这些问题很复杂，没有简单的答案。但我相信，我们的面前有很多条通往更光明的未来的道路。

在这一章，我探讨的是创新和反垄断、隐私和数据保护、错误信息和虚假新闻、选举诚信、言论自由以及建立一个更健康的通信生态系统。为了做到这一点，我会使用在这本书中贯彻始终的4根

杠杆，即金钱、代码、规范和法律，并具体讨论社交媒体平台、政策制定者以及共同控制着我们数字未来的人这三个主要的利益相关者的关系。让我们从当今社交媒体监管面临的最普遍的问题开始：脸书和其他社交媒体平台应该被拆分吗？

竞争、创新以及反垄断

2019年3月，参议员和当时的总统候选人伊丽莎白·沃伦正式对脸书宣战。"这些大型科技公司如今拥有了太大的权力，"她说，"它们手上的权力已经完全凌驾于我们的经济、社会以及民主之上。它们摧毁了竞争的土壤，利用我们的隐私牟利，并使竞争的环境对其他人都不利。"[1]当她呼吁拆分脸书的时候，她似乎真的发怒了，而且她并不是孤军奋战。脸书的联合创始人克里斯·休斯（Chris Hughes）在他发给《纽约时报》专栏的一篇文章中透露，对于脸书给这个世界造成的巨大伤害，他感到了"一种愤怒和责任"。他继续补充道："马克·扎克伯格拥有的力量是前所未有的，而且不符合美国的价值观。现在是时候拆分脸书了。"[2]他们的愤怒和全球数百万名脸书用户的愤怒是可以理解的。在本书中，我花了很多笔墨描述炒作机器是如何在隐私、错误信息、仇恨言论以及选举诚信等方面让我们感到失望的，我对此也感到非常愤怒。但是，愤怒并不能给我们带来好的政策。为了理解如何最好地利用和控制炒作机器，我们必须既严谨又细致。

沃伦和休斯在一件事情上是完全正确的，即竞争是一个更光明的社交时代的根基，它是我们必须进行的所有其他调整的基础。竞争可以对市场力量进行约束，并且使社会的价值观引领企业的价值观。压制社交媒体市场上的竞争会导致一连串的市场失灵现象，而市场失灵会让我们无法保护隐私、创新、真相以及民主。沃伦在一篇推文中这样写道:"想象一下,脸书和Instagram试图通过保护你的隐私并使你远离各种错误信息来超越竞争对手,而不是狼狈为奸地合作,出售你的数据,向你传递各种错误信息并操控选举。这就是为什么我们需要'拆分大型科技公司'这个话题标签。"[3]

虽然沃伦和休斯对问题做出了正确的判断,但我认为他们并没有对自己的解决方案做出正确的评估。沃伦的总统竞选活动巧妙地将抨击大公司不受约束的权力的言论、脸书对民主和隐私的侵蚀,以及针对马克·扎克伯格非凡财富的人身攻击结合在了一起。"垄断者赚取的垄断资金会越来越少,呜呜。"她在谈到自己拆分大型科技公司的计划时假装表示遗憾。但是,把取缔垄断当作解决社交媒体困境的方案是一种虚假承诺。在政治竞选中使用过的旗帜总有一天会被人收起来,散落在马路上的政治传单也会被清扫一空,而我们将不得不接手一项令人不快的任务,即对这个新的社交时代进行清理。拆分脸书根本无法解决社交媒体面临的任何重大挑战,而将这些挑战打包成简洁的政治口号只会让它们更难被克服。

针对脸书的反垄断提案忽视了导致社交媒体市场集中化的社会经济背景,而且这样的提案对于保护隐私、区分仇恨言论与自由言论、确保选举诚信或减少虚假新闻并没有任何直接作用。它处理的只是表面的症状,而不是根源。虽然竞争可以迫使所有的平台通过保护我们社会价值观的设计来争夺注意力,但即便我们真的拆分了脸书,促使这个新的社交时代走向垄断的市场力量并没有因此消散,我们需要更根本的解决方案。

指控脸书垄断的证据并不充分,但更重要的是,将注意力集中在拆分脸书上会使我们从解决社会问题的更持久的解决方案中分心,比如开展全面的联邦隐私改革,进行数据可移植性的立法以确保市场的开放，以及对社交媒体上的政治广告和有害言论实施监管。相比于针对脸书发起一场可能会持续 10 年且最终很可能失败的反垄断诉讼，我们还不如去正面解决这些监管上的挑战。

针对脸书的反垄断提案

在专栏文章中，脸书的联合创始人克里斯·休斯是这样评述的："1890 年的《休曼法案》已经宣布垄断是非法的。"不过，休斯的说法并不是完全正确的。按照美国的反垄断法，垄断并不违法。但是，通过反竞争行为使自己的公司成为垄断性企业，或者利用垄断性力量在邻近市场上占据市场主导地位就是非法的了。反垄断的目的是保护消费者免受非竞争性市场的伤害，我们不是因为那些企业太大就要去惩罚它们。如果一家企业通过创新和竞争使其规模变得越来越大，那么一般来说，它的危害绝不是来自垄断，而是来自那些需要监管部门关注的做法。如果我们把拆分脸书当作治愈一切的灵丹妙药，那么我们就无法针对炒作机器造成伤害的根本原因进行立法和监管了。

自 20 世纪 70 年代以来，美国的反垄断法被一种"消费者福利"视角主导，这种视角最初是由耶鲁大学法学教授兼上诉法官罗伯特·博克（Robert Bork）定义的，并且得到了芝加哥经济学院的大力推广。这种定义对消费者遭受的非竞争性市场的伤害进行了非常狭隘的解释，认为这种伤害首先是高物价带来的结果，其次是产量受限和质量下降带来的结果。但是，这种狭隘的观点完全没有考虑脸书这样的例子，因为脸书是完全免费的。消费者并没有因为脸书收取更高的费用而受到伤害，因为脸书从一开始就不向消费者收取任何费用。然而，消费者却因为社交媒体领域的不充分竞争而受到了伤害。如果没有强大的替代产品出现，脸书就可以迫使我们接受非常严苛的政策，在一个充满虚假新闻、错误信息以及仇恨言论的网络中使用我们的个人数据。这种因为缺乏竞争而产生的副作用是真实存在的。

今天，一种不断演变的反垄断的愿景正在挑战博克的狭隘观点。莉娜·可汗（Lina Khan）当时是一个在耶鲁大学学习法律的学生，她撰写了一篇名为《亚马逊的反垄断悖论》的文章（文章模仿了博克撰写的很有影响力的著作《反垄断悖论》）。她在文章中为在这个充满各种平台的时代更新反垄断法规提供了法律依据。[4] 她的观点是，像亚马逊这样的平台控制了数字市场的规则和算法，所以它们在市场上销售产品时就会出现利益上的冲突。奥莱利媒体公司（O'Reilly Media）的创始人蒂姆·奥莱利（Tim O'Reily）和伊丽莎白·沃伦也针对亚马逊公司和谷歌公司发表过类似的观点。[5] 由于亚马逊掌握了在它的平台通过算法展示和推广产品的规则，它完全可以用打压竞争对手的方式在自己的平台上推广自己的产品。由于存在类似的利益冲突，谷歌购物正在接受欧洲的反垄断机构的调查。正如参议员沃伦所言："你不能在当裁判的同时还拥有一支球队。"这个观点很重要。价格并不能代表一切，亚马逊的产品往往比竞争对手的产品更加便宜，但选择的缺失减少了平台的创新。当然，如果亚马逊的低价产品把某些竞争对手逐出了市场，它随后可以通过提高自己产品价格的方式来增加利润。

那些针对谷歌、亚马逊、苹果和脸书的政客、权威人士以及媒体提出的反垄断观点最后都可以汇总为"拆分大型科技公司"，但是他们针对这几家大型科技公司的反垄断考量是完全不同的，涉及的市场、反竞争的手法以及对消费者的潜在伤害也各不相同。对亚马逊这样运营销售自己产品的平台公司进行反垄断在某些方面会更有说服力。然而对脸书这样的平台，任何反垄断的理由都显得很单薄。虽然有几个著名的人物已经为拆分脸书想好了理由，但是这些理由在任何一场反垄断的诉讼中都很难站得住脚。

罗伯特·赖希（Robert Reich）曾担任过克林顿政府的劳工部部长，现在是加州大学伯克利分校的公共政策教授。他认为"脸书和推特正在传播特朗普的谎言，所以我们必须拆分这两家公司"[6]。他辩解道："45%的美国人通过脸书获取新闻，而特朗普的推文可以影响6 600万人，这都是因为这两个平台拥有近乎垄断的地位。"我们暂且忽略上述句子中的问题，即在同一个句子里把两个互相竞争的对手——脸书和推特——同时列为垄断企业，推特目前只有3亿名用户，而且在全球社交网络中排名第12位。另外，赖希指出的45%这个比例也很难被看作在新闻内容的发送上构成了垄断的体现，而且这个数字描述的只是一些用户从脸书获取部分新闻内容，而不是完全依赖脸书。此外，特朗普的推文可以影响6 600万人这一说法显然也不是真实的。虽然可能确实有6 600万人关注了特朗普，但推特的算法只会将他的推文分发给他的一小部分粉丝。用这样的方式判断一篇推文的受众人数，就像把福克斯新闻的收视率归功于每一个拥有电视机的人一样。更重要的是，虽然传播谎言不是美德，但这个行为本身并不是反竞争的。我们可以通过立法评估谎言对人们造成的伤害，但这绝不是采取反垄断行动的理由。

这并不意味着赖希担心政治谎言或脸书和推特上不受管制的虚假内容对民主造成的影响是错误的。但是，仅以这一点作为法律基础来拆分脸书很可能会在法庭上遭遇失败，即便最后成功了，那也会破坏反垄断监管的稳定。另外，对社交媒体上的政治言论进行强力立法监管应当适用于所有的社交媒体，包括脸书、推特以及未来任何规模的社交媒体平台，而不仅仅适用于那些因反垄断诉讼而被拆分的企业。

由开放市场研究所（Open Markets Institute）的研究员马特·斯托勒（Matt Stoller）提出的另一种观点是，谷歌和脸书对广告的垄断正在扼杀世界各地的报业。[7]但是，报业的衰落以及报业就业人数和报纸发行量的下降都发生在20世纪80年代后期。[8]随着互联网的出现，报纸广告的收入在20世纪初就已经开始下降。[9]在过去的10年时间里，在线新闻的发行量和数字广告的收入都有明显的增长。[10]有实验证据表明，谷歌这样的公司实际上帮助增加而不是减少了新闻读者的数量。

2014年，西班牙开始推行版权改革，允许报社在Google News（谷歌新闻）链接报纸的新闻片段时，向平台收取相关的费用。谷歌关闭了西班牙的Google News服务来回应西班牙的改革，这一行为使得西班牙的总新闻消费量降低了20%，除Google News以外的其他出版商的网页浏览量降低了10%，这些降低主要集中在一些小型出版商身上。[11]虽然我们在这里忽略了新闻行业里广告费用的支出，但上述这些数据依然表明，像谷歌这样的新闻整合服务商对传统的新闻出版商，尤其是那些小型的出版商而言，实际上起到了互补的作用，而不是直接与之展开竞争。此外，由谷歌和脸书提供的目标定位广告服务还提升了这些出版商的收入。当有用户选择不再接受定向投放的广告时，它们和交易所需要支付大约每个消费者9美元的费用。[12]所以，虽然我也对家乡报纸的消失感到痛心，但谷歌和脸书并没有杀死这些新闻机构，报业的衰弱也不是拆分谷歌或者脸书的理由。

2019年，当迪娜·斯里尼瓦桑（Dina Srinivasan）在耶鲁大学学习法律时，她提出了一个更加慎重的针对脸书的反垄断提案。[13]她指出，脸书通过承诺保护用户的隐私来获得垄断的力量，但它在获得了市场主导地位后马上违背了这些承诺。斯里尼瓦桑的观点描述了一种特别的反竞争手法，即通过假意推广隐私保护来获取垄断权力。同时她还指出，垄断给消费者带来的具体伤害实际上正是隐私权的最终消失。斯里尼瓦桑为此特别解释道，这样的事情在一个充满竞争的市场上是不可能发生的。

上述观点的问题在于，虽然有证据表明脸书随着时间的推移确实减少了对用户隐私的保护，但没有真正的证据表明它保护隐私的承诺是其用户增长的原因。虽然有消费者在调查中表达了对隐私问题的担忧，但有证据强烈地表明这些消费者根本不会阅读有关隐私的政策或基于对隐私的保护来选择相关的产品和服务。正如我在第5章中描述的那样，更有可能的是，脸书强大的局部网络效应和它在大学里进行推广的策略推动了其用户数的增长，并造就了它在市场上的主导地位。

另一个支持拆分脸书的观点认为，脸书收购WhatsApp和Instagram的举动本身是反竞争的，也给脸书带来了垄断性的力量。但是，想要在法庭上维持这一论点，需要对社交媒体市场做一个复杂的且很可能过于宽泛的定义。脸书是一个专注于朋友和家庭的社交网络，WhatsApp是一种私人短消息服务，而Instagram是一个公共的照片分享应用。它们在不同的市场中运营，有众多的竞争对手。想要成功解除脸书对这两家公司的收购，我们不得不依赖于复杂的市场定义，并需要证明脸书在邻近的照片分享和短消息市场中有反竞争的垄断行为，而这两个市场的集中度要比垂直的社交网络市场低很多。采用这样的观点进行诉讼的成本会非常高昂，诉讼虽然可能成功，但需要很长的时间，而且这样的成功是无法保证的。

最后，有些人可能会说，脸书的政治影响力太大了。但是，反垄断监管对控制企业的政治影响力实际上无能为力。虽然当初《休曼法案》的通过部分是为了更好地处理与大企业的政治权力相关的问题，但反垄断经济学家、美国司法部和经济顾问委员会的专家卡尔·夏皮罗（Carl Shapiro）指出："反垄断机构并不适合处理与大企业可能拥有的过度的政治权力相关的问题。"[14] 反垄断的政府机构和法庭虽然知道如何衡量垄断造成的经济影响，但是没有一种可靠的方法来衡量企业所拥有的政治影响力。基于政治权力的反垄断执法合法化会使这个过程本身政治化，另外，"允许行政部门通过提出反垄断诉讼惩罚相关企业的竞争对手，同时奖励其合作伙伴"也会导致腐败的出现。正如夏皮罗曾指出的那样："要求法庭基于正在合并的企业的政治力量来批准或者阻止合并会破坏法治，同时会不可避免地引起司法部门深度的政治考量。"如果我们想处理企业资金在政治上表现出的力量，无论这些资金是用于脸书广告还是用于游说政客，我们最好提议通过一项有意义的、涉及竞选融资和反腐败的立法。拆分脸书并不是这个问题的解决方案。

此外，拆分脸书对促进维持竞争所需的市场环境毫无帮助，因为社交媒体固有的网络效应只会让下一家类似脸书的公司占据市场主导地位。社交媒体市场问题的关键在于所谓的"互操作性"，即我们如何建立一个公平的竞争环境，让不同的社交媒体服务可以公平地竞争。当网络效应与利用高科技构筑的围墙结合在一起，限制了我们在不同的社交技术间自由选择的时候，社交媒体市场就会出现垄断现象。拆分其中的某一家公司并不能改变这个市场的基本经济学逻辑。通过使数据和社交图谱可移植，像我们在电信行业中做的那样，允许消费者将他们自己的数据转移到竞争对手的公司，再加上具有前瞻性的合并监管，社交媒体的结构性改革或许可以为我们提供一个更加全面和长期的解决方案。

社交图谱和数据的可移植性

2018年,马克·扎克伯格在美国国会做证时,参议员约翰·肯尼迪这样问他:"你是否愿意给我这样的权利,让我将自己在脸书上的数据迁移到另一个社交媒体的平台上?"这位参议员担心脸书缺乏数据的可移植性,将用户锁定在它自己的网络中。如果用户可以移植自己的数据并加入其他平台,这就有可能刺激竞争并使新的社交网络得到发展。扎克伯格回答道:"参议员,你已经可以这样做了。我们有一个叫作'下载你的信息'的工具,你可以通过这个工具得到一个包含所有内容的文件,然后用它去做你想做的任何事情。"

这个答案听起来好像就是数据的可移植性,但是对任何懂行的人来讲,这都是个笑话。在脸书和其他的社交媒体上,"下载你的信息"这样的工具和其他数据可移植性的当前版本都允许用户访问一个简单的文档,其中包含用户的个人信息、他们曾经上传的帖子列表以及他们曾经点赞过的账号列表等文本数据。这些数据是无法被其他服务供应商采用的,而这正是脸书想要的结果,因为真正的互操作性会威胁它的竞争优势,并削弱其网络效应的力量。

当你试图从脸书上下载你的社交图谱时,你得到的不是一个可以在其他网络上操作的、可移植的联系人数据库。相反,你得到的是一个文本文件,里面包含了你朋友的名字以及他们注册脸书的日期,这对你来讲没有丝毫用处。真正的互操作性是确保新网络能够成长起来并具有竞争力的关键。如果我们期望在社交媒体和社交网络方面保持创新并有所选择,我们就需要把我们的社交网络带到竞争对手那里,而且我们应该被允许使用多种不同的服务。那么,我们如何才能做到这一点?确保数据的可移植性和市场竞争的一种方法是，通过法律强制要求所有技术平台都必须使它们的数据，尤其是其社交网络，完全可移植。

2017年的夏天，芝加哥大学的路易吉·津加莱斯（Luigi Zingales）和盖·罗尼克（Guy Rolnik）提出了一个解决方案。[15] 他们认为，消费者应该拥有自己的社交图谱（社交媒体联系人网络），而且不同平台的图谱应该是可以互操作的，这意味着来自一个网络的消息应该立即被重新发送到其他网络。这个想法和电信产业中的"携号转网"概念非常类似。1996年，美国联邦通信委员会强制规定运营商允许携号转网，以促进美国移动运营商和固定电话服务供应商之间的竞争。其想法是，如果消费者拥有自己的手机号码，他们可以在保留自己的呼叫网络（与用户手机号码相关联的人）的同时轻松地在运营商之间切换，这将促进运营商之间的竞争，并且降低相关产品的价格。

回想一下我们在前面提到过的发生在20世纪90年代后期的"聊天战争"。当时，微软和雅虎试图让AIM网络具有互操作性，这样用户就可以从AIM网络自由地切换到MSN messenger网络，再通过他们的社交联系网（社交图谱）轻松地从一个网络向另一个网络中的朋友发送消息了。当一个网络中的消费者可以很容易地与另一个网络中的消费者联系时，局部网络效应的价值就会被削弱，市场上的竞争也会被加强，这给了市场后来者更多的机会，并且剥夺了已经在这个市场上占据主导地位的公司的优势。

在社交图谱的可移植性这个概念背后，是消费者应该拥有他们自己的社交图谱的理念。当消费者切换到一种新的社交网络服务时，他们的联系人和朋友的身份可以被转移到新的网络，以使他们在这个新的网络中以及网络之间与其他人交流。但有必要指出的是，当你想把电话号码的可移植性逻辑应用在社交图谱的可移植性上时，会出现一些技术上的难题。

第一，社交图谱和电话号码是两种完全不同的东西。社交图谱是一张呈现人与人之间关系的复杂网络，你很难界定其产权。在图谱的层面上定义产权会使管理图谱变得复杂无比，而且在一个动态的环境中，社交图谱上的联系人也在不断地发生改变，所以你很难确保图谱会随着时间的推移保持不变。多伦多大学的乔舒亚·甘斯（Joshua Gans）提出了一种社交图谱可移植性的变体来应对这些复杂性。他认为，与其把分配社交图谱的权利给消费者，不如在个人身份的层面上来分配权利，并加上描述消费者希望如何在网络之间传递消息的权限。甘斯称之为"身份的可移植性"，而不是社交图谱的可移植性。[16]

这个概念的意思是，消费者可以拥有自己的身份，而且可以自由地从一个网络切换到另一个网络，并拥有权限列明他们将和谁进行跨越网络的信息交流。这样做的结果是，"使数字平台免受竞争压力的局部网络效应会被削弱……每一个个体都可以基于自己的品位和喜好以及不同平台设计的创新在平台之间进行切换……关键是，因为有了身份的可移植性，利用用户的注意力赚钱的能力将变得更具竞争性"[17]。

第二，社交媒体提供的服务和打电话是截然不同的。文本和语音的交流已经被标准化了，因此更容易实现互操作。但是脸书、Instagram、推特以及 Snapchat 上的信息很难在不同的平台间相互交换。Snapchat 上的信息在发送后很快消失，但脸书上的信息会一直保留；推特上的信息是完全公开的，而且限制在 240 个字符以内，但 WhatsApp 上的信息是完全私密且不限制长度的。虽然我们可以为这些截然不同的信息类型开发协议，但在这一背景下，互操作性的复杂程度肯定已经超过了在手机上进行语音通话和发送文本信息的难度。

这就引出了第三个问题。信息标准的一致性可以减少不同平台之间的差异，而这种类型的创新正是以社交图谱的可移植性为基础的。但如果为了削弱市场上原有企业的网络效应，使每一家新创立的社交网络平台都不得不遵循原有企业的信息格式，那么创新和新的互动方式就会被扼杀。

虽然在技术层面实现网络的互操作性是非常有挑战性的，但这是促进社交网络市场竞争的一个很关键的维度，而且肯定会在将来的创新和反垄断过程中扮演重要的角色。如果现有平台面临立法，那么它们将寻找一种新的方法来实现互操作性。可以想象，这些平台最终会接受不同的信息格式，而且不会让其中任何一种格式居于垄断地位。在这样的场景下，短消息和社交媒体市场会变得越来越富有竞争性。这样的解决方案会不会显得过于严厉了呢？你可能会惊讶地发现，这种政府干预的先例早已经存在。1968年，AT&T就曾经被禁止阻止它的竞争对手生产和销售电话听筒；2001年，微软被禁止将用户锁定在其浏览器上，这款浏览器是微软公司通向互联网的入口；20世纪80年代和90年代，局部电话运营商被解除管制，同时被要求使其网络可以互操作，这样消费者就可以从一个网络向另一个网络拨打电话了；连发生在20世纪90年代后期的"聊天战争"也是在类似的政府干预下结束的。2002年，在美国联邦通信委员会批准美国在线公司和时代华纳公司合并后，他们强迫美国在线公司实现了AIM与雅虎、MSN Messenger以及其他公司平台的互操作性。其结果是，美国在线在即时通信市场的份额从合并前的65%下降到了一年后的59%，并且在三年后下降到50%出头。[18] 到了2018年，AIM已经把整个聊天市场拱手让给了苹果、脸书、Snapchat和谷歌这些全新的后来者。让人感到更加

第12章　打造更好的炒作机器：新社交时代的隐私、言论自由以及反垄断

惊讶的是，这些新的后来者之间并没有实现互操作性，而它们原本早就应该实现这一点了。

第四，仅凭数据和社交图谱的可移植性或许还不足以确保这个市场的竞争性，处理这类数据需要系统本身具有一定的规模。要为当下的市场领导者找到一个具有一定规模的替代者解决方案，不但需要这个替代者拥有足够的数据，而且需要它具备能够处理这些数据的系统。这样的事情并不是没有先例的。美国1996年的《电信法案》规定，电信市场的新进入者可以按照规定的费率，无须绑定地使用现有电信公司拥有并运营的电信基础设施中的一些元素，比如电话线或交换机。虽然这种做法为市场的新进入者与现有企业展开竞争创造了公平的竞争环境，但它也可能降低现有企业投资基础设施的积极性。我们可以把上述案例与脸书进行类比：想要为市场的新进入者提供一个公平的竞争环境，我们应该要求脸书这样的老牌企业允许市场的新来者访问其数据处理基础设施中的一些非绑定元素，这样做或许是有好处的。事实上，脸书已经通过开源代码项目对市场的后来者开放了其中的一些元素。

政策制定者正在努力实现数据和社交图谱的可移植性。例如，由民主党人马克·华纳（Mark Warner）、理查德·布卢门撒尔（Richard Blumenthal）和共和党人乔希·霍利（Josh Hawley）提出的跨党派《访问法案》（ACCESS Act）正在试图实现社交媒体网络的互操作性。[19] 这个法案将要求脸书、推特以及Pinterest这样一些用户数量超过一亿的社交媒体平台实现互操作性，并且赋予消费者导出自己数据的权利。

平台本身也正在朝着实现数据和社交图谱的可移植性方向发展。自从肯尼迪参议员询问马克·扎克伯格关于数据可移植性的问题以来，脸书也加入了谷歌、推特、微软以及苹果的行列，开始积极地支持"数据转移项目",这是一个行业共同合作的项目,旨在"利用开源代码建立一个通用框架,使任意两个在线服务供应商都能够相互连接,并且在平台间实现由用户发起的无缝的、直接的数据转移"[20]。2019年12月,推特当时的CEO杰克·多尔西(Jack Dorsey)宣布成立了一个名叫"蓝天"的新研究团队,致力于为社交媒体平台创建一个开放的、去中心化的技术标准,以便对内容进行分享和管理。[21]

这些由行业主导的旨在实现互操作性的投入的效果还有待观察。如果这种行业投入又变成了围绕由谁来控制互操作性定义的"标准战",那么政策的制定者或许就有必要强行制定一个严格的、开放的互操作性标准,以加强市场的竞争性,并确保消费者可以掌控自己的数据。正如我在上一章暗示的那样,这里的部分问题是互操作性需要相关平台允许第三方访问消费者的数据,但正是这样的访问威胁了我们的隐私,并导致了2018年剑桥分析公司丑闻的出现。因此,政策制定者和所有平台需要一起努力来解决透明度悖论的问题,即在保证更加开放的同时确保数据会更加安全。解决方案必须包括专门为数据共享服务开发的隐私保护技术、安全的互操作性协议以及在促进互操作性的前提下对第三方实行严格监管的方式,而这些在前面提到的《访问法案》中都已经有了明确规定。

对社交媒体市场上的竞争实行监管必须要有前瞻性。市场瞬息万变,而且每天都有创新出现。Telegram在短消息市场以及抖音在视频分享领域的崛起就是快速创新的例子。人类往往无法预测非线性的创新,而且社交媒体市场很可能会以一种我们当下无法看清的方式演化。视频已经在吞噬图片的市场,增强现实技术可能会淘汰视频类产品,而虚拟现实和自动化的虚拟生命很有可能会将它们全部取代。我们很难判断这些创新来自哪里,以及它们会到哪里去。

第12章 打造更好的炒作机器:新社交时代的隐私、言论自由以及反垄断与其回头去想办法拆分那些早已经存在的企业，我相信，我们更应该把注意力集中在对竞争实行有前瞻性的监管上。比如，我们可以在合并和收购实际发生前具体评估它们可能对竞争造成的影响。尝试通过法庭来拆分脸书可能需要10年，而且等到成功的时候，脸书以及整个社交媒体行业可能已经与今天截然不同。如果具有前瞻性的立法能够确保一个公平的竞争环境以及市场的竞争性和开放性，那么这将比拆分那些早已存在的社交网络和公司更有成效。

隐私和数据保护

你可以在剑桥分析公司的丑闻、针对低收入和少数群体的掠夺性贷款、招聘广告的性别歧视以及外国势力对选举的干涉中看到潜在的对个人数据的滥用。现在，制定全面的隐私和数据保护法规的必要性已经显而易见。但是，盲目地坚持所谓的隐私绝对主义会危及调查性的新闻报道、糖尿病和阿尔茨海默病研究、机器学习的竞争优势、选举诚信审计以及广告经济创造的经济盈余。我们可以制定能够强制执行的隐私法规，以此保护我们的权利并减少剑桥分析公司事件那样的数据泄露所造成的伤害。但是，想要在平衡其他利益的同时做到这一点，需要深思熟虑和精细的操作手法，因为魔鬼就隐藏在细节中。

在过去的10年里，全球出现了三条关于隐私保护的道路。在某些国家，政府可以没有障碍地访问所有公民的详细数据，私营企业在获得授权后也可以几乎不受限制地搜集这些数据。一切几乎都已经处于数字化的监控之下。对于他们的个人信息，公民只有很少的权利或几乎没有权利，他们甚至无法阻止自己的信息被政府或私营企业使用。而欧洲走的是另一条道路，已经通过的《通用数据保护条例》对消费者数据的保护做出了非常严格的规定，条例清楚地阐明了公民对这些数据的使用所拥有的权利，还对侵犯这些权利的行为施加了非常严厉的处罚。欧盟国家为了执行《通用数据保护条例》而制定了国内法。一些欧盟以外的国家，如澳大利亚、新西兰以及日本在制定它们自己的隐私和数据保护法律时，也都或多或少地参考了《通用数据保护条例》。处在上述两条道路之间的是美国，在州和联邦层面，美国目前依然在尝试就隐私和数据保护问题确立自己的立场。虽然在联邦层面，全面的隐私保护改革依然没有被通过，但是在加州推出的《消费者隐私法案》（CCPA）的刺激下，其他各州也开始对隐私保护进行立法。

美国对隐私保护的放任态度一度促成了前所未有的创新，以及谷歌和脸书这类数据驱动型企业的成长。但这种做法也对美国的民主和公民权利造成了巨大的伤害。为了在有关隐私的立法上采用最具建设性的方式，美国应该向其他国家学习在隐私保护方面的做法，并且具体考察每一种做法会如何影响公民，这样做将会是非常明智的。

出于道德、现实和功利的原因，对隐私加以保护是我们必须要做的事情。享有私人空间、私人对话以及私人行为的权利可以使我们在面对各种压力时拥有保护自己的屏障。毫无疑问，政府有能力使某些个体放弃他们的信仰并改变行为模式，还有能力发现那些异议持有者并对他们进行惩罚。缺乏用于保护隐私的立法可能为专制政府监控反对派提供法律掩护，而企业可能利用这些私人数据，基于个体的行为、信仰或所处的经济和社会环境对消费者进行区别对待。保护个体在信仰和健康状况上的隐私，有助于防止某些特定的个体遭到歧视。隐私也是言论自由的基础，不仅因为你可以不用担心遭到报复，还因为遭到监控的可能性具有寒蝉效应。正如法国哲学家米歇尔·福柯（Michel Foucault）描述的那样，用 18 世纪英国哲学家杰里米·边沁（Jeremy Bentham）的"可以看到全景的监狱"作为比喻，一个可能随时在观察我们的"能够看清一切的系统"会系统化地改变我们每时每刻的行为和说话方式。[22] 正如哥伦比亚大学的法学教授、作家吴修铭（Tim Wu）曾指出的那样："大众的隐私指的是，你在没有受到监控的情况下可以采取任何行动的自由。因此在某种意义上，此时的我们才是真正的我们，而不是我们希望别人认为的那个我们。也因此，真正处于危险中的是某种非常接近灵魂的东西。"[23]

虽然全面的隐私改革是必需的，但是隐私绝对主义会损害其他社会利益。例如，《通用数据保护条例》最近使一些国际医学研究项目陷入了停滞。自 2018 年 5 月以来，一些欧洲国家已经停止与美国国立卫生研究院分享有关糖尿病和阿尔茨海默病的重要研究数据，理由是在隐私保护方面缺乏协调。由于这些研究涉及需要从美国和欧洲的实验对象身上采集 DNA（脱氧核糖核酸）样本，很多欧洲国家已经在法律层面禁止了这一类研究。[24]

虽然有人可能会认为，医学研究正是快速协调美国和欧盟对隐私标准立场的一个理由，但由于《通用数据保护条例》禁止对数据的保存和利用，所以该条例很可能会阻止选举审计，并妨碍针对炒作机器的社会影响而开展的研究。在设计法案的时候，我们必须系统化地对其利弊进行权衡，例如，在选举诚信和隐私这两者间进行权衡。正如迪恩·埃克尔斯和我在《科学》杂志上指出的那样，"出于善意的隐私立法虽然很重要，但也有可能会妨碍"对各种干预选举的行为的调查，因为这些立法把审计选举操控时必须进行的数据保存过程复杂化了，甚至把这样一种常规的做法变成了非法操作。[25] 我提倡对隐私保护进行立法，但这种让数据保存失去合法性的、过于宽泛的立法使正常的社交平台审计也变得困难起来。当我们规范隐私时，我们不应该限制审计、研究以及理解炒作机器在社会中扮演的角色的能力。有些保护隐私的方式可以在保护数据的同时维护选举制度（我会在本章后面的部分对此做更详细的阐述）。想要利用这样的方式，国会必须认可多重目标，并且向专家咨询，以避免在这两者间进行权衡。

隐私改革还可能与公众的知情权冲突。2018年，一个在罗马尼亚的新闻调查项目组收到了罗马尼亚高级官员利维乌·德拉格内亚（Liviu Dragnea）从事大规模欺诈的罪证。当他们把一个匿名的情报贩子向他们提供的所有证据，包括电子邮件、照片、视频以及截图与这个故事一起公布在媒体上时，罗马尼亚数据保护局却突然逮捕了这个记者团队，声称他们泄露了德拉格内亚的私人信息，触犯了罗马尼亚的数据保护法。[26] 罗马尼亚当局要求记者们披露情报贩子的身份、获得信息和存储信息的方式以及他们是否还持有更多的关于德拉格内亚或其他罗马尼亚政客的个人数据。换句话说，《通用数据保护条例》已经被当作政治报复和压制媒体的武器。这些记者被威胁处以2 000万欧元的罚款，而这毫无疑问会对他们未来的调查以及在罗马尼亚的其他记者产生寒蝉效应。

对隐私保护进行立法还有可能会干扰机器学习和数据处理技术带来的商业进步，这些商业进步在美国、欧洲以及全球经济中的比重已经越来越大。例如，从技术上讲，《通用数据保护条例》实际上禁止了机器在没有人类监督的逻辑循环中进行自动化决策，这就影响了机器学习模型的建立（参见条例的第22条）。这一条款似乎完全禁止了机器学习技术涉及的众多应用，包括推荐系统（比如亚马逊的"喜欢这件东西的人也喜欢那件东西"的推荐功能）、广告系统、社交网络、网络评分和评估模型等。但由于合同的原因处理、法律单独授权或在数据主体明确同意的情况下需要处理数据的情况是例外。虽然这样做的合规成本显著增加，但这一做法使得机器学习技术在欧洲留存了下来。此外，关于《通用数据保护条例》是否要求机器学习决策对决策主体具有可解释性，目前还存在很多争议。如果这样的要求被强制执行，那么很多机器学习模型，比如深度学习、支持向量机以及随机森林等本来就很难被解释的模型就会变得更加难以应用了。

我听到过的关于数据隐私造成意外后果的最为荒谬的例子是美国伟大的"鸡肉价格限制计划"。2008—2016年，美国鸡肉的价格上涨了50%，而主要的鸡肉养殖成本以及猪肉和牛肉的价格均出现了大幅下降。一起针对泰森食品（Tyson Foods）和皮尔格林食品公司（Pilgrim's Pride）这样的大型鸡肉生产商的集体诉讼指控说，这些公司通过有计划地销毁大批下蛋的种鸡，操控了鸡肉的价格。该诉讼文件宣称，这些大公司在一款名为"Agri Stats"（农业统计数据）的匿名App的掩护下进行了密谋。这款App使这些公司的团队可以秘密地分享有关经营利润的详细信息以及他们拥有的种鸡群的规模和年龄，这样的话，"这个行业的领袖就可以推断出竞争对手正在孵化多少只鸡，然后相应地减少自己的生产量"[27]。这款匿名的App实现了一定程度上的数据共享，而这种共享是不可能在公开场合发生的，这为那些大型鸡肉生产商进行串通密谋提供了掩护。

最后，《通用数据保护条例》对欧洲的广告经济产生了负面影响。它使出版商和广告公司损失了大量营业收入和工作岗位。在该条例生效前后的那些日子里，欧洲的广告交易所显示广告的需求量大幅下降了25%~40%。[28] 由于隐私立法增加了搜集消费者数据的成本，它阻碍了目标定位广告的销售，并且使个性化的网站体验变得更加困难了。加勒特·约翰逊和他的同事塞缪尔·戈德堡（Samuel Goldberg）以及斯科特·施赖弗（Scott Shriver）曾估计，由于《通用数据保护条例》的实施，出版商的欧盟读者数量和广告收入均下降了10%。[29] 约翰逊、施赖弗和杜少阴（Shaoyin Du，音译）的进一步研究表明，与向允许行为定位的用户投放相同的定位广告相比，当用户选择拒绝这种广告时，出版商和交易所的营业收入下降了52%。[30] 谷歌的维奇安德兰和科尔丘拉进行了一项大规模的随机实验，他们在全球500强出版商当中随机选择了一组，并禁用了它们的cookie，这些出版商的广告收入就减少了52%。这表明，在炒作机器后出现的目标定位广告对出版商和品牌商的营业收入有巨大的贡献。①[31] 另外，保护隐私的法律还有可能影响就业。贾剑（Jian Jia，音译）、利亚德·韦格曼（Liad Wagman）和姜哲金（Ginger Zhe Jin，音译）的研究表明，在《通用数据保护条例》实施后的4个月里，欧洲仅在科技初创企业的领域里就损失了多达4万个工作岗位。[32]

虽然这些并不是回避在美国开展联邦隐私立法的理由，但它们是起草一部全新法律的理由。这部全新的法律将在保护隐私并与欧盟进行立场协调的同时，将在全面隐私改革的过程中涉及的社会、

---

① 定位广告的批评者通常会提到我的朋友和同事亚历山德罗·阿奎斯蒂（Alessandro Aquisti）、韦罗妮卡·马罗塔（Veronica Marotta）和维汉舒·阿比舍（Vihanshu Abhishek）合著的一篇论文。这篇论文发现，出版商的营业收入只减少了4%，而不是52%。具体请参见：Marotta, V., Abhishek, V. and A. Acquisti, "Online Tracking and Publisher's Revenue: An Empirical Analysis," CMU Working Paper, 2019。然而，这篇论文被很多人批评为通过控制公司层面的一些变量来掩盖大部分真实效果，而这些变量实际上可以说明这些公司的数据质量以及它们进行目标定位广告的技能。

经济和民主之间的各种摩擦最小化。

隐私权这个概念最初是在1965年格里斯沃尔德起诉康涅狄格州的案件中由最高法院建立起来的，大法官威廉·道格拉斯（William Douglas）在这起案件中代表大多数人写下了这样的判决意见：从其他权利的"阴影地带"衍生出来的权利也受到宪法的明确保护。虽然美国到目前为止还没有一部联邦法律保护数字隐私，但就在我撰写这本书时，第一部州级法律，即加州的《消费者隐私法案》于2020年1月1日起开始生效。

虽然《消费者隐私法案》和《通用数据保护条例》非常相似，而且前者对包括家庭信息在内的个人数据给出了一个更加宽泛的定义，但在很多方面，前者没有后者那么严厉。《通用数据保护条例》赋予了欧盟公民一系列的权利。他们有权知道企业在他们身上搜集了什么信息；有权获得关于自动化决策过程的解释，比如广告的目标定位或推荐功能是如何利用他们的数据做出那样的决策；有权拒绝对他们的个人资料进行剖析和研究；并"有权被系统遗忘"，即数据搜集者在某个用户的要求下删除某些指定的信息。《通用数据保护条例》还要求每个欧盟国家建立专门的数据保护机构或者代表处，以告知公民他们的权利，保护他们的隐私并有效地处理可能会出现的申诉。

另外，《消费者隐私法案》允许消费者选择不与第三方共享数据或不出售他们的数据，并允许企业向愿意共享或出售个人数据给第三方的人提供折扣。加州的法律赋予了消费者这样的权利，即他们有权知道企业在他们的身上搜集了什么信息。在收到消费者的要求后，企业有45天的时间向消费者提供一份有关他们掌握的信息的全面报告，以及这些信息在过去的12个月里被售卖给了哪些第三方公司。

联邦隐私法律的具体条款还需要经过更多讨论和深思熟虑，这样的立法需要由一个全新的联邦机构来进行管理和实施，而建立这样一个机构很可能会极大地改变美国搜集和处理数据的格局。

虚假新闻和错误信息

"吞并"克里米亚、操纵选举和股市，以及最近麻疹的死灰复燃，都表明了在网上传播虚假新闻的潜在后果。但是，虚假新闻是一个很复杂的问题，并不存在简单的解决方案。虽然竞争和隐私问题能够而且也应该由政府来加以规范，但错误信息给我们带来了一个独特的挑战，它要求我们挑选出一个能够对真相进行判断的人，并授予他权力来定义什么是真的、什么是假的，但政府通常来讲并不适合出面扮演这样一个角色。仅凭这一个原因，政策的制定者就无法（也不应该）赢得与错误信息的斗争。事实上，只有平台和民众才有可能扮演这样一个角色。虽然我们并没有解决问题的妙招，但是将多种不同的方法混合在一起后，我们就可以减缓虚假新闻的传播，并减少虚假新闻对社会产生的影响。

第一种方法是贴标签。让我们从这样一个角度来思考问题，当我们去杂货店购买食品时，我们会发现所有食品都有标签。通过这些标签，我们可以知道这种食品含有多少卡路里和脂肪，以及这种食品是否含有小麦粉或者花生（这种信息对那些有过敏症的消费者特别有用）。这些罗列营养成分的标签是由法律强制规定添加的，但是我们在网上阅读新闻的时候，没有任何标签可以告诉我们新闻的出处或它们的真实性。这些信息包含了什么？消息的来源是可信的吗？这些信息是如何被搜集的？这些文章的编辑原则是什么？在某种说法被发表前，有多少独立的消息来源去证实这种说法？这个消息来源多久发布一次经事实检验为真或假的信息？虽然我们拥有大量关于我们所消费的食物的信息，我们却几乎没有关于我们所消费的信息的数据。

研究表明，贴标签可以抑制错误信息的传播。例如，我的同事戴维·兰德和戈登·彭尼库克发现，当涉及虚假新闻时，消费者更多只是"懒惰，但没有任何偏见"。[33] 在人们对接触的新闻进行仔细分析思考后，他们就可以更好地分辨消息的真伪。"人们之所以会相信虚假新闻，是因为他们根本没有思考，而不是因为他们在思考时带有某种偏见，或者刻意想要保护自己的真实身份。"促使人们对他们正在消费的信息进行思考，可以改变他们对这些信息的态度，比如可以影响他们是否相信这些信息并在朋友间进行分享。这一发现印证了迪恩·埃克尔斯、阿德里安·弗里杰里（Adrien Friggeri）、拉达·阿达米克和贾斯汀·程（Justin Cheng）的研究，他们发现，揭穿社交媒体上的谣言可以使人们删除他们在脸书上转发的虚假信息。[34]

兰德、彭尼库克和迪恩·埃克尔斯最近与齐夫·爱泼斯坦（Ziv Epstein）、穆赫辛·穆斯利赫（Mohsen Mosleh）和安东尼奥·阿雷查尔（Antonio Arechar）合作，在一系列减少网上错误信息传播的实验中对这种方法进行了测试。[35] 他们发现，巧妙地促使人们思考他们所读内容的准确性可以提高人们分享的信息的质量。布兰登·尼汉和他的同事进行的另一项实验表明，给某个新闻贴上虚假新闻标签可以降低人们对相关的虚假新闻标题的信赖度。[36] 综上所述，这些结果表明，巧妙地在认知上推动人们思考有关内容的准确性和真实性可以抑制那些不可靠的信息在社交媒体上的传播。这是一个好消息，因为给有关内容贴标签并引导人们去思考这些内容的准确性是一种可以大规模推广且毫不唐突的解决方案。但是，这种解决方案并不完美。在尼汉和他的同事的研究中，使用虚假新闻标签也降低了人们对真实新闻的信赖度，这表明这些标签造成了人们对新闻普遍的不信任，我在第2章也描述过类似的现象，在美国证券交易委员会揭露了股市新闻中流传的虚假新闻后，就出现了类似的现象。

第二，我们必须解决在制造和传播虚假信息背后的经济诱因。在2016年美国总统大选期间，有很多错误信息来自马其顿，人们编造这些信息是因为他们可以从这些虚假内容旁投放的广告中获得金钱，其中并不存在任何政治动机。与真实的新闻相比，这些虚假新闻可以传播得更远、更快、更深、更广。我们的研究也表明，虚假新闻被转发的可能性比真实的新闻高70%，所以，我们有必要切断通过传播虚假信息获得财务回报的途径，并从一开始就降低制造虚假信息可能带来的经济收益。

YouTube在尝试阻止反疫苗的错误信息传播的过程中，就采用了这样的方法。2019年2月，它在所有宣扬反疫苗的视频中删除了广告，并停止了那些反疫苗账号的收费功能，这使得那些账号无法再通过广告获得收益。YouTube的社区规则现在是这样规定的："任何提倡有害或者危险行为的内容，以及有可能对身体、情感或心理造成伤害的内容，都不适宜投放广告。"其中就包括"促进或提倡有害的健康观念、有害的医学结论或有害的实践的内容"，比如"反疫苗运动、艾滋病不存在运动，以及那些暗示其他严重的疾病根本不存在或只是精心策划的骗局的内容"。Pinterest完全屏蔽了对反疫苗内容的搜索。当Pinterest和YouTube这样的社交媒体平台停止向错误信息支付广告费用，屏蔽对有害内容的搜索，并禁止有害内容的转发时，它们就更可能成功地在市场上消灭错误信息。

第12章 打造更好的炒作机器：新社交时代的隐私、言论自由以及反垄断第三,虽然对媒介素养在抵制虚假新闻时的效力的研究仍处于起步阶段,但这对于让人们在面对各种偏见和虚假新闻时拥有一定的免疫力至关重要。媒介素养旨在通过小学和中学教育,教会人们对他们消费和转发的信息进行批判性思考。其中包括了区分事实和观点的能力、分辨虚假新闻的能力以及了解如何利用媒体进行说服的能力。

目前,有好几个有关媒介素养的项目正处于开发和测试阶段,其中包括谷歌的"做一个互联网牛人"(Be Internet Awesome),它教孩子们"如何避免网络钓鱼攻击,什么是机器人,如何验证信息的可信度,如何对信息源进行评估,如何辨别网上的虚假信息以及如何发现虚假网址"[37]。剑桥大学在2018年推出了一款名为"坏新闻"的游戏,这款游戏通过让互联网用户学习制作虚假信息来学会识别虚假新闻。[38]在这款浏览器游戏中,玩家可以利用推特的机器人,使用来自Photoshop图像处理软件的证据,来传播阴谋论,吸引众多粉丝,以此维持一个较高的"可信度分数",从而增强自己的说服力。剑桥社会决策实验室主任桑德·范德·林登(Sander van der Linden)说:"我们的游戏就像是一种心理疫苗,通过让用户接触少量的虚假信息,使他们获得相应的免疫能力。"在一项1.5万人参与的研究中,他们发现这款游戏把虚假新闻在感知上的平均可信度降低了21%,却没有影响用户对真实新闻的感知。此外,那些一开始被认为更容易受到虚假新闻标题影响的人从这款游戏中获得了更多的好处。[39]

第四,对于错误信息的传播,我们应该寻求技术解决方案。虽然这不是万能的,但是机器学习确实能够在网上筛选出错误信息。如今,最好的算法会利用内容本身的一些特征,比如使用的语言、文章的结构以及对错误信息的声明进行识别,另外,它们还会考虑虚假信息传播时的特征。苏鲁什·沃梭基是我们以前的一名学生，现在他已经是达特茅斯学院的一名教授了。2015年，他制作了一个谣言预测器，这个预测器可以比包括记者和执法人员在内的其他任何公共信息来源更快且更准确地预测推特上75%的谣言。[40]由于技术发展的速度是如此之快，当下各主要平台使用的最先进的算法的效率可能已经更高了。例如，现在我们已经可以在数据科学竞赛网站Kaggle上找到用来训练新算法的数据集了。但技术不是万能的，人类在技术发展的循环中是不可或缺的。只是这个问题目前涉及的范围太大，单靠人类自己已经无法完全解决。但我们也不能因此放弃判断信息合法性的责任。在训练机器学习算法以及在定义真和假时，想要确保人类的判断始终优于算法的判断，人类制作的标签仍然是必不可少的。

第五，平台的政策也是有帮助的。所有的社交媒体平台都使用算法来管理我们看到的信息。把可靠性的度量方法内置在上述算法中可以减少低质量信息和错误信息在网上的传播。我们知道，重复会增加人们对虚假新闻的信任，所以能够减缓信息传播的政策就能帮助我们更接近真相。2019年，WhatsApp将人们转发信息的次数限制为在全球范围内不超过5次。[41]由于WhatsApp的聊天群最多只能包括256人，5次转发的限制有效地将任何内容通过转发覆盖的人数限制在了1 280人（即5×256人）之内。WhatsApp宣布，对转发次数进行限制是它与"错误信息和谣言"进行斗争的一部分，它期望通过降低信息传播的速度，让真实信息覆盖虚假新闻。

对那些讨论监管和技术解决方案的人来讲，有一件事是无法回避的，那就是在处理虚假新闻时，问题的核心是定义真假。我们身处某个社会中，该如何判定什么是真、什么是假呢？应该由谁来做出这样的判定呢？技术对这个问题是无能为力的，而伦理学和哲学或许可以为我们提供解决方案。在这个现实扭曲的时代，当我们决定如何对虚假的东西进行管理时，我们应该首先提升指导我们决策过程的伦理学和哲学的重要性。当我们在后面讨论言论自由时，我们会看到，这些问题也正好处于伦理和政策的交会处。在那里，哲学和现实问题的交融决定了我们如何在真和假之间、在言论自由和有害言论之间划上一条分界线，并决定了应该由谁来划出这条分界线。

选举诚信

罗伯特·穆勒在他的证词中说，"俄罗斯政府对选举进行的干预"是他曾经见过的"对民主最严重的挑战之一"。[42] "而且这种威胁完全值得每一个美国人关注，"他说，"因为当我们坐在那里什么也不干的时候，俄罗斯人却正在做这样的事情，而且他们在 2020 年美国总统大选期间还会这么干。"他总结道："想要抵御这样的入侵——不仅仅是俄罗斯人的入侵，还有其他人的入侵——我们需要做更多的事情。"例如，在 2020 年大选期间，美国人必须意识到俄罗斯人、伊朗人以及其他国家的人的操控企图。在英国、瑞典、德国、巴西以及印度，错误信息在选举中的作用仍然是世界各地的自由和民主面临的风险。如果选举缺乏诚信，那么再大的言论自由或者包容也无法拯救民主，因为投票会保护所有其他的权利。不幸的是，在美国，我们在这些方面几乎什么也没有做。大多数旨在保护选举的立法都被美国参议院否决了，社交媒体平台也在抵制对选举干预进行的研究。

我们知道，针对 2016 年的美国总统大选，俄罗斯人策划了一场"全面而又系统化"的攻击。他们在脸书上向至少 1.26 亿人传播了错误信息，Instagram 上受到这些错误信息影响的人数达到了 2 000 万，推特上总计拥有超过 600 万粉丝的账号发布了 1 000 万条相关推文。我们知道，至少有 44% 的达到投票年龄的美国人在大选前的最后几周访问了虚假新闻网站。我们还知道，俄罗斯将错误信息瞄准了摇摆州，并且攻击了 50 个州的投票系统。我们不知道的是，上述这些事件是否扭转了 2016 年的选举结果，或俄罗斯人是否会影响 2020 年大选。我们不知道是因为我们没有搜集相关的数据。为了使民主在面对数字操控的威胁时能更加坚挺，我们需要相应的研究和立法。研究可以让我们理解我们所面临的威胁，而立法可以消除这种威胁。但今天，这些威胁依然没有得到遏制。

正如我和迪恩·埃克尔斯在 2019 年 8 月的《科学》杂志上所写的那样，对选举干预的研究不但数量少，而且很落后，这为各种猜想创造了空间。[43] 一些科学家认为，俄罗斯的干预或许并没有决定 2016 年大选的结果，因为俄罗斯散播的错误信息的覆盖面很小、非常集中而且有选择性。但其他人认为俄罗斯的网络钓鱼和黑客攻击组合在一起，很可能扭转了特朗普的选情。类似的分歧还出现在英国的脱欧公投以及在巴西、瑞典和印度的选举中。

为了理解网上的错误信息是如何、在什么时候以及在多大程度上影响了选举，迪恩和我总结了一个需要 4 个步骤的研究计划。首先，将人们接触的、已经受到了操控的媒体进行分类；其次，将人们与这些媒体接触的数据和投票行为数据组合在一起；再次，具体评估那些操控信息和投票行为之间的因果关系；最后，评估投票行为的改变对投票结果产生的影响。我相信，通过推进上述研究计划以及为应对黑客对投票系统的攻击而开展的平行研究，我们就能学会保卫民主。如果没有这些相关的研究成果，民主很容易受到国内外的各种攻击。

第 12 章 打造更好的炒作机器：新社交时代的隐私、言论自由以及反垄断

社交媒体平台需要更开放地与独立研究人员开展合作，以了解需要面对的威胁。推特的前 CEO 杰克·多尔西对我们已经延续了 10 年之久的关于虚假新闻在推特上传播的研究做出了令人印象深刻的承诺。这种研究很可能给推特带来负面的新闻，但是他的支持是公开的，并且始终如一。同样，脸书也在不时地支持针对政治沟通和错误信息进行的重要科学研究。但不幸的是，这些研究项目通常都是一次性的，即便当今最系统化的倡议，比如"社会科学一号"，也发现它们访问有关选举操控数据的路径被各种社交平台彻底封死了。

社会科学一号是由哈佛大学的加里·金和斯坦福大学的纳特·佩尔西利联手创建的一个产学合作项目，致力于为研究社交媒体对民主的影响提供资金和数据。脸书签字同意加入这个合作项目，是为了让它在民主中扮演的角色更加透明。但是，在承诺向研究人员提供数据后，脸书推迟了数据的发布。社会科学一号的资助者威胁说，如果脸书背弃它的承诺，那么他们也将退出。[44]脸书声称，它想要用一种可以同时确保隐私和安全的方法来发布数据。

我认识那些在脸书负责这个合作项目的研究人员，他们似乎真的想要把这个项目坚持到底。所以，我曾经在电视上为他们的公开声明辩护，因为他们的声明讲述的是解决透明度悖论的困难程度。但 5 个月后，脸书依然没有提供任何数据，而社会科学一号的资助者已经开始撤出。"脸书内部和外部的这种没有明确日期的延迟和阻碍"使得社会科学一号项目的领导层宣布："目前，这样的情形是无法一直维持下去的……我们对于究竟发生了什么一无所知。"他们这样说道："目前我们缺乏合适的数据来评估潜在的风险和利益。这样的情况是不可接受的……失败的后果，尤其是对科学知识的获取以及我们的民主社会来说，都太可怕了。"[45]

接着，在2020年的2月，我的同事所罗门·梅辛证明了我对脸书所做努力的信任并不是没有根据的。梅辛领导了向社会科学一号项目提供匿名化的脸书数据的工作。他宣布正式发布"人类有史以来构建的最大的社会科学数据集之一，一个拥有近1EB（艾字节）数据的紧凑的摘要……这意味着，针对那些来自其他网站的在脸书上进行传播的错误信息的研究已经开始"[46]。社会科学一号宣布，这些数据汇总了"3 800万个链接……其中包括那些曾经浏览、分享、点赞、回应、在没有仔细浏览的情况下就直接分享，以及在其他情况下曾经与这些链接发生互动的各种人的类型"[47]。当社会科学一号启动时，脸书以为对这些数据进行隐私保护会花费"大约两个月的工作时间"，但这实际上花费了将近两年的时间。用能够保护隐私的方法发布这种规模和范围的数据是非常具有挑战性的。所以，虽然这次数据发布是积极的，我们仍然有很多工作要做。

我相信，只需要几个步骤就能重振关于炒作机器对选举和民主的影响的科学研究。首先，对于透明度悖论，我们需要技术性的解决方案，这样我们就可以使所有平台在变得更加透明的同时变得更加安全。在向研究人员发布数据之前把相关的数据匿名化，有助于保护隐私，同时也有助于发展我们加强民主所需的科学。脸书这次前所未有的数据发布的背后，是其在行动层面进行隐私差异化的承诺，这是一种可以保护隐私的数据模糊技术。但是，想要实现匿名发布数据，你需要在其中添加一些噪声。而你添加的噪声越多，你距离最基本的事实就越远。为了实现折中，梅辛与计算机科学家亚伦·罗斯（Aaron Roth）及其团队合作，制定了实现隐私差异化系统的技术指南，这个指南可以"在保护隐私的同时，让研究人员能够最大化地利用相关数据"[48]。亚伦·罗斯曾经与迈克尔·卡恩斯（Michael Kearns）共同撰写了《道德算法》（*The Ethical Algorithm*）

一书。要在科学界以及脸书、谷歌和推特这样的公司里开展更多可以采用隐私差异化技术的研究,我们需要让这种技术变得更加有效、安全,并使其可扩展。

其次,我认为政策制定者和社交媒体平台应该考虑创建和支持某种"研究安全港",这样科学家就可以在安全港中访问和分析各种敏感数据。在对敏感的公共行政、健康以及医学数据进行研究时,我们常常会用到这样的安全港,而这样的安全港对研究人员可访问和分析的数据类型和数量,以及允许他们使用的分析方法设置了限制。美国人口普查局(U.S. Census Bureau)就采取了类似的模式。在对研究人员进行了必要的背景核查后,该局全权授权这些科学家在人口普查局的办公场所分析相关数据,但科学家没有任何权力在人口普查局的控制范围内删除任何数据。

另外,社交媒体平台必须给出一个坚实的、可检验的、可以强制执行的承诺,即"针对公众关注的最紧迫的问题,向科研人员开放精确的、有代表性的数据"。需要给出上述承诺的企业必须包括脸书、推特、YouTube以及其他类似平台。也许只有来自立法者和公众的越来越大的压力,才能确保专家们可以访问他们完成工作所必需的数据。类似社会科学一号这种与社交媒体平台合作开展的研究可以帮助研究人员获得访问重要数据的权限,这样我们才有可能理解民主在社交媒体的操纵下的脆弱性。我希望,当人们意识到研究合作对于保卫民主体制必不可少时,我们就能够克服党派偏见以及短视的商业利益,以保护隐私的方式向研究人员开放必要的数据。当前,有关这些重要问题的科学理论还不存在,所以我们完全是在盲人摸象。如果社交媒体平台不能主动承诺通过支持科学来保卫民主,那么国会就必须以国家利益的名义介入并强制干预。

不幸的是,当下能够保护民主免受选举操控的立法几乎也是不存在的。参议院多数党领袖米奇·麦康奈尔（Mitch McConnell）同意为2019年的选举提供2.5亿美元的资金，以"帮助各州改善防御机制并巩固投票系统"。[49]但是，上述措施只包括《保护美国联邦选举法案》（Secure America's Federal Elections Act）要求的不到一半的资金，而且没有任何有意义的立法改革来保护此次选举。正如少数党领袖查克·舒默（Chuck Schumer）所说："有多个由两党共同提出的法案正等待着我们采取行动，这些法案可以用来反击外来影响力对民主进行的操控，保护我们的选举，并阻止那些国外的敌人试图对我们的选举进行的干预。"[50] 接着他又补充道："如果我们不能在这方面做得更多，那么这项工作就是尚未完成的，而且我们的民主仍然会脆弱不堪。"国会必须迅速又审慎地采取行动。如果说全面的选举改革法案，比如众议院一号决议有太多争议，那么我们肯定可以在更有针对性的立法，比如《消防法案》（Fire Act）、《保障民主法案》（Secure Our Democracy Act）以及《投票系统网络安全法案》（Voting System Cybersecurity Act）上实现两党共同的承诺。

美国联邦调查局局长克里斯托弗·雷警告称："威胁正在不断升级。"[51]在2020年的大选中，不仅俄罗斯的攻击强度不断加大，其他国家，比如伊朗也正在"兴致勃勃地考虑是否像其他人那样也从中插上一手"。不幸的是，错误信息的传播方式也变得越来越狡猾了。我们看到，经过篡改的图像和视频的作用已经越来越大了。正如我在第2章描述的，GANs领域中的快速创新正在使深度造假变得更有说服力，也更加令人难以察觉。如果外国政府能够或者看起来能够成功地操控选举，那么美国治理体系的基础几乎肯定会遭到侵蚀。只有在立法、商业以及科学上进行协调一致的努力，才能强化美国的选举制度并维护民主。我相信，那些抵制上述努力的立法人员（无论是共和党还是民主党）、平台以及部分科学家会发现他们站在了历史的错误一边。

言论自由和有害言论

另一个关键的两难困境让炒作机器在社会中的角色变得更加复杂，这个困境就是言论自由和有害言论之间的紧张对峙。一方面，言论自由是自由民主和自由社会的基石。另一方面，我们显然不想在脸书上看到大规模谋杀和恐怖袭击的视频直播。那么，我们如何在不扼杀其中一方的情况下禁止另一方的行为呢？

自由表达和有害表达之间的紧张关系早在炒作机器出现前就已经存在了。美国从建国以来就一直想要解决这个问题。美国第一修正案禁止国会通过剥夺言论自由的法律，但是第十四修正案保证所有公民受到法律的平等保护。当一个人的言论剥夺了另一个人的权利时，上述修正案就会面临冲突。当种族主义者通过威胁让少数族裔噤声时，当偏执的言行引发暴力时，当性别歧视的语言和行为威胁工作场所中的女性时，相关的理念就会发生冲突。言论自由和有害言论之间的紧张关系让我们提出了这样的问题：我们的底线在哪里？言论自由应该在哪里结束，而免受伤害的自由应该从哪里开始？

绝对的言论自由是根本站不住脚的。我们都同意，宣传恐怖袭击和大规模谋杀绝不属于言论自由的范畴。甚至美国最高法院也认为，不是所有的内容都应该受到第一修正案的保护。我们会对儿童色情、煽动暴力、诽谤和中伤等言论进行管制。而且有很明确的案例表明，为了保护他人的安全和权利，应该对某些言论加以限制。但是另一种情况也有很多问题。地毯式的审查制度使社会的自由和开放无法实现,并且会导致社会风气倾向于压制和威权主义。

印度总理纳伦德拉·莫迪(Narendra Modi)领导的政府正在寻求全面立法,以迫使社交媒体平台删除其认为属于诽谤、仇恨或虚假的内容。[52]新加坡已经通过了反虚假新闻的立法,强制要求搜索引擎、社交媒体公司以及即时通信平台保留用户浏览内容的记录,并且撤下或标注政府认为错误或者具有误导性的内容。[53]俄罗斯已经将传播虚假新闻认定为犯罪,那些传播被俄罗斯政府认定为对"社会、政府、国家象征、宪法以及政府机构不尊重"的言论的出版商会被处以罚款和监禁。[54]这些政府对言论进行管控的例子可能与自由民主的原则背道而驰。我们该如何划定界限呢?

2017年,德国的《网络强制法案》(Network Enforcement Act)要求社交媒体公司删除那些触犯德国法律的帖子。德国法律明令禁止仇恨、儿童色情、亵渎神灵,以及其他众多受到监管的言论形式。这是第一部要求社交媒体公司为其平台上的内容负责的影响范围很广的法律。在该法案通过后,记者兼作家弗吉尼亚·赫弗南(Virginia Heffernan)发布了一条推文:"给那些正遭受纳粹和纳粹党机器人骚扰的网友。在一位很精明的朋友的建议下,我把自己的推特地址改成了德国,然后那些烦人的家伙消失了。德国有一部更加严格的涉及仇恨言论的法律。"事实核查网站 Snopes 认为这篇推文的内容"绝大部分都是真实的",因为"一些白人民族主义者和纳粹分子的推特账号在被一个地址设置为德国的推特用户浏览时,会被系统'封锁'住"。[55]当政府开始对言论进行监管时,那些专门在网上寻衅滋事的人就会被迫停止活动。

但是,当社交媒体平台开始主动监管网上的言论时,同样的事情似乎也发生了。2015年,新闻网站 Reddit 关闭了多个违反其反骚扰政策的看板。我的同事埃里克·吉尔伯特(Eric Gilbert)和他的团队发现,在禁令实施以后,那些曾经经常光顾被禁看板的用户发表的仇恨言论减少了80%。[56] 而且,虽然原本光顾被禁看板的用户迁移去了其他看板,但"那些用户并没有把仇恨言论带到新社区里,而这些社区的老用户也没有从他们那里看到仇恨言论。这也就是说,Reddit 不会传播各种形式的仇恨言论"[57]。

立法以及平台主动对内容进行审核似乎都起到了作用。那么,我们该如何激励合适的行动者采取行动呢?

在美国,绝大部分的讨论都是围绕《通信规范法案》(CDA)的第230条展开的。该条款规定,基于用户发布的内容,社交媒体平台以及其他"互动式计算机服务"拥有广泛的民事诉讼豁免权。一些支持者错误地把这一条款解释为免除了社交媒体平台主动对用户制作的内容进行规范和审查的责任。恰恰相反,这项立法实际上是为了完全相反的目的而设立的。在互联网发展的早期,法院之所以会给予 CompuServe(CIS)这个基于社区的通信平台民事诉讼豁免权,恰恰是因为它没有对其平台上的内容进行审核。与此同时,法院认为 CompuServe 的竞争对手 Prodigy 需要为它针对内容做出的"自我审核决定"负起责任。这就为平台回避审核内容提供了一个很不近人情的理由,因为只有不对内容进行审核,才能够逃避平台自己做出审核决定所引起的责任。在认识到有必要鼓励平台对内容进行审核后,第230条向这些平台提供了它们所需的保护,即它们完全可以做出非常严格的内容审核决定,而无须担心会遭到民事诉讼。[58]

我们了解了这段历史后,就会明白第230条在帮助维护言论自由与通信生态系统的质量时是如何起作用的。如果这些平台需要为其30亿名用户每天发布的数万亿条信息中的任何一条信息造成的伤害负责,那么社交媒体和众多其他的互联网服务,包括维基百科和很多报纸的评论栏目,很有可能会在一夜之间变得无法运作。正是在这个意义上,第230条使社交媒体平台、在线新闻的用户评论甚至维基百科的运作成为可能。

今天,人们对第230条看法不一。有些人认为社交媒体平台对内容进行了过多干预,因为它们对保守派的声音表现出了明显的偏见,而有些人认为社交媒体平台在面对虚假新闻、虚假宣传和虚假的政治广告时没有进行必要的审核。然而,关于应该在哪里划分界限的争论掩盖了一个更加重要的问题:应该由谁在最开始的时候划出这一界限?

为了处理社交媒体上针对保守派的偏见,来自密苏里州的共和党人乔希·霍利在美国参议院提出了一项法案,要求美国联邦贸易委员会(一个由总统任命的5人委员会)在社交媒体平台引用《通信规范法案》的第230条来保护它们之前,首先证明该平台的政治中立性。[59] 这样的措施实际上是通过要求社交媒体平台满足该委员会对平台上的言论的要求来避免可能出现的民事诉讼,虽然第230条已经赋予了这些平台对类似民事诉讼的豁免权。所以,这项法案也将迫使政府对社交媒体平台审核其网上内容的行为实施监管。时任总统特朗普表示,如果国会不采取行动,修改第230条以维护保守派的声音,那么他将发布一条行政命令,让美国联邦通信委员会澄清第230条的适用条件,这样他就可以监管社交媒体平台对网上内容进行的审核,并抑制这种明显的反保守派的偏见。[60] 这些做法将直接把行政部门和相关委员会纳入对网上言论的监管中。

另一种做法是根据国会各项立法的实施情况,对第230条施加各种独立的限制,比如《打击网络性交易法案》(Fight Online Sex Trafficking Act)和《停止允许性交易法案》(Stop Enabling Sex Traffickers Act),这两个法案合在一起被称为FOSTA-SESTA,它们取消了那些"促进和便于卖淫"的服务平台受第230条保护的权利。虽然具体限制的适当性是可以商榷的（FOSTA-SESTA引发了很多争议，因为有一些性工作者声称，这两个法案反而使她们的生活变得更加危险了），但这就是立法方式的意义所在——立法是要经过深思熟虑的。

一个说明我们在立法时需要进行审慎思考的完美案例就是对社交媒体上的政治言论进行监管。2016年美国总统大选期间，俄罗斯在实施干预时采用的定向社交媒体广告，以及亚历山德里娅·奥卡西奥-科尔特斯（Alexandria Ocasio-Cortez）在美国国会对马克·扎克伯格进行质询时极其尖锐地强调的虚假政治广告，表现了不受监管的政治言论可能对自由公平的选举造成的破坏。作为对俄罗斯操控选举的回应，参议员马克·华纳、艾米·克罗布查尔（Amy Klobuchar）和约翰·麦凯恩（John McCain）提出了《诚实广告法案》（Honest Ads Act），该法案要求社交媒体平台披露购买政治广告的对象、购买价格，以及这些广告是如何进行目标用户定位的。另外，这个法案还要求社交媒体平台做出合理的努力来确保相关广告不是由境外组织购买的。[61] 还有人呼吁强制社交媒体平台对政治广告进行事实核查，以确保选举期间的相关内容能够保持真实，并发布各项具体的竞选活动。脸书拒绝对政治广告进行事实核查，而推特则完全禁止了各种政治广告。

然而，言论自由的拥护者认为，《诚实广告法案》这样的法律只会让政治言论承担不应有的负担。事实上，当马里兰州和华盛顿州开始实施类似的限制时，谷歌完全停止了这两个州的政治广告，而脸书也在华盛顿州停止了政治广告业务。一家地区法院已经裁定，马里兰州的法律违反了宪法第一修正案。如果监管政治言论的负担使社交媒体平台完全取消付费的政治广告以回避相应的责任,那么这样的做法对言论的压制可能已经超出了我们的接受范围。然而,亚历山德里娅·奥卡西奥-科尔特斯质询马克·扎克伯格的意义在于表达社交媒体平台应该进行自我审查。如果脸书能够对广告进行事实核查,并且限制国外的政治广告,那么政府实施监管的必要性或许就会降低。但这只不过是把实施言论监管的负担转移到了平台的身上,而马克·扎克伯格一直在竭力避免这样的事情发生。

上面这些争论的关键问题并不是哪些言论应该被监管,虽然毫无疑问,这一点是非常重要的。真正的关键问题是,应该由谁来决定哪些言论是合法的,哪些言论应该被限制。这使我们再次回到了讨论的起点:与决定允许发表哪些言论和限制哪些言论相比,更重要的显然是决定如何划出这一界限以及应该由谁来划。我们应该让社交媒体平台来决定言论自由的界限吗?还是让一个由总统任命的5人委员会来决定?或者通过一个行政命令或由立法机构来决定?

当我们思考如何在炒作机器上平衡言论自由和有害言论时,我们应该首先考虑其中的过程,再考虑可能的产生结果。限制言论自由会引发重要的伦理和宪法问题。言论性质的不同,以及社会规范和环境很可能会随着技术的变化而发生改变的事实表明,审慎的过程对于广泛保护言论自由的重要性是不言而喻的。所以,我们把定义言论自由的任务留给了法院,并将限制有害言论的民事诉讼豁免权留给了立法机构。当有些言论可能会在某些特定场合产生非常恶劣的潜在后果时,我们就有必要对这样的言论加以限制。但是,决定如何实施限制的过程应该是非常审慎且有代表性的,而不是由被挑选出来的少数人快速做出决定。审慎的过程会使改变更加从容,而对言论自由施加的限制也应该同样如此。

第12章 打造更好的炒作机器:新社交时代的隐私、言论自由以及反垄断

一个关于技术和民主的国家委员会

在为本书搜集资料的过程中,我观看了脸书的CEO马克·扎克伯格、推特的CEO杰克·多尔西、谷歌的CEO桑达尔·皮查(Sundar Pichai)和YouTube的CEO苏珊·沃西基(Susan Wojcicki)等科技公司的高管长达数小时的国会证词。他们的证词涉及隐私、反垄断、选举操控、数据保护、算法偏见、社交媒体在人们不愿意接种疫苗的事件中扮演的角色、言论自由、政治偏见、过滤泡以及虚假新闻。当我看到国会议员向科技公司的高管提问时,我有一种极其强烈的感觉:我们需要更多的专家来引领我们。规划我们技术的未来会是一件复杂的、具有技术性的以及非常微妙的事情。我们对待言论自由的方式会影响我们对数据保护的态度,对保护隐私进行立法会影响选举诚信,而反垄断的政策则会影响隐私和民主。

美国需要来自不同领域的专家带领人们走出社交媒体的泥潭。美国还需要一个由两党共同组建的有关技术和民主的国家委员会,这个委员会应该由科学家、行业代表以及政策制定者组成,他们应该能够理解相关的问题以及这些问题之间的关系。有时候,国家委员会在应对复杂危机时会起到重要作用。事实上,这个想法并不新鲜,早就有人针对当下的危机提出了同样的建议。[62] 现在是时候让最有意义和最相关的专业知识发挥作用了,只有这样我们才能够建立一个更健康的社交生态系统。

建立一个更健康的社交生态系统

那么,我们如何建立一个更健康的社交生态系统呢?这是我在这本书中不断提出的关键问题。这个问题的答案又把我们带回了

"炒作环路",即由机器智能和人类的主观能动性组成的反馈环路。只关注这个环路的某一方面是不够的。有些人认为设计和工程是我们数字未来的关键驱动力,但是如果没有人类的选择参与其中,机器的设计实际上毫无意义。虽然有些人认为正是我们的选择让我们陷入了这些麻烦,但他们低估了技术在构造这个世界时的力量。想要成功建立一个更健康的社交生态系统,我们不但需要同时处理这两个因素,还要面对在使用社交媒体以及对各种设计进行选择时我们所处的社会、经济和监管环境。

网络效应会使社交媒体更加集中化,而集中化会使我们丧失选择权。由于用户缺乏选择,社交媒体平台有了追求纯粹的财务目标的可能。当消费者没有其他选择时,商业模式会专注于向平台提供终身价值。只有当平台必须在市场上争夺我们的业务以及我们的注意力时,它们才会真正专注于向我们提供价值。通过鼓励竞争,我们有机会调整其背后的经济激励机制,并把炒作机器的设计从专注于如何使平台从用户身上攫取价值,转向专注于如何向用户提供价值。鼓励社交媒体开展竞争的最佳方式是强化互操作性,数据和社交图谱的可移植性,以及让消费者能够拥有从一个服务平台迁移到另一个服务平台的能力。

但是,这些只是为我们提供了一个允许改变发生的舞台。在恢复竞争后,消费者需要定义我们希望这些平台提供什么样的价值,并通过只与那些能够提供这种价值的平台建立业务关系来强化我们定义的价值。在一个充满竞争的市场上,所有的平台将不得不向我们提供最理想的社交媒体体验,这样的体验不会让我们感到焦虑、沮丧、愤怒和后悔,反而会让我们对读到的东西充满信心,教会我们一些全新的东西,或者把我们介绍给那些能够拓展我们的思维、为我们的职业生涯和社交生活添加价值的人。我们以点赞按钮为例。按照巴甫洛夫的说法，点赞是我们对社交内容做出反应时的一种最基本的表达，它可以告诉平台我们喜欢什么，这样平台就可以向我们提供更多这类内容。在相关内容的受欢迎程度被标记出来以后，就会有更多的人来消费这些内容。

但是，还有更多有创意的方式可以用来标记内容，并帮助我们从社交媒体的体验中获得更多。新的标记方式还可以用更加微妙的方式告知脸书、Instagram 和推特如何向我们提供更有价值的内容。如果我们引入一个"真实"按钮、一个"信任"按钮或一个"知识"按钮，会怎么样呢？如果用户不是通过受欢迎而获得声誉，而是作为一个真正有影响力的人，把我们与最有价值的新思想和人联系起来，或是教会我们一些新东西，或是为我们提供最多的社会支持，或是纠正我们的错误，又或是帮助我们改掉坏习惯而获得声誉，那又会怎么样呢？

虽然点赞能够让我们产生稍纵即逝的多巴胺式的快感，但是如果炒作机器的设计目的不是获得这些点赞并以之诱导我们创造更多受欢迎的内容，而是激励我们去创造那些最有价值的、振奋人心的、激励他人或能让人反思的内容，那又会怎么样呢？在一个竞争激烈的市场，平台或许更有可能从信息贫乏的设计转向信息富足的设计，并提供有关内容的出处、信息来源的真实性以及制作背景的元数据。这样的信息能够在很大程度上帮助我们具体选择相信什么和分享什么。

这是一个假想的例子，但它强调了具体思考我们想要在这个世界上提倡的东西的重要性。难道我们真的想要一个被各种流行的东西主导的世界吗？我们是否更应该提倡那些能够提升我们的精神、增加我们的知识，并且加强我们情绪稳定性的东西？

"美好时光运动"是值得尊敬的，但是仅仅靠设计并不能达成其目标。是的,我们需要社交软件从设计上支持我们想要提倡的价值,但是我们还需要通过自己的集体行为来倡导这些价值。"删除脸书运动"就是这种愿望的体现。虽然目前没有真正的替代品,但社会依然在促使炒作机器调整其当下的设计。我们需要依靠这样一种感受,并用行动来支持它。在前面谈到的4根杠杆中,软件代码设计是我们唯一能够自由动用的工具。

如果监管机构能够通过立法来创造和强化市场竞争,并减少市场在隐私保护和言论自由方面的失灵现象,那么环境就会让我们做出现实的选择,并且着手修改炒作机器当下的设计。如果设计者能够仔细地思考那些能够支持我们提倡的价值的代码,而不是我们今天被迫接受的价值观的代码,那么我们就会有真正可以选择的替代品了。如果我们制定和实施的规范能够将人的主观能动性转变为某种集体行动,我们就可以在社会层面上实现这些选择。如果所有这些杠杆能够协调一致地创造我们想要的未来,那么当今社交媒体经济中引导资金的商业模式就会被迫发生改变,因为资金会跟随我们的注意力。这样,我们就能够成为自己未来的建筑师。我们将控制炒作机器的命运,因为它是依赖于我们而生存的。

社交媒体不可能通过一条简单的标语或三个步骤的行动方案就被整理一新。这是一个复杂的系统。想要改善社交媒体,我们需要一整套协调的方法。社交媒体是一种新鲜的事物,它还有很大的不确定性。一条路看上去似乎是正确的,但其结果可能适得其反,可能会造成我们一直想要避免的后果。但是,通过协调金钱、代码、规范以及法律,我相信,我们一定可以成功地让炒作机器适应一个更加光明的未来,并在避开其潜在风险的同时,实现它带来的激动人心的承诺。

当我们试图引导社交媒体向正确的方向发展时,我们需要在理论的指导下，通过实验来验证和测试不同的方法。社交媒体平台、政策制定者和广大用户需要共同努力，充分利用那些研究社交媒体的科学家所提供的数据和分析。在有了正确的目标、实验以及一些决心后，我们就可以向更积极的方向前进，不断地累积胜利，并建立起某种能够促进人类文明最优价值观的东西。我作为其中的一员，期待与优秀的、认真尽职的工程师、管理人员、政策制定者以及科学家合作，共同改变炒作机器的命运。通往一个更光明的社交时代的道路就在我们脚下。

注 释

第 1 章 新的社交时代

1. 2015 年 1 月 29 日，周四，美国前国务卿马德琳·奥尔布赖特在美国参议院军事委员会前所做的证词：https://www.armed-services.senate.gov/imo/media/doc/Albright_01-29-15.pdf。
2. Vosoughi, Soroush, Deb Roy, and Sinan Aral. "The spread of true and false news online." *Science* 359, no. 6380 (2018): 1146-1151.
3. 脸书的"线上问答"：https://www.facebook.com/qawithmark/videos/929895810401528/。
4. 这个链接是当时的问答内容：https://www.facebook.com/qawithmark/。
5. "The Agency," Adrian Chen, *New York Times Magazine*, June 7, 2005: https://www.nytimes.com/2015/06/07/magazine/the-agency.html.
6. United States of America vs Internet Research Agency LLC, 18 U.S.C. § 2, 371, 1349, 1028A. https://www.justice.gov/file/1035477/download.
7. "Analysis of Russia's Information Campaign Against Ukraine," NATO StratCom Centre of Excellence Report: https://www.act.nato.int/images/stories/events/2015/sfpdpe/sfpdpe15_rr03.pdf.
8. 俄罗斯外交部部长谢尔盖·拉夫罗夫在日内瓦联合国人权理事会第 25 届高级别会议上的讲话：https://www.mid.ru/en/web/guest/vistupleniya_ministra/-/asset_publisher/MCZ7HQuMdqBY/content/id/72642。

9. 乌克兰国家统计委员会, 2001 年人口普查: http://2001.ukrcensus.gov.ua/eng/results/. Note: A more recent Crimean census, conducted by Russia in 2014 after the annexation, is disputed。

10. "'I made Steve Bannon's psychological warfare tool': meet the data war whistleblower," Carole Cadwalladr, *The Guardian*, March 18, 2018: https://www.theguardian.com/news/2018/mar/17/data-war-whistleblower-christopher-wylie-faceook-nix-bannon-trump.

11. 在 2018 年 4 月 10 日, 由美国参议院司法委员会和美国参议院商业、科学和交通委员会在华盛顿举办的听证会上, 脸书的创始人和 CEO 马克·扎克伯格所做证词的文本: https://en.wikisource.org/wiki/Zuckerberg_Senate_Transcript_2018。在 2018 年 4 月 11 日, 由美国众议院能源和商业委员会举办的听证会上, 脸书的创始人和 CEO 马克·扎克伯格所做证词的文本: https://docs.house.gov/meetings/IF/IF00/20180411/108090/HHRG-115-IF00-Transcript-20180411.pdf。在 2018 年 5 月 22 日, 由欧盟议会主席会议在比利时布鲁塞尔举行的听证会上, 脸书的创始人和 CEO 马克·扎克伯格所做证词的文本: https://www.c-span.org/video/?446000-1/facebook-ceo-mark-zuckerberg-testifies-eu-lawmakers。

12. Marc Pritchard, Chief Brand Officer, Procter and Gamble, "Better Advertising Enabled by Media Transparency," 2017 年 1 月 29 日, 马克·普里查德在互联网广告署年度领导者会议上的讲话: https://www.youtube.com/watch?v=NEUCOsphoI0.

13. "Procter & Gamble's best sales in a decade come despite drop in ad spending." Neff, J., *AdAge*, (2019, July).

14. "Unilever and Sky adspend dropped 30% in 2018," Gurjit Degun, *Campaign US*, February 12, 2019: https://www.campaignlive.com/article/unilever-sky-adspend-dropped-30-2018/1525590.

15. Hammett, E. "P&G puts focus on reach: It's a more important measure than spend." Hammett, E., *MarketingWeek*, (2019, June); "Procter & Gamble's best sales in a decade come despite drop in ad spending." Neff, J., *AdAge,* (2019, July); "P&G's sales jump as ad spending shrinks, data-driven marketing ramps up." Christe, D., *Marketing Dive*, (2019, July).

16. "Third quarter results show improved growth across all our divisions," Unilever Press Release, October 10, 2018: https://www.unilever.com/news/press-releases/2018/third-quarter-results-show-improved-growth-across-all-our-divisions.html.

第 2 章 现实的终结

1. Karppi, Tero, and Kate Crawford. "Social media, financial algorithms and the hack crash." *Theory, culture & society* 33, no. 1 (2016): 73-92.
2. https://en.wikipedia.org/wiki/List_of_White_House_security_breaches.
3. Karppi, Tero, and Kate Crawford. "Social media, financial algorithms and the hack crash." *Theory, culture & society* 33, no. 1 (2016): 73-92.
4. "Gasoline prices at pump spike on fears of spot shortages, as biggest U.S. refinery shuts," Patti Domm, CNBC, Aug 31 2017.
5. "Railroad commissioner: There's no fuel crisis in Texas," David Schechter and Marjorie Owens, WFAA, Dallas, TX, August 31, 2017: https://www.wfaa.com/article/news/local/texas-news/railroad-commissioner-theres-no-fuel-crisis-in-texas/287-469658632.
6. DealBook 2016 – Andrew Ross Sorkin: A Conversation with Indra Nooyi: https://www.youtube.com/watch?v=iV7hjKm_meA.
7. "Fake news spurs Trump backers to boycott PepsiCo," Aimee Picchi, CBS News, November 17, 2016: https://www.cbsnews.com/news/trump-supporters-boycott-pepsico-over-fake-ceo-reports/
8. "How does fake news affect Pepsi corporate reputation?" Alva Blog, January 9, 2017: https://www.alva-group.com/blog/fake-news-affect-corporate-reputation/.
9. "Fake news sites spark Pepsi boycott, with other brands in crosshairs," Ilyse Liffreing, *PR Week*, November 18, 2016: https://www.prweek.com/article/1416151/fake-news-sites-spark-pepsi-boycott-brands-crosshairs.
10. "Truth, Disrupted," Sinan Aral, *Harvard Business Review*, July, (2018). https://hbr.org/cover-story/2018/07/truth-disrupted.
11. Securities and Exchange Commission v. Lindingo Holdings, LLC, Kamilla

Bjorlin, Andrew Hodge, Brian Nichols, and Vincent Cassano. Case No. 17-2540; Filed April 10, 2017; United States District Court, Southern District of New York.

12. Order Instituting Cease-and-Desist Proceedings Pursuant to Section 8a of the Securities Act of 1933, Making Findings, and Imposing a Cease-and-Desist Order; In the Matter of Michael A. McCarthy, The Dreamteam Group, LLC, Mission Investor Relations, LLC, and Qualitystocks, LLC; Administrative Proceeding File No. 3-17917; Securities Act of 1933 Release No. 10343; April 10, 2017.

13. Kogan, Shimon, Tobias J. Moskowitz, and Marina Niessner. "Fake News: Evidence from Financial Markets." Working Paper Available at SSRN 3237763 (2019).

14. 这些结果表明，虚假新闻会影响市场，对那些散户投资人占较大比例的小公司而言更是如此。但是，我们还是应该对这样的结论持怀疑的态度，因为这并不是一个随机实验。虽然股票价格发生改变的时机具有某种暗示作用，但是仅仅从这些数据我们还无法做出明确的判断，即股票的价格是否只受到虚假新闻的影响。科根等人分析了一组被美国证券交易委员会认定为明显具有操纵股价目的的虚假新闻的样本。在一批更大、具有更多背景噪声的虚假新闻的样本中（这些样本并没有经过美国证券交易委员会验证），研究人员发现，对散户投资人持股更多的小公司而言，虚假新闻对其交易量有显著的影响，但对这些公司的股价波动并没有可以察觉的影响。这可能是因为美国证券交易委员会的数据只包含了一些特别选出来的样本，但也很有可能是因为他们用来识别虚假新闻的语言学方法并不可靠。由我的朋友和合作者 Jeffrey Hu 与他的同事 Jonathan Clarke、Hailiang Chen 和 Ding Du 共同进行的一项最新的针对在 Seeking Alpha 上出现的虚假财经新闻的研究证实，虚假新闻与真实新闻相比往往能吸引到更多的点击量，但与一些真实新闻的比对样本相比，他们并没有发现虚假新闻会对交易量或者股价波动产生影响。与科根等人的结论相反，他们认为"股价似乎并没有受到虚假新闻的影响"。Clarke, Jonathan, Hailiang Chen, Ding Du, and Yu Jeffrey Hu. "Fake News, Investor Attention, and Market Reaction." *Georgia Tech Scheller College of Business Research Paper* 18-29 (2019).

15. "Report On The Investigation Into Russian Interference In The 2016 Presidential Election," Special Counsel Robert S. Mueller, III, Submitted Pursuant to 28 C.F.R. § 600.8(c), Washington, D.C., March 2019; https://www.justice.gov/storage/report.pdf.
16. DiResta, Renee, Kris Shaffer, Becky Ruppel, David Sullivan, Robert Matney, Ryan Fox, Jonathan Albright, and Ben Johnson. "The tactics & tropes of the Internet Research Agency." 这是 2019 年 New Knowledge 公司为美国参议院情报特别委员会准备的关于俄罗斯对美国大选进行干预的调查。
17. Howard, Philip N., Bharath Ganesh, Dimitra Liotsiou, John Kelly, and Camille François. "The IRA, social media and political polarization in the United States, 2012-2018." 这是 2019 年 Graphika 公司为美国参议院情报特别委员会准备的关于俄罗斯对美国大选进行干预的调查。
18. "Twitterbots: Anatomy of a Propaganda Campaign," Gillian Cleary, Symantec Threat Intelligence Blog, June 5, 2019.
19. "This Analysis Shows How Viral Fake Election News Stories Outperformed Real News on Facebook," Craig Silverman, Buzzfeed, November 16, 2016. https://www.buzzfeednews.com/article/craigsilverman/viral-fake-election-news-outperformed-real-news-on-facebook
20. Allcott, Hunt, and Matthew Gentzkow. "Social media and fake news in the 2016 election." *Journal of Economic Perspectives* 31, no. 2 (2017): 211-36.
21. Guess, A., Nyhan, B., & Reifler, J. "Selective exposure to misinformation: Evidence from the consumption of fake news during the 2016 US presidential campaign." European Research Council, (2018), 9. [Forthcoming in NHB – Update when published in 2020].
22. Grinberg, N., Joseph, K., Friedland, L., Swire-Thompson, B., & Lazer, D. "Fake news on Twitter during the 2016 US presidential election," *Science*, (2019), 363(6425): 374-378.
23. Allcott, Hunt, and Matthew Gentzkow. "Social media and fake news in the 2016 election." *Journal of Economic Perspectives* 31, no. 2 (2017): 211-36.
24. 2016 年，在大约 2.5 亿名已达到投票年龄的美国人中，只有 44% 的人参加了投票。数据来源：https://www.federalregister.gov/documents/2017/01/30/

2017-01890/estimates-of-the-voting-age-population-for-2016。

25. Guess, A., Nyhan, B., & Reifler, J. "Selective exposure to misinformation: Evidence from the consumption of fake news during the 2016 US presidential campaign." European Research Council, (2018), 9. [Forthcoming in NHB – Update when published in 2020].

26. Shao, C., Ciampaglia, G. L., Varol, O., Yang, K. C., Flammini, A., & Menczer, F. The spread of low-credibility content by social bots. *Nature Communications*, (2018) 9(1): 4787; Ferrara, E., Varol, O., Davis, C., Menczer, F., & Flammini, A. The rise of social bots. *Communications of the ACM*, (2016): 59(7), 96-104.

27. Howard, P. N., Kollanyi, B., Bradshaw, S., & Neudert, L. M. Social media, news and political information during the US election: Was polarizing content concentrated in swing states? (2018) arXiv preprint arXiv:1802.03573.

28. 艾奥瓦州、威斯康星州、明尼苏达州和缅因州是政治两极分化内容的集中度低于全国平均水平的摇摆州，科罗拉多州、俄亥俄州、密歇根州、佐治亚州、新罕布什尔州、宾夕法尼亚州、北卡罗来纳州、弗吉尼亚州、佛罗里达州、内华达州、密苏里州和亚利桑那州是政治两极分化内容的集中度高于全国平均水平的摇摆州。这些内容来自俄罗斯、维基解密和一些垃圾新闻来源。2016年11月，美国国家宪法中心将上述各州划分为摇摆州。

29. "How Trump won the presidency with razor-thin margins in swing states," Tim Meko, Denise Lu and Lazaro Gamio, *Washington Post*, November 11, 2016; https://www.washingtonpost.com/graphics/politics/2016-election/swing-state-margins/.

30. DiResta, Renee, Kris Shaffer, Becky Ruppel, David Sullivan, Robert Matney, Ryan Fox, Jonathan Albright, and Ben Johnson. "The tactics & tropes of the Internet Research Agency." 这是New Knowledge公司在2019年为美国参议院情报特别委员会准备的关于俄罗斯对美国总统大选进行干预的调查。

31. "Manafort shared polling data on 2016 election with elusive Russian – Mueller," Jon Swaine, *The Guardian*, January 8, 2019; https://www.theguardian.com/us-news/2019/jan/08/manafort-russian-poll-share-konstantin-kilimnik-trump-investigation-2016-election-latest; "Report On The Investigation Into Russian Interference In The 2016 Presidential Election," Special Counsel Robert S.

Mueller, III, Submitted Pursuant to 28 C.F.R. § 600.8(c), Washington, D.C., March 2019; https://www.justice.gov/storage/report.pdf.

32. Bond, R. M., Fariss, C. J., Jones, J. J., Kramer, A. D., Marlow, C., Settle, J. E., & Fowler, J. H. "A 61-million-person experiment in social influence and political mobilization," *Nature*, 489(7415), (2012): 295.

33. Jones, J. J., Bond, R. M., Bakshy, E., Eckles, D., & Fowler, J. H., "Social influence and political mobilization: Further evidence from a randomized experiment in the 2012 US presidential election," *PloS One*, 12(4), (2017): e0173851.

34. 在这本书出版的时候，关于社交媒体对投票选择的影响，还有两项研究尚未发表。第一项研究是由 Gunther、Beck 和 Nisbet 在 2018 年进行的，他们依靠的是选后调查，而不是经过验证的投票数据，后者很容易受到回忆错误和自述偏见的影响。第二项研究是由 Guess、Nyhan 和 Reifler 在 2019 年进行的，他们利用了经过验证的投票率数据以及对投票选择的调查数据，探究了在过去的多次选举中投票率和投票选择随着时间发生的变化和相关的条件，但同时也排除了那些中间选民。这两项研究都没有考虑任何可能的随机变化，或者其他正式的因果推论的方法。Gunther, Richard, Paul A. Beck, and Erik C. Nisbet. "Fake news did have a significant impact on the vote in the 2016 election: Original full-length version with methodological appendix." *Columbus*, OH: Ohio State University; (2018); https://u.osu.edu/cnep/files/2015/03/Fake-News-Piecefor-The-Conversation-with-methodological-appendix-11d0ni9.pdf. Guess, A., Nyhan, B., & Reifler, J. "Selective exposure to misinformation: Evidence from the consumption of fake news during the 2016 US presidential campaign." European Research Council, (2018), 9. [Forthcoming in NHB – Update when published in 2020]。

35. Kalla, J. L., & Broockman, D. E. "The minimal persuasive effects of campaign contact in general elections: Evidence from 49 field experiments," *American Political Science Review*, 112(1), (2018): 148-166.

36. Rogers, R., & Nickerson, D. "Can inaccurate beliefs about incumbents be changed? And can reframing change votes?" Harvard Kennedy School Working Paper No. RWP13-018, (2013).

37. Green, D. P., McGrath, M. C., & Aronow, P. M. "Field experiments and the study of voter turnout. Journal of Elections," *Public Opinion and Parties*, 23(1), (2013): 27-48.

38. Dale, A. & Strauss, A. "Don't forget to vote: text message reminders as a mobilization tool," *American Journal of Political Science*, 53(4), (2009): 787-804.

39. Malhotra, N., Michelson, M.R., & Valenzuela, A.A. "Emails from official sources can increase turnout," *Quarterly Journal of Political Science*, 7, (2012): 321-332. Davenport, T.C. "Unsubscribe: The effects of peer-to-peer email on voter turnout – results from a field experiment in the June 6, 2006, California primary election." Unpublished Manuscript, Yale University, (2012).

40. Hedman, Freja, Fabian Sivnert, Bence Kollanyi, Vidya Narayanan, Lisa-Maria Neudert, and Philip N. Howard. "News and political information consumption in Sweden: Mapping the 2018 Swedish general election on Twitter," Comprop Data Memo No. 2018.3, September 6, (2018).

41. "Fake News Is Poisoning Brazilian Politics. WhatsApp Can Stop It," Cristina Tardáguila, Fabrício Benevenuto and Pablo Ortellado, *New York Times*, October 17, 2018. https://www.nytimes.com/2018/10/17/opinion/brazil-election-fake-news-whatsapp.html%20.%3E.

42. "India Has a Public Health Crisis. It's Called Fake News," Samir Patil, *New York Times*, April 29, 2019. https://www.nytimes.com/2019/04/29/opinion/india-elections-disinformation.html.

43. Reuters Institute India Digital News Report, Zeenab Aneez, Taberez Ahmed Neyazi, Antonis Kalogeropoulos, Rasmus Kleis Nielsen, Oxford University (2019). https://reutersinstitute.politics.ox.ac.uk/our-research/india-digital-news-report.

44. "National Update on Measles Cases and Outbreaks — United States, January 1–October 1, 2019," Morbidity and Mortality Weekly Report, United States Centers for Disease Control and Prevention, October 11, 2019: https://www.cdc.gov/mmwr/volumes/68/wr/pdfs/mm6840e2-H.pdf.

45. "You Are Unvaccinated and Got Sick. These Are Your Odds," Peter J. Hotez,

New York Times, January 9, 2020: https://www.nytimes.com/2020/01/09/opinion/vaccine-hesitancy.html.

46. https://en.wikipedia.org/wiki/Measles.

47. Guerra, Fiona M., Shelly Bolotin, Gillian Lim, Jane Heffernan, Shelley L. Deeks, Ye Li, and Natasha S. Crowcroft. "The basic reproduction number (R0) of measles: a systematic review." *The Lancet Infectious Diseases* 17, no. 12 (2017): e420-e428; "The Deceptively Simple Number Sparking Coronavirus Fears," Ed Yong, *The Atlantic*, January 28, 2020: https://www.theatlantic.com/science/archive/2020/01/how-fast-and-far-will-new-coronavirus-spread/605632/.

48. "Herd Immunity: How Does it Work?" Manish Sadarangani, Oxford Vaccine Group, Oxford University, April 26, 2016: https://www.ovg.ox.ac.uk/news/herd-immunity-how-does-it-work.

49. "Journal Retracts 1998 Paper Linking Autism to Vaccines," Gardiner Harris, *New York Times*, February 2, 2010: https://www.nytimes.com/2010/02/03/health/research/03lancet.html.

50. "Senate Hearing on Vaccines and Public Health," United States Senate Committee on Health Education, Labor, and Pensions, March 5, 2019: https://www.c-span.org/video/?458472-1/physicians-advocates-warn-senate-committee-vaccine-hesitancy-implications.

51. "Anti-Vaxxer Larry Cook Has Weaponized Facebook Ads in War Against Science," Julia Arciga, *The Daily Beast*, February 19, 2019: https://www.thedailybeast.com/anti-vaxxer-larry-cook-has-weaponized-facebook-ads-in-war-against-science.

52. Jamison, Amelia M., David A. Broniatowski, Mark Dredze, Zach Wood-Doughty, DureAden Khan, and Sandra Crouse Quinn. "Vaccine-related advertising in the Facebook Ad Archive." *Vaccine* 38, no. 3 (2020): 512-520; "Majority of anti-vaccine ads on Facebook were funded by two groups," Lena Sun, *The Washington Post*, November 15, 2019: https://www.washingtonpost.com/health/2019/11/15/majority-anti-vaccine-ads-facebook-were-funded-by-two-groups/.

53. "Anti-Vaxxer Larry Cook Has Weaponized Facebook Ads in War Against

Science," Julia Arciga, *The Daily Beast*, February 19, 2019: https://www.thedailybeast.com/anti-vaxxer-larry-cook-has-weaponized-facebook-ads-in-war-against-science.

54. "How Facebook and YouTube help Spread Anti-Vaxxer Propaganda," Julia Carrie Wong, *The Guardian*, February 1, 2019: https://www.theguardian.com/media/2019/feb/01/facebook-youtube-anti-vaccination-misinformation-social-media.

55. "How Misinfodemics Spread Disease," Nat Gyenes and Xiao Mina, *The Atlantic*, August 30, 2018: https://www.theatlantic.com/technology/archive/2018/08/how-misinfodemics-spread-disease/568921/.

56. Broniatowski, David A., Amelia M. Jamison, SiHua Qi, Lulwah AlKulaib, Tao Chen, Adrian Benton, Sandra C. Quinn, and Mark Dredze. "Weaponized health communication: Twitter bots and Russian trolls amplify the vaccine debate." *American Journal of Public Health* 108, no. 10 (2018): 1378-1384.

57. "The Small, Small World of Facebook's Anti-vaxxers," Alexis Madrigal, *The Atlantic*, February 27, 2019: https://www.theatlantic.com/health/archive/2019/02/anti-vaxx-facebook-social-media/583681/.

58. Schmidt, Ana Lucía, Fabiana Zollo, Antonio Scala, Cornelia Betsch, and Walter Quattrociocchi. "Polarization of the vaccination debate on Facebook," *Vaccine* 36, no. 25 (2018): 3606-3612.

59. Vosoughi, Soroush, Deb Roy, and Sinan Aral. "The spread of true and false news online," *Science* 359, no. 6380 (2018): 1146-1151.

60. Shao, C., Ciampaglia, G. L., Varol, O., Yang, K. C., Flammini, A., & Menczer, F. The spread of low-credibility content by social bots. *Nature Communications*, (2018) 9(1): 4787.

61. Itti, L., & Baldi, P. "Bayesian surprise attracts human attention," *Vision Research*, 49(10), (2009): 1295-1306. http://www.sciencedirect.com/science/article/pii/S0042698908004380.

62. Aral, S., & Van Alstyne, M. "The Diversity-Bandwidth Trade-off," *American Journal of Sociology*, 117(1), (2011): 90-171. http://www.journals.uchicago.edu/doi/abs/10.1086/661238.

63. Berger, J., & Milkman, K. L. "What makes online content viral?" *Journal of Marketing Research*, 49(2), (2012): 192-205. http://journals.ama.org/doi/abs/10.1509/jmr.10.0353.

64. Wu, Fang, and Bernardo A. Huberman. "Novelty and collective attention," *Proceedings of the National Academy of Sciences* 104, no. 45 (2007): 17599-17601.

65. 虽然我们发现虚假新闻往往更加新奇，而且新奇的信息更有可能会被人转发，但我们并不知道是新奇导致了转发，还是说新奇是虚假新闻比真实新闻更频繁地被转发的唯一原因。

66. Pennycook, G., & Rand, D. G. "Lazy, not biased: Susceptibility to partisan fake news is better explained by lack of reasoning than by motivated reasoning." *Cognition*, 188, (2019): 39-50.

67. Hasher, Lynn, David Goldstein, and Thomas Toppino. "Frequency and the conference of referential validity." *Journal of Verbal Learning and Verbal Behavior*, 16, no. 1 (1977): 107-112.

68. Nickerson, Raymond S. "Confirmation bias: A ubiquitous phenomenon in many guises." *Review of General Psychology*, 2, no. 2 (1998): 175-220.

69. Guess, Andrew, and Alexander Coppock. "Does counter-attitudinal information cause backlash? Results from three large survey experiments," *British Journal of Political Science* (2018): 1-19.

70. "Inside the Macedonian Fake-News Complex," Samanth Subramanian, *Wired*, February 15, 2017. https://www.wired.com/2017/02/veles-macedonia-fake-news/.

71. "The Quarter Billion Dollar Question: How is Disinformation Gaming Ad Tech?" *Global Disinformation Index*. https://disinformationindex.org/wp-content/uploads/2019/09/GDI_Ad-tech_Report_Screen_AW16.pdf.

72. "The Era of Fake Video Begins," Franklin Foer, *The Atlantic*, May, 2018.

73. "This PSA About Fake News from Barack Obama Is Not What It Appears," David Mack, Buzzfeed, April 17, 2018. https://www.buzzfeednews.com/article/davidmack/obama-fake-news-jordan-peele-psa-video-buzzfeed. Video: https://youtu.be/cQ54GDm1eL0.

74. "Google's Dueling Neural Networks Spar to Get Smarter, No Humans Required," Cade Metz, *Wired*, April 11, 2017. https://www.wired.com/2017/04/googles-dueling-neural-networks-spar-get-smarter-no-humans-required/.

75. "Google's Dueling Neural Networks Spar to Get Smarter, No Humans Required," Cade Metz, *Wired*, April 11, 2017. https://www.wired.com/2017/04/googles-dueling-neural-networks-spar-get-smarter-no-humans-required/.

76. "How Fake News Could Lead to Real War," Daniel Benjamin and Steven Simon, *Politico Magazine*, July 5, 2019. https://www.politico.com/magazine/story/2019/07/05/fake-news-real-war-227272.

77. "Symantec discusses the financial implications of deepfakes," *Squawk Box Asia*, CNBC, July 18, 2019. https://www.cnbc.com/video/2019/07/18/symantec-discusses-the-financial-implications-of-deepfakes.html.

第 3 章 炒作机器

1. "Facebook Graffiti Artist Could be Worth $500 Million," Nick Bilton, *New York Times*, February 7, 2012. https://bits.blogs.nytimes.com/2012/02/07/facebook-graffiti-artist-could-be-worth-500-million/.

2. "The Amazing Murals Created by Facebook's Artists-in-Residence," Cade Metz, *Wired*, November 24, 2014. https://www.wired.com/2014/11/take-tour-facebooks-giant-corporate-art-lab/.

3. Andrew Perrin, "Social Networking Usage: 2005-2015," Pew Research Center, October, (2015). http://www.pewinternet.org/2015/10/08/2015-Social-Networking-Usage-2005-2015/.

4. Original Illustration: Paul Butler. Recreation: Joanna Kosmides. Source: https://paulbutler.org/2010/visualizing-facebook-friends/.

5. 很多科学家都曾经写书探讨过人类网络的结构和力量，其中包括邓肯·沃茨的《六度》(*Six Degrees*)、拉斯洛·巴拉巴西的《链接》(*Linked*)、尼古拉斯·克里斯塔基斯（Nicholas Christakis）和詹姆斯·富勒（James Fowler）的《连接》(*Connected*)、桑吉夫·戈亚尔（Sanjeev Goyal）的《关系》(*Connections*) 和马特·杰克逊（Matt Jackson）的《人际网络》(*The

Human Network）。Watts, Duncan J. *Six degrees: The science of a connected age*. WW Norton & Company, 2004; Barabasi, Albert-Laszlo. "Linked: The new science of networks." (2003): 409-410; Christakis, Nicholas A., and James H. Fowler. *Connected: The surprising power of our social networks and how they shape our lives*. Little, Brown Spark, 2009; Goyal, Sanjeev. *Connections: an introduction to the economics of networks*. Princeton University Press, 2012; Jackson, Matthew O. *The Human Network: How Your Social Position Determines Your Power, Beliefs, and Behaviors*. Pantheon, 2019。

6. Feld, S. L., "Why Your Friends Have More Friends Than You Do," *American Journal of Sociology*, 96, 6, (1991): 1464–1477.

7. Granovetter, Mark. "The Strength of Weak Ties." *American Journal of Sociology*, 78, (1973):1360–80.

8. Watts, Duncan J., and Steven H. Strogatz. "Collective dynamics of 'small-world' networks." *Nature* 393, no. 6684 (1998): 440.

9. Travers, J. and Milgram, S. "An experimental study of the small world problem" *Sociometry* 32, (1969); Watts, D. J., "Networks, Dynamics and the Small World Phenomenon" *American Journal of Sociology*, 105(2), (1999): 493-527.

10. 这种做法恰好和杰弗里·罗尔夫斯于 1974 年发表的关于网络效应的开创性论文中所提倡的"基于人群聚类的目标定位"市场开发策略完全相同，而且在 2011 年的 Nextwork 大会上，当肖恩·帕克在台上与吉米·法伦对话时，他还就脸书的市场推广策略重申了这一观点。(参见第 4 章的注释)

11. Burt, R. 1992. *Structural Holes: The Social Structure of Competition*. Cambridge, MA: Harvard University Press; Burt, R. 2004. "Structural Holes and Good Ideas." *American Journal of Sociology* 110: 349–99; Hargadon, A., and R. Sutton. 1997. "Technology Brokering and Innovation in a Product Development Firm." *Administrative Science Quarterly* 42:716–49; Reagans, R., and E. Zuckerman. 2001. "Networks, Diversity, and Productivity: The Social Capital of Corporate R&D Teams." *Organization Science* 12 (4): 502–17; Aral, Sinan, and Marshall Van Alstyne. "The diversity-bandwidth trade-off." *American Journal of Sociology* 117, no. 1 (2011): 90-171.

12. McPherson, Miller, Lynn Smith-Lovin, and James M. Cook. "Birds of a

feather: Homophily in social networks." *Annual Review of Sociology* 27, no. 1 (2001): 415-444.
13. Kossinets, Gueorgi, and Duncan J. Watts. "Origins of homophily in an evolving social network." *American Journal of Sociology* 115, no. 2 (2009): 405-450.
14. Currarini, Sergio, Matthew O. Jackson, and Paolo Pin. "Identifying the roles of race-based choice and chance in high school friendship network formation." *Proceedings of the National Academy of Sciences* 107, no. 11 (2010): 4857-4861.
15. Rosenfeld, Michael J., Reuben J. Thomas, and Sonia Hausen. "Disintermediating your friends: How online dating in the United States displaces other ways of meeting." *Proceedings of the National Academy of Sciences* 116, no. 36 (2019): 17753-17758.
16. Ugander, Johan, Brian Karrer, Lars Backstrom, and Cameron Marlow. "The anatomy of the Facebook social graph," arXiv preprint arXiv:1111.4503 (2011).
17. See Wimmer, Andreas, and Kevin Lewis. "Beyond and below racial homophily: ERG models of a friendship network documented on Facebook." *American Journal of Sociology* 116, no. 2 (2010): 583-642 for a review of that literature and more primary evidence.
18. Myers, Seth A., Aneesh Sharma, Pankaj Gupta, and Jimmy Lin. "Information network or social network? The structure of the Twitter follow graph." In *Proceedings of the 23rd International Conference on World Wide Web*, ACM, (2014): 493-498.
19. Data compiled from and compared across Ugander, Johan, Brian Karrer, Lars Backstrom, and Cameron Marlow. "The anatomy of the Facebook social graph," arXiv preprint arXiv:1111.4503 (2011) and Myers, Seth A., Aneesh Sharma, Pankaj Gupta, and Jimmy Lin. "Information network or social network? The structure of the Twitter follow graph." In *Proceedings of the 23rd International Conference on World Wide Web*, ACM, (2014): 493-498.
20. 2017年7月15日，特斯拉CEO埃隆·马斯克在美国全国州长协会的问答会议上所做的证词：https://www.cnbc.com/2017/07/16/musk-says-a-i-is-a-fundamental-risk-to-the-existence-of-human-civilization.html。

21. 2017年3月30日，美国参议院情报特别委员会、外交政策研究所院士 Robert A. Fox 和研究员 Clint Watts 在华盛顿特区所做的证词：https://www.intelligence.senate.gov/sites/default/files/documents/os-cwatts-033017.pdf。
22. Orlikowski, Wanda J. "The duality of technology: Rethinking the concept of technology in organizations." *Organization Science* 3, no. 3 (1992): 398-427; Anthony Giddens. *The constitution of society: Outline of the theory of structuration*. Univ of California Press, 1984.
23. Simon, H. A. "Designing Organizations for an Information-Rich World" in: Martin Greenberger, Computers, Communication, and the Public Interest, Baltimore. MD: The Johns Hopkins Press. (1971): 40–41.
24. http://norman-ai.mit.edu/.
25. "Twitter taught Microsoft's AI chatbot to be a racist asshole in less than a day," James Vincent, *The Guardian*, Mar 24, 2016: https://www.theverge.com/2016/3/24/11297050/tay-microsoft-chatbot-racist; "Tay, Microsoft's AI chatbot, gets a crash course in racism from Twitter" Elle Hunt, *The Guardian*, Thursday, March 24 2016: https://www.theguardian.com/technology/2016/mar/24/tay-microsofts-ai-chatbot-gets-a-crash-course-in-racism-from-twitter.
26. "Tay, the neo-Nazi millennial chatbot, gets autopsied," *Ars Technica*, Peter Bright, March 25, 2016: https://arstechnica.com/information-technology/2016/03/tay-the-neo-nazi-millennial-chatbot-gets-autopsied.
27. Yann LeCunn speaking with Bloomberg's Jeremy Kahn at Bloomberg's "Sooner Than You Think" Conference in Paris, May 29, 2018. https://www.youtube.com/watch?v=dzQRCZyE4v0.
28. "15 Facebook stats every marketer should know for 2019," Jenn Chen, Sprout Social (2019). https://sproutsocial.com/insights/facebook-stats-for-marketers/.
29. "37 Staggering Video Marketing Statistics for 2018," Mary Lister, The Wordstream Blog, June 9, 2019. https://www.wordstream.com/blog/ws/2017/03/08/video-marketing-statistics.
30. Manohar Paluri, Manager of Facebook's Computer Vision Group, speaking at the LDV Capital "Vision Summit" in 2017: https://www.ldv.co/blog/2018/4/4/facebook-is-building-a-visual-cortex-to-better-understand-content-and-people.

31. "Building scalable systems to understand content," Joaquin Quiñonero Candela, Facebook Engineering Blog, February 2, 2017. https://engineering.fb.com/ml-applications/building-scalable-systems-to-understand-content/.

32. "A creepy Facebook idea suggests friends by sensing other people's phones," Elise Thomas, *Wired UK*, November 4, 2018. https://www.wired.co.uk/article/facebook-phone-tracking-patent.

33. "'People You May Know:' A Controversial Facebook Feature's 10-Year History," Kashmir Hill, Gizmodo, August 8, 2018. https://gizmodo.com/people-you-may-know-a-controversial-facebook-features-1827981959.

34. "Digital advertising in the US is finally bigger than print and television," Kurt Wagner, *Vox Recode*, February 20, 2019. https://www.vox.com/2019/2/20/18232423/digital-advertising-facebook-google-growth-tv-print-emarketer-2019; "Digital Advertising Stats You Need for 2018," AppNexus White Paper: https://www.appnexus.com/sites/default/files/whitepapers/guide-2018stats_2.pdf.

35. "People Your May Know," Slides presented by Lars Backstrom, VP of Engineering, Facebook, July 12, 2010.

36. See the PhD thesis of Jure Leskovec, particularly the sections on "triangle closing models" and "the locality of edge attachment:" Leskovec, Jure. "Dynamics of large networks." PhD diss., Carnegie Mellon University, School of Computer Science, Machine Learning Department, 2008.

37. "People Your May Know," Slides presented by Lars Backstrom, VP of Engineering, Facebook, July 12, 2010.

38. PYMK algorithms don't necessarily restrict their suggestions to two hop connections, but they dramatically favor them.

39. 有意思的是，就在杰克·多尔西在国会听证会上面临压力的几周后，推特开始允许用户自行选择不参与算法对内容的管理。当时在国会的听证会上有人指责说，推特在内容的管理上带有明显的偏见，而事情的起因是推特对将近100万名用户实行了"影子封禁"或"降级"，理由是这些人和他们的粉丝在推特上传播有害的内容。"Twitter will let you see your feed in chronological order again—here's how and why," Stan Horaczek, *Popular*

Science, September 18, 2019. https://www.popsci.com/twitter-chronological-feed/。

40. "Who Controls Your Facebook Feed," Will Oremus, Slate, January 3, 2016. http://www.slate.com/articles/technology/cover_story/2016/01/how_facebook_s_news_feed_algorithm_works.html.

41. "'Time well spent' is shaping up to be tech's next big debate," Casey Newton, The Verge, January 17, 2018. https://www.theverge.com/2018/1/17/16903844/time-well-spent-facebook-tristan-harris-mark-zuckerberg; "Facebook drastically changes News Feed to make it 'good for people' (and bad for most publishers)," Laura Hazard Owen, NiemanLab, January 11, 2018. https://www.niemanlab.org/2018/01/facebook-drastically-changes-news-feed-to-make-it-good-for-people-and-bad-for-most-publishers/.

42. "One year in, Facebook's big algorithm change has spurred an angry, Fox News-dominated — and very engaged! — News Feed," Laura Hazard Owen, NiemanLab, March 15, 2019. https://www.niemanlab.org/2019/03/one-year-in-facebooks-big-algorithm-change-has-spurred-an-angry-fox-news-dominated-and-very-engaged-news-feed/.

43. Matias, J. Nathan. "Preventing harassment and increasing group participation through social norms in 2,190 online science discussions." *Proceedings of the National Academy of Sciences* 116, no. 20 (2019): 9785-9789.

44. "When to Trust Robots with Decisions, and When Not To," Vasant Dhar, *Harvard Business Review*, May 17, 2016: https://hbr.org/2016/05/when-to-trust-robots-with-decisions-and-when-not-to.

45. Gosline, Renee and Heather Yang. "Consider the Source: How Cognitive Style Predisposes Preferences for Algorithmic or Human Input," MIT Initiative on the Digital Economy Working Paper, 2020.

46. "Facebook Almost Missed the Mobile Revolution. It Can't Afford to Miss the Next Big Thing," Kurt Wagner, Vox.com, April 29, 2019: https://www.vox.com/2019/4/29/18511534/facebook-mobile-phone-f8.

47. "Smartphones Are Spies. Here's Whom They Report To," Stuart Thompson and Charlie Warzel, *New York Times*, December 20, 2019: https://www.nytimes.com/

interactive/2019/12/20/opinion/location-tracking-smartphone-marketing.html.
48. "Facebook is building an operating system so it can ditch Android," Josh Constine, Tech Crunch, December 19, 2019: https://techcrunch.com/2019/12/19/facebook-operating-system/.
49. "Facebook has 60 People Working on How to Read Your Mind," Olivia Solon, *The Guardian*, April 19, 2017: https://www.theguardian.com/technology/2017/apr/19/facebook-mind-reading-technology-f8.

第 4 章 你的大脑和社交媒体

1. Matthews, Gillian A., Edward H. Nieh, Caitlin M. Vander Weele, Sarah A. Halbert, Roma V. Pradhan, Ariella S. Yosafat, Gordon F. Glober et al. "Dorsal raphe dopamine neurons represent the experience of social isolation." *Cell* 164, no. 4 (2016): 617-631.
2. Cacioppo, John T., Stephanie Cacioppo, and Dorret I. Boomsma. "Evolutionary mechanisms for loneliness." *Cognition & Emotion* 28, no. 1 (2014): 3-21.
3. Ruan, Hongyu, and Chun-Fang Wu. "Social interaction-mediated lifespan extension of Drosophila Cu/Zn superoxide dismutase mutants." *Proceedings of the National Academy of Sciences* 105, no. 21 (2008): 7506-7510.
4. Nonogaki, Katsunori, Kana Nozue, and Yoshitomo Oka. "Social isolation affects the development of obesity and type 2 diabetes in mice." *Endocrinology* 148, no. 10 (2007): 4658-4666.
5. Stranahan, Alexis M., David Khalil, and Elizabeth Gould. "Social isolation delays the positive effects of running on adult neurogenesis." *Nature Neuroscience* 9, no. 4 (2006): 526-533.
6. Lyons, David M., Chae MG Ha, and Seymour Levine. "Social Effects and Circadian Rhythms in Squirrel Monkey Pituitary-Adrenal Activity." *Hormones and Behavior* 29, no. 2 (1995): 177-190; Nation, Daniel A., Julie A. Gonzales, Armando J. Mendez, Julia Zaias, Angela Szeto, Larry G. Brooks, Jamespaul Paredes, Alyssa D'Angola, Neil Schneiderman, and Philip M. McCabe. "The effect of social environment on markers of vascular oxidative stress and

inflammation in the Watanabe heritable hyperlipidemic rabbit." *Psychosomatic Medicine* 70, no. 3 (2008): 269-275.

7. Cacioppo, John T., and William Patrick. Loneliness: Human Nature and the Need for Social Connection. WW Norton & Company, 2008.
8. Weiss R.S. *Loneliness: The experience of emotional and social isolation*. MIT Press; Cambridge, MA, 1973.
9. Cacioppo, John T., and Stephanie Cacioppo. "The phenotype of loneliness," *European Journal of Developmental Psychology* 9, no. 4 (2012): 446-452.
10. Eisenberger, Naomi I., Matthew D. Lieberman, and Kipling D. Williams. "Does rejection hurt? An fMRI study of social exclusion." *Science* 302, no. 5643 (2003): 290-292; Eisenberger, Naomi I. "The pain of social disconnection: examining the shared neural underpinnings of physical and social pain." *Nature Reviews Neuroscience* 13, no. 6 (2012): 421-434.
11. Aron, Arthur, Helen Fisher, Debra J. Mashek, Greg Strong, Haifang Li, and Lucy L. Brown. "Reward, motivation, and emotion systems associated with early-stage intense romantic love." *Journal of Neurophysiology* 94, no. 1 (2005): 327-337.
12. Rilling, James K., David A. Gutman, Thorsten R. Zeh, Giuseppe Pagnoni, Gregory S. Berns, and Clinton D. Kilts. "A neural basis for social cooperation." *Neuron* 35, no. 2 (2002): 395-405.
13. Fliessbach, Klaus, Bernd Weber, Peter Trautner, Thomas Dohmen, Uwe Sunde, Christian E. Elger, and Armin Falk. "Social comparison affects reward-related brain activity in the human ventral striatum." *Science* 318, no. 5854 (2007): 1305-1308.
14. De Quervain, Dominique JF, Urs Fischbacher, Valerie Treyer, and Melanie Schellhammer. "The neural basis of altruistic punishment." *Science* 305, no. 5688 (2004): 1254.
15. "Social Media Use in 2018," Aaron Smith and Monica Anderson, Pew Research Center Survey, March 1, 2018: https://www.pewresearch.org/internet/2018/03/01/social-media-use-in-2018/.

16. "55 social media engagement statistics for 2020," Laura Dolan, Keap Business Success Blog, February 10, 2020: https://keap.com/business-success-blog/marketing/social-media/best-social-media-marketing-stats-and-facts.
17. "Why Are Human Brains So Big?" Rachel Rettner, *Live Science*, July 13, 2009: https://www.livescience.com/5540-human-brains-big.html.
18. Jolly, Alison. "Lemur social behavior and primate intelligence." *Science* 153, no. 3735 (1966): 501-506.
19. Dunbar, Robin IM. "The social brain hypothesis." *Evolutionary Anthropology: Issues, News, and Reviews: Issues, News, and Reviews* 6, no. 5 (1998): 178-190.
20. Dunbar, Robin IM. "The social brain hypothesis and human evolution." In Oxford Research Encyclopedia of Psychology. 2016: 1.
21. Dunbar, Robin IM. "Neocortex size as a constraint on group size in primates." Journal of human evolution 22, no. 6 (1992): 469-493; Dunbar, Robin IM. "Evolutionary basis of the social brain." *Oxford handbook of social neuroscience* (2011): 28-38.
22. Lieberman, Matthew D. *Social: Why our brains are wired to connect*. Oxford University Press, 2013.
23. Dennett, Daniel C. *Brainstorms: Philosophical essay on mind and psychology.* Harvester Press, Montgomery, AL, 1978.
24. Baron-Cohen, Simon, Alan M. Leslie, and Uta Frith. "Does the autistic child have a 'theory of mind'." *Cognition* 21, no. 1 (1985): 37-46.
25. Lewis, Penelope A., Roozbeh Rezaie, Rachel Brown, Neil Roberts, and Robin IM Dunbar. "Ventromedial prefrontal volume predicts understanding of others and social network size." *Neuroimage* 57, no. 4 (2011): 1624-1629.
26. Sherman, Lauren E., Ashley A. Payton, Leanna M. Hernandez, Patricia M. Greenfield, and Mirella Dapretto. "The power of the like in adolescence: Effects of peer influence on neural and behavioral responses to social media." *Psychological Science* 27, no. 7 (2016): 1027-1035.
27. Sherman, Lauren E., Patricia M. Greenfield, Leanna M. Hernandez, and Mirella Dapretto. "Peer influence via instagram: effects on brain and behavior in adolescence and young adulthood." *Child Development* 89, no. 1 (2018): 37-47.

28. Sherman, Lauren E., Leanna M. Hernandez, Patricia M. Greenfield, and Mirella Dapretto. "What the brain 'Likes': neural correlates of providing feedback on social media," *Social Cognitive and Affective Neuroscience* 13, no. 7 (2018): 699-707.
29. Olds, James, and Peter Milner. "Positive reinforcement produced by electrical stimulation of septal area and other regions of rat brain." *Journal of Comparative and Physiological Psychology* 47, no. 6 (1954): 419.
30. Pavlov, Ivan P. *Conditioned Reflexes: An Investigation of the Physiological Activity of the Cerebral Cortex*. Translated and edited by Anrep, GV (Oxford University Press, London, 1927), 1960.
31. "Sean Parker unloads on Facebook: "God only knows what it's doing to our children's brains,"" Mike Allen, Axios, November 9, 2017: https://www.axios.com/sean-parker-unloads-on-facebook-god-only-knows-what-its-doing-to-our-childrens-brains-1513306792-f855e7b4-4e99-4d60-8d51-2775559c2671.html; "Sean Parker: Facebook was designed to exploit human 'vulnerability,'" Erica Pandey, Axios, November 9, 2017: https://www.axios.com/sean-parker-facebook-was-designed-to-exploit-human-vulnerability-1513306782-6d18fa32-5438-4e60-af71-13d126b58e41.html.
32. Meshi, Dar, Carmen Morawetz, and Hauke R. Heekeren. "Nucleus accumbens response to gains in reputation for the self relative to gains for others predicts social media use." *Frontiers in Human Neuroscience* 7 (2013): 439.
33. Falk, Emily B., Elliot T. Berkman, Traci Mann, Brittany Harrison, and Matthew D. Lieberman. "Predicting persuasion-induced behavior change from the brain," *Journal of Neuroscience* 30, no. 25 (2010): 8421-8424.
34. Falk, Emily B., Elliot T. Berkman, Danielle Whalen, and Matthew D. Lieberman. "Neural activity during health messaging predicts reductions in smoking above and beyond self-report," *Health Psychology* 30, no. 2 (2011): 177.
35. Falk, Emily B., Elliot T. Berkman, and Matthew D. Lieberman. "From neural responses to population behavior: neural focus group predicts population-level media effects." *Psychological science* 23, no. 5 (2012): 439-445.
36. Falk, Emily B., Sylvia A. Morelli, B. Locke Welborn, Karl Dambacher, and

Matthew D. Lieberman. "Creating buzz: the neural correlates of effective message propagation." *Psychological Science* 24, no. 7 (2013): 1234-1242.

37. Lieberman, Matthew D. *Social: Why our brains are wired to connect.* Oxford University Press, 2013: 125.

38. Scholz, Christin, Elisa C. Baek, Matthew Brook O'Donnell, Hyun Suk Kim, Joseph N. Cappella, and Emily B. Falk. "A neural model of valuation and information virality," *Proceedings of the National Academy of Sciences* 114, no. 11 (2017): 2881-2886.

39. Berns, Gregory S., C. Monica Capra, Sara Moore, and Charles Noussair. "Neural mechanisms of the influence of popularity on adolescent ratings of music," *Neuroimage* 49, no. 3 (2010): 2687-2696.

40. van Hoorn, Jorien, Eric van Dijk, Rosa Meuwese, Carolien Rieffe, and Eveline A. Crone. "Peer influence on prosocial behavior in adolescence." *Journal of Research on Adolescence* 26, no. 1 (2016): 90-100.

第 5 章 网络效应：网络产生的引力与其质量成正比

1. Annual Report of the Directors of The American Telephone and Telegraph Company to the Stock Holders, for the year ending December 31, 1908. Geo. H. Ellis Co., Printers, 272 Congress Street, 1909. https://beatriceco.com/bti/porticus/bell/pdf/1908ATTar_Complete.pdf.

2. 当我还是纽约大学斯特恩商学院的一名教授时，我和 Arun Sundararajan、Anindya Ghose、Panos Ipierotis 以及其他人共同开发和教授了其中的一门课程，这个例子就源于这门课程。这里提到的我的这些同事对这个例子的提出做出了贡献，尤其是 Arun Sundararajan，他在 2000 年负责对这门课程进行改进。

3. "The chart Tim Cook doesn't want you to see," David Yanofsky, Quartz, September 10, 2013. https://qz.com/122921/the-chart-tim-cook-doesnt-want-you-to-see/.

4. Adapted from Dan Yonofsky. https://qz.com/122921/the-chart-tim-cook-doesnt-want-you-to-see/.

5. "Microsoft pays '$100,000 or more' to get devs coding for Windows Phone," Casey Johnston, *Ars Technica* June 14. https://arstechnica.com/information-technology/2013/06/microsoft-pays-100000-or-more-to-get-devs-coding-for-windows-phone/.

6. https://www.statista.com/statistics/266572/market-share-held-by-smartphone-platforms-in-the-united-states/.

7. https://gs.statcounter.com/os-market-share/mobile/worldwide.

8. You can see Jimmy Fallon's interview with Sean Parker at Nextwork here: https://www.youtube.com/watch?v=yCyMz-u-HcQ. Their discussion of network effects and Facebook's go-to-market strategy starts at about minute 20:00. You can see my talk at Nextwork here: https://www.youtube.com/watch?v=0GjgFHrXHAc&t=819s.

9. Rohlfs, J. "A theory of interdependent demand for a communications service." *The Bell Journal of Economics and Management Science* (1974): 16-37.

10. Schmalensee, R. "Jeffrey Rohlfs' 1974 Model of Facebook: An Introduction." *Competition and Policy International*, 7(1) (2011). 我的朋友和同事 Arun Sundararajan 在 2011 年将这一想法扩展到了这样一个案例中：消费者在一个复杂的社交网络中互相连接在了一起，这个复杂的社交网络可以是脸书、推特以及你能在当今市场上找到的所有其他社交网络。Sundararajan, Arun. "Local network effects and complex network structure." *The BE Journal of Theoretical Economics* 7(1) (2007)。

11. 最近的研究证实，脸书的价值在很大程度上源自局部网络效应，即我们在网络上与之建立联系的人的价值。当塞思·本泽尔（Seth Benzell）和阿维·科利斯（Avi Collis）询问人们需要被支付多少钱才愿意删除脸书上某个特定的朋友时，他们发现，我们在社交媒体上评价不同人的方式存在巨大的差异。例如，他们发现超过 65 岁的人认为与年轻人的联系更有价值，45~54 岁的男性更喜欢与 25~54 岁的女性建立联系，而这个年龄段的女性并不那么看重和这个年龄段的男性建立联系。25~34 岁的男性几乎受到所有人的欢迎，但他们对其他人并没有类似的重视程度。Benzell, Seth G., and Avinash Collis. "Multi-Sided Platform Strategy, Taxation, and Regulation: A Quantitative Model and Application to Facebook." MIT Working Paper

(2019)。

12. Ahn, Yong-Yeol, Seungyeop Han, Haewoon Kwak, Sue Moon, and Hawoong Jeong. "Analysis of topological characteristics of huge online social networking services." In Proceedings of the 16th international conference on World Wide Web, ACM, (2007): 835-844. ACM, 2007.

13. 杰弗里·罗尔夫斯在1974年关于网络效应的开创性论文中就已经预见了脸书的市场进入策略，这可能会给那些更加了解技术的读者留下深刻印象。在论文的第5节中，他思考了能够利用局部网络效应的某种新服务的市场推广策略，并建议在一段有限的时间里向一群经过精心挑选的人免费提供这种服务。因为，正如罗尔夫斯写的那样，"个体的需求可能主要取决于他的少数几个主要联系人中有哪几个是这种新服务的用户"，"这种方法的成功可能还取决于这种新服务最初的用户集是如何被选取的"。产品的推广策略应该针对一群经过精心挑选的人群（在脸书的例子中，这个目标群体就是大学生），这一想法预演了肖恩·帕克在2011年Nextwork大会的舞台上对吉米·法伦所说的话。Rohlfs, J. "A theory of interdependent demand for a communications service." *The Bell Journal of Economics and Management Science* (1974): 16-37。

14. "Saying goodbye to AIM, the instant messenger that changed how we communicate," Aja Romano, Vox.com, December 15, 2017. https://www.vox.com/culture/2017/12/15/16780418/aim-aol-instant-messenger-shutdown-cultural-impact.

15. "In Cyberspace, Rivals Skirmish Over Messaging," Saul Hansell, *New York Times*, July 24, 1999. https://www.nytimes.com/1999/07/24/business/in-cyberspace-rivals-skirmish-over-messaging.html.

16. "AOL's AIM gets bugged," Matthew Nelson, CNN.com, August 20, 1999: http://edition.cnn.com/TECH/computing/9908/20/aolbug.idg/.

第6章 个性化的群体说服力

1. United States of America vs Internet Research Agency LLC, 18 U.S.C. § § 2, 371, 1349, 1028A. https://www.justice.gov/file/1035477/download.

2. Howard, P. N., Kollanyi, B., Bradshaw, S., & Neudert, L. M. "Social media, news and political information during the US election: Was polarizing content concentrated in swing states?" (2018) arXiv preprint arXiv:1802.03573. https://arxiv.org/abs/1802.03573.

3. DiResta, Renee, Kris Shaffer, Becky Ruppel, David Sullivan, Robert Matney, Ryan Fox, Jonathan Albright, and Ben Johnson. "The tactics & tropes of the Internet Research Agency." Investigation of Russian Interference prepared for the United States Senate Select Committee on Intelligence by New Knowledge (2019).

4. https://en.wikipedia.org/wiki/RetailMeNot.

5. "Online coupon site RetailMeNot acquired for $630 million," Catherine Shu, Tech Crunch, April 11, 2017: https://techcrunch.com/2017/04/10/online-coupon-site-retailmenot-acquired-for-630-million/.

6. DiResta, Renee, Kris Shaffer, Becky Ruppel, David Sullivan, Robert Matney, Ryan Fox, Jonathan Albright, and Ben Johnson. "The tactics & tropes of the Internet Research Agency." 这是 New Knowledge 公司为美国参议院情报委员会准备的关于俄罗斯对美国总统大选进行干预的调查报告（2019年）。Howard, Philip N., Bharath Ganesh, Dimitra Liotsiou, John Kelly, and Camille François。"The IRA, social media and political polarization in the United States, 2012-2018." 这是社交媒体分析公司 Graphika 为美国参议院情报委员会准备的关于俄罗斯对美国总统大选进行干预的调查报告（2019年）。

7. Nate Silver in a Tweet on December 17, 2018. https://twitter.com/natesilver538/status/1074833714931224582?lang=en.

8. Sides, J., Tesler, M., & Vavreck, L. (2018). *Identity Crisis: The 2016 Presidential Campaign and the Battle for the Meaning of America*. Princeton University Press.

9. Allcott, Hunt, and Matthew Gentzkow. "Social media and fake news in the 2016 election." *Journal of Economic Perspectives* 31, no. 2 (2017): 211-36; Guess, A., Nyhan, B., & Reifler, J. "Selective exposure to misinformation: Evidence from the consumption of fake news during the 2016 US presidential campaign." European Research Council, (2018), 9; Grinberg, N., Joseph, K., Friedland, L.,

Swire-Thompson, B., & Lazer, D. "Fake news on Twitter during the 2016 US presidential election," *Science*, (2019), 363(6425): 374-378.

10. Jamieson, K. H. (2018). *Cyberwar: How Russian Hackers and Trolls Helped Elect a President*. Oxford University Press.

11. Gordon, Brett R., Florian Zettelmeyer, Neha Bhargava, and Dan Chapsky. "A comparison of approaches to advertising measurement: Evidence from big field experiments at Facebook." *Marketing Science* 38, no. 2 (2019): 193-225.

12. Aral, Sinan, Lev Muchnik, and Arun Sundararajan. "Distinguishing influence-based contagion from homophily-driven diffusion in dynamic networks." *Proceedings of the National Academy of Sciences* 106, no. 51 (2009): 21544-21549; Eckles, Dean, and Eytan Bakshy. "Bias and high-dimensional adjustment in observational studies of peer effects." arXiv preprint arXiv:1706.04692 (2017).

13. Matz, Sandra C., Michal Kosinski, Gideon Nave, and David J. Stillwell. "Psychological targeting as an effective approach to digital mass persuasion." *Proceedings of the National Academy of Sciences* 114, no. 48 (2017): 12714-12719.

14. Eckles, Dean, Brett R. Gordon, and Garrett A. Johnson. "Field studies of psychologically targeted ads face threats to internal validity." *Proceedings of the National Academy of Sciences* 115, no. 23 (2018): E5254-E5255.

15. Angrist, Joshua D. "Lifetime earnings and the Vietnam era draft lottery: evidence from social security administrative records." *The American Economic Review* (1990): 313-336.

16. Papadimitriou, Panagiotis, Hector Garcia-Molina, Prabhakar Krishnamurthy, Randall A. Lewis, and David H. Reiley. "Display advertising impact: Search lift and social influence." In *Proceedings of the 17th ACM SIGKDD international conference on Knowledge discovery and data mining*, pp. 1019-1027. ACM, 2011.

17. Kireyev, Pavel, Koen Pauwels, and Sunil Gupta. "Do display ads influence search? Attribution and dynamics in online advertising." *International Journal of Research in Marketing* 33, no. 3 (2016): 475-490.

18. 这里的相关内容是罗布·凯恩在明尼苏达大学卡尔森管理学院作为管理人员参与教学的一部分内容,具体可参见他与拉维·巴普纳分享的框架幻灯片。

19. Blake, Thomas, Chris Nosko, and Steven Tadelis. "Consumer heterogeneity and paid search effectiveness: A large‐scale field experiment." *Econometrica* 83, no. 1 (2015): 155-174.

20. Blake, Thomas, Chris Nosko, and Steven Tadelis. "Consumer heterogeneity and paid search effectiveness: A large‐scale field experiment." *Econometrica* 83, no. 1 (2015): 155-174.

21. Lewis, Randall A., and David H. Reiley. "Online ads and offline sales: measuring the effect of retail advertising via a controlled experiment on Yahoo!." *Quantitative Marketing and Economics* 12, no. 3 (2014): 235-266.

22. Johnson, Garrett A., Randall A. Lewis, and Elmar I. Nubbemeyer. "Ghost ads: Improving the economics of measuring online ad effectiveness." *Journal of Marketing Research* 54, no. 6 (2017): 867-884.

23. Gordon, Brett R., Florian Zettelmeyer, Neha Bhargava, and Dan Chapsky. "A comparison of approaches to advertising measurement: Evidence from big field experiments at Facebook." *Marketing Science* 38, no. 2 (2019): 193-225.

24. Lewis, Randall A., and David H. Reiley. "Online ads and offline sales: measuring the effect of retail advertising via a controlled experiment on Yahoo!." *Quantitative Marketing and Economics* 12, no. 3 (2014): 244.

25. Blake, Thomas, Chris Nosko, and Steven Tadelis. "Consumer heterogeneity and paid search effectiveness: A large‐scale field experiment." *Econometrica* 83, no. 1 (2015): 159.

26. Marc Pritchard, Chief Brand Officer, Procter and Gamble, "Better Advertising Enabled by Media Transparency," Speech at the Internet Advertising Bureau's Annual Leadership Meeting, January 29, 2017: https://www.youtube.com/watch?v=NEUCOsphoI0.

27. "Procter & Gamble's best sales in a decade come despite drop in ad spending." Neff, J., *AdAge*, (2019, July).

28. "P&G's sales jump as ad spending shrinks, data-driven marketing ramps up."

Christe, D., *Marketing Dive*, (2019, July).

29. "P&G puts focus on reach: It's a more important measure than spend." Hammett, E., *MarketingWeek*, (2019, June).

30. "Procter & Gamble's best sales in a decade come despite drop in ad spending." Neff, J., *AdAge*, (2019, July).

31. "P&G tweaks media model as in-housing shift continues apace," Erica Sweeney, *Marketing Dive*, January 17, 2019. https://www.marketingdive.com/news/pg-tweaks-media-model-as-in-housing-shift-continues-apace/546265/.

第7章 社会炒作的高度社交化

1. Bond, R. M., Fariss, C. J., Jones, J. J., Kramer, A. D., Marlow, C., Settle, J. E., & Fowler, J. H. (2012). "A 61-million-person experiment in social influence and political mobilization," *Nature*, 489(7415), 295.

2. Jones, J. J., Bond, R. M., Bakshy, E., Eckles, D., & Fowler, J. H., "Social influence and political mobilization: Further evidence from a randomized experiment in the 2012 US presidential election," *PloS One*, 12(4), (2017): e0173851.

3. "This Is What a Gold Medal Strava File Looks Like," Jen See, Men's Journal: https://www.mensjournal.com/sports/this-is-what-a-gold-medal-strava-file-looks-like-w433826/.

4. Strava - Year in Sport 2018: https://blog.strava.com/press/2018-year-in-sport/.

5. Aral, S., & Nicolaides, C. (2017). Exercise contagion in a global social network. *Nature Communications*, 8, 14753.

6. Aral, Sinan, and Michael Zhao. "Social Media Sharing and Online News Consumption." SSRN Working Paper 3328864 February 4, (2019). https://ssrn.com/abstract=3328864.

7. Rosenfeld, Michael J., Reuben J. Thomas, and Sonia Hausen. "Disintermediating your friends: How online dating in the United States displaces other ways of meeting." *Proceedings of the National Academy of Sciences* 116, no. 36 (2019): 17753-17758.

8. Bapna, Ravi, Jui Ramaprasad, Galit Shmueli, and Akhmed Umyarov. "One-way mirrors in online dating: A randomized field experiment." *Management Science* 62, no. 11 (2016): 3100-3122.
9. Yuan Yuan, Tracy Liu, Chenhao Tan, Qian Chen, Alex Pentland, Jie Tang "Social Contagion of Gift Exchange in Online Groups" arXiv:1906.09698v2 (2019) https://arxiv.org/abs/1906.09698.
10. Kramer, Adam DI, Jamie E. Guillory, and Jeffrey T. Hancock. "Experimental evidence of massive-scale emotional contagion through social networks." *Proceedings of the National Academy of Sciences* 111, no. 24 (2014): 8788-8790.

第 8 章　如何面对一个通过炒作呈现高度社交化的世界

1. Hill, Shawndra, Foster Provost, and Chris Volinsky. "Network-based marketing: Identifying likely adopters via consumer networks." *Statistical Science* 21, no. 2 (2006): 256-276.
2. "Global Trust In Advertising Report," Nielson, September 2015. https://www.nielsen.com/wp-content/uploads/sites/3/2019/04/global-trust-in-advertising-report-sept-2015-1.pdf.
3. "Joseph Ziyaee: 5 Fast Facts You Need to Know." https://heavy.com/news/2016/02/joseph-ziyaee-king-of-uber-90k-how-to-make-money-uber-driver-referral-code-rules-photos-reddit/.
4. Aral, S., & Taylor, S. "Viral Incentive Systems: A Randomized Field Experiment." Workshop on Information Systems Economics, Shanghai, China, 2011.
5. You can see the DirectTV ad campaign I am referring to here: http://www.directv.com/DTVAPP/referral/referralProgram.jsp.
6. Aral, Sinan, Lev Muchnik, and Arun Sundararajan. "Distinguishing influence-based contagion from homophily-driven diffusion in dynamic networks." *Proceedings of the National Academy of Sciences* 106, no. 51 (2009): 21544-21549.

7. Rosenbaum, Paul R., and Donald B. Rubin. "Constructing a control group using multivariate matched sampling methods that incorporate the propensity score." *The American Statistician* 39, no. 1 (1985): 33-38. Eckles, Dean, and Eytan Bakshy. "Bias and high-dimensional adjustment in observational studies of peer effects." arXiv preprint arXiv:1706.04692 (2017).

8. Bakshy, Eytan, Dean Eckles, Rong Yan, and Itamar Rosenn. "Social influence in social advertising: evidence from field experiments." In *Proceedings of the 13th ACM conference on electronic commerce*, pp. 146-161. ACM, 2012.

9. Huang, Shan, Sinan Aral, Jeffrey Yu Hu, and Erik Brynjolfsson. "Social Advertising Effectiveness Across Products: A Large-Scale Field Experiment." *Marketing Science*, Forthcoming, 2020.

10. Berger, Jonah. *Contagious: Why things catch on*. Simon and Schuster, 2013.

11. Berger, Jonah, and Katherine L. Milkman. "What makes online content viral?" *Journal of marketing research* 49, no. 2 (2012): 192-205.

12. Jurvetson, Steve. "What exactly is viral marketing." *Red Herring* 78 (2000): 110-112.

13. Aral, Sinan, and Dylan Walker. "Creating social contagion through viral product design: A randomized trial of peer influence in networks." *Management Science* 57, no. 9 (2011): 1623-1639.

14. "Bloggers and digital influencers are reshaping the fashion and beauty landscape," Rachel Strugatz, *Los Angeles Times*, August 10, 2016: https://www.latimes.com/fashion/la-ig-bloggers-20160809-snap-story.html.

15. "Something Navy Crashes Site, Beats Expectations at Nordstrom," Lisa Lockwood, WWD, September 25, 2018: https://wwd.com/fashion-news/fashion-scoops/something-navy-crashes-site-beats-expectations-nordstrom-1202845078/.; "Something Navy's Arielle Charnas Is More Successful Than Ever—But at What Price?" Merin Curotto, *The Observer*, December 12, 2018: https://observer.com/2018/12/something-navy-star-arielle-charnas-launching-nordstrom-holiday-line/.

16. "How Arielle Charnas Turned Her Blog, 'Something Navy,' Into a Lifestyle Brand," Tyler McCall, Fashionita.com, September 24, 2018: https://fashionista.

com/2018/09/something-navy-arielle-charnas-career.

17. Katz, Elihu and Paul F. Lazarsfeld. *Personal influence: The part played by people in the flow of mass communications.* Free Press, (1955).
18. Gladwell, Malcolm. *The Tipping Point: How little things can make a big difference.* Little, Brown, 2000.
19. "Influencing set to become $10B industry by 2020," Yahoo Finance, September 27, 2019: https://www.msn.com/en-us/money/topstocks/influencing-set-to-become-dollar10b-industry-by-2020/vi-AAHWrRc.
20. "Dear Klout, This is How You Measure Influence," by Gregory Ferenstein, Tech Crunch, June 6, 2012. http://techcrunch.com/2012/06/21/science-social-contagion-klout/.
21. Aral, Sinan. "Commentary—Identifying social influence: A comment on opinion leadership and social contagion in new product diffusion." *Marketing Science* 30, no. 2 (2011): 217-223. http://mktsci.journal.informs.org/content/30/2/217.abstract.
22. Aral, Sinan and Dylan Walker. (2012) "Identifying Influential and Susceptible Members of Social Networks." *Science*; 337 (6092): 337-341. http://www.sciencemag.org/content/337/6092/337.
23. Aral, Sinan, and Dylan Walker. "Tie strength, embeddedness, and social influence: A large-scale networked experiment." *Management Science* 60, no. 6 (2014): 1352-1370.
24. Domingos, Pedro, and Matt Richardson. "Mining the network value of customers." In *Proceedings of the seventh ACM SIGKDD international conference on Knowledge discovery and data mining*, pp. 57-66. 2001.
25. "Kim Kardashian revealed in a lawsuit that she demands up to half a million dollars for a single Instagram post and other details about how much she charges for endorsement deals," Kate Taylor, Business Insider, May 9, 2019: https://www.businessinsider.com/how-much-kim-kardashian-charges-for-instagram-endorsement-deals-2019-5.
26. Feld, Scott L. "Why your friends have more friends than you do." *American Journal of Sociology* 96, no. 6 (1991): 1464-1477.

27. Kim, David A., Alison R. Hwong, Derek Stafford, D. Alex Hughes, A. James O'Malley, James H. Fowler, and Nicholas A. Christakis. "Social network targeting to maximise population behaviour change: a cluster randomised controlled trial." *The Lancet* 386, no. 9989 (2015): 145-153.
28. "Influencer Marketing Benchmarks Report," InfluencerDB, 2019: https://cdn2.hubspot.net/hubfs/4030790/MARKETING/Resources/Education/E-Books/Influencer%20Marketing%20Benchmarks%20Report%202019/InfluencerDB_Influencer-Marketing-Benchmarks-Report-2019.pdf.
29. Bakshy, Eytan, Jake M. Hofman, Winter A. Mason, and Duncan J. Watts. "Everyone's an influencer: quantifying influence on twitter." In *Proceedings of the fourth ACM international conference on Web search and data mining*, pp. 65-74. 2011.
30. Aral, Sinan, and Paramveer S. Dhillon. "Social influence maximization under empirical influence models." *Nature Human Behaviour*, Vol, 2, No. 6 (2018): 375-382.

第9章 注意力经济的制度化

1. Alexander Nix, "Cambridge Analytica-The Power of Big Data and Psychographics," Concordia Annual Summit, New York, 2016: https://www.youtube.com/watch?v=n8Dd5aVXLCc.
2. "Exposed: Undercover secrets of Trump's data firm;" Channel 4 News; 20 Mar 2018: https://www.channel4.com/news/exposed-undercover-secrets-of-donald-trump-data-firm-cambridge-analytica.
3. Goldfarb, Avi, and Catherine E. Tucker. "Privacy regulation and online advertising," *Management Science* 57, no. 1 (2011): 57-71.
4. Perlich, Claudia, Brian Dalessandro, Troy Raeder, Ori Stitelman, and Foster Provost. "Machine learning for targeted display advertising: Transfer learning in action," *Machine Learning* 95, no. 1 (2014): 103-127.
5. Bleier, Alexander, and Maik Eisenbeiss. "Personalized online advertising effectiveness: The interplay of what, when, and where," *Marketing Science* 34,

no. 5 (2015): 669-688.
6. Summers, Christopher A., Robert W. Smith, and Rebecca Walker Reczek. "An audience of one: Behaviorally targeted ads as implied social labels," *Journal of Consumer Research* 43, no. 1 (2016): 156-178.
7. Neumann, Nico, Catherine E. Tucker, and Timothy Whitfield. "Frontiers: How effective is third-party consumer profiling? Evidence from field studies," *Marketing Science* 38, no. 6 (2019): 918-926.
8. Interactive Advertising Bureau and WinterberryGroup. "The State of Data," 2018: https://www.iab.com/insights/the-state-of-data-2018/.
9. Matz, Sandra C., Michal Kosinski, Gideon Nave, and David J. Stillwell. "Psychological targeting as an effective approach to digital mass persuasion," *Proceedings of the National Academy of Sciences* 114, no. 48 (2017): 12714-12719.
10. "The Data That Turned the World Upside Down," Hannes Grassegger and Mikael Krogerus, Motherboard, Vice.com, January 28, 2017: https://www.vice.com/en_us/article/mg9vvn/how-our-likes-helped-trump-win.
11. "Michal Kosinski: Enemy of Privacy or Just a Whistleblower?" John Morgan, *Times Higher Education*, March 22, 2018: https://www.timeshighereducation.com/features/michal-kosinski-enemy-privacy-or-just-whistleblower.
12. Eckles, Dean, Brett R. Gordon, and Garrett A. Johnson. "Field studies of psychologically targeted ads face threats to internal validity," *Proceedings of the National Academy of Sciences* 115, no. 23 (2018): E5254-E5255.
13. "Trending on Instagram," Instagram Engineering, July 6, 2015: https://instagram-engineering.com/trending-on-instagram-b749450e6d93.
14. "Report: Twitter Now Charges $200,000 For Promoted Trends," Seth Fiegerman, TechCrunch, February 11, 2013: https://mashable.com/2013/02/11/report-twitter-now-charges-200000-for-promoted-trends/.
15. "How Twitter Bots and Trump Fans Made #ReleaseTheMemo Go Viral," Molly McKew, Politico.com, February 4, 2018: https://www.politico.com/magazine/story/2018/02/04/trump-twitter-russians-release-the-memo-216935.
16. Barabasi, Albert-Laszlo, and Reka Albert. "Emergence of scaling in random

networks," *Science* 286, no. 5439 (1999): 509-512.

17. Zhu, L., & Lerman, K. "Attention inequality in social media," 2016, arXiv preprint arXiv:1601.07200.

18. Aral, Sinan, and Marshall Van Alstyne. "The Diversity-Bandwidth trade-off," *American Journal of Sociology* 117, no. 1 (2011): 90-171.

19. Aral, Sinan, and Paramveer S. Dhillon. "Social influence maximization under empirical influence models," *Nature Human Behaviour* 2, no. 6 (2018): 375-382.

20. Wu, Lynn, Benjamin N. Waber, Sinan Aral, Erik Brynjolfsson, and Alex Pentland. "Mining face-to-face interaction networks using sociometric badges: Predicting productivity in an IT configuration task," *Proceedings of the 29th Annual International Conference on Information Systems*, Paris, France, 2008.

21. Taylor, Sean J. and Muchnik, Lev and Aral, Sinan, "What's in a Username? Identity Cue Effects in Social Media," MIT Working Paper, July 23, 2019: http://dx.doi.org/10.2139/ssrn.2538130.

22. Aral, Sinan, and Christos Nicolaides. "Exercise contagion in a global social network," *Nature Communications* 8, no. 1 (2017): 1-8.

23. Festinger, Leon. "A theory of social comparison processes," *Human Relations* 7, no. 2, 1954: 117-140.

24. Tesser, A. "Toward a self-evaluation maintenance model of human behavior," *Advances in Experimental Social Psychology*, 21, 1988.

25. Garcia, Stephen M., Avishalom Tor, and Richard Gonzalez. "Ranks and rivals: A theory of competition," *Personality and Social Psychology Bulletin* 32, no. 7, 2006: 970-982.

26. Festinger, Leon. "A theory of social comparison processes," *Human Relations* 7, no. 2, 1954: 126.

27. Hankonen, Nelli, Pilvikki Absetz, Paolo Ghisletta, Britta Renner, and Antti Uutela. "Gender differences in social cognitive determinants of exercise adoption," *Psychology and Health*, 25, 1, 2010: 55-69.

28. Huang, Ms Shan, Sinan Aral, Jeffrey Yu Hu, and Erik Brynjolfsson. "Social Advertising Effectiveness Across Products: A Large-Scale Field Experiment," *Marketing Science*, Forthcoming, 2020.

29. Bond, R. M., Fariss, C. J., Jones, J. J., Kramer, A. D., Marlow, C., Settle, J. E., & Fowler, J. H. "A 61-million-person experiment in social influence and political mobilization," *Nature*, 489(7415), (2012): 295.

第 10 章 群体智慧与群体疯狂

1. Surowiecki, James. *The Wisdom of Crowds*. Anchor, 2005.
2. Galton, Francis. "Vox populi," *Nature* 75, no. 7 (1907): 450-451.
3. "Through the Eyes of the Consumer," Consumer Shopping Habits Survey, Channel Advisor, 2010. http://docplayer.net/18410379-Channeladvisor-white-paper-through-the-eyes-of-the-consumer-2010-consumer-shopping-habits-survey.html; "Study Shows 97% of People Buy from Local Businesses They Discover on Yelp," Nielsen Survey Commissioned by Yelp, October 11, 2019, https://blog.yelp.com/2019/10/study-shows-97-of-people-buy-from-local-businesses-they-discover-on-yelp.
4. Muchnik, Lev, Sinan Aral, and Sean J. Taylor. "Social influence bias: A randomized experiment." *Science* 341, no. 6146 (2013): 647-651; Aral, Sinan. "The problem with online ratings." *MIT Sloan Management Review* 55, no. 2 (2014): 47.
5. Zaki, Jamil, Jessica Schirmer, and Jason P. Mitchell. "Social influence modulates the neural computation of value." *Psychological Science* 22, no. 7 (2011): 894-900.
6. Campbell-Meiklejohn, Daniel K., Dominik R. Bach, Andreas Roepstorff, Raymond J. Dolan, and Chris D. Frith. "How the opinion of others affects our valuation of objects," *Current Biology* 20, no. 13 (2010): 1165.
7. Salganik, Matthew J., Peter Sheridan Dodds, and Duncan J. Watts. "Experimental study of inequality and unpredictability in an artificial cultural market." *Science* 311, no. 5762 (2006): 854-856.
8. Milgram, Stanley, Leonard Bickman, and Lawrence Berkowitz. "Note on the drawing power of crowds of different size." *Journal of Personality and Social Psychology* 13, no. 2 (1969): 79.

9. Asch, S. E. (1951). Effects of group pressure upon the modification and distortion of judgment. In H. Guetzkow (ed.) Groups, leadership and men. Pittsburgh, PA: Carnegie Press.
10. Hu, Nan, Paul A. Pavlou, and Jie Jennifer Zhang. "Why do online product reviews have a J-shaped distribution? Overcoming biases in online word-of-mouth communication." *Communications of the ACM* 52, no. 10 (2009): 144-147. Hu, Nan, Paul A. Pavlou, and Jennifer Zhang. "Can online reviews reveal a product's true quality?: empirical findings and analytical modeling of Online word-of-mouth communication." In *Proceedings of the 7th ACM conference on Electronic commerce*, pp. 324-330. ACM, 2006.
11. Ginsberg, Jeremy, Matthew H. Mohebbi, Rajan S. Patel, Lynnette Brammer, Mark S. Smolinski, and Larry Brilliant. "Detecting influenza epidemics using search engine query data." *Nature* 457, no. 7232 (2009): 1012.
12. Lazer, David, Ryan Kennedy, Gary King, and Alessandro Vespignani. "The parable of Google Flu: traps in big data analysis." *Science* 343, no. 6176 (2014): 1203-1205.
13. Surowiecki, James. *The wisdom of crowds*. Anchor, 2005: 55.
14. Hong, Lu, and Scott E. Page. "Groups of diverse problem solvers can outperform groups of high-ability problem solvers." *Proceedings of the National Academy of Sciences* 101, no. 46 (2004): 16385-16389; Page, Scott E. *The Difference: How the Power of Diversity Creates Better Groups, Firms, Schools, and Societies-New Edition*. Princeton University Press, 2008.
15. "Political Polarization, 1994-2017," Pew Research Report, October 20, 2017. https://www.people-press.org/interactives/political-polarization-1994-2017/.
16. Gentzkow, Matthew. "Polarization in 2016." Toulouse Network for Information Technology Whitepaper (2016).
17. Bishop, Bill. 2008. *The Big Sort: Why the Clustering of Like-Minded America is Tearing Us Apart*. New York: Houghton Mifflin; "Caught in a Landslide—County-Level Voting Shows Increased 'Sorting,'" Bill Bishop, The Daily Yonder, Nov 21, 2016. https://www.dailyyonder.com/caught-in-a-landslide-county-level-voting-shows-increased-sorting/2016/11/21/16361/.

18. Hetherington, Marc J. "Resurgent Mass Partisanship: The Role of Elite Polarization," *American Political Science Review*, 95(3), 2001: 619-631; Mayer, William G. 1998. "Mass Partisanship, 1946-1996," In *Partisan Approaches to Postwar American Politics*, ed. Byron E. Shafer. New York: Chatham House.
19. Fleisher, Richard, and John R. Bond. "The Shrinking Middle in the US Congress," *British Journal of Political Science* 34(3), 2004:429-451; Jacobson, Gary C. "Partisan Polarization in Presidential Support: The Electoral Connection," *Congress and the Presidency* 30(1), 2003:1-36.
20. Bartels, Larry. "Electoral Continuity and Change, 1868-1996," *Electoral Studies* 17(3), 1998: 301-326.
21. Gentzkow, Matthew. "Polarization in 2016." Toulouse Network for Information Technology Whitepaper (2016).
22. Gentzkow, Matthew. "Polarization in 2016." Toulouse Network for Information Technology Whitepaper (2016): 12.
23. "Are Your Jeans Red or Blue? Shopping America's Partisan Divide," Suzanne Kapner and Dante Chinni, *Wall Street Journal*, November 19, 2019. https://www.wsj.com/articles/are-your-jeans-red-or-blue-shopping-americas-partisan-divide-11574185777.
24. Iyengar, Shanto, Yphtach Lelkes, Matthew Levendusky, Neil Malhotra, and Sean J. Westwood. "The origins and consequences of affective polarization in the United States." *Annual Review of Political Science* 22 (2019): 129-146.
25. "America has two economies—and they're diverging fast," Mark Muro and Jacob Whiton, Brookings Institution, September 19, 2019. https://www.brookings.edu/blog/the-avenue/2019/09/10/america-has-two-economies-and-theyre-diverging-fast/?mod=article_inline; "Democrats and Republicans Live in Different Worlds," Aaron Zitner and Dante Chinni, *Wall Street Journal*, September 20, 2019. https://www.wsj.com/articles/democrats-and-republicans-live-in-different-worlds-11568996171.
26. Arceneaux K., and Johnson, M. *Changing Minds or Changing Channels? Partisan News in an Age of Choice*. University of Chicago Press, 2013.
27. Sunstein, Cass R. *Republic.com*. Princeton university press, 2001; Pariser,

Eli. *The filter bubble: What the Internet is hiding from you*. Penguin UK, 2011.

28. Lelkes, Yphtach, Gaurav Sood, and Shanto Iyengar. "The hostile audience: The effect of access to broadband internet on partisan affect." *American Journal of Political Science* 61, no. 1 (2017): 5-20.

29. Boxell, Levi, Matthew Gentzkow, and Jesse M. Shapiro. "Greater Internet use is not associated with faster growth in political polarization among US demographic groups." *Proceedings of the National Academy of Sciences* 114, no. 40 (2017): 10612-10617; Gentzkow, Matthew, and Jesse M. Shapiro. "Ideological segregation online and offline." *The Quarterly Journal of Economics* 126, no. 4 (2011): 1799-1839.

30. Boxell, Levi, Matthew Gentzkow, and Jesse M. Shapiro. "Cross-Country Trends in Affective Polarization," National Bureau of Economic Research, Working Paper No. w26669, 2020.

31. Bakshy, Eytan, Solomon Messing, and Lada A. Adamic. "Exposure to ideologically diverse news and opinion on Facebook." *Science* 348, no. 6239 (2015): 1130-1132.

32. Claussen, Jörg, Christian Peukert, and Ananya Sen. "The Editor vs. the Algorithm: Economic Returns to Data and Externalities in Online News." Available at SSRN 3479854 (2019).

33. Holtz, D., Carterette, B., and S. Aral "The Engagement-Diversity Trade-off: Evidence from a Field Experiment on Spotify," MIT Sloan Working Paper, 2020.

34. Levy, R. "Social Media, News Consumption and Polarization: Evidence from a Field Experiment," Yale Working Paper, 2020.

35. Alesina, Alberto F., Armando Miano, and Stefanie Stantcheva. "The Polarization of Reality," National Bureau of Economic Research, Working Paper No. w26675, 2020.

36. "Facebook's WhatsApp limits users to five text forwards to curb rumors," *Reuters*, January 21, 2019, https://www.reuters.com/article/us-facebook-whatsapp/facebooks-whatsapp-limits-text-forwards-to-five-recipients-to-curb-rumors-idUSKCN1PF0TP.

37. Golub, Benjamin, and Matthew O. Jackson. "Naive learning in social networks and the wisdom of crowds." *American Economic Journal: Microeconomics* 2,

no. 1 (2010): 112-49.

38. 在审视各种可以支持群体智慧的社会网络结构时，他们考虑了一个模型，在这个模型中，人们会把自己的观点和那些与他们交流的朋友、家人和同事的观点进行加权平均，并以此来更新自己的观点。虽然让高尔顿感兴趣的是一个外来的观察者是否能够通过汇总周围人的观点来得出真相，但是最为纯粹的群体智慧所涉及的是社会能否靠自己来得到真相。当群体智慧被用来描述蜜蜂寻找最佳的花蜜来源时，这个比喻被用来描述的是蜂巢能够很聪明地进行搜寻的能力，而不是养蜂人汇总蜜蜂所做出的选择并以此计算出蜂群与花蜜的距离的能力。

39. 杰克逊和戈卢布感兴趣的是，社会中的个体是否有可能自己得出真相，所以他们设定了这样一个场景：一个位于中央的规划人员可以从所有个体相信的事实中汇总出事情的真相，而这相当于在背景噪声中去发现自然的真实状态。

40. Golub, Benjamin, and Matthew O. Jackson. "Naive learning in social networks and the wisdom of crowds." *American Economic Journal: Microeconomics* 2, no. 1 (2010): 114-115.

41. Barabasi, Albert-Laszlo, and Reka Albert. "Emergence of scaling in random networks." *Science* 286, no. 5439 (1999): 509-512.

42. 杰克逊和戈卢布受到了 Bala and Goyal（1998）之前工作的启发，以及由 Acemoglu、Dahleh、Lobel 和 Ozdaglar（2008）在同时期开展的工作的影响：Venkatesh, Bala, and Sanjeev Goyal. "Learning from neighbors." *Review of Economic Studies* 65 (1998): 595-621; Acemoglu, Daron, Munther A. Dahleh, Ilan Lobel, and Asuman Ozdaglar. "Bayesian learning in social networks." *The Review of Economic Studies* 78, no. 4 (2011): 1201-1236.

43. Becker, J., Brackbill, D., & Centola, D. (2017). "Network dynamics of social influence in the wisdom of crowds." *Proceedings of the National Academy of Sciences*, 114(26), E5070-E5076.

44. Abdullah Almaatouq, Alejandro Noriega-Campero, Abdulrahman Alotaibi, P. M. Krafft, Mehdi Moussaid, Alex Pentland. "The Wisdom of the Network: How Adaptive Networks Promote Collective Intelligence." arXiv preprint arXiv:1805.04766 (2018). https://arxiv.org/abs/1805.04766.

第11章 社交媒体带来的希望和并存的风险

1. https://en.wikipedia.org/wiki/April_2015_Nepal_earthquake#cite_note-14.
2. "Over 770K Facebook users donated $15M to support Nepal earthquake relief," Ken Yeung, Venture Beat, September 28, 2015. https://venturebeat.com/2015/09/28/over-770k-facebook-users-donated-15m-to-support-nepal-earthquake-relief/.
3. "Massive crowds join march for solidarity in Paris," Anthony Faiola and Griff Witte, *Washington Post*, January 11, 2015. https://www.washingtonpost.com/world/hundreds-of-thousands-are-expected-to-march-in-paris-solidarity-rally/2015/01/11/3befc7e2-996e-11e4-927a-4fa2638cd1b0_story.html.
4. Larson, J. M., Nagler, J., Ronen, J., & Tucker, J. A. "Social networks and protest participation: Evidence from 130 million Twitter users," *American Journal of Political Science*, 63(3), (2019): 690-705.
5. "With Telegram, a reclusive social media star rises again." Walt, V., *Fortune*, February, 23, 2016. https://fortune.com/longform/telegram-pavel-durov-mobile-world-congress/.
6. Similarweb: https://www.similarweb.com/top-websites/category/internet-and-telecom/social-network. Accessed: 2/7/17 1:42pm.
7. "How Telegram became the Durov brothers' weapon against surveillance," *The Moscow Times*, Hartog, E., March, 3, 2016. https://www.themoscowtimes.com/2016/03/03/how-telegram-became-the-durov-brothers-weapon-against-surveillance-a52042.
8. "Once celebrated in Russia, the programmer Pavel Durov chooses exile," Hakim, D., *The New York Times*, December, 2, 2014. https://www.nytimes.com/2014/12/03/technology/once-celebrated-in-russia-programmer-pavel-durov-chooses-exile.html.
9. "Pavel Durov resigns as head of Russian Social Network VK.com, Ukraine conflict was the tipping point," Lunden, I. TechCrunch, April, 1, 2014. https://techcrunch.com/2014/04/01/founder-pavel-durov-says-hes-stepped-down-as-head-of-russias-top-social-network-vk-com/.

10. Enikolopov, R., Makarin, A., & Petrova, M. "Social media and protest participation: Evidence from Russia." *Econometrica*, Forthcoming, November 15, 2019. Available at SSRN: https://ssrn.com/abstract=2696236.

11. Tufekci, Zeynep. *Twitter and tear gas: The power and fragility of networked protest*. Yale University Press, 2017.

12. Tufekci, Zeynep. *Twitter and tear gas: The power and fragility of networked protest*. Yale University Press, 2017: xiv.

13. "Telegram users growth compared to other IM services," Andrew Neiman, Telegram Geeks, March 1, 2016. https://telegramgeeks.com/2016/03/telegram-users-growth-compared/.

14. "Telegram Revenue and Usage Statistics (2019)," Mansoor Iqbal, Business of Apps, November 6, 2019. https://www.businessofapps.com/data/telegram-statistics/.

15. Andrew Neiman, Telegram Geeks, March 1, 2016. https://telegramgeeks.com/2016/03/telegram-users-growth-compared/

16. Amer, Karim, and Jehane Noujaim. "The Great Hack.[Documentary Movie]." United States: Netflix (2019).

17. "The inside story of the Paris and Brussels attacks," Paul Cruickshank, CNN, October 30, 2017, https://www.cnn.com/2016/03/30/europe/inside-paris-brussels-terror-attacks/index.html.

18. "The Redirect Method. A Blueprint for Bypassing Extremism. www.redirectmethod.org: https://redirectmethod.org/downloads/RedirectMethod-FullMethod-PDF.pdf.

19. "I used Google ads for social engineering. It worked," Berlinquette, P., *The New York Times*, July, 7, 2019. https://www.nytimes.com/2019/07/07/opinion/google-ads.html.

20. "Redirecting hate: ADL hopes Googling KKK or jihad will take you down a different path." Baig, E. C., *USA Today*, June, 24, 2019. https://www.usatoday.com/story/tech/2019/06/24/adl-fighting-kkk-jihadism-by-redirecting-online-searches/1437331001/.

21. "Study: Allowing organ donation status on Facebook increased number of

donors." Castillo, M., CBS News, June, ,18 2013. https://www.cbsnews.com/news/study-allowing-organ-donation-status-on-facebook-increased-number-of-donors/.

22. Cameron, Andrew M., Allan B. Massie, Charles E. Alexander, B. Stewart, Robert A. Montgomery, N. R. Benavides, G. D. Fleming, and Dorry L. Segev. "Social media and organ donor registration: the Facebook effect." *American Journal of Transplantation* 13, no. 8 (2013): 2059-2065.

23. "Mobile phones, social media aiding Ebola fight," Risen, T., US News, October, 10, 2014. https://www.usnews.com/news/articles/2014/10/10/phones-social-media-aiding-in-ebola-fight.

24. Carter, Meg. "How Twitter may have helped Nigeria contain Ebola." *British Medical Journal*, 349, 2014.

25. "The Cambridge Analytica affair reveals Facebook's Transparency Paradox," Martin Giles, *MIT Technology Review*, March 19, 2018. https://www.technologyreview.com/s/610577/the-cambridge-analytica-affair-reveals-facebooks-transparency-paradox/.

26. "Facebook CEO Mark Zuckerberg says the 'future is private,'" Nick Statt, The Verge, April 30, 2019. https://www.theverge.com/2019/4/30/18524188/facebook-f8-keynote-mark-zuckerberg-privacy-future-2019.

27. "In Christchurch, Signs Point to a Gunman Steeped in Internet Trolling," Daniel Victor, *New York Times*, March 15, 2019. https://www.nytimes.com/2019/03/15/world/asia/new-zealand-gunman-christchurch.html.

28. "US, UK and Australia urge Facebook to create backdoor access to encrypted messages," Julia Carrie Wong, *The Guardian*, October 3, 2019. https://www.theguardian.com/technology/2019/oct/03/facebook-surveillance-us-uk-australia-backdoor-encryption.

29. "FBI director warns Facebook could become platform of 'child pornographers,'" *Reuters*, October 4, 2019. https://www.reuters.com/article/facebook-security/fbi-director-warns-facebook-could-become-platform-of-child-pornographers-idUSL2N26P0J7.

30. "Facebook Said It Would Give Detailed Data to Academics. They're Still

Waiting," Craig Silverman, Buzzfeed, August 22, 2019. https://www.buzzfeednews.com/article/craigsilverman/slow-facebook; "Funders Have Given Facebook a Deadline to Share Data With Researchers Or They're Pulling Out," Craig Silverman, Buzzfeed, August 27, 2019. https://www.buzzfeednews.com/article/craigsilverman/funders-are-ready-to-pull-out-of-facebooks-academic-data.

31. Nordhaus, William D. "Schumpeterian profits in the American economy: Theory and measurement," National Bureau of Economic Research, v No. w10433, 2004.

32. Several people have given similar examples including Erik Brynjolfsson, Avi Collis and Felix Eggers, cited in the next reference.

33. Brynjolfsson, E., Collis, A., & Eggers, F., "Using massive online choice experiments to measure changes in well-being." *Proceedings of the National Academy of Sciences*, 116(15), (2019): 7250-7255.

34. The $370 billion estimate of annual welfare contributions is an extrapolation of the monthly estimate in Allcott, Hunt, Luca Braghieri, Sarah Eichmeyer, and Matthew Gentzkow. "The welfare effects of social media," National Bureau of Economic Research, No. w25514. 2019.

35. Eagle, Nathan, Michael Macy, and Rob Claxton. "Network diversity and economic development." *Science* 328, no. 5981 (2010): 1029-1031.

36. Saint-Jacques, Guillaume, Brynjolffson, Erik, and Sinan Aral. "A Causal Test of the Strength of Weak Ties," MIT Initiative on the Digital Economy Working Paper, February, (2020).

37. Armona, Luis. "Online Social Network Effects in Labor Markets," Working Paper, Stanford University, Department of Economics (2018).

38. Wu, Lynn. "Social network effects on productivity and job security: Evidence from the adoption of a social networking tool," *Information Systems Research*, 24(1) (2013): 30-51.

39. Caldwell, Sydnee, and Nikolaj Harmon. "Outside options, bargaining, and wages: Evidence from coworker networks," Working Paper, University of Copenhagen (2019).

40. Hargittai, Eszter, and Amanda Hinnant. "Digital inequality: Differences in young adults' use of the Internet." *Communication Research* 35, no. 5 (2008): 602-621.
41. Hargittai, Eszter, and Amanda Hinnant. "Digital inequality: Differences in young adults' use of the Internet." *Communication Research* 35, no. 5 (2008): 606-607.
42. Acemoglu, Daron. "Why do new technologies complement skills? Directed technical change and wage inequality," *The Quarterly Journal of Economics*, 113(4), (1998): 1055-1089; Autor, David H., Lawrence F. Katz, and Alan B. Krueger. "Computing inequality: have computers changed the labor market?" *The Quarterly journal of economics* 113, no. 4 (1998): 1169-1213.
43. "Uganda's social media tax has led to a drop in internet and mobile money users," Abdi Latif Dahir, Quartz, February 19, 2019. https://qz.com/africa/1553468/uganda-social-media-tax-decrease-internet-users-revenues/.
44. "Social Media Tax Cuts Ugandan Internet Users by Five Million, Penetration Down From 47% to 35%," Juliet Nanfuka, Collaboration on International ICT Policy in East and Southern Africa, Jan 31, 2019. https://cipesa.org/2019/01/%EF%BB%BFsocial-media-tax-cuts-ugandan-internet-users-by-five-million-penetration-down-from-47-to-35/.
45. "Uganda's "regressive" social media tax may cost its economy hundreds of millions of dollars," Abdi Latif Dahir, Quartz, September 1, 2018. https://qz.com/africa/1375795/ugandas-regressive-social-media-tax-may-cost-its-economy-hundreds-of-millions-of-dollars/.
46. "One year after ban, Telegram still accessible from Russia with growing audience," *East West Digital News*, BNE Intellinews, May 1, 2019. https://www.intellinews.com/one-year-after-ban-telegram-still-accessible-from-russia-with-growing-audience-160502/.
47. "This is why Russia's attempts to block Telegram have failed," Matt Burgess, *Wired UK*, April 28, 2018. https://www.wired.co.uk/article/telegram-in-russia-blocked-web-app-ban-facebook-twitter-google; "One year after ban, Telegram still accessible from Russia with growing audience," *East West Digital News*, BNE Intellinews, May 1, 2019. https://www.intellinews.com/one-year-after-ban-telegram-still-accessible-from-russia-with-growing-audience-160502/.

48. "Russia's Telegram ban is a big, convoluted mess," Vlad Savov, The Verge, April 17, 2018. https://www.theverge.com/2018/4/17/17246150/telegram-russia-ban.

第12章 打造更好的炒作机器：新社交时代的隐私、言论自由以及反垄断

1. "Breaking Up Big Tech," Elizabeth Warren, Blog Post, 2019. https://elizabethwarren.com/m-break-up-big-tech/.
2. "It's Time to Break Up Facebook," Chris Hughes, *New York Times*, May 9, 2019. https://www.nytimes.com/2019/05/09/opinion/sunday/chris-hughes-facebook-zuckerberg.html.
3. Elizabeth Warren on Twitter (@ewarren), October 1, 2019.
4. Khan, Lina M. "Amazon's Antitrust Paradox." *Yale Law Journal*, 126 (2016): 710.
5. "Antitrust regulators are using the wrong tools to break up Big Tech," Tim O'Reilly, Quartz, July 17, 2019. https://qz.com/1666863/why-big-tech-keeps-outsmarting-antitrust-regulators/.
6. "Facebook and Twitter spread Trump's lies, so we must break them up," Robert Reich, *The Guardian*, November 3, 2019. https://www.theguardian.com/commentisfree/2019/nov/02/facebook-twitter-donald-trump-lies.
7. "Tech Companies Are Destroying Democracy and the Free Press," Matt Stoller, *New York Times*, October 17, 2019. https://www.nytimes.com/2019/10/17/opinion/tech-monopoly-democracy-journalism.html; "The great breakup of big tech is finally beginning," Matt Stoller, *The Guardian*, September 9, 2019. https://www.theguardian.com/commentisfree/2019/sep/09/the-great-break-up-of-big-tech-is-finally-beginning.
8. "Employment trends in newspaper publishing and other media, 1990–2016," Bureau of Labor Statistics, June 2, 2016. https://www.bls.gov/opub/ted/2016/employment-trends-in-newspaper-publishing-and-other-media-1990-2016.htm; "Number of daily newspapers in the U.S. 1970-2016," *Statistica*, https://www.statista.com/statistics/183408/number-of-us-daily-newspapers-since-1975/.

9. "Free Fall: Adjusted for Inflation, Print Newspaper Advertising Revenue In 2012 Lower Than In 1950," Mark J. Perry, Seeking Alpha (Data from the Newspaper Association of America (NNA), August 8, 2013. https://seekingalpha.com/article/1327381-free-fall-adjusted-for-inflation-print-newspaper-advertising-revenue-in-2012-lower-than-in-1950.

10. "Newspapers Fact Sheet," Pew Research Center - Journalism and Media, July 9, 2019. https://www.journalism.org/fact-sheet/newspapers/.

11. Susan Athey, Markus Mobius and Jeno Pal "The Impact of Aggregators on Internet News Consumption," Stanford Graduate School of Business Working Paper, No. 3353, January 11, 2017. https://www.gsb.stanford.edu/faculty-research/working-papers/impact-news-aggregators-internet-news-consumption-case-localization.

12. Garrett Johnson, Scott Shriver and Shaoyin Du "Consumer Privacy Choice in Online Advertising: Who Opts Out and at What Cost to Industry?" Simon Business School Working Paper, No. FR 17-19, June 19, 2019. https://papers.ssrn.com/sol3/papers.cfm?abstract_id=3020503.

13. Srinivasan, Dina. "The Antitrust Case Against Facebook: A Monopolist's Journey Towards Pervasive Surveillance in Spite of Consumers' Preference for Privacy." *Berkeley Business Law Journal* 16, no. 1 (2019): 39.

14. Shapiro, Carl. "Antitrust in a Time of Populism." *International Journal of Industrial Organization* 61 (2018): 714-748.

15. "A way to own your social-media data," Zingales, L., & Rolnik, G., *The New York Times*, June, 2017. https://www.nytimes.com/2017/06/30/opinion/social-data-google-facebook-europe.html.

16. Gans, Joshua. "Enhancing competition with data and identity portability." Brookings Institution, Hamilton Project Policy Proposal 2018-10, June, 2018: 1-23. https://www.hamiltonproject.org/assets/files/Gans_20180611.pdf.

17. Gans, Joshua. "Enhancing competition with data and identity portability." Brookings Institution, Hamilton Project Policy Proposal 2018-10, June, 2018: 13. https://www.hamiltonproject.org/assets/files/Gans_20180611.pdf.

18. Gans, Joshua. "Enhancing competition with data and identity portability." Brookings Institution, Hamilton Project Policy Proposal 2018-10, June, 2018: 13. https://www.hamiltonproject.org/assets/files/Gans_20180611.pdf.
19. "S.2658 - Augmenting Compatibility and Competition by Enabling Service Switching Act of 2019; 116th Congress (2019-2020)." https://www.congress.gov/bill/116th-congress/senate-bill/2658/text.
20. For a description of the project and its collaborators, see: https://datatransferproject.dev/.
21. "Twitter CEO Jack Dorsey has an idealistic vision for the future of social media and is funding a small team to chase it," Annie Palmer, CNBC, December 11, 2019. https://www.cnbc.com/2019/12/11/twitter-ceo-jack-dorsey-announces-bluesky-social-media-standards-push.html.
22. Foucault, Michel. *Surveiller et punir: Naissance de la prison.* Gallimard, 1975.
23. "How Capitalism Betrayed Privacy," Tim Wu, *New York Times*, April 10, 2019, https://www.nytimes.com/2019/04/10/opinion/sunday/privacy-capitalism.html.
24. "European data law is impeding studies on diabetes and Alzheimer's, researchers warn," Tania Rabesandratana, *Science News*, November 20, 2019. https://www.sciencemag.org/news/2019/11/european-data-law-impeding-studies-diabetes-and-alzheimer-s-researchers-warn.
25. Aral, Sinan, and Dean Eckles. "Protecting elections from social media manipulation." *Science* 365, no. 6456 (2019): 858-861.
26. "Online-Privacy Laws Come With a Downside," Bernhard Warner, *The Atlantic*, June 3, 2019. https://www.theatlantic.com/ideas/archive/2019/06/europes-gdpr-elevated-privacy-over-press-freedom/590845/.
27. "Why Chicken Producers Are Under Investigation for Price Fixing," David Yaffe-Bellany, *New York Times*, June 25, 2019: https://www.nytimes.com/2019/06/25/business/chicken-price-fixing.html.
28. "GDPR mayhem: Programmatic ad buying plummets in Europe," Jessica Davies, *Digiday*, May 25, 2018. https://digiday.com/media/gdpr-mayhem-programmatic-ad-buying-plummets-europe/.
29. Garrett Johnson & Scott Shriver "Privacy & market concentration: Intended &

unintended consequences of the GDPR," Questrom School of Business Working Paper, Boston University, November 6, 2019.

30. Johnson, Garrett A., Scott K. Shriver, and Shaoyin Du. "Consumer privacy choice in online advertising: Who opts out and at what cost to industry?" *Marketing Science* (2020).

31. Ravichandran, D. and Korula, N. "The Effect of Disabling Third-Party Cookies on Publisher Revenue," Google Working Paper, 2019: https://services.google.com/fh/files/misc/disabling_third-party_cookies_publisher_revenue.pdf.

32. Jia, Jian, Ginger Zhe Jin, and Liad Wagman "The short-run effects of GDPR on technology venture investment," National Bureau of Economic Research Working Paper, No. w25248. 2018.

33. Pennycook, Gordon, and David G. Rand. "Lazy, not biased: Susceptibility to partisan fake news is better explained by lack of reasoning than by motivated reasoning." *Cognition* 188 (2019): 39-50.

34. Friggeri, Adrien, Lada Adamic, Dean Eckles, and Justin Cheng. "Rumor cascades." In Eighth International AAAI Conference on Weblogs and Social Media. 2014.

35. Pennycook, Gordon, Ziv Epstein, Mohsen Mosleh, Antonio A. Arechar, Dean Eckles, and David G. Rand. "Understanding and reducing the spread of misinformation online." MIT Sloan Working Paper (2019).

36. Clayton, Katherine, Spencer Blair, Jonathan A. Busam, Samuel Forstner, John Glance, Guy Green, Anna Kawata et al. "Real solutions for fake news? Measuring the effectiveness of general warnings and fact-check tags in reducing belief in false stories on social media." *Political Behavior* (2019): 1-23.

37. "Google's new media literacy program teaches kids how to spot disinformation and fake news," Sarah Perez@sarahintampa, Techcrunch, June 24, 2019. https://techcrunch.com/2019/06/24/googles-new-media-literacy-program-teaches-kids-how-to-spot-disinformation-and-fake-news/; https://beinternetawesome.withgoogle.com/en_us/.

38. "Fake news 'vaccine' works: 'Pre-bunking' game reduces susceptibility to disinformation," *Science Daily*, June 24, 2019. https://www.sciencedaily.com/

releases/2019/06/190624204800.htm.

39. Roozenbeek, Jon, and Sander van der Linden. "Fake news game confers psychological resistance against online misinformation." *Palgrave Communications* 5, no. 1 (2019): 12.

40. Vosoughi, Soroush. "Automatic detection and verification of rumors on Twitter." PhD Dissertation, Massachusetts Institute of Technology, 2015.

41. "Facebook's WhatsApp limits users to five text forwards to curb rumors," *Reuters*, January 21, 2019, https://www.reuters.com/article/us-facebook-whatsapp/facebooks-whatsapp-limits-text-forwards-to-five-recipients-to-curb-rumors-idUSKCN1PF0TP.

42. "Read Robert Mueller's opening statement: Russian interference among 'most serious' challenges to American democracy," Dan Mangan, CNBC, July 24, 2019. https://www.cnbc.com/2019/07/24/robert-mueller-testimony-opening-statement-on-trump-russia-probe.html.

43. Aral, Sinan, and Dean Eckles. "Protecting elections from social media manipulation." *Science* 365, no. 6456 (2019): 858-861.

44. "Facebook Said It Would Give Detailed Data to Academics. They're Still Waiting," Craig Silverman, Buzzfeed, August 22, 2019. https://www.buzzfeednews.com/article/craigsilverman/slow-facebook; "Funders Have Given Facebook a Deadline to Share Data With Researchers Or They're Pulling Out," Craig Silverman, Buzzfeed, August 27, 2019. https://www.buzzfeednews.com/article/craigsilverman/funders-are-ready-to-pull-out-of-facebooks-academic-data.

45. "Public statement from the Co-Chairs and European Advisory Committee of Social Science One," December 11, 2019. https://socialscience.one/blog/public-statement-european-advisory-committee-social-science-one.

46. Messing, Solomon (@SolomonMg). "IT'S OUT - On January 17, we launched one of the largest social science data sets ever constructed—a compact summary of nearly an exobyte of data. It's meant to facilitate research on misinformation from across the web, shared on FB." February 13, 2020, 10:59am. Tweet.

47. "Unprecedented Facebook URLs Dataset now Available for Academic

Research through Social Science One," Gary King and Nathaniel Persily, February 13, 2020, Social Science One Blog: https://socialscience.one/blog/unprecedented-facebook-urls-dataset-now-available-research-through-social-science-one.

48. Daniel Kifer, Solomon Messing, Aaron Roth, Abhradeep Thakurta, Danfeng Zhang. "Guidelines for Implementing and Auditing Differentially Private Systems," Working Paper Published to the arXiv:2002.04049 [cs.CR], February 10, 2020: https://arxiv.org/abs/2002.04049.

49. "Mitch McConnell Caves After Months of Blocking Vote on Election Security," Dan Desai Martin, *The American Independent*, September 16, 2019: https://americanindependent.com/mitch-mcconnell-senate-election-security-funding-moscow-mitch/.

50. "Schumer Remarks After Sen. McConnell, Senate GOP Relent On Election Security Funding," Senator Charles Schumer Press Release, September 19, 2019. https://www.democrats.senate.gov/news/press-releases/schumer-remarks-after-sen-mcconnell-senate-gop-relent-on-election-security-funding.

51. "FBI director wants to 'up our game' on election interference," Todd Ruger, Roll Call, May 7, 2019. https://www.rollcall.com/news/fbi-director-wants-game-election-interference.

52. "India Proposes Chinese-Style Internet Censorship," Vindu Goel, *New York Times*, February 14, 2019: https://www.nytimes.com/2019/02/14/technology/india-internet-censorship.html.

53. "This 'Fake News' Law Threatens Free Speech. But It Doesn't Stop There," Jennifer Daskal, *New York Times*, May 30, 2019: https://www.nytimes.com/2019/05/30/opinion/hate-speech-law-singapore.html.

54. "Russia Criminalizes The Spread Of Online News Which 'Disrespects' The Government," Shannon Van Sant, NPR News, March 18, 2019: https://www.npr.org/2019/03/18/704600310/russia-criminalizes-the-spread-of-online-news-which-disrespects-the-government.

55. "Does Switching Your Twitter Location to Germany Block Nazi Content?" Dan MacGuill, Snopes, December 6, 2017: https://www.snopes.com/fact-check/

twitter-germany-nazis/.

56. Chandrasekharan, Eshwar, Umashanthi Pavalanathan, Anirudh Srinivasan, Adam Glynn, Jacob Eisenstein, and Eric Gilbert. "You can't stay here: The efficacy of reddit's 2015 ban examined through hate speech." *Proceedings of the ACM on Human-Computer Interaction* 1, no. CSCW (2017): 1-22.

57. "You can't stay here: The efficacy of reddit's 2015 ban examined through hate specch," Eshwar Chandrasekharan, Medium ACM - Computer Supported Cooperative Work, September 18, 2018: https://medium.com/acm-cscw/you-cant-stay-here-the-efficacy-of-reddit-s-2015-ban-examined-through-hate-speech-93f22b140f26.

58. Kosseff, Jeff. *The Twenty-six Words that Created the Internet*. Cornell University Press, 2019.

59. "The Fight Over Section 203—and the Internet as We Know It," Matt Laslo, *Wired*, August 13, 2019: https://www.wired.com/story/fight-over-section-230-internet-as-we-know-it/.

60. "Trump's Anti-Bias Order Sounds Like a Nonsensical Warning Shot Against Facebook," Adi Robertson, The Verge, August 12, 2019: https://www.theverge.com/2019/8/12/20799244/trump-anti-social-media-bias-executive-order-fcc-ftc-big-questions-explainer.

61. U.S. Senate Bill - S.1356 - Honest Ads Act - 116th Congress (2019-2020): https://www.congress.gov/bill/116th-congress/senate-bill/1356/text.

62. "Big Tech needs regulation, but DC must go to school before it goes to work," Jeff Berman, Recode, June 14, 2019: https://www.vox.com/recode/2019/6/14/18679675/big-tech-regulation-national-commission-technology-democracy.